OS HOMENS DA MOEDA

IVAN COLANGELO SALOMÃO (ORG.)

OS HOMENS DA MOEDA

O QUE PENSAVAM OS MINISTROS DA FAZENDA DA NOVA REPÚBLICA (1985-2018)

PREFÁCIO LUIZ CARLOS BRESSER-PEREIRA

editora unesp

Direitos de publicação reservados à:

Fundação Editora da Unesp (FEU)
Praça da Sé, 108
01001-900 – São Paulo – SP
Tel.: (0xx11) 3242-7171
Fax: (0xx11) 3242-7172
www.editoraunesp.com.br
www.livrariaunesp.com.br
atendimento.editora@unesp.br

Dados Internacionais de Catalogação na Publicação (CIP) de acordo com ISBD
Elaborado por Vagner Rodolfo da Silva – CRB-8/9410

H765 Os homens da moeda: o que pensavam os ministros da Fazenda da Nova República (1985-2018) / organizado por Ivan Colangelo Salomão. – São Paulo : Editora Unesp, 2024.

Inclui bibliografia.
ISBN: 978-65-5711-269-4

1. História do Brasil. 2. História Econômica do Brasil. 3. Economia. 4. Nova República (1985-2018). 5. Ministério da Fazenda. I. Título.

CDD 981
2024-3040 CDU 94(81)

Índice para catálogo sistemático:

1. História do Brasil 981
2. História do Brasil 94(81)

Editora afiliada:

Asociación de Editoriales Universitarias de América Latina y el Caribe

Associação Brasileira de Editoras Universitárias

Dedicado à memória de
Karene Gatarossa Lima

Sumário

Prefácio

Luiz Carlos Bresser-Pereira

Recebi com satisfação o convite de Ivan Salomão para redigir o prefácio deste excelente livro, o segundo volume da trilogia que teve início com *Os homens do cofre* (2021), obra que examinou o pensamento e a contribuição dos ministros da Fazenda do primeiro século do regime republicano (1889-1985). Agora, *Os homens da moeda* analisa os ministros da Nova República (1985-2018), período em que se derrotou o autoritarismo e a inflação. Resta, assim, apenas o terceiro volume (1822-1889) para completar este projeto inédito acerca de uma faceta pouco conhecida da história econômica do Brasil independente.

Sinto-me honrado em escrever este prefácio, mas confesso uma dificuldade: sou um dos ministros analisados. Enfrentei o pico de uma crise econômica que, anos depois, se mostrou a mais grave da história republicana brasileira: a inflação explodindo após o fim do Plano Cruzado, os salários em queda, as empresas e os estados da federação fragilizados, o país em moratória externa e sem reservas. A economia brasileira viria a enfrentar novas crises entre o final do século XX e o início do XXI, que felizmente não alcançaram a mesma dimensão.

O ano de 1985 marcou o retorno do Brasil ao Estado democrático de Direito, mas também marcou a metade da chamada "década perdida", quando o país e a América Latina vivenciaram a grande crise da dívida externa dos anos 1980 – uma crise que, no Brasil, foi acompanhada por alta inflação, de caráter inercial, que girava em torno de 200% ao ano. A crise da dívida externa só seria superada no início dos anos 1990, quando uma política de securitização da dívida, o Plano Brady, encaminhou a sua solução. Era um plano que correspondia exatamente à proposta que eu apresentara dois anos antes – como ministro da Fazenda, em 1987 – e o então secretário do Tesouro dos Estados Unidos, James Baker, recusou.

Quanto à alta inflação, ela só seria resolvida em 1994 com o Plano Real, baseado na teoria da inflação inercial e no conceito de moeda indexada. O Plano Cruzado (1986) e o Plano Bresser (1987) também estavam embasados na mesma teoria, mas, naquele momento histórico, a população brasileira ainda não estava disposta a aceitar o ajustamento fiscal que se fazia necessário, de modo que ambos fracassaram.

Superados os problemas da dívida externa e da inflação, era legítimo esperar que o Brasil retomasse o crescimento e alcançasse os níveis de renda dos países desenvolvidos, mas não foi o que aconteceu. Em 1990, o Brasil, sob pressão do Norte Global e de suas elites econômicas atrasadas, abandonou o desenvolvimentismo e se entregou ao neoliberalismo. As consequências foram desastrosas. A quase-estagnação passou a caracterizar a economia brasileira na medida em que seu crescimento se tornou inferior ao dos demais países, tanto os ricos quanto os em desenvolvimento.

Quando eu comparo a década de 1970, período em que se adotava uma política econômica desenvolvimentista, com o que ocorreu a partir de 1990, verifico que, nos anos 1970, a poupança pública era altamente positiva; já na década seguinte se tornou negativa e o investimento público caiu. Na década de 1970, o governo neutralizava a doença holandesa com tarifas de importação e subsídios à exportação de bens manufaturados, garantindo assim uma taxa de câmbio satisfatória para a indústria; com a abertura comercial dos anos 1990, essa política de industrialização foi abandonada e a economia brasileira entrou em processo de desindustrialização prematura.

Assisti a esse desastre com um misto de tristeza e indignação. Estávamos tomando decisões erradas. Foi isso que me levou, no início dos anos 2000, a começar a construir o Novo Desenvolvimentismo.

Hoje, sua teoria básica está plenamente elaborada, com repercussão internacional, mas no plano da política econômica, os *policymakers* brasileiros ainda não a aplicaram. O Brasil continua a incorrer em déficits em conta-corrente do balanço de pagamentos quando deveria apresentar pelo menos equilíbrio; não voltou a neutralizar a doença holandesa e não há perspectivas de recuperar a poupança pública. Ora, essas são condições para o aumento da taxa de investimento e para a retomada do desenvolvimento brasileiro.

O leitor de *Os homens da moeda* poderá verificar se isso está realmente ocorrendo ou não. A história serve tanto para orientar as nossas ações quanto para nos mostrar o que não se deve fazer. E tenho visto os ministros da Fazenda preocuparem-se quase exclusivamente com o déficit público e com a inflação. Os problemas de médio e longo prazo a que me referi neste breve prefácio infelizmente não constam em suas agendas.

Introdução

Ivan Colangelo Salomão

A história do Brasil republicano é pródiga em descontinuidades eleitorais que, se não chegam a caracterizar rupturas institucionais, depõem diretamente contra a tão propalada estabilidade política de que depende o fenômeno de desenvolvimento econômico. Desde a Proclamação da República (1889), ela mesma um golpe militar, observaram-se conflitos políticos insuperáveis a cada quarto de século, cujos desfechos foram, inevitavelmente, o afastamento do incumbente constitucionalmente eleito.

Da chamada Revolução de 1930, passando pelo golpe militar de 1964, ao *impeachment* de Dilma Rousseff (2016), a democracia brasileira vem sendo aprimorada ao mesmo tempo que o esgarçamento de seu tecido político põe à prova a funcionalidade de suas instituições. Em comum, a precedência de uma grave crise econômica que concorreu diretamente para o desfecho não natural dos imbróglios políticos.

Nesses 135 anos marcados por instabilidade política e frustrações econômicas, a chamada Nova República (1985-2018), se não representa exatamente uma exceção à regra, merece, ao menos, análise historiográfica pormenorizada de suas especificidades. Em que pesem as adversidades por que tem passado o país desde 2013, não se pode minimizar os significativos avanços institucionais que distinguem a história brasileira contemporânea de seu passado longínquo, especialmente nas esferas política e social.

Mesmo as recorrentes recessões que acometeram a economia brasileira desde 1985 revelam apenas parte da história da Nova República. Se é verdade que a taxa média de crescimento registrada no período corresponde à metade da observada nas cinco décadas anteriores (1930-1980), diversos foram os óbices institucionais – muitos dos quais herdados do período colonial – que começaram a ser superados a partir da redemocratização, a começar pelo mais emblemático e renitente desarranjo econômico do país: a inflação.

Fenômeno antigo, multicausal e politicamente oneroso, o aumento generalizado de preços desafiou gerações de economistas por não se sujeitar ao comportamento previsto pelos manuais ortodoxos – daí a euforia fugaz com que o Plano Cruzado foi recebido pela população brasileira, conquistando corações e mentes naquele emblemático ano de 1986. Após quase uma década de tentativas malsucedidas de estabilização monetária, a neutralização da inércia inflacionária – elemento conhecido havia tempo, mas pouco analisado do ponto de vista teórico – respondeu ao empenho intelectual e à acumulação de experiência política de economistas brasileiros. Trata-se de um dos poucos casos em que a academia internacional aceitou o conhecimento gerado por pesquisadores latino-americanos e o incorporou ao *core* da teoria econômica *mainstream*.

Se o controle da inflação foi, com efeito, a vitória mais simbólica desse período, tratou-se de apenas uma das conquistas econômicas da Nova República, cujo arranjo político-social viabilizou uma série de novas conquistas incrementais, muitas das quais decorrentes do próprio êxito do Plano Real.

As reformas institucionais implementadas nos anos 1990, como a abertura econômica e as privatizações, transformaram o tecido produtivo, a economia e a própria história do Brasil nos últimos trinta anos. O acesso a bens e serviços estrangeiros, pelo lado da demanda, e a competição forçada com produtos importados, pelo da oferta, revolucionaram a forma de produzir e consumir como nunca na história de um país tradicionalmente fechado às cadeias globais de produção.

Já nos anos 2000, a consolidação de uma nova política macroeconômica balizaria o crescimento com estabilidade posteriormente observado naquela década. A adoção do chamado tripé econômico – expediente que aliava o sistema de metas para a inflação, câmbio flutuante e a geração de superávits primários – parecia ter encerrado o debate acerca do modelo ideal de conduzir a política macroeconômica.

Os tempos de cigarra, porém, cobrariam o seu preço. No início dos anos 2010, a inauguração de uma nova estratégia de gestão econômica, a chamada Nova Matriz Econômica (NME), resultou, conjugada a uma série de outros fatores que fugiam à alçada do governo, na mais profunda recessão já registrada na história estatisticamente documentada do país. Se a NME desarranjou a organização microeconômica de setores importantes da economia brasileira, foi na seara fiscal que suas consequências se mostraram mais deletérias.

Conquanto o ritmo de crescimento das despesas primárias tenha se mantido próximo ao que se praticava desde o final dos anos 1990, a abdicação de receitas inaugurada após a crise internacional de 2008 cumpriu seus objetivos anticíclicos no curto prazo, mas comprometeu estruturalmente a higidez das finanças governamentais. Visando disciplinar os gastos públicos, um governo que não gozava da legitimidade conferida pelas urnas aprovou o chamado teto de gastos (2016), controverso diploma que padeceu precocemente por imposição da realidade. Trata-se, o nó fiscal, da mais onerosa herança econômica da Nova República.

Como se sabe, o desenvolvimento civilizacional é obra coletiva. Diversos foram os atores políticos e sociais por trás de transformações tão profundas por que passou a economia brasileira nas três décadas em tela. Em todos os casos, coube ao ministro da Fazenda de ocasião liderar a formulação, a implementação e a gestão das políticas adotadas pelas diferentes administrações. Assim, faz-se oportuno aprofundar a compreensão acerca da trajetória intelectual desses homens que, de alguma maneira, personificaram as mudanças levadas a cabo no país entre 1985 e 2018.

Por fim, cabem duas digressões triviais, mas que, ignoradas, poderiam ensejar questionamentos legítimos. A primeira diz respeito à periodização discricionariamente adotada, cuja validade só poderá ser testada por futuros historiadores dada a proximidade cronológica com os eventos em análise. Diante dos acontecimentos observados no último lustro, porém, entende-se que o arranjo político sobre o qual Tancredo Neves e Ulysses Guimarães arquitetaram a Nova República foi encerrado com a eleição de 2018. A conjuntura hodierna inaugurou um novo e ainda desconhecido capítulo da história brasileira.

A segunda, mas não menos importante, diz respeito à imprecisão histórico-lexicográfica estampada no título do livro. Entre tantas outras conquistas, a Nova República assistiu, ainda em seus primórdios, à posse de uma jovem professora de Economia da USP no Ministério da Fazenda, tornando-se a primeira e, até hoje, única mulher a assumir a pasta – naquele momento rebatizada de Ministério da Economia. Nesse sentido, a manutenção de "os homens" em sua designação não representa desprezo por esse feito histórico, apenas se curva a um motivo muito mais prosaico: a padronização do epíteto das obras, que teve na publicação de *Os homens do cofre (1889-1985)* (Editora Unesp, 2021) o seu primeiro livro e que se encerrará com *Os homens do sonante (1822-1889)*, o último volume da trilogia.

Os homens da moeda (1985-2018) oferece ao leitor detalhes do pensamento e da vida dos homens e da mulher que, nos últimos 33 anos, contribuíram para inaugurar um novo capítulo do desenvolvimento econômico brasileiro. De Francisco Dornelles a Henrique Meirelles, a história dos quinze ministros aqui analisados representa mais uma peça para a interpretação, ainda em construção, do mosaico que foi a Nova República.

1
Francisco Dornelles
UM MONETARISTA EM UM GOVERNO HETERODOXO

Alexandre Flávio Silva Andrada e Ivan Colangelo Salomão

INTRODUÇÃO

Quando tomou posse, em 15 de março de 1985, como o primeiro-ministro da Fazenda do Brasil da Nova República, dois elementos pesavam a favor de Francisco Oswaldo Neves Dornelles: seu sobrenome e seu currículo.

Nascido em Belo Horizonte em 1935, Francisco Dornelles era neto, filho e sobrinho de militares gaúchos, algo que dá à sua genealogia austral um quê dos Buendía. Seu avô, o general Ernesto Francisco Dornelles, era irmão de Cândida Francisca Dornelles. Cândida, por seu turno, vinha a ser a mãe de Getúlio Dornelles Vargas (1882-1954), o mais importante político brasileiro do século XX.

O general Ernesto teve dois filhos homens. O mais velho era o tenente-coronel Ernesto Dornelles (1897-1964). Indicado por seu primo Vargas para o cargo de governador-interventor do Rio Grande do Sul em 1943, retornaria ao Piratini em 1951, dessa vez eleito pelo Partido Social Democrático (PSD), tendo em seu secretariado nomes como o de Leonel Brizola (1922-2004) e de João Goulart (1919-1976), duas figuras centrais na história do país dali a uma década. Ernesto, o filho, foi também senador por seu estado e ministro da Agricultura durante o governo de Juscelino Kubitschek.

O outro filho do general Ernesto era o tenente-coronel Mozart Dornelles, pai de Francisco, protagonista deste capítulo. Deslocado do Rio Grande para o 11º regimento de infantaria, sediado em São João del-Rei, Mozart conheceria por lá sua esposa, Mariana Neves. Membro de uma família com grande influência na política da cidade desde os tempos da Colônia, Mariana era irmã do ainda hoje mais bem-sucedido político do clã: Tancredo de Almeida Neves (1910-1985).

Em 1945, Mozart foi transferido de Minas para a Vila Militar no Rio de Janeiro. Por recusar-se a participar do movimento que derrubou Vargas da Presidência da República naquele ano, acabou sendo preso por seus colegas de farda, chegando até mesmo a ser enviado para a prisão em Fernando de Noronha (Dornelles, 2006). Com a vitória de Getúlio na eleição de 1950, o pai de Francisco – cuja vida profissional já havia voltado à normalidade com a eleição de Eurico Gaspar Dutra – chegou ao posto de subchefe da Casa Militar, enquanto seu tio Tancredo, ao de ministro da Justiça, cargo que ocupava quando da crise final de 1954.

Durante a ditadura militar (1964-1985), Tancredo se manteve como uma figura de proa da oposição consentida. Sua longa carreira política seria coroada com a vitória no Colégio Eleitoral em 15 de janeiro de 1985. Saiu-se vitorioso graças a uma série de fatores, entre os quais o fato de o partido situacionista do regime autoritário, o Partido Democrático Social (PDS), ter rachado no processo de escolha de seu candidato às indiretas. Os descontentes com a indicação de Paulo Maluf formaram a chamada Frente Liberal,[1] grupo que abrigava nomes como os de José Sarney – que havia sido por anos presidente nacional da Aliança Renovadora Nacional (Arena), ocupando o mesmo posto no PDS até 1984 –, Aureliano Chaves, Marco Maciel, Antonio Carlos Magalhães e Jorge Bornhausen. Esses dissidentes aliaram-se ao Partido do Movimento Democrático Brasileiro (PMDB) criando, assim, a Aliança Democrática.

---

1 Para uma análise do processo de escolha do candidato do PDS e da vitória da Aliança Liberal, ver Skidmore (2004, p.472-81).

Tancredo era visto como um político moderado, com bom trânsito entre os militares e capaz de fazer uma transição de regime sem sobressaltos. Para a vice-Presidência, a Frente Liberal indicou José Sarney, que havia se filiado ao PMDB apenas por uma necessidade burocrática do regimento eleitoral em voga.

Tratava-se de um equilíbrio de forças delicado. Havia por parte dos civis o temor de um retrocesso autoritário, já que nem todos os militares aceitavam a volta da democracia. Além disso, as Forças Armadas receavam que setores ditos radicais do PMDB controlassem o governo, desencadeando um processo de revanchismo contra os oficiais. Tais "radicais" materializavam-se na figura de Ulysses Guimarães, presidente do partido e político malquisto pelas Forças Armadas.[2]

Entre essas preocupações havia um país empobrecido, endividado e vindo de sua pior crise econômica desde o pós-Segunda Guerra, negociando acordos com o Fundo Monetário Internacional (FMI) e com uma inflação elevada até mesmo para seus padrões recentes. Para navegar naquele mar revolto, Tancredo escolheu seu sobrinho Francisco para a pasta da Fazenda.

Formado em Direito pela antiga Universidade do Brasil (atual Universidade Federal do Rio de Janeiro (UFRJ)) em 1960, Dornelles especializou-se em Finanças na universidade francesa de Nancy entre 1963 e 1964. De volta ao Brasil, já como funcionário do Ministério da Fazenda, viu-se algo constrangido no imediato pós-golpe militar por causa das relações de sua família com Vargas, Goulart e Brizola. Por meio de contatos com o gabinete do então ministro Octávio Gouveia de Bulhões, Dornelles foi informado da existência de uma bolsa de estudos na Universidade Harvard a ser oferecida ao Ministério. Aprovado na seleção, ele conta que seu chefe imediato o obrigou a apresentar uma carta desistindo do curso. Contrariado, teve que recorrer a uma relação de parentesco algo inusitada: sua tia paterna era casada com o irmão do marechal Castelo Branco. Graças à intervenção

2 A imagem que as Forças Armadas mantinham em relação ao futuro presidente da Câmara dos Deputados e líder maior da Constituinte pode ser mais bem entendida na entrevista concedida pelo ex-presidente Ernesto Geisel a D'Araújo e Castro (1997, p.262, 447).

familiar não sanguínea, Dornelles pôde se especializar em Direito Tributário nos Estados Unidos (ibidem).

Quando retornou ao Brasil, em 1966, iniciou sua carreira na burocracia estatal, ocasião em que conheceu figuras de relevo no governo, como "Antonio Delfim Netto, Mario Henrique Simonsen, Ernane Galvêas e a gente no regime militar" (ibidem). Em 1967, tornou-se professor da Fundação Getúlio Vargas do Rio de Janeiro (FGV-Rio). Ao lado da Faculdade de Economia e Administração da Universidade de São Paulo (FEA-USP) – notadamente sua ala sob influência de Delfim Netto, os chamados "Delfim *boys*"–,[3] a FGV-Rio[4] era a principal fornecedora de técnicos para a alta burocracia econômica do regime autoritário. Fundada por Eugênio Gudin e Octávio Bulhões e depois comandada por Simonsen,[5] a FGV-Rio reforçaria sua tradição conservadora com a chegada de Carlos Langoni – o primeiro brasileiro a obter um diploma de PhD em Economia pela Universidade de Chicago – para chefiar a instituição, em meado dos anos 1970.[6]

Em 1972, Delfim convidou Dornelles para ocupar o cargo de presidente da Comissão de Estudos Tributários Internacionais do Ministério da Fazenda, em que trabalhou até 1979, quando – novamente por convite de Delfim – se tornou secretário da Receita Federal. Neste último cargo, Dornelles seria parte integrante da política econômica do governo de João Baptista Figueiredo (1979-1985), deixando o posto apenas às vésperas da eleição de seu tio.

---

3 Tal alcunha fazia referência aos jovens economistas da FEA-USP convidados por Delfim Netto para formar sua equipe, como Affonso Celso Pastore, Milton Dallari, Carlos Antônio Rocca, Carlos Viacava e Akihiro Ikeda, entre outros.

4 Fundada em 1944, a FGV-Rio tinha como missão precípua a formação de mão de obra qualificada para a burocracia estatal brasileira. Em 1951, criou-se o Instituto Brasileiro de Economia (FGV-IBRE) sob comando de Eugênio Gudin e Octávio de Bulhões, dois dos mais renomados economistas brasileiros da época, transformando a FGV em um dos mais importantes *think tanks* do pensamento econômico ortodoxo no Brasil. Para mais detalhes do período em geral e da consolidação da instituição, ver Andrada, Boianovsky e Cabello (2018).

5 Para uma análise do pensamento dos fundadores da FGV, bem como de suas polêmicas com economistas nacionalistas entre 1950 e 1960, ver Andrada, Boianovsky e Cabello (2018).

6 Andrada e Boianovsky (2020) analisam, entre outros elementos do período, o início da participação de Langoni no debate público brasileiro.

Ou seja, em 1985, antes mesmo de completar os 50 anos de idade, Francisco Dornelles não só tinha um currículo acadêmico respeitável, mas também larga experiência burocrática. Era um economista conservador, contrário às heterodoxias que marcariam o governo Sarney. E Tancredo não o escolheu apenas por questões de confiança ou parentesco: havia entre eles um alinhamento de visão sobre os problemas e as soluções para a economia brasileira. Ilustra de forma direta, apesar de eufemística, o episódio em que Francisco Lopes apresentou sua proposta do choque heterodoxo para o então candidato a presidente. À saída do acadêmico, Tancredo teria dito aos interlocutores, entre os quais Dornelles: "Esse filho do Lucas Lopes tem umas ideias estranhas!" (apud Leitão, 2013, p.55).

Segundo relato de Dornelles (1986), Tancredo desejava entregar o controle de toda a economia para técnicos e políticos conservadores. Não o pôde. O PMDB de São Paulo exigia ao menos uma das pastas da área. Franco Montoro, então governador do estado, indicaria João Sayad, secretário de seu governo, para a pasta do Planejamento. Sayad (1945-2021) havia sido aluno e professor da FEA-USP, tendo obtido em 1976 o título de PhD em Economia pela Universidade de Yale. Era um crítico da política econômica de Delfim e tinha sua própria visão sobre os problemas brasileiros. Era entusiasta do diagnóstico inercialista propagado por jovens economistas ligados à PUC-Rio como Francisco Lopes, Pérsio Arida e André Lara Resende, e também próximo de outros economistas do PMDB paulista, muitos dos quais ligados à Universidade Estadual de Campinas (Unicamp).[7]

O equilíbrio entre essas três escolas de pensamento econômico – monetaristas, "inercialistas" e desenvolvimentistas – em um mesmo governo era sabidamente instável. Com Tancredo vivo, a balança pendia em favor dos conservadores; após a sua morte, em 21 de abril de 1985, foram os heterodoxos que passaram a ditar os rumos da economia brasileira.

---

7 Ulysses Guimarães – homem-forte do partido, que comandaria a Constituinte e seria o candidato do PMDB na eleição presidencial de 1989 – consultava-se com economistas heterodoxos da Unicamp, como Luiz Gonzaga Belluzzo, João Manuel Cardoso de Mello, Maria da Conceição Tavares e Luciano Coutinho, todos críticos ferozes do monetarismo.

Por isso, quando tomou posse, em 15 de março daquele ano, como primeiro-ministro da Fazenda do Brasil da Nova República, dois elementos pesavam contra Francisco Oswaldo Neves Dornelles: seu sobrenome e seu currículo.

DORNELLES NA SECRETARIA DA RECEITA FEDERAL: A "CRIA" DE DELFIM

Desde o final de 1979 e, em especial, a partir de 1981, Delfim Netto, então secretário do Planejamento,[8] vinha implementando uma série de medidas recessivas para tentar contornar o brutal estrangulamento externo que acometia a economia brasileira.[9]

Em 6 de dezembro de 1979, uma quinta-feira, o Banco Central suspendeu todas as operações cambiais ao fim do expediente. A mesa só voltaria a operar na segunda. O feriado cambial – assim o chamaram à época – era o prenúncio de um pacote econômico. O mercado financeiro ficou apreensivo, antecipava-se uma maxidesvalorização do cruzeiro – algo que Delfim já defendia desde os tempos em que chefiava o Ministério da Agricultura –, além da reformulação da resolução 432[10] do Banco Central (Brasil, 1977). À noite, o presidente Figueiredo fez um longo pronunciamento à nação para explicar as medidas econômicas adotadas. Decretava-se, de fato, uma desvalorização de 30% do câmbio e o congelamento de US$ 5 bilhões depositados no Banco Central (BC) por meio da referida resolução. Anunciaram-se também algumas medidas de política fiscal, como a extinção gradual de subsídios creditícios e isenções que custavam por volta de 6% do produto interno bruto (PIB). As importações seriam limitadas a 80% do volume verificado em 1979, as exportações seriam taxadas com um novo imposto e, por fim, se reduziria a abrangência da lei do similar nacional.

---

8 Entre 1969 e 1994, a designação oficial do órgão foi, com variações pontuais, Secretaria de Planejamento da Presidência da República.

9 Para detalhes sobre a crise, ver Werneck (1986). Para um melhor entendimento da atuação da equipe econômica, ver Cruz e Silva e Assaf (2021).

10 Para uma análise pormenorizada da medida, ver Arida e Resende (1985).

Os objetivos eram evidentes: estimular exportações, restringir importações e, assim, reverter o resultado comercial de um país que registrava déficits quase ininterruptos desde 1974. Buscava-se também reduzir o crescente déficit orçamentário – estimado então na casa dos 3,5% do PIB em 1978 –,[11] bem como o ritmo das emissões monetárias, de forma a controlar a inflação que saltara de 44% para 77% entre 1978 e 1979, segundo medição do IGP-DI.

Quando do lançamento do pacote, o jornal *O Globo* publicou uma reportagem afirmando que "o secretário da Receita Federal, Francisco Dornelles" havia dito em evento na FGV-Rio que "a maxidesvalorização adotada pelo governo" iria "compensar as empresas pela perda dos incentivos para a exportação" e induziria "as multinacionais a transformarem seus empréstimos em investimentos diretos no país". Além disso, Dornelles explicara que as medidas compunham "uma nova estratégia na política governamental para estimular as exportações brasileiras e os investimentos no país" (Simonsen, 1979, p.23).

Dornelles não só apoiava as medidas, como também se tornaria ele mesmo peça importante na introdução da política econômica de Delfim. O imposto de renda (IR) era a principal fonte de arrecadação do governo, sendo Dornelles o chefe do órgão responsável pelo recolhimento dos tributos. Mas, naquele momento, o papel do secretário da Receita Federal extrapolava suas funções típicas, uma vez que a ditadura militar fortalecera e empoderara os formuladores de política econômica como nunca antes na história da República.

Em 1979 Delfim já não tinha o famigerado AI-5 nas algibeiras.[12] A aberração jurídica fora revogada em outubro do ano anterior. Mas o bacilo do autoritarismo econômico seguia inoculado na economia

11 Dada a existência concomitante de três orçamentos naquela época – o fiscal, o monetário e o das estatais –, tais cifras devem ser vistas com reservas.

12 O décimo artigo do AI-5 suspendia a garantia de *habeas corpus* não apenas para crimes políticos e contra a segurança nacional, mas também aqueles contra "a ordem econômica e social e a economia popular" (Brasil, 1968). A definição era vaga, e os tempos eram de chumbo. Delfim e Hélio Beltrão, então ministro do Planejamento, se utilizaram dessa flexibilidade hermenêutica como um espectro a assombrar os empresários classificados como gananciosos diante do congelamento de preços decretado em janeiro de 1969 (Governo congela..., 1969, p.19).

brasileira. A alternativa era usar a Receita Federal como instrumento de ameaça. Uma reportagem da época afirmava que Delfim havia recomendado – "durante reunião com secretários de Fazenda" dos estados, na qual haviam participado também o "secretário especial de Abastecimento e Preço", o superintendente da Superintendência Nacional de Abastecimento (Sunab) e o "secretário da receita Federal Francisco Dornelles" – que "o empresário ou comerciante que aumentar os preços de seus produtos em decorrência da recente maxidesvalorização" fosse "penalizado com inspeção rigorosa em todos os seus impostos", não só o IR de pessoa jurídica, "mas, sobretudo, o imposto de renda da pessoa física e o descontado na fonte" (Empresário..., 1979, p.26). A travessia do deserto seria longa.

No decorrer de 1982, os números da dura recessão que atingiu o país no ano anterior começaram a ser conhecidos em sua completude. Em outubro, o ministro da Fazenda Ernane Galvêas anunciou a meta de reduzir o déficit corrente em algo em torno de US$ 8 bilhões, o equivalente a mais de 40% em relação ao valor registrado no ano anterior. Era um ajuste que exigiria um "sacrifício importante" de todos os setores da sociedade brasileira. Conforme divulgado pela imprensa da época, "a formulação da política econômica para 1983" havia começado "a tomar forma efetiva" após um encontro que reuniu Galvêas, o ministro do Planejamento, o presidente do Banco do Brasil, o diretor da Carteira de Comércio Exterior e Francisco Dornelles (Galvêas, 1982, p.19).

Em janeiro de 1983, o governo assinou uma carta de intenções com o FMI "pela qual o Brasil se comprometia a cumprir metas especificadas de política fiscal e monetária [...] para continuar a receber periodicamente parcelas do empréstimo do Fundo" (Skidmore, 2004, p.459). No início de 1984, anunciava-se que o governo esperava que 50% de sua arrecadação viesse do IR, enquanto em 1982 e 1983 essa fração fora de 26% e 29%, respectivamente. Dornelles afirmava que a meta acertada com o FMI "só poderia ser cumprida à medida que a fiscalização" atuasse "mais firmemente", algo que, segundo sua palavra, aconteceria naquele ano (IR dará..., 1984, p.1).

Em balanço acerca da segunda passagem de Delfim pelo comando da economia brasileira, como ministro do governo Figueiredo

(1979-1985), o *Jornal do Brasil* informou que eram "antigos os canais de entendimento" entre ele e o "Doutor Tancredo e sua Aliança Democrática". O periódico dizia ainda que não haveria "espanto algum se nomes como os de Francisco Dornelles, Ronaldo Costa e Luís Rogério Mitraux aparecerem em postos-chave de um futuro governo Tancredo". O texto classificava esses três homens como "'crias' de Delfim na burocracia econômica brasileira" (Almeida Filho, 1984, p.14).

Mesmo com o tio já candidato, Dornelles seguiu participando de comitivas e eventos públicos ao lado de Figueiredo. Em agosto de 1984, Dornelles declarava ter deixado o cargo à disposição do governo, não escondendo seu apoio a Tancredo, o que não o impedia de tecer diversos elogios ao incumbente, bem como à política econômica vigente, que ele considerava "correta", não concordando "com as críticas que lhe têm sido formuladas" (Dornelles põe..., 1984, p.4). Em dezembro de 1984, o presidente da Federação das Indústrias do Estado de São Paulo (Fiesp), Luís Eulálio Vidigal, mostrava-se tranquilo com um possível governo Tancredo, dizendo que levaria duas sugestões para o Ministério da Fazenda: Francisco Dornelles e Olavo Setúbal. O primeiro, em sua análise, conhecia "melhor que ninguém os mecanismos da administração federal e onde está a saída" (Candidato..., 1984, p.6).

Se Dornelles era percebido como a continuidade, Ulysses bradava constantemente contra a política econômica vigente: "A nação não aguenta mais isso que aí está. O desemprego, a inflação, a fome, as falências, a corrupção impune, sobretudo o FMI como gestor da economia e das finanças do Brasil" (Governo..., 1984, p.1). Sua reprovação a "tudo que aí está", contudo, não foi suficiente para barrar nem o continuísmo da política econômica nem a ascensão de Francisco Dornelles na burocracia estatal.

A MONTAGEM DO PROGRAMA ECONÔMICO DA ALIANÇA DEMOCRÁTICA

Em seus diários, o economista Celso Furtado narra os bastidores e os conflitos na formação do plano econômico do candidato Tancredo Neves – ou, em termos mais explícitos, o relativo abismo que separava o pensamento de Tancredo e o de Ulysses Guimarães sobre temas econômicos.

Ulysses andava cercado pelo grupo progressista do PMDB. Furtado enumera diversas reuniões cujos participantes eram unanimemente contrários à política econômica conservadora, quase todos ligados ao Instituto de Economia da Unicamp, escola reconhecida por representar a oposição teórica ao pensamento da FGV-Rio e dos "Delfim *boys*". Ao narrar um encontro com Tancredo em agosto de 1984, do qual participaram João Manuel Cardoso de Mello, Luciano Coutinho, Carlos Lessa, Luiz Gonzaga Belluzzo e Maria da Conceição Tavares, Furtado (2019) anotava: "A importância da reunião está em que permitiu romper o gelo que havia entre o grupo dos economistas do PMDB de São Paulo e o Tancredo".

No final de 1984, foi criada a Comissão para o Plano de Ação do Governo (Copag) composta por sete economistas e cuja função era elaborar as medidas a serem tomadas no início do mandato presidencial. A Frente Liberal indicara Hélio Beltrão (ex-ministro do Planejamento no governo Costa e Silva), Sérgio Quintella (economista ligado à PUC-Rio e presidente do PFL fluminense) e Sérgio de Freitas (então diretor do banco Itaú).

O PMDB indicou Furtado, Coutinho e Serra. Este último, presidente da comissão, era um dos que havia muito defendia uma mudança radical na política econômica brasileira. Crítico das medidas monetaristas e das receitas do FMI, afirmava que "o critério básico" para solucionar os problemas brasileiros estava "numa mudança em profundidade da política econômica" (Serra, 1984, p.21). Coutinho (1983, p.81) empregava o mesmo tom contra a política de Delfim: "Diante de sua própria fraqueza o governo já escolheu o caminho conformista e submisso da recessão cega, prolongada, profunda". Furtado (1983, p.9), em seu libelo Não à Recessão e ao Desemprego (1983), afirmava que o país havia sido "hipotecado a banqueiros estrangeiros" e que haviam sido assinados acordos com "instituições financeiras internacionais que implicam derrogações de nossa soberania".

Outro membro da Copag era Sebastião Marcos Vital, qualificado por Furtado (2019) como uma pessoa "profundamente comprometida com a política econômica atual", alguém que "não era nem de um lado, nem de outro" – isto é, nem do PMDB nem da Frente Liberal –, "mas somente de Tancredo". André Lara Resende tinha a mesma impressão acerca do papel desempenhado pelo paraibano na equipe do presidente eleito, como declarou anos adiante: "O economista que Tancredo ouvia era o Sebastião Marcos Vital" (Resende, 1987, p.18).

Vital ostentava todas as credenciais de um economista ortodoxo. Defendeu sua dissertação de mestrado em Economia na FGV-Rio em 1972, tendo na banca Octávio Gouvêa de Bulhões, Julian Chacel e Mário Henrique Simonsen, com quem manteve sua principal ligação intelectual desde a época em que trabalharam juntos no governo Geisel. Ainda que não fosse exatamente um entusiasta de todas as medidas tomadas por Delfim, acreditava ser primordial o ataque ao "déficit global do setor público" – que à época era dado pelos somatórios dos orçamentos da União, das estatais e o monetário –, o qual deveria "ser consistentemente reduzido". Algo que demandaria o "corte dos subsídios creditícios, dos incentivos à exportação e do próprio custeio da máquina governamental" (Vital, 1982, p.11).

A predileção que Tancredo nutria por seu nome sinalizava o tipo de política econômica que se pretendia adotar a partir de março de 1985.

O DELFINISMO SEM DELFIM

Em janeiro de 1985, diante das especulações sobre o futuro ministério de Tancredo, *O Globo* reportava o desconforto até mesmo entre deputados do PFL e do PDS com o continuísmo, antecipado por conta da "presença de nomes ligados à atual equipe econômica" na lista de ministeriáveis (Reação..., 1985, p.6). Para o deputado Alceni Guerra (PFL-PR), seria impossível defender o *slogan* "Muda Brasil" com uma equipe econômica na qual constavam nomes da gestão Delfim. O deputado Oscar Alves ia além, apontando a possibilidade de um "delfinismo sem Delfim" (ibidem, p.6). O líder do PMDB na Câmara, Freitas Nobre, por seu turno, dizia que o partido não se oporia ao nome de Dornelles, apesar de sua "fama de monetarista" (Freitas..., 1985, p.3).

Em entrevista coletiva realizada no início de fevereiro, um repórter do *Jornal do Brasil* questionou Tancredo sobre a "identificação do sr. Francisco Dornelles com o continuísmo". Outro jornalista insistiu no tema, dizendo que "nas últimas semanas, os alertas contra o continuísmo" na política econômica estariam "cada vez mais frequentes". Ao apresentar as mudanças que desejava imprimir na economia, Tancredo afirmou: "O capitalismo brasileiro é muito mais socializante que muitos regimes socialistas", sendo o país "o paraíso para as estatais, livres de qualquer controle". Por fim, disse que não se poderia mais continuar "sacrificando a nação e o povo, para manter um conjunto de empresas estatais que têm se mostrado absolutamente ineficientes e incapazes" (A reforma..., 1985, p.3).

Já indicado para a Fazenda, Dornelles revelaria que sua intenção inicial era manter Affonso Celso Pastore – o mais famoso Delfim *boy* – à frente do Banco Central. Tancredo, porém, o avisara que não havia "condições políticas" para isso, pois representaria um "continuísmo demasiado" (Dornelles, 1986, p.4). Segundo relatos da imprensa da época (Corrêa de Sá, 1985, p.54), a segunda opção de Dornelles para o cargo teria sido Carlos Antonio Rocca, outro discípulo de Delfim, mas que acabou recusando o convite. Por fim, o próprio Tancredo escolheu Antônio Carlos Lemgruber para o cargo, alguém que Dornelles afirmava sequer conhecer pessoalmente até então.

Formado em Economia pela UFRJ, Lemgruber tinha mestrado pela Universidade da Virgínia e doutorado pelo Brookings Institution. Próximo do ex-ministro Bulhões, Lemgruber tornou-se professor da FGV-Rio e editor da revista *Conjuntura Econômica*. No início de 1985, em carta enviada a clientes do Banco Boa Vista, do qual era diretor da carteira de exportações, afirmou que "o grande desafio do governo que se instala em março será o de resistir à tentação do crescimento fácil e vencer certo clima de cansaço à austeridade orçamentária criado na sociedade brasileira depois de três anos de recessão da atividade econômica" (Lemgruber, 1985, p.15). Em seu discurso de posse no Banco Central, dobrou a aposta na ortodoxia: "Seria ilógico imaginar que se possa comprar prosperidade pela emissão de moeda ou pela emissão de dívida pública" – isto, pois não se fazia "uma economia crescer com déficits públicos", e "qualquer proposta de crescimento" que envolvesse "maiores gastos públicos" era "enganadora" (ibidem, p.26). Crítico da teoria inercialista – que à época evocava certo pendor heterodoxo –, Lemgruber (1980, p.529) acreditava que seria impossível acabar com a inflação brasileira sem as dores da redução do nível de produto e emprego.

Além de Lemgruber, o primeiro escalão do Banco Central nos tempos de Dornelles contava com diversos nomes ligados à FGV-Rio. Na diretoria de dívida pública estava José Júlio Senna, doutor em Economia pela John Hopkins University (1975). Na diretoria de política monetária estava Alberto Tozin Furugem, que substituíra Carlos Langoni na diretoria da área bancária quando este último se tornou presidente da instituição em 1980. Na diretoria de mercado de capitais, outro professor da escola: Roberto da Cunha Castello Branco, que teria obtido o cargo após um jovem economista chamado Paulo Guedes recusar o convite. Dizia-se que Guedes contava com tornar-se presidente da instituição no caso da vitória de Maluf no Colégio Eleitoral, de modo que uma diretoria não estaria à altura de seu nome.

A GESTÃO DE DORNELLES NO MINISTÉRIO DA FAZENDA (1985): A ECONOMIA POLÍTICA DO "É PROIBIDO GASTAR"

Naquela que viria a ser sua última coletiva de imprensa, concedida em 13 de março de 1985, Tancredo enfim anunciou a composição do seu ministério e as diretrizes do seu governo. Do ponto de vista econômico, suas palavras endossavam uma política de arrocho:

> O controle dos gastos públicos do Brasil é fundamental a qualquer combate à inflação. [...] Tudo aquilo que for necessário para combater a inflação e recuperar as forças da economia brasileira será feito, custe o que custar. [...] O problema se resume numa única tese: como conciliar o combate à inflação com a retomada do desenvolvimento econômico? É realmente uma operação difícil... (Neves, 1985, p.3).

Na primeira reunião ministerial, ocorrida quatro dias depois, José Sarney – que havia tomado posse após a internação de urgência de Tancredo na madrugada anterior – leu o discurso preparado pelo presidente hospitalizado, apresentando as linhas-mestras do novo governo:

> A política econômica a ser implementada será de todo o Governo, de corresponsabilidade de todo o Ministério. Não abrirei mão da posição de condutor da política econômica... e não permitirei que o Ministério se divida em dois: os comprometidos com a austeridade e os comprometidos com os gastos. [...] O povo entenderá que há uma diferença considerável entre o que o Presidente quer e o que ele pode fazer, especialmente nesta fase de recursos escassos, de déficits nas contas internas e externas... [A] ordem é a seguinte: é proibido gastar. (ibidem, p.2)

Como já se poderia imaginar, a principal frase reproduzida nas capas de jornais no dia seguinte foi o taxativo “É proibido gastar”, termos que acabaram por se consolidar como lema do novo governo – ou, pelo menos, de sua primeira equipe econômica. Segundo Dornelles (1986, p.4), Tancredo desejava deixar toda a equipe econômica nas mãos de conservadores, repetindo – segundo sua interpretação – a estratégia de Getúlio Vargas. Tancredo teria confessado a seu sobrinho que, apesar de ter sido “o maior líder populista do país”, Vargas sempre havia entregado “o Ministério da Fazenda para elementos conservadores”. De modo que ele, Tancredo, faria o mesmo, compondo “a parte política com o PMDB, mas a área econômica” seria entregue aos “conservadores” (ibidem, p.4).

Pelo discurso da reunião ministerial, tal hipótese soava crível, não fossem as diferenças estruturais que separavam os gestores de política econômica do governo. Em texto de 1981, o então professor da USP João Sayad (1981, p.87) já alertava que os “momentos dramáticos e desumanos” pelos quais o país passava eram resultado principalmente “de política intencional do governo que atribui à recessão e ao desemprego as tarefas de reduzir a taxa inflacionária e ajustar a balança de pagamentos”. Ou seja, para o futuro ministro do Planejamento, o arrocho não era a saída, visão que se contrapunha ao conservadorismo de Dornelles, ministro da Fazenda. O embate não tardaria a vir.

Ainda de acordo com as confidências de Dornelles (1986, p.4), a estratégia do novo governo era fazer o primeiro ano de mandato sob um regime "da maior austeridade, reduzindo-se ao máximo todo e qualquer tipo de gasto público, tentando fazer certo equilíbrio, visando principalmente reduzir a inflação e criar um clima para a renegociação da dívida externa". As palavras de Tancredo no discurso escrito para a posse já antecipavam os óbices que essa política enfrentaria, mas o presidente colocava-se como o grande fiador da estratégia continuísta. Tancredo havia torcido em segredo para que o governo Figueiredo aprovasse logo um acordo com o FMI e com os bancos credores, pois acreditava que tal condição seria crucial para combater a inflação e renegociar a dívida externa em termos mais amenos. Além do mais, isso o livraria de "um problema político muito grave, que era fazer um acordo depois de empossado" (apud Dornelles, 1986, p.4).

Pode-se especular que, fosse Tancredo o presidente, a estratégia monetarista teria vida mais longa, já que seria ele o árbitro das contendas no seio da equipe econômica. Contrafactual controverso. Sobre tal hipótese, Dornelles (ibidem, p.4), já fora do ministério, declarou ter dúvidas de sua viabilidade: "Pelo que senti depois, não sei se [Tancredo] teria condições políticas" de fazê-lo.

A POLÍTICA ECONÔMICA DE DORNELLES

Dornelles tomou posse com seu tio já hospitalizado. Com a morte de Tancredo, ele passou a ser um corpo estranho no organismo governamental, corpo que Sarney, Ulysses, Sayad e outros desejavam ver expelido, de modo a permitir a implementação da agenda de mudanças.

Na cerimônia em que recebeu o cargo de Ernane Galvêas, em 15 de março de 1985, Dornelles (1985, p.10) destacou o "privilégio de ter colaborado" com a gestão anterior. Ao tratar da questão da política monetária, afirmou que "a expansão do crédito não poderá se basear, simplesmente, nas excessivas emissões de moeda, fonte primeira do processo inflacionário", e que os setores de alimentos básicos, de produtos exportáveis e de substituição de importações teriam tratamento privilegiado no acesso a tais recursos. A bem da verdade, reconhecia-se a necessidade de auxílio externo no equacionamento da situação do balanço de pagamentos brasileiro. Não por acaso, Dornelles iniciara suas atividades ministeriais antes mesmo de sua posse, cumprindo agenda de encontros – sigilosos e malsucedidos – com o FMI a pedido de Tancredo (Traumann, 2018).

Segundo o novo ministro da Fazenda, não haveria "retomada sustentada do desenvolvimento [...] e controle do processo inflacionário sem se promover o saneamento financeiro do setor público". A dívida pública só poderia ser reduzida por meio da "redução do déficit do governo" (Dornelles, 1985). Do ponto de vista institucional, alertava ser crucial unificar os já referidos três orçamentos públicos – o fiscal, o monetário e o das estatais. Essa seria a única forma de promover, com efeito, um ajuste fiscal rigoroso tal qual defendia parte expressiva de sua equipe econômica.

Na sua primeira semana, Dornelles anunciou um corte linear de 10% nos gastos de todas as pastas, além da proibição da contratação de novos funcionários na administração pública e a suspensão dos financiamentos dos bancos públicos (exceto Banco do Brasil e Banco Central) por sessenta dias. O jornal conservador *O Estado de S. Paulo* noticiava que Dornelles era o "xerife das finanças públicas", tendo começado sua gestão apresentando um "pacote de austeridade" (Dornelles assume..., 1985, p.48).

Houve também o tabelamento de alguns preços, algo que não chegava a ser uma heresia capital entre os ortodoxos brasileiros naqueles tempos. O tabelamento e a postergação do reajuste de preços dos produtos siderúrgicos e derivados do petróleo, com peso relevante no Índice de Preços por Atacado (IPA), responderam pela contenção temporária da inflação na casa dos 7% ao mês entre abril e junho, ante os quase 13% registrados em março de 1985. Findo o represamento, especialmente comprometido por um choque agrícola que elevou sobremaneira os preços dos gêneros alimentícios, o Índice Geral de Preços (IGP-DI) saltaria para 14% em agosto – um fracasso no controle dos preços que se mostraria infausto para a permanência de Dornelles na Fazenda (Modiano, 2014).

Com apenas 15 dias de governo, surgiu o primeiro choque entre as equipes de Dornelles e Sayad, causado pelo chamado Plano de Prioridades para 85, que retomava propostas desenvolvidas pela Copag. O projeto envolvia o aumento dos gastos com merenda escolar, distribuição de remédios e urbanização de bairros periféricos, entre outros. O custo inicialmente estimado era de Cr$ 15,9 trilhões. Isso em um cenário em que a receita tributária projetada pela Receita Federal estava entre Cr$ 130 e 140 trilhões, enquanto o déficit seria de Cr$ 53 trilhões. Por um lado, para Sayad, o programa era uma necessidade civilizatória; Vital, por outro lado, afirmava que o projeto não estava em cogitação pela Fazenda.

Pouco adiante, a equipe de Dornelles entrou em rota de colisão com o ministro do Trabalho, Almir Pazzianotto, por causa da determinação do valor do salário-mínimo que vigoraria a partir de 1º de maio daquele ano. O Brasil vivia um surto de greves, interrompido apenas pela morte de Tancredo. Em linha com a tese do "é proibido gastar", a Fazenda desejava manter os salários reais inalterados, dando um reajuste igual ao da variação do Índice Nacional de Preços ao Consumidor (INPC) (Ministros..., 1985, p.23). Já Pazzianotto desejava um aumento acima desse índice. João Sayad pôs-se ao lado da Fazenda, mas políticos, como o então senador Fernando Henrique Cardoso, líder do governo no Congresso, clamavam por aumentos reais. Um grupo interministerial encarregado de estudar o assunto concluiu que um aumento superior ao INPC não teria impactos significativos sobre a inflação. Ao fim da batalha, venceu a proposta de Pazzianotto e o salário-mínimo foi corrigido em 112% do INPC.

Outra disputa importante entre os conservadores da Fazenda e do BC, e os "heterodoxos" do Planejamento envolvia questões algo mais teoréticas ou principiológicas. Sayad encampava a ideia de que o BC poderia reduzir as taxas de juros imediatamente e de modo unilateral, e que ao fazê-lo, o custo de rolagem da dívida também seria atenuado, impactando positivamente o resultado fiscal do governo. Partia-se da tese de que o país estava preso em um equilíbrio deletério, em que taxas de juros elevadas acabavam por aumentar o custo de pagamento da dívida interna, o que, por sua vez, exigia juros ainda mais elevados. Para Sayad, o BC poderia romper esse ciclo pernicioso, buscando uma taxa de equilíbrio em patamares mais baixos. Dornelles e os monetaristas defendiam que os juros respondiam ao estado ruim das contas do governo, de modo que a única forma de os reduzir de maneira sustentável seria equacionando o problema fiscal. Diante das duas estratégias, Sarney encampou a proposta de Sayad.

Outra fonte de atrito dizia respeito ao orçamento das empresas estatais. Dornelles sustentava que os cortes deveriam ser de, no mínimo, Cr$ 29 trilhões, contra os Cr$ 19 trilhões defendidos por Sayad, para quem qualquer subtração acima desse valor implicaria efeitos recessivos sobre a economia. Novamente, o presidente José Sarney arbitrou em favor de Sayad. Pouco tempo depois, o ministro do Planejamento pediria a recomposição de Cr$ 5 trilhões no orçamento das estatais, cujos resultados teriam sido prejudicados pelos quatro meses de congelamento de preços. Dornelles e sua equipe posicionaram-se contrariamente a esse aditivo, saindo, mais uma vez, derrotados.

Em junho, já eram ostensivos os conflitos entre a equipe econômica e a paralisia decisória, algo que causava incerteza entre os agentes econômicos, inclusive o FMI, como relatava um analista estrangeiro: "*Mr. Sarney [...] has been unable to define an economic policy because of infighting in the cabinet he inherited, while the broad alliance formed by Mr. Neves to sustain the new Government looks close to disintegration*" (Riding, 1985, p.2).

A DEMISSÃO DE DORNELLES

O desprestígio ou a "fritura" de Francisco Dornelles seguia em fogo alto. O fim de sua passagem pelo governo chegaria em 26 de agosto, pouco mais de cinco meses após sua investidura. Dornelles encaminhou ao presidente da República uma nota protocolar, pedindo ao chefe Executivo que lhe concedesse a "exoneração do cargo de Ministro de Estado da Fazenda". Sarney, por sua vez, demonstrou um lacônico pesar em relação à decisão do ministro, aproveitando para alfinetá-lo, dizendo que "o país não pode parar de crescer e não pode adotar medidas recessivas, que provocariam desemprego e criariam o risco de uma convulsão social, capaz de abalar as instituições democráticas" (Dornelles se demite..., 1985, p.24). Tratava-se de mais uma pública e acintosa crítica à ala monetarista.

O gatilho para que se chegasse a esse ponto foi a demissão de Sebastião Vital, seu secretário de política econômica que assumira interinamente a Fazenda quando da viagem de Dornelles a Paris para negociar a dívida externa. No dia 22 de agosto, em um almoço com banqueiros em Brasília, Vital teria feito severas críticas à política econômica, afirmando que os responsáveis por sua condução não estavam "respeitando os desígnios do presidente Tancredo Neves", e que "o Ministério da Fazenda já exauriu sua participação na tentativa de corrigir a economia nacional" (Ministro..., 1985, p.1). O interino afirmou ainda que os gastos do governo não estavam "sendo feitos com a moderação necessária", de forma que tais "desperdícios não [seguiam] a rigidez indispensável ao equilíbrio do déficit". Segundo Vital, era enganoso acreditar numa redução do déficit, pois os *policymakers* "não estão preocupados com o dia de amanhã" (ibidem, p.1). De acordo com o divulgado pela imprensa na época, o discurso e as confidências do homem forte de Dornelles deixaram a plateia perplexa. Vital chegou a negar que tecera tais críticas, mas já era tarde demais.

O caso de Sebastião Vital foi apenas uma demonstração da insatisfação generalizada entre os monetaristas que compunham o governo. Sarney tomou a fala de Vital como uma ofensa pessoal. A *Gazeta Mercantil* repercutiu a demissão do interino, afirmando que ele "vinha sendo uma fonte constante de atritos internos no governo". Classificado como um homem "muito ligado ao ex-ministro" Simonsen, reconhecia-se, porém, que Vital era o "colaborador de primeira hora da candidatura de Tancredo" e um dos "pivôs que atuaram na montagem do [seu] programa econômico". Segundo o jornal, Vital era também "um dos polos de catalização de divergência, especialmente com a Seplan" (Pinto, 1985, p.3).

Dornelles sabia-se malquisto. Meses depois, no aniversário de um ano da eleição de Tancredo – 15 de janeiro de 1986 –, o *Jornal do Brasil* publicou uma entrevista com o ex-ministro. Ao tratar do episódio Vital e de sua saída, afirmou: "Na verdade, eu sentia que minha presença no Ministério da Fazenda não estava ajudando o presidente

Sarney, mas só estava causando transtornos. As forças políticas que apoiavam o presidente não estavam recebendo muito bem minha presença". E confessava a derrota: "Eu [...] pretendia fazer uma política de maior austeridade e concluir um acordo com o FMI e os bancos" (Dornelles, 1986, p.4). Essa estratégia, sabia ele, havia sido enterrada com o corpo de seu tio no interior de Minas Gerais: "Quando o Tancredo morreu, nada daquilo fazia mais sentido. Eu cheguei ao Sarney e pedi demissão. Ele não aceitou, mas era só uma questão de tempo. Olhando hoje, eu estava pedindo demais: corte de despesas, juros no teto, recessão. Se o Sarney fizesse o que eu propunha, ele caía" (apud Traumann, 2018, p.51).

Com a queda de Dornelles e Vital, os monetaristas da FGV-Rio que estavam no Banco Central – Lemgruber, Furugem e Castello Branco – pediram demissão. No lugar deles entrariam os inercialistas da PUC-Rio, como Pérsio Arida e Lara Resende. E os paulistas, que corriam o risco de ficar sem nenhuma das pastas da Economia, acabaram ficando com as duas. Franco Montoro indicou Dilson Funaro, um empresário paulista, filiado ao PMDB e então presidente do BNDES para a Fazenda. Agora, toda a equipe econômica poderia flertar com a possibilidade de um choque heterodoxo – ao estilo do Plano Austral argentino, implementado em junho de 1985 – passou a ser amplamente antecipada pelos agentes.

A verdade é que o presidente *de facto*, o deputado Ulysses Guimarães, e seus conselheiros econômicos tinham pavor da política monetarista. Já o presidente de direito, José Sarney, representava um anticlímax. Em vez do novo, em vez de Tancredo – que segundo as palavras talvez exageradas de Skidmore (2004, p.491) "era visto pelos brasileiros como um novo Moisés, com a missão de conduzir o país do deserto da desesperança para uma nova Canaã" –, o país tinha que se contentar com o ex-presidente nacional da Arena e da UDN, que estava no PMDB apenas por uma fatalidade jurídica.

Moisés demorou quarenta anos para atravessar o deserto; Tancredo talvez contasse com a paciência dos brasileiros para um sacrifício de 400 dias. Sarney não tinha forças para impor nem quatro meses de abnegação. Sarney precisava de um milagre, e o Plano Cruzado funcionou como tal, levando o inesperado presidente da República a atingir níveis inimagináveis de popularidade. Mas o milagre, porém, duraria apenas até novembro daquele ano. E o congelamento generalizado de preços vigente durante todo o ano de 1986 adicionou gasolina à fogueira da inflação inercial do Brasil; dali em diante, em face de qualquer fato ou boato de uma nova intervenção do governo, os agentes reajustavam preventivamente seus preços. O governo que recebeu uma inflação de 200% ao ano dos militares passaria a faixa para Fernando Collor com uma de mais de 80% ao mês.

Para além do exercício de imaginação de como teria sido a política econômica de um governo Tancredo Neves, talvez o elemento mais importante da breve gestão de seu sobrinho no Ministério da Fazenda é que ela representou uma espécie de missa de corpo presente da hegemonia da FGV-Rio e da USP delfinista nos postos de comando da economia nacional. Também significou uma passagem do bastão para outras escolas, como a USP não delfinista (João Sayad e Zélia Cardoso de Mello, por exemplo), a ala heterodoxa da FGV-SP (Luiz Carlos Bresser-Pereira e Yoshiaki Nakano), além da Unicamp e da PUC-Rio. Estas últimas protagonizaram a condução da política econômica desde os anos 1990: a PUC-Rio na formulação do Plano Real e na era FHC, e a Unicamp na gestão de Guido Mantega, apesar de não ser formalmente ligado à instituição. Foi apenas com a vitória do presidente eleito em 2018 que os monetaristas da FGV-Rio, representados por um egresso da Universidade de Chicago, voltaram a ditar os rumos da política econômica no Brasil.

CONSIDERAÇÕES FINAIS

Após duas décadas de repressão e violência, a sociedade brasileira estava ávida por mudanças naquele início de 1985, a começar pela possibilidade de eleger diretamente seus representantes, direito elementar em uma democracia digna do nome. Mas a derrota da emenda Dante de Oliveira sinalizava que a transição de regime seria lenta, gradual, segura e, como provou a história, incompleta.

As expectativas eram, de fato, superiores ao que a realidade política de um país conservador poderia entregar. O anseio pelo fim da ditadura militar estava por trás do engodo de que a mera queda dos militares resolveria, como num passe de mágica, problemas estruturais que acometem o país há séculos, a começar pelo inimigo público número um dos anos 1980: a inflação.

É verdade que Tancredo Neves demonstrava simpatia por uma política econômica conservadora, ainda que, em determinados momentos, tenha flertado com as ideias de "pacto social" naturalmente identificado com a campanha de um democrata que se colocava contra um regime de exceção. O diagnóstico era simples: a inflação brasileira seria provocada pelo déficit público, o que resultava em emissões monetárias acima da demanda, provocando a perda de valor da moeda nacional. Para acabar com a inflação era preciso reduzir o déficit, e reduzir o déficit significava corte de gastos. Daí a opção cautelosa pela indicação de Francisco Dornelles, um homem que, além de ser de sua confiança pessoal, era claramente alinhado à teoria econômica tradicional.

Defenestrado de um governo a que nunca se sentira pertencente, Dornelles filiou-se ao PFL, partido de visão mais conservadora, inclusive na economia, do que o PMDB. Sua carreira política foi longa e profícua: deputado federal por cinco mandatos consecutivos (1987-2007), ministro do Desenvolvimento, Indústria e Comércio Exterior (1996-1998) e do Trabalho (1999-2002), senador da República (2007-2014) e vice-governador do Rio de Janeiro (2015-2019). Falecido em agosto de 2023, Dornelles foi um ator importante na vida pública do Brasil da Nova República, ainda que poucas tenham sido as oportunidades em que se manifestou acerca de sua breve gestão no Ministério da Fazenda.

REFERÊNCIAS

A REFORMA tributária tem que ser o suporte da descentralização administrativa. *O Globo*, Rio de Janeiro, 12 fev. 1985.

ALMEIDA FILHO, H. Delfim se despede do disfarce de tecnocrata e assume a política. *Jornal do Brasil*, Rio de Janeiro, 25 nov. 1984.

ANDRADA, A. F. S. Quem, afinal, apoiou o Plano Collor? *Brazilian Journal of Political Economy*, v.38, n.4, 2018.

ANDRADA, A. F. S.; BOIANOVSKY, M.; CABELLO, A. F. O Clube de Economistas e a Revista Econômica Brasileira. Um Episódio na História do Desenvolvimentismo Nacionalista no Brasil. *Estudos Econômicos*, n.48, p.721-56, 2018.

ANDRADA, A. F. S.; BOIANOVSKY, M. The political economy of the income distribution controversy in 1970s Brazil: debating models and data under military rule. *Research in the History of Economic Thought and Methodology,* v.38, p.75-94, 2020.

ARIDA, P.; RESENDE, A. P. de L. Recessão e taxa de juros: o Brasil nos primórdios da década de 1980. *Brazilian Journal of Political Economy*, v.5, n.1, 1985.

BRASIL. Ato Institucional n.5. Brasília, 13 dez. 1968. Disponível em: http://www.planalto.gov.br/ccivil_03/ait/ait-05-68.htm. Acesso em: out. 2023.

BRASIL. Resolução 432 do Banco Central. Brasília, 23 jun. 1977. Disponível em: https://www.bcb.gov.br/pre/normativos/res/1977/pdf/res_0432_v1_O.pdf. Acesso em: out. 2023.

CANDIDATO da Fiesp. *Jornal do Brasil*, Rio de Janeiro, 17 dez. 1984.

CORRÊA DE SÁ, M. A metamorfose do continuísmo. *Jornal do Brasil*, Rio de Janeiro, 3 mar. 1985.

COUTINHO, L. G. Não foi por falta de aviso. *Brazilian Journal of Political Economy*, v.3, n.1, 1983.

CRUZ E SILVA, V.; ASSAF, M. C. Ernane Galvêas – um plurivalente funcionário público contra a dívida externa. In: SALOMÃO, I. C. (Org.). *Os homens do cofre*: o que pensavam os ministros da Fazenda do Brasil republicano (1889-1985). São Paulo: Editora Unesp, 2021.

D'ARAÚJO, M. C.; CASTRO, C. *Ernesto Geisel*. Rio de Janeiro: Fundação Getúlio Vargas, 1997.

DORNELLES ASSUME o comando das finanças. *O Estado de S. Paulo*, 24 mar. 1985.

DORNELLES PÕE o cargo à disposição. *O Estado de S. Paulo*, 22 ago. 1984.

DORNELLES SE DEMITE amanhã. O presidente lamenta. *O Globo*, Rio de Janeiro, 27 ago. 1985.

DORNELLES, F. O. N. Discurso de posse no ministério da Fazenda. *O Globo*, Rio de Janeiro, 16 mar. 1985.

DORNELLES, F. O. N. Tancredo queria apoio da cidade para mudar o campo. *Jornal do Brasil*, Rio de Janeiro, 15 jan. 1986.

DORNELLES, F. O. N. Programa Memória Política (Depoimento). Brasília: Câmara dos Deputados, 2006. Disponível em: https://www2.camara.leg.br/a-camara/documentos-e-pesquisa/arquivo/historia-oral/Memoria%20Politica/Depoimentos/francisco-dornelles/texto. Acesso em: fev. 2021.

EMPRESÁRIO que aumentar preço sofrerá devassa fiscal. *O Globo,* Rio de Janeiro, 18 dez. 1979.

FREITAS Nobre garante que PMDB não veta Dornelles. *O Globo,* Rio de Janeiro, 1 fev. 1985.

FURTADO, C. M. *Não à recessão e ao desemprego.* Rio de Janeiro: Paz e Terra, 1983.

FURTADO, C. M. Caleidoscópio da abertura. *Revista Piauí,* 155, ago. 2019. Disponível em: https://piaui.folha.uol.com.br/materia/caleidoscopio-da-abertura/. Acesso em: fev. 2021.

GALVÊAS quer superávit de US$ 6 bi em 1983. *O Globo,* Rio de Janeiro, 5 out. 1982.

GOVERNO ALERTA para risco das pressões. Ulysses diz que nação não aguenta mais. *Jornal do Brasil,* Rio de Janeiro, 18 abr. 1984. p.1.

GOVERNO CONGELA preços ao nível de dezembro de 1968. *O Globo,* Rio de Janeiro, 7 jan. 1969.

IR DARÁ metade da receita da União em 84. *Jornal do Brasil,* Rio de Janeiro, 12 jan. 1984.

LEITÃO, M. *Saga brasileira.* A longa luta de um povo por sua moeda. Rio de Janeiro: Record, 2013.

LEMGRUBER, A. C. Expectativas racionais e o dilema produto real/inflação no Brasil. *Revista Brasileira de Economia,* v.44, n.1, 1980.

LEMGRUBER, A. C. Lemgruber aponta desafios da nova política econômica. *Jornal do Brasil,* Rio de Janeiro, 23 fev. 1985.

MINISTRO critica a política econômica. *Jornal do Brasil,* Rio de Janeiro, 23 ago. 1985.

MINISTROS debatem salário-mínimo. *Jornal do Brasil,* Rio de Janeiro, 31 mar. 1985.

MODIANO, E. M. A ópera dos três cruzados, 1985-1990. In: ABREU, M. de P. (Org.). *A ordem do progresso*: dois séculos de política econômica no Brasil. São Paulo: Atlas, 2014.

NEVES, T. de A. Sou o condutor da política econômica. Construir uma grande nação brasileira não é utopia (discurso de posse, lido por José Sarney). *O Globo,* Rio de Janeiro, 18 mar. 1985.

PINTO, C. Críticas internas irritam Sarney. *Gazeta Mercantil,* Rio de Janeiro, 26 ago. 1985.

REAÇÃO entre liberais: há ameaça de continuísmo. *O Globo,* Rio de Janeiro, 24 jan. 1985.

RESENDE, A. P. de L. In: SOLNIK, A. *Os pais do Cruzado contam por que não deu certo.* Porto Alegre: L&PM, 1987.

RIDING, A. Economic uncertainty of Brazil. *The New York Times,* Nova York, 27 ago. 1985.

SAYAD, J. A funcionalidade política da recessão. *Brazilian Journal of Political Economy*, v.1, n.4, 1981.

SERRA, J. A crise econômica e o flagelo do desemprego. *Brazilian Journal of Political Economy*, v.4, n.4, 1984.

SIMONSEN: novas medidas exigem estudo cuidadoso. *O Globo*, Rio de Janeiro, 8 dez. 1979.

SKIDMORE, T. *Brasil*: de Castelo a Tancredo. Rio de Janeiro: Paz e Terra, [1988] 2004.

TRAUMANN, T. *O pior emprego do mundo*. 14 ministros da Fazenda revelam como tomaram as decisões que mudaram o Brasil e mexeram no seu bolso. São Paulo: Planeta, 2018.

VITAL, S. M. Taxa de juros, inflação e recessão. *Jornal do Brasil,* Rio de Janeiro, 9 dez. 1982.

WERNECK, R. L. F. Poupança estatal, dívida externa e crise financeira do setor público. *Pesquisa e Planejamento Econômico*, 16(3), 1986.

2

Dilson Domingos Funaro

NACIONALISMO, INTERVENÇÃO E HETERODOXIA DURANTE A DÉCADA PERDIDA

Claucir Roberto Schmidtke e Ivan Colangelo Salomão

INTRODUÇÃO

Pejorativamente afamada como "perdida", a década de 1980 representou um período rico, complexo e importante da história brasileira contemporânea. Se do ponto de vista político marcou o longo e inacabado processo de redemocratização do país – tendo na promulgação da Constituição de 1988 seu mais relevante símbolo –, o desempenho econômico observado no penúltimo decênio do século XX justifica, em alguma medida, a alcunha pouco lisonjeira consagrada pela literatura especializada.

Conquanto usual, a rotulagem encobre uma série de elementos cujas facetas só podem ser devidamente avaliadas com o benefício do transcorrer histórico. Se o período ficou estigmatizado pelo registro dos mais altos índices inflacionários até então registrados na história estatisticamente documentada do país, não se pode negligenciar o aprendizado que as diversas tentativas fracassadas de estabilização monetária proporcionaram aos economistas brasileiros – a começar pela experiência política, uma vez que a arte de fazer política econômica envolve uma faceta política e outra econômica (Arida, 1982), mas, sobretudo, pelo conhecimento técnico gradualmente adquirido desde o Plano Cruzado, cuja equipe de formuladores era parcialmente composta pelos mesmos economistas que, anos depois, idealizaram o bem-sucedido plano que viria a pôr fim a décadas de descontrole inflacionário. Além disso, o próprio equacionamento da questão externa também teve na conturbada negociação levada a cabo nos anos 1980 um elemento importante de aprendizagem institucional.

No epicentro do laboratório social em que a referida crise transformou a economia brasileira, estava um presidente politicamente frágil[1] e socialmente deslegitimado, a quem restava conquistar a aprovação negada pelas urnas por meio de medidas econômicas de apelo popular. Foi nesse contexto de ebulição político-social que José Sarney nomeou o empresário Dilson Funaro para o Ministério da Fazenda em 26 de agosto de 1985, cinco meses após o início do seu governo. Um dos principais executivos da indústria paulista, Funaro ocupava a presidência do Banco Nacional do Desenvolvimento Econômico e Social (BNDES) quando convidado a assumir o posto precocemente deixado por Francisco Dornelles.

Descendente de calabreses de Cantazaro, Dilson Domingos Funaro nasceu em 23 de outubro de 1933 na cidade de São Paulo. Casou-se com Ana Maria Matarazzo Suplicy, irmã do senador Eduardo Suplicy, com quem teve seis filhos (Meneses, 2010). Em 1956, formou-se em Engenharia pela Universidade Mackenzie, na qual foi diretor do Centro Acadêmico Horácio Lane, órgão máximo de representação discente da instituição. Já no segundo ano do curso, esteve à frente da fundação de seu primeiro negócio familiar, a Companhia Brasileira de Peças Industriais (Cobrapi). Em 1967, juntou-se a duas outras empresas já estabelecidas – Monitora e Trol –, formando um conglomerado do setor de plásticos e brinquedos do qual foi presidente até 1985 (Safatle, 2016).

---

1 O ex-presidente José Sarney reconheceu que os problemas decorrentes dos choques do petróleo, do alto custo do serviço da dívida, do baixo desempenho do PIB e da inflação "caíram no meu colo de repente, sem que eu tivesse uma preparação política para resolvê-los" (apud Costa, 2015).

Sua vida pública teve início por meio da atuação de representação classista. Aos 25 anos de idade, Funaro assumiu a diretoria do Departamento de Comércio Exterior da Federação das Indústrias do Estado de São Paulo (Fiesp), experiência que o credenciou a integrar a diretoria, o conselho ou mesmo a presidência de diversas entidades, organismos e instituições públicas e privadas.[2] Estreou na política em 1969, ao assumir a Secretaria de Planejamento do estado de São Paulo a convite do então governador Roberto Costa de Abreu Sodré; no ano seguinte, foi nomeado para a Secretaria da Fazenda, cargo que ocupou até março de 1971 (Posse..., 1969).

Em outubro de 1982, Funaro foi diagnosticado com um tumor maligno no sistema linfático. Após dez meses de tratamento quimioterápico, os sintomas pareciam ter desaparecido, o que lhe permitira levar novamente "uma vida sem qualquer tipo de restrição, trabalhando até mais de 14 horas por dia, em Brasília, Rio de Janeiro e São Paulo" (Escolhido..., 1985, p.13). No final de 1985, já no comando da Fazenda, a doença voltou a acometê-lo, o que não o impediu de seguir à frente da pasta: "Vocês têm de entender uma coisa: o que mata um homem não é o trabalho. O que destrói uma pessoa é não acreditar nas coisas. O trabalho é um prazer" (Funaro..., 1986a, p.23). Não obstante a vontade de vencer a doença, Funaro sucumbiu no dia 12 de abril de 1989, no Hospital Oswaldo Cruz, em São Paulo, após três semanas internado (Morre..., 1989).

2 Arrolados por ordem cronológica, Funaro assumiu os seguintes cargos no decorrer de sua trajetória profissional: diretor do Centro das Indústrias do Estado de São Paulo (Ciesp); diretor do departamento de Comércio Exterior da Fiesp; membro do Conselho de Comércio Exterior da CNI; membro do Conselho de Assuntos Legislativos da CNI; diretor do Departamento de Estatística da Fiesp; diretor Adjunto do Departamento de Economia da Fiesp; conselheiro Especial da CNI; presidente da Associação Brasileira do Plástico; presidente da Associação Latino Americana de Plásticos; presidente do Sindicato da Indústria de Material Plástico; vice-presidente da Fiesp; membro do Conselho de Comércio Exterior da Fiesp; conselheiro da Escola de Administração de Empresas da Fundação Getúlio Vargas; presidente do Conselho de Tecnologia do Estado de São Paulo; secretário da Economia e Planejamento do Estado de São Paulo; secretário da Fazenda do Estado de São Paulo; membro do Conselho de Economia da Fiesp; membro do Conselho da Fundação Padre Anchieta (TV educativa); por fim, presidente do Conselho da Viação Aérea São Paulo (Vasp).

Em que pese o desconhecimento público de sua figura, o nome de Dilson Funaro poderia constar na história nacional como o do homem que lançou a primeira flecha contra a hiperinflação brasileira. Funaro foi, provavelmente, o ministro da Fazenda que auferiu os maiores índices de popularidade enquanto à frente da economia do país. Ainda que fugaz, o apoio popular granjeado com a estabilização artificial do Plano Cruzado mostrou-se fundamental não só para o aprendizado institucional, mas também para o presidente da República concluir os cinco anos de seu mandato. Nesse sentido, a trajetória, as ideias e as ações do "homem que enfrentou a inflação" são um caminho importante para conhecer a própria história da Nova República.

AS IDEIAS ECONÔMICAS DE DILSON FUNARO

A carreira profissional de Dilson Funaro foi forjada, desde os bancos da universidade, na iniciativa privada. Engenheiro de formação, Funaro teve contato direto com questões econômicas na vivência do cotidiano empresarial. Tal experiência contribuiu diretamente para moldar sua concepção acerca de assuntos econômicos. Proprietário de uma das mais importantes indústrias brasileiras do ramo de brinquedos, a defesa de políticas de apoio ao setor produtivo[3] acabou por se tornar, naturalmente, o *leitmotiv* de seu pensamento.

As particularidades da conjuntura econômica no momento em que assumiu o Ministério da Fazenda, porém, concorreram para rematar seu repertório em matéria de política econômica. Apesar da profundidade da crise que acometia o país em 1985, os problemas mais prementes que contribuíram para a consolidação de suas ideias

3 O ecumenismo das críticas às taxas de juros praticadas no Brasil não é exatamente recente. De empresários a trabalhadores, diversos são os setores econômicos que condenam a insensatez do preço do capital no país. Funaro não fugiu à regra. Antes mesmo de assumir a Fazenda, quando ainda ocupava a presidência do BNDES, afirmou ser "imperioso que a taxa de juros caia e seja feita uma reforma tributária. Se o Governo desejar que a iniciativa privada comande a economia, ela pode assumir, com a queda dos juros internos [...]" (O crescimento..., 1985, p.23).

estavam relacionados às finanças públicas, à dívida externa e, naturalmente, à inflação.

O entendimento de Funaro sobre a higidez orçamentária era instrumental, de modo que procurava defendê-la como meio, e não como um fim em si mesmo. Se o desajuste fiscal não representava o principal elemento subjacente à explosão inflacionária observada desde o início dos anos 1980, como argumentavam economistas de tradição monetarista, Funaro tampouco o eximia de reforçar o complexo fenômeno do aumento generalizado dos preços observado à época (Funaro..., 1985).

Ao anunciar as diretrizes de sua política, o ministro afirmou, em seu discurso de posse, que o ajuste deveria vir acompanhado de uma melhoria e não apenas de uma contração dos gastos públicos: "O combate à inflação reclama do setor público o exemplo mais forte. Seremos determinados no rigoroso controle dos gastos: o estrito controle dos gastos públicos compreende uma política seletiva de investimentos" (Os discursos..., 1985, p.21). Assim, Funaro condicionou a promoção do ajuste à manutenção dos investimentos públicos por entendê-los como fundamentais para viabilizar o crescimento dinamicamente sustentado da demanda agregada. O ministro considerava os efeitos multiplicadores das inversões públicas especialmente relevantes, de modo que as manteve fora do contingenciamento anunciado na primeira reunião ministerial[4] da nova equipe econômica, ocorrida ainda em agosto de 1985.

> O setor público investe menos por estar endividado; o setor privado, embora financeiramente saudável, também investe menos, porque são raros os investimentos produtivos capazes de gerar retorno superior às taxas de juros vigentes. *O resultado do desequilíbrio financeiro do setor público é, portanto, o colapso generalizado do investimento.* (Brasil, 1985, p.25, grifo nosso)

---

4 Participaram desse primeiro encontro, realizado no Ministério da Fazenda, os ministros do Planejamento, João Sayad, e da Fazenda, Dilson Funaro, o presidente do Banco Central, Fernão Bracher, o assessor para Assuntos Econômicos da Presidência da República, Luiz Paulo Rosemberg, o economista Ibrahim Eris, o secretário-geral do Ministério do Planejamento, Andrea Calabi, e o secretário de Orçamento e Finanças do Planejamento, José Theóphilo de Oliveira (Nova equipe..., 1985, p.21).

Com efeito, percebe-se a influência do pensamento keynesiano sobre sua concepção acerca da atuação do Estado. Ao inverter a lógica fiscalista – segundo a qual a sustentabilidade da dívida pública só poderia ser alcançada por meio da redução dos gastos primários –, o ministro sugeria que o crescimento econômico também iria ao encontro da sua acomodação dinâmica. Diante da alta correlação entre crescimento da atividade e arrecadação tributária, medidas contracionistas até poderiam beneficiar o caixa (e a dívida) do governo no curto prazo, mas o ajuste só se faria sustentável se atuasse de maneira anticíclica também na fase de ascensão do ciclo econômico. Assim, questionava o sentido da causalidade entre ajustamento fiscal e crescimento econômico, os quais representariam, ao fim, duas faces da mesma moeda:

> A redução do déficit público não contradiz o imperativo da retomada sustentada do crescimento. Ao contrário: o crescimento auxilia o reequilíbrio financeiro do setor público por duas razões. Primeiro, porque aumenta a arrecadação mais do que os gastos; segundo, porque permite a geração de receitas operacionais nos investimentos das estatais. (ibidem, p.22)

Condizente com o arcabouço heterodoxo a partir do qual defendia suas ideias, Funaro também questionava a própria composição da peça orçamentária, demanda tão legítima quanto republicana. Nesse sentido, entendia que o problema do déficit público não passava somente pela redução dos gastos de custeio, mas também pelo equacionamento da questão do endividamento público e, consequentemente, do pagamento de seu serviço.[5] Quando da primeira reunião realizada com alguns dos principais banqueiros do país, em 28 de agosto de 1985, o novo ministro apresentou medidas audaciosas por meio das quais se pretendia reduzir os juros reais:

---

5 Funaro invertia a causalidade entre a adoção de uma política monetária contracionista e o ajustamento fiscal. Em seu entendimento, o pagamento do serviço da dívida depunha diretamente contra a sustentabilidade das contas públicas: "Há déficit público porque a receita, embora suficiente para fazer face a todas as despesas de consumo e investimento, está aquém do necessário para pagar os juros sobre a dívida pública. Como consequência, crescem concomitantemente o endividamento do governo e a taxa de juros interna" (Brasil, 1985, p.25).

> Após estudarmos minuciosamente o assunto, nós, o ministro Sayad, e os senhores que aqui estão, concluímos que não há necessidade de taxas de juros tão altas como as que estão sendo cobradas no país [...], não há motivo nenhum para que o mercado não opere a 17%. [...] É um engodo esperar que zeremos o déficit público, para só então iniciarmos uma redução das taxas de juros. Nós vamos fazer as duas coisas ao mesmo tempo. (Governo..., 1985a, p.12)

No dia seguinte, por ocasião da primeira reunião de emergência do Conselho Monetário Nacional (CMN) após a sua posse, quando se deliberou a alteração da fórmula da correção monetária – baseada, a partir de então, na inflação mensal e não mais trimestral –, o ministro foi questionado acerca da suposta insegurança que a medida traria ao mercado financeiro: "Mais importante do que a tranquilidade do mercado é o ganho contra o processo inflacionário" (CMN..., 1985, p.13). Apesar da atualidade do tema, observa-se clara regressão nas possibilidades reservadas ao Estado brasileiro para praticar uma política econômica autônoma. Se atualmente a incumbência de determinar a política monetária cabe a nove burocratas não eleitos – cujas relações com o setor financeiro privado são tão públicas quanto íntimas –, a altivez do pronunciamento de Funaro demonstra que, no tocante à soberania de suas instituições sociais e econômicas, o Brasil involuiu.[6]

Sua concepção de política fiscal não se resumia ao controle dos índices de endividamento nem à promoção do crescimento da absorção interna, apenas. Para além dos naturalmente importantes indicadores macroeconômicos, Funaro também delegava à faceta política do orçamento público determinadas responsabilidades sociais. Nesse sentido, procurou blindar as rubricas da peça orçamentária destinadas ao financiamento de determinadas políticas sociais,

6 Ícone de uma geração de empresários industriais, Antônio Ermínio de Moraes, presente à reunião como convidado especial de Funaro, creditava a redução dos juros ao perigoso expediente da "vontade política". Demonstrando confiança na atuação do ministro, vaticinou: "A coisa agora é para valer. Os juros vão cair porque o governo quer que eles caiam. E é o governo quem controla o mercado, conseguindo conduzi-lo para onde bem quiser. Os juros não caíam antes porque não havia uma vontade política do governo. Agora há esta vontade política e muita seriedade" (Governo..., 1985a, p.12).

defendendo as medidas com platitudes tão estereotipadas quanto verdadeiras e necessárias:

> Após quatro anos de recessão, era indispensável dar cobertura e atendimento prioritário aos problemas sociais brasileiros. Acho que seria dispensável citar todos os casos e os fatos das crianças desamparadas, das crianças desatendidas, da necessidade de uma Nação como a nossa, que tem verbas para tantos projetos, não ter em seu orçamento verbas que protejam a criança e nos deem possibilidade de gastar para resolver esse problema social. (Funaro, 1986b, p.14)

Em suma, pode-se entender a lógica do seu projeto de ajuste fiscal por meio da complexa tarefa de "cortar gastos públicos, praticar tarifas realistas, extinguir ou fundir setores da administração, recuperar a receita fiscal e reduzir a transferência real de recursos ao exterior" (Brasil, 1985, p.26). Como se já não fosse o suficiente, pretendia-se, ao mesmo tempo, garantir recursos para os investimentos públicos e, sobretudo, para a ampliação de políticas de proteção social. Mais uma vez, a realidade ensina que apesar das melhores intenções, a restrição orçamentária a que todo gestor público deve se curvar torna-se o óbice intransponível da vontade política.

Intimamente relacionado à questão fiscal, um segundo tema a que Funaro se dedicou durante sua passagem pela Fazenda foi a negociação da dívida externa. O estrangulamento do balanço de pagamentos impunha limitações draconianas à condução da política econômica interna, motivo que justificou a mudança significativa na gestão da dívida externa. A "guinada soberana" patrocinada pelo ministro procurou envolver a questão numa aura política, "alterando o patamar qualitativo" da negociação com o Fundo Monetário Internacional e os representantes dos bancos credores (Batista Junior, 1988). Nos termos empregados pelo ministro, o Brasil deveria "rejeitar a ingerência de entidades externas [e atuaria para] subordinar qualquer acordo aos interesses soberanos e às necessidades econômicas e sociais do país" (Brasil, 1985, p.11).

O mote dessa nova era da política externa brasileira baseava-se no respeito aos acordos previamente sancionados, desde que satisfeitas três condições inegociáveis para o governo brasileiro: (1) a aceitação de um plano de ajustamento das contas externas brasileiras de médio/longo prazo, (2) que este plano não depusesse contra a possibilidade de crescimento econômico no curto prazo e (3) que se levasse em consideração a realidade histórica e social do país. Nas palavras do ministro, "qualquer exercício de reestruturação da dívida terá que levar em conta, de uma forma ou de outra, a disponibilidade de recursos para financiar o programa de desenvolvimento econômico do Brasil nos próximos anos" (apud Kuntz, 1985a, p.6).

Por diversos motivos inter-relacionados, a autonomia da própria condução da política econômica estava condicionada aos encaminhamentos da negociação da dívida, sobretudo no que dizia respeito à mais importante causa daquela gestão, a luta contra a inflação. Além da subordinação das políticas instrumentais – fiscal, monetária e cambial – às cláusulas dos acordos anteriormente assinados com o Fundo, o principal mecanismo de combate à inércia inflacionária ficaria fragilizado pelas condicionalidades impostas pelo FMI, conforme alertava o próprio ministro:

> Toda renegociação da dívida levava no seu bojo a decisão brasileira de escolher os seus caminhos, de podermos escolher caminhos *condenados* pelo Fundo, como, por exemplo, o congelamento de preços. No acordo anterior, um dos pontos mais importantes era que o Brasil mantivesse a liberação dos seus preços. Portanto, a falta de acordo, a permissão de que este país escolhesse realmente seus caminhos era absolutamente indispensável. (Funaro, 1986b, p.14, grifo nosso)

Assim, o objetivo mais premente da nova equipe econômica era reduzir a transferência líquida de recursos para o exterior. Para tanto, Funaro adotou intensa agenda de viagens internacionais, procedimento até então pouco usual para um ministro da Fazenda brasileiro. Em menos de quatro meses, esteve nos Estados Unidos em duas oportunidades – setembro de 1985 e janeiro de 1986. Na primeira, Funaro encontrou o diretor-gerente do FMI, Jacques de Larosière, a fim de apresentar-lhe as novas diretrizes da política econômica brasileira. O principal ponto de dissenso deu-se na temporalidade do ajuste proposto pelo Fundo, que exigia geração de superávit fiscal já no ano seguinte. Ciente de que contração de tal monta deporia diretamente contra a possibilidade de crescimento, Funaro propôs um ajustamento dinâmico no período de quatro anos, prazo que coincidiria com o final do governo Sarney.

Diante da hesitação do dirigente francês, Funaro buscou capitalizar politicamente o encontro. De volta ao Brasil, reafirmou que o governo não aceitaria a ingerência do Fundo em assuntos econômicos internos, declaração que repercutiu na imprensa nacional no tom esperado pela equipe econômica: tratava-se da "primeira vez [que] uma autoridade brasileira responsável pela negociação na área externa rejeita e questiona publicamente o receituário monetarista do Fundo" (País..., 1985, p.15). A queda de braço com o organismo multilateral renderia novas e ainda mais dramáticas manchetes.

No mês seguinte, Funaro voltou a se encontrar com a equipe do Fundo por ocasião da reunião anual do FMI e do Banco Mundial, em Seul. O ministro brasileiro manteve o tom da conversa anterior: o Brasil se comprometia a honrar o pagamento da dívida e de seu serviço, desde que isso não inviabilizasse o crescimento econômico do país – previsto em 5,5% para aquele ano. A proposta foi surpreendentemente bem recebida pelo secretário do Tesouro dos Estados Unidos, James Baker, que emprestou seu sobrenome para a primeira tentativa coordenada de renegociação das dívidas dos países da América Latina – cujas contrapartidas, como se esperava, repousavam na submissão ao programa de ajustamento proposto pelo FMI, motivo que acabou por lançar a iniciativa no esquecimento. A repercussão na imprensa brasileira, aquém do que esperava o ministro, refletia o entusiasmo dos negociadores brasileiros (Kuntz, 1985b).

No final de novembro, Funaro confidenciou que fora pressionado pela equipe do FMI a aumentar a carga tributária e promover um arrocho salarial, de modo a transformar o déficit público de 3,2% do PIB num superávit de 4%. A resistência de Funaro à medida – inexequível em qualquer cenário – veio acompanhada de uma primeira interrupção nas negociações com o Fundo, a cujo representante máximo solicitou o cancelamento do envio de novas missões do órgão a Brasília.

Na segunda passagem pelos Estados Unidos, no início de 1986, Funaro pretendia obter um selo de confiança do FMI e do Federal Reserve Bank (FED) em relação à política econômica do governo brasileiro, de modo a convencer os credores a rolarem a dívida vencida no ano anterior. O resultado imediato foi positivo, uma vez que o diretor-gerente prometeu interceder em favor do Brasil, conforme publicado na imprensa brasileira: "Larosière 'dirá algo' aos bancos norte-americanos que facilitará a obtenção pelo Brasil de novos adiamentos no pagamento de parte dos US$ 60 bilhões tomados como empréstimos pelo país" (Larosière..., 1986, p.7). Passados alguns meses, porém, apenas parte das promessas dos bancos haviam sido cumpridas, uma vez que o elemento central de uma negociação dessa natureza, a taxa de juros, não foi endereçado.

Para além das questões fiscal e da dívida externa, as ideias de Funaro que despertavam maior interesse da sociedade brasileira diziam respeito, naturalmente, ao combate à inflação. Inimigo público número um de sua geração política, o descontrole de preços, se não era um impeditivo *per se* ao crescimento da demanda agregada, depunha diretamente contra a organização do sistema econômico, sobretudo na formação das expectativas dos agentes; além disso, imputava ônus político irrecuperável ao governo de plantão.

A queda da ditadura militar trouxe consigo alívio e esperança – talvez em demasia, pois a expectativa social de que a simples presença de um civil no Palácio do Planalto resolveria todos os males que açoitavam o país havia décadas não poderia ser cumprida por simples vontade política. No que tangia especificamente à inflação, a sociedade brasileira viu-se frustrada repetidas vezes nos primeiros anos da Nova República, tendo que esperar até 1994 para que o dragão fosse, de fato, vencido.

No diagnóstico da equipe de Funaro, a inflação brasileira observada naquele momento respondia à confluência de três causas não necessariamente interligadas: déficit público, a elevada taxa de juros e inércia inflacionária. Fenômeno instintivamente criado como mecanismo de defesa em relação a perdas passadas, a inércia propagava-se rapidamente e incorporava-se de forma crescente a todos os demais preços.

Nesse sentido, a principal agenda de pesquisa a que se dedicavam economistas de todas as raízes teóricas durante os anos 1980 circunscrevia a maneira mais efetiva de desindexar a economia brasileira. Processo de raízes históricas, a inflação inercial foi paulatinamente institucionalizada a partir de 1964, quando o governo militar criou uma nova forma de financiar-se sem recorrer à emissão monetária. Se por um lado as obrigações reajustáveis do Tesouro Nacional (ORTN) inauguraram uma nova era do mercado de títulos públicos no país, por outro lado oficializaram o carregamento da inflação passada para os preços futuros. O desafio dos governos que o sucederam era, justamente, interromper essa espiral ascendente de preços.

Funaro entendia que a inércia inflacionária não respondia diretamente a problemas fiscais, mas resultava de vieses psicológicos inerentes à formação das expectativas de preços dos agentes econômicos. Com o objetivo de proteger-se de perdas futuras, empresários e consumidores buscavam reajustar seus preços com base em índices passados de elevação dos preços (Bresser-Pereira; Nakano, 1983). Assim, os próprios agentes contribuíam para a manutenção intertemporal da elevação da taxa de inflação, de modo que o congelamento atuaria para interromper o ciclo vicioso de remarcação de preços, conforme se alertava na imprensa especializada.

> A inflação brasileira desgarrou dos fatores originais que a impulsionaram. Passou a extrair forças do seu próprio movimento. A existência da correção monetária, aplicada de forma generalizada sobre os valores, contaminou a psicologia de todos os agentes econômicos e marginalizou o cruzeiro em suas funções monetárias. Todos começaram a fazer os cálculos de seus rendimentos e de seu patrimônio em ORTN. (A inflação..., 1986, p.7)

Contraintuitivamente, o prognóstico de Funaro não previa, em princípio, um tratamento de choque, mas a adoção de uma política gradualista por meio da qual se pretendia estabilizar determinados preços-chave no curto prazo, os quais, por sua vez, balizariam em rota descendente a formação de preços futuros. Conforme afirmava o próprio ministro, “qualquer política anti-inflacionária exige, portanto, preços agrícolas estáveis, particularmente para os produtos de abastecimento urbano. Neste caso, o objetivo é mesmo a manutenção de preços estáveis, e não a sua redução" (Brasil, 1985, p.45).

A estratégia escalonada condizente com preceitos da teoria econômica ortodoxa respondia ao receio de um possível desarranjo microeconômico decorrente de um eventual congelamento. Este último, consequentemente, poderia levar a um quadro de recessão, cenário tão temido por um governo frágil como era o do presidente Sarney. De acordo com Lopes (1986, p.10), Funaro afirmava que "a alternativa do choque heterodoxo seria contrária a tudo o que o governo tem feito até agora em matéria de ajuste interno da economia, com a destinação de volumosos recursos para aplicações sociais. Medidas heterodoxas certamente sustariam toda essa programação". Moraes (1986, p.10) corrobora a parcimônia com que o ministro analisava a possibilidade de adotar políticas não convencionais: "A adoção de medidas duras agora colocaria em xeque o tão falado pacto ou entendimento social. Também o governo teme interromper o processo produtivo em curso, levando o país para a recessão, revertendo o atual processo de crescimento", teria lhe dito Funaro.

As vicissitudes por que passava o país naquele momento acabaram, contudo, por moldar as convicções do ministro. Diante da renitência de determinados preços que resistiam a medidas de controle estatal – e, em última análise, da necessidade de granjear apoio popular –, o governo optou pela proposta do economista Francisco Lopes, conhecida como "choque heterodoxo", cujo mote principal era o congelamento de preços, de salários e da taxa de câmbio com vistas a neutralizar a inércia inflacionária. Ao defender a proposta que tanto se negara a adotar, o ministro utilizou-se de termos duros e de apelo emocional para justificar medida de alcance tão profundo:

> O congelamento se inscreve na mesma lógica de contenção da inércia inflacionária e visa abortar o processo de reajustes contínuos, cujo resultado é deixar todos no mesmo lugar e explodir o nível geral de preços. O governo não pretende perpetuar o congelamento nem ferir a livre concorrência, senão restaurar as condições de operação de um mercado saudável capaz de sinalizar corretamente aos produtores. Mas durante a vigência do congelamento seremos inflexíveis – povo e governo – na exigência do cumprimento dos valores

fixados. *A violação do congelamento acarretará severas penalidades aos infratores, porque não podemos permitir deserções nesta guerra contra o inimigo terrível.* O povo deve permanecer vigilante na fiscalização dos preços e é de sua adesão que depende o sucesso do programa. (A inflação..., 1986, p.7, grifo nosso)

Independentemente das convicções do ministro e dos integrantes de sua equipe, as imperiosidades políticas acabaram por determinar os rumos da gestão econômica e, especificamente, da estratégia de combate à inflação. Ideias importam, mas a premência da materialidade da *Realpolitik* acaba, ao fim e ao cabo, por impor-se.

A GESTÃO DE FUNARO NO MINISTÉRIO DA FAZENDA (1986-1987)

A demissão de Francisco Dornelles do Ministério da Fazenda, cinco meses após o início do governo, permitiu que Sarney finalmente escolhesse sua própria equipe econômica.[7] Ou quase. Se Dornelles havia sido nomeado pelo presidente de fato eleito pelo Congresso Nacional – e que, coincidentemente, era seu próprio tio –, a tibieza do vice que assumiu no lugar de Tancredo fez com que a nomeação do segundo ministro da Fazenda do governo fosse negociada com o presidente da Câmara dos Deputados, Ulysses Guimarães, o mais importante e poderoso ator político daquele momento.[8]

7 Tratava-se do mesmo entendimento que diversos atores sociais expuseram após a substituição do mais importante cargo do governo federal. De acordo com Paulo Francini (vice-presidente da Fiesp), "a saída de Dornelles do Ministério da Fazenda demonstra[va] que o presidente Sarney esta[va] buscando uma unidade em seu governo. Não era o momento para se discutir quem tinha ou quem tem razão. O fato é que não dá para gastar e para economizar ao mesmo tempo". Já para José Carlos Braga (então presidente do Conselho Federal de Economia de São Paulo), "os depoimentos do ministro Francisco Dornelles eram incompatíveis com a proposta do presidente José Sarney em torno do crescimento econômico de 5% a 6%. Suas intenções de cortar mais os gastos públicos provocariam o agravamento da recessão. Por outro lado, o Banco Central, ligado ao Ministério da Fazenda, estava se recusando a adotar uma política de redução da taxa de juros, o que impedia o cumprimento da meta de crescimento. Considerando-se esses aspectos, se houver uma política diferente, sua queda terá sido positiva" (Lideranças..., 1985, p.13).

8 A recepção do nome de Funaro no seio da equipe econômica também foi bastante positiva. O ministro do Planejamento, João Sayad, assim se pronunciou acerca de sua

A conjuntura econômica em que Funaro assumiu a pasta era, com efeito, delicada. Além do crônico desajuste fiscal e da aceleração inflacionária – que atingira o patamar de 100% ao ano no início da década (IBGE, 2021) –, o governo viu-se obrigado a administrar um desequilíbrio externo que não permitiria mais as ousadias da ditadura militar, justamente a época em que fora gestado. O ajuste estrutural adotado após o primeiro choque do petróleo (1973) delegou ao país a pouca honrosa distinção de detentor da segunda maior dívida externa do mundo. Quando da eclosão da segunda crise, em 1979, o novo aumento de 200% do preço do barril do petróleo e a reação monetária no mundo industrializado alterou o quadro de forma definitiva: a única solução de que se dispunha era a rendição a um severo ajuste recessivo por meio do controle da absorção interna.

A proposta de ajuste das contas públicas lançadas pelo novo ministro buscava reforçar a arrecadação bem como racionalizar as despesas. Pelo lado dos gastos, procurou-se contingenciar despesas discricionárias de custeio da máquina federal, mas a contenção se deu, sobretudo, pela não reposição de funcionários que deixavam o serviço público. Já pelo lado da receita, o ministro entendia ser necessário reformar a estrutura tributária do país, conferindo-lhe maior simplicidade e progressividade. Mas a reforma fiscal possível, bastante mais tímida, atacou basicamente duas questões de menor impacto macroeconômico por meio da (1) alteração da legislação do Imposto de Renda, reduzindo (em média, 50%) os valores retidos na fonte e elevando o limite de sua isenção (para até cinco salários-mínimos) e (2) reorganização da distribuição de determinados recursos entre os entes federados[9] (Câmara..., 1985, p.29).

---

nomeação: "Conheço há muitos anos a competência, a experiência e o espírito público do dr. Dilson Funaro. É um homem bem-sucedido na empresa privada moderna e que já prestou relevantes serviços na administração pública. Trabalhamos juntos nestes seis meses do Governo da Nova República. Foi um trabalho correto, produtivo e sintonizado. Tenho certeza de que, juntos no Ministério, saberemos manter o mesmo entendimento, para realizar a difícil tarefa que temos pela frente" (Sayad, 1985, p.13).

9 A proposta inicial do governo federal sugeria um aumento de Cr$ 28 trilhões nos repasses a estados e municípios, os quais acabaram por recusar a oferta por discordância em relação à elevação de carga exigida pela reforma (Fracassa..., 1985). Após novas negociações com a Frente Municipalista, o Congresso Nacional aprovou a reforma no dia 23 de

Concomitantemente ao programa de ajuste fiscal, o governo adotou nova postura na negociação da dívida externa. Tomada em grande parte a juros flutuantes, a dívida brasileira já havia se tornado impagável desde o início da década de 1980. Administrado de forma provisória durante a gestão Figueiredo (1979-1985), o passivo externo respondia diretamente pela profunda crise que se abateu sobre a economia brasileira a partir de 1981. Tratava-se justamente do óbice que Funaro procurou remover ao alçar a relação com os credores internacionais a outro nível diplomático.

Diante do envio crescente de recursos líquidos ao exterior observado no decorrer de 1986,[10] da intransigência dos credores e, sobretudo, da crise de legitimidade que acometeu todo o seu mandato, o presidente José Sarney aceitou a sugestão do Ministério da Fazenda e decretou, em 20 de fevereiro de 1987, a suspensão do pagamento dos juros da dívida externa por tempo indeterminado. O bônus político esperado pelo presidente, porém, esteve aquém do necessário para manter uma decisão daquela envergadura. Tendo em vista a situação das reservas internacionais, a sociedade e os agentes econômicos entenderam que se tratou mais de um instrumento político do que de uma decisão técnica (Salomão, 2010).

Ante a repercussão negativa, o ministro da Fazenda procurou rejeitar a pecha de oportunismo que imediatamente colou na medida.[11] Em entrevista ao *The New York Times*, Funaro (apud Francis, 1987, p.22)

---

outubro, pela qual se estabelecia: (1) a transferência da Taxa Rodoviária Única (TRU) e Imposto Sobre Transporte Rodoviário (ISTR) aos estados e municípios e (2) o aumento de 16% para 17% nos recursos do Fundo de Participação dos Municípios (FPM).

10 O Brasil transferia, em meados dos anos 1970, aproximadamente US$ 600 milhões de juros ao ano. Em 1978, a conta de juros líquidos consumiu US$ 2,7 bilhões. No ano seguinte, como resultado da resposta monetária nos países centrais, a rubrica aumentou para US$ 4,2 bilhões. Assim, a dívida externa, que havia crescido US$ 18 bilhões, entre 1974 e 1977, elevou-se no mesmo montante em apenas um ano (Carneiro Netto, 2014).

11 Um dos mais estridentes críticos da política econômica heterodoxa na imprensa brasileira, Paulo Francis censurou a medida do governo por entendê-la diversionista: "Então por que foi declarada a moratória antes de Funaro negociar com os banqueiros e não (se fosse o caso) se lhe negassem dinheiro novo? Amor ao espalhafato? Talvez, Funaro pode ser um dos mais incompetentes ministros da Fazenda que o Brasil já teve, mas tem um lugar garantido no 'show business' [...]. Já ao *Wall Street Journal* conta história diferente. Quer que os juros pagos pelo Brasil não ultrapassem 2,5% do PIB, ou US$ 6,75 bilhões. Seriam obviamente juros abaixo do mercado. O ministro diz

destacou que na próxima viagem não tentaria "obter cancelamento de débitos existentes ou juros concessionários e que a implementação de um novo acordo não implicará perdas para os credores". Mas já era tarde demais. O desgaste acumulado pela renitência inflacionária somou-se ao da moratória, selando o destino do ministro.

Mas o assunto ao qual Dilson Funaro teve que dedicar mais energia foi, sem dúvida, o combate à inflação. Ainda em agosto de 1985, o Conselho Monetário Nacional impôs um rígido controle de preços industriais, bem como o tabelamento de cerca de cem produtos essenciais ao consumidor por um período de sessenta dias. Na ocasião, o ministro pediu ainda aos trabalhadores que não solicitassem aumentos reais de salários, sugerindo a articulação de um pacto nacional contra a espiral preço-salário.[12] No mês subsequente, o governo estendeu o tabelamento dos preços da carne bovina para São Paulo, Rio de Janeiro, Minas Gerais, Rio Grande do Sul e Distrito Federal. O motivo? Denúncia feita à Secretaria Especial de Abastecimento e Preços sobre frigoríficos que supostamente estariam especulando por meio de retenção do produto – cujo tabelamento foi suspenso somente após reunião com empresários do setor.[13] Diante do receio de eventuais descumprimentos do acordo, o governo facilitou e incentivou a importação de carne a preços mais baixos do que o praticado internamente. Paralelamente, o ministro negociou com representantes dos supermercados o estabelecimento de margens fixas para os preços de determinados produtos alimentícios.

Tal vigilância estatal sobre preços centrais na cesta de consumo da população brasileira – sobretudo a de baixa renda, como arroz, feijão e açúcar – sinalizava um claro entendimento acerca do papel do

---

uma coisa ao *Times* e outra ao *Wall Street Journal*. Pensa que a imprensa americana é de brincadeira. Está mal habituado" (Francis, 1987, p.22).

12 O voluntarismo do ministro levou-o a reunir-se com representantes de trabalhadores e empresários para propor-lhes um pacto de menores reivindicações salariais, de um lado, e de não repasse de remunerações adicionais ao sistema de preços, de outro (Lopes, 1985).

13 Com o mesmo objetivo de coordenar repasses de preços cadentes, Dilson Funaro "firmou um acordo de 'cavalheiros' com empresários do setor, pelo qual o preço da carne ao consumidor passa a variar Cr$ 12.800, para carnes de segunda, a Cr$ 16.500 para carnes de primeira" (Governo..., 1985b, p.16).

Estado na economia e, especificamente, no combate à inflação. Se a carestia não respondia a instrumentos tradicionais de contenção de demanda, far-se-ia necessário um tratamento diferenciado ou de choque para vencê-la. No didatismo retórico ensaiado pelo ministro, assim se entendia a situação econômica do país em 1986: "Nós todos nos referimos que a economia brasileira está profundamente intoxicada. E nós precisamos desindexar essa economia" (Funaro, 1986c).

Foi nesse contexto de dificuldade que o governo anunciou, em 28 de fevereiro de 1986, o Plano Cruzado, cujo mote principal era o congelamento total de preços, dos salários e das taxas de câmbio e de juros. A inflação diminuiu substancialmente nos dois primeiros meses do plano – de 13% para 0,8% em abril –, movimento que legitimava o discurso otimista do ministro: "Os controles do governo estão aumentando, cada vez mais, os índices estão demonstrando que nós estamos tendo um plano extremamente eficiente: a inflação é, praticamente, próxima de zero e nós precisamos, realmente, ter os investimentos nacionais" (idem, 1986b).

Em pouco tempo, contudo, passaram a ser observados sinais claros de um superaquecimento da demanda. Assim, o governo anunciou, no dia 23 de julho, medidas para conter o consumo de alguns produtos ao mesmo tempo que procurava por novas fontes de recursos para os investimentos públicos. Oficialmente designado Plano de Metas, ficou conhecido como Cruzadinho, um típico pacote de contenção de demanda operacionalizado por aumento de determinados preços, tarifas e impostos,[14] os quais foram expurgados do índice oficial de inflação, pois segundo o ministro,

> ele é uma poupança que a população está fazendo para ajudar o desenvolvimento do Brasil. Ele rende, durante os três primeiros anos, exatamente igual a uma caderneta de poupança. Portanto, não pode ser considerado um índice de aumento de preço algo que represente uma poupança compulsória. (ibidem)

---

14 Em linhas gerais, o montante arrecadado por meio do chamado "empréstimo compulsório" seria devolvido após três anos por meio de um sistema de média nacional de consumo. Combustíveis ficaram 28% mais caros; veículos novos, 30%; usados com até dois anos de uso, 20% e de dois a quatro anos, 10% (Sarney..., 1986).

Os resultados não foram exatamente os esperados pelo governo: em agosto, a inflação continuou a subir e atingiu 3,5%. A frustração das expectativas no decorrer do segundo semestre levou o governo a lançar, em novembro de 1986, mais um pacote de contenção do consumo: o Cruzado II. A equipe econômica viu-se obrigada a recorrer a medidas tradicionais de controle de demanda por meio do aumento do Imposto sobre Produtos Industrializados (IPI) sobre determinados produtos – como automóveis, cigarros, cerveja, vinhos, uísque, aguardentes e licores –, o que, além de conter o consumo, contribuiria para o caixa federal. Da euforia à frustração em questão de meses, a população já não aceitava balas de prata.[15] As medidas não surtiram efeito, pois os preços continuaram a subir já em novembro.

Quando do fim oficial do congelamento de preços, em 4 de fevereiro de 1987,[16] Funaro recorreu a certo eufemismo para rebater as críticas que recebera. Tratava-se da simples "volta ao regime das forças de mercado, com acompanhamento permanente por parte do governo" (Aumento..., 1987, p.19). Quando questionado acerca da possibilidade do lançamento de um novo choque,[17] o ministro parecia ter entendido a inviabilidade e a impertinência da medida: "Não estamos pensando nisso de jeito nenhum. Esse é um dos motivos que levam à inflação. As pessoas ficam achando que o governo vai fazer choque e aumentam os preços sem precisar" (Funaro, 1987a, p.1). Eis

---

15 A percepção popular era ratificada por economistas críticos da gestão de Funaro. Como, por exemplo, o ainda poderoso e influente professor Antonio Delfim Netto (1986, p.33): "Combatem consumo nenhum. Na realidade, as medidas sancionam preços que já estavam aí. No caso da gasolina, ela vai dificultar o uso do automóvel. Neste caso, aliás, há uma coisa espantosa. Pela primeira vez, na história do mundo, alguém afirma que aumentar o preço da gasolina é socialmente mais justo do que aumentar o Imposto de Renda. Essa é mais uma contribuição para a teoria econômica".

16 O descongelamento foi organizado de forma escalonada e com base em três categorias: (1) os tabelados: cerca de quatrocentos produtos tabelados regionalmente pela Superintendência Nacional de Abastecimento (Sunab); (2) os controlados: cerca de 8 mil produtos de setores monopolizados ou oligopolizados, controlados pelo Conselho Interministerial de Preços (CIP); (3) os liberados, mas acompanhados pelos próprios empresários (Aumento..., 1987).

17 De acordo com Rossi (1987, p. 27), estava "redigido e guardado na gaveta do ministro João Sayad, do Planejamento, o projeto de lei que dá forma jurídica ao Plano Cruzado 3, prevendo o congelamento de preços, salários e tarifas a partir do próximo dia 1º de junho", com duração prevista de noventa dias.

o primeiro sintoma do aprendizado teórico-empírico adquirido por uma privilegiada testemunha ocular da história.

No dia 18 de abril, logo após a exoneração de João Sayad do Ministério do Planejamento, Funaro anunciou um plano de ação para atacar a inflação e dar sustentação ao setor produtivo. Reconhecendo a pressão política que vinha sofrendo desde o naufrágio do Cruzado, o ministro afirmou que as medidas buscavam "atacar focos localizados de inflação; aplacar as pressões de pequenos e médios empresários e de setores ligados à agricultura e, finalmente, atender às pressões do PMDB" (idem, 1987b, p.12). Mas já não haveria tempo hábil. No dia 26, Funaro anunciou que entregara seu pedido de demissão no dia anterior, alegando que a Nova República exigia a correção de rumos. Nessa oportunidade,

> evitou apontar culpados ou definir razões exatas de sua saída. Não escondeu, porém, sua mágoa com a incompreensão com a estratégia de renegociação da dívida externa, sobretudo quanto à suspensão das remessas de lucros para o exterior. E disse que os governadores estão avançando o sinal ao pedir ao governo federal que aumente seu déficit para obterem recursos adicionais para seus Estados. (idem, 1987c, p.9)

Diversos foram os segmentos insatisfeitos com o insucesso da política econômica sob Funaro, especialmente no que tocava ao combate da inflação – da Fiesp[18] aos sindicatos dos trabalhadores, dos banqueiros aos governadores, passando, inclusive, pelo próprio Palácio do Planalto. Para um governo que dependia de migalhas de popularidade, a insatisfação social com a economia foi motivo mais do que suficiente para a demissão do ministro da Fazenda no final de abril de 1987.

---

18 Conhecido pela pouca parcimônia de seus posicionamentos políticos, o controverso ex-presidente da Fiesp, Mário Amato, chegou a ameaçar que "se o governo não procedesse ao imediato realinhamento de preços, empresários poderiam deflagrar um movimento de 'desobediência civil', realinhando por conta própria" (O que ajudou..., 1987, p.32).

CONSIDERAÇÕES FINAIS

Dilson Funaro assumiu o comando do Ministério da Fazenda em cenários político e econômico adversos. Carente de credibilidade, o presidente José Sarney procurou ancorar sua popularidade em ações econômicas de ampla repercussão social. Do Cruzado à moratória da dívida externa, as duas medidas mais ousadas dos cinco anos de seu mandato, Funaro foi o principal rosto por trás da política econômica do governo Sarney.

Se o foco de sua gestão durante os 20 meses em que esteve à frente da Fazenda recaiu sobre os mais legítimos problemas pelos quais passava a economia brasileira em meados da década de 1980, os instrumentos empregados para atingir os objetivos propostos, porém, são passíveis de questionamento. Se para equacionar o déficit público o ministro determinou cortes de gastos considerados supérfluos, a igualmente relevante luta contra a redução da dívida interna não surtiu o efeito esperado. O mesmo pode ser dito em relação ao equacionamento da questão externa: se a altivez de sua conduta merecia o mais entusiasmado respaldo, a desarticulação com que a medida foi levada a cabo depôs contra qualquer tentativa de legitimá-la.

No que tangia ao combate à inflação, Funaro também empregou estratégia pouco convencional. Apesar da válida e ousada tentativa de neutralizar a inércia, causa maior do aumento generalizado dos preços, sua gestão utilizou-se de expedientes não exatamente tradicionais. Para além do congelamento de preços e salários, Funaro buscou convencer os sindicatos dos trabalhadores que não solicitassem aumentos reais de salários, procurou negociar diretamente com determinados setores produtivos o fim do repasse de custos e chegou a demandar dos supermercados que segurassem o valor dos produtos nas gôndolas.[19]

---

19 A multiplicidade de problemas que teve que resolver levou o ex-ministro Delfim Netto (1985, p.12) a ironizar novamente a polivalência de Funaro nos seguintes termos: "Vamos expor ao mundo uma fórmula capaz de baixar a taxa de juros, manter o crescimento da economia e reduzir a inflação, tudo ao mesmo tempo, sem uma política salarial e sem a redução adequada do déficit público. Trata-se de uma fórmula que merece apoio e precisa ser testada".

No plano retórico, Funaro compactuava com determinados dogmas da teoria econômica convencional, sugerindo que o déficit público e o incentivo imoderado à demanda agregada, por exemplo, contribuiriam para sancionar a inflação. As medidas que adotou, entretanto, baseavam-se em premissas heterodoxas, que mesclavam políticas intervencionistas e discurso nacionalista afeitos ao período de hegemonia da ideologia desenvolvimentista (1930-1980).

Subjazia a seu entendimento (e à urgência de suas ações) o legítimo anseio de incitar o crescimento econômico que conjugasse elevação da taxa de formação de capital fixo, aumento da produtividade e distribuição de renda. A construção do Brasil de Dilson Funaro não dispensaria a ação direta do Estado, ao qual, para além da estabilização, caberia a tarefa precípua de promoção de investimentos produtivos, com destaque para a indústria e a infraestrutura. O projeto nacional de desenvolvimento de Funaro previa a conjugação harmônica dos mecanismos de mercado com a intervenção estatal; na impossibilidade de concatenar as forças políticas e sociais para esse fim, viu-se desamparado pelos setores econômicos e pelos grupos sociais que justamente procurava defender.

REFERÊNCIAS

A INFLAÇÃO brasileira desgarrou: é a seguinte a íntegra do discurso do ministro Dilson Funaro na reunião ministerial de ontem. *Folha de S. Paulo*, São Paulo, ano 66, n.20.730, p.10, 4 jan. 1986. Disponível em: https://acervo.folha.com.br/index.do. Acesso em: 22 fev. 2022.

ARIDA, P. Austeridade, autotelia e autonomia. In: ARIDA, P. (Org.). *Dívida externa, recessão e ajuste estrutural*: o Brasil diante da crise. Rio de janeiro: Paz e Terra, 1982.

AUMENTO é formalizado, mas CIP ainda atua. *Folha de S. Paulo*, São Paulo, ano 66, n.21.127, p.19, 5 fev. 1987. Disponível em: https://acervo.folha.com.br/index.do. Acesso em: 10 fev. 2022.

BATISTA JUNIOR, P. N. *Da crise internacional à moratória brasileira*. Rio de Janeiro: Paz e Terra, 1988.

BRASIL. *I Plano Nacional de Desenvolvimento da Nova República*: 1986-89. Brasília: Governo Federal, 1985. Disponível em: https://bibliotecadigital.economia.gov.br/handle/777/25. Acesso em: 15 fev. 2022.

BRESSER-PEREIRA, L. C.; NAKANO, Y. Fatores aceleradores, mantenedores e sancionadores da inflação. In: ENCONTRO NACIONAL DE ECONOMIA, 10, 1983, Belém. *Anais*... Belém: Anpec, dez. 1983.

CÂMARA aprova reformulação do IR e autoriza saque do Fundo 157. *O Globo*, Rio de Janeiro, ano 61, n.19.016, p.29, 5 dez. 1985. Disponível em: https://acervo.oglobo.globo.com. Acesso em: 10 fev. 2022.

CARNEIRO NETTO, D. D. Crise e esperança, 1974-1980. In: ABREU, M. de P. (Org.). *A ordem do progresso*: dois séculos de política econômica no Brasil. Rio de Janeiro: Elsevier, 2014.

CMN decide alterar o cálculo da correção monetária. *Folha de S. Paulo*, São Paulo, ano 65, n.20.603, p.13, 30 ago. 1985. Disponível em: https://acervo.folha.com.br/index.do. Acesso em: 10 fev. 2022.

COSTA, J. S. A. Tropeços e crises: 1973-1986. In: *Economia brasileira*: a história contada por quem a fez. Direção: Louise Sottomaior. Produção: Cultura Maior. Brasil: Canal Futura, 2015.

DELFIM NETTO ironiza política econômica do atual governo. *Folha de S. Paulo*, São Paulo, ano 65, n.20.602, p.12, 29 ago. 1985. Disponível em: https://acervo.folha.com.br/index.do. Acesso em: 10 fev. 2022.

DELFIM NETTO, A. Delfim: governo cai na pele do povo. *O Estado de S. Paulo*, São Paulo, ano 107, n.34.275, 22 nov. 1986. Disponível em: https://acervo.estadao.com.br/. Acesso em: 20 fev. 2022.

ESCOLHIDO defende "desdolarização" da economia. *Folha de S. Paulo*, São Paulo, ano 65, n.20.600, p.13, 27 ago. 1985. Disponível em: https://acervo.folha.com.br/index.do. Acesso em: 10 fev. 2022.

FRACASSA reunião da comissão da reforma tributária. *Folha de S. Paulo*, São Paulo, ano 65, n.20.631, p.11, 27 set. 1985. Disponível em: https://acervo.folha.com.br/index.do. Acesso em: 10 fev. 2022.

FRANCIS, P. Funaro dá declarações contraditórias e deixa os banqueiros de pé atrás. *Folha de S. Paulo*, São Paulo, ano 67, n.21.146, p.22, 24 fev. 1987. Disponível em: https://acervo.folha.com.br/index.do. Acesso em: 10 fev. 2022.

FUNARO promete medida para equilibrar as contas. *O Globo*, Rio de Janeiro, ano 61, n.18.917, p.21, 28 ago. 1985. Disponível em: https://acervo.oglobo.globo.com/. Acesso em: 10 fev. 2022.

FUNARO, com câncer, continua trabalhando 17 horas. *O Globo*, Rio de Janeiro, ano 61, n.19.048, p.23, 8 jan. 1986a. Disponível em: https://acervo.oglobo.globo.com/. Acesso em: 5 out. 2021.

FUNARO, D. D. *Dilson Funaro*. Entrevista concedida ao programa *Globo Repórter* [meio digital]. Entrevistadores: Joelmir Betting e Paulo Henrique Amorim. Brasília: Rede Globo, 23 jul. 1986b.

FUNARO, D. D. *Dilson Funaro*. Entrevista concedida ao programa *Globo Especial* [meio digital]. Entrevistadores: Joelmir Betting, Leilane Neubarth e Paulo Henrique Amorim. Rio de Janeiro: Rede Globo, 28 fev. 1986c.

FUNARO descarta novo choque. *Folha de S. Paulo*, São Paulo, ano 66, n.21.162, p.1, 12 mar. 1987a. Disponível em: https://acervo.folha.com.br/index.do. Acesso em: 10 fev. 2022.

FUNARO leva a Sarney novas medidas para a economia. *Folha de S. Paulo*, São Paulo, ano 67, n.21.202, p.12, 21 abr. 1987b. Disponível em: https://acervo.folha.com.br/index.do. Acesso em: 10 fev. 2022.

FUNARO dá a última coletiva e pede fim da impunidade. *Folha de S. Paulo*, São Paulo, ano 67, n.21.209, p.9, 28 abr. 1987c. Disponível em: https://acervo.folha.com.br/index.do. Acesso em: 10 fev. 2022.

GOVERNO faz acordo com banqueiros para baixar os juros. *Folha de S. Paulo*, São Paulo, ano 65, n.20.602, p.12, 29 ago. 1985a. Disponível em: https://acervo.folha.com.br/index.do. Acesso em: 10 fev. 2022.

GOVERNO admite rever tabelamento do preço da carne. *Folha de S. Paulo*, São Paulo, ano 65, n.20.607, p.10, 3 set. 1985b. Disponível em: https://acervo.folha.com.br/index.do. Acesso em: 10 fev. 2022.

IBGE (Instituto Brasileiro de Geografia e Estatística). *Inflação*: calculadora do IPCA. Disponível em: https://www.ibge.gov.br/explica/inflacao.php. Acesso em: 10 out. 2021.

KUNTZ, R. Brasil não abre mão do crescimento, reafirma Funaro. *Folha de S. Paulo*, São Paulo, ano 65, n.20.641, p.6, 10 out. 1985a. Disponível em: https://acervo.folha.com.br/index.do. Acesso em: 10 fev. 2022.

KUNTZ, R. FMI propõe mais crédito e defende política ortodoxa. *Folha de S. Paulo*, São Paulo, ano 65, n.20.643, p.10, 9 out. 1985b. Disponível em: https://acervo.folha.com.br/index.do. Acesso em: 10 fev. 2022.

LAROSIÈRE pode falar a favor do Brasil. *Folha de S. Paulo*, São Paulo, ano 65, n.20.737, p.7, 15 jan. 1986. Disponível em: https://acervo.folha.com.br/index.do. Acesso em: 10 fev. 2022.

LIDERANÇAS do empresariado, políticos e economistas opinam sobre mudança. *Folha de S. Paulo*, São Paulo, ano 65, n.20.600, p.13, 27 ago. 1985. Disponível em: https://acervo.folha.com.br/index.do. Acesso 10 fev. 2022.

LOPES, M. Governo articula novo pacto anti-inflação. *Folha de S. Paulo*, São Paulo, ano 65, n.20.613, p.8, 9 set. 1985. Disponível em: https://acervo.folha.com.br/index.do. Acesso em: 10 fev. 2022.

LOPES, M. Funaro diz que preços e salários não serão congelados. *Folha de S. Paulo*, São Paulo, ano 65, n.20.730, p.10, 4 jan. 1986. Disponível em: https://acervo.folha.com.br/index.do. Acesso em: 22 fev. 2022.

MENESES, M. S. Dilson Funaro. In: ABREU, A. A.; BELOCH, I.; LATTMAN-WELTMAN, F.; LAMARÃO, S. T. N. (Orgs.). *Dicionário histórico-bibliográfico brasileiro – pós 1930*. Rio de Janeiro: CPDOC, 2010. Disponível em: http://www.fgv.br/cpdoc/acervo/dicionarios/verbete-biografico/dilson-domingos-funaro. Acesso em: 10 out. 2021.

MORAES, R. Estudo sobre choque heterodoxo chegou ao Planalto. *Folha de S. Paulo*. São Paulo, ano 65, n.20.730, p.10, 4 jan. 1986. Disponível em: https://acervo.folha.com.br/index.do. Acesso em: 22 fev. 2022.

MORRE Dilson Funaro, o pai do Cruzado. *O Globo*, Rio de Janeiro, ano 64, n.20.231, p.19, 13 abr. 1989. Disponível em: https://acervo.oglobo.globo.com/. Acesso em: 10 nov. 2021.

NOVA equipe estuda medidas para conter o déficit. *O Globo*, Rio de Janeiro, ano 61, n.18.917, p.21, 28 ago. 1985. Disponível em: https://acervo.oglobo.globo.com/. Acesso em: 10 fev. 2022.

O CRESCIMENTO econômico deve melhorar a vida dos menos favorecidos. *O Globo*, Rio de Janeiro, ano 61, n.18.916, p.23, 27 ago. 1985. Disponível em: https://acervo.oglobo.globo.com/. Acesso em: 10 fev. 2022.

O QUE AJUDOU a derrubar Funaro. *Folha de S. Paulo*, São Paulo, ano 67, n.21.209, p.32, 28 abr. 1987. Disponível em: https://acervo.folha.com.br/index.do. Acesso em: 10 fev. 2022.

OS DISCURSOS de Funaro. *O Globo*, Rio de Janeiro, ano 61, n.18.917, p.21, 28 ago. 1985. Disponível em: https://acervo.oglobo.globo.com/. Acesso em: 10 fev. 2022.

PAÍS não vai aceitar ingerências do FMI, diz ministro. *Folha de S. Paulo*, São Paulo, ano 65, n.20.623, p.15, 19 set. 1985. Disponível em: https://acervo.folha.com.br/index.do. Acesso em: 10 fev. 2022.

POSSE e transmissão. *Diário Oficial do Estado de São Paulo*. São Paulo, ano 79, n.186, p.1, 30 set. 1969. Disponível em: http://www.imprensaoficial.com.br. Acesso em: 10 out. 2021.

ROSSI, C. Cruzado 3 aguarda apenas realinhamento. *Folha de S. Paulo*, São Paulo, ano 66, n.21.162, p.27, 12 mar. 1987. Disponível em: https://acervo.folha.com.br/index.do. Acesso em: 10 fev. 2022.

SAFATLE, C. Desenvolvimentista de raiz. *Valor Econômico*, São Paulo, 26 fev. 2016. Disponível em: https://valor.globo.com/eu-e/coluna/desenvolvimentista-de-raiz.ghtml. Acesso em: 10 out. 2021.

SALOMÃO, I. C. *Arroubos econômicos, legitimação política*: uma análise da moratória da dívida externa de 1987. Porto Alegre, 2010. Dissertação (Mestrado em Economia) – Universidade Federal do Rio Grande do Sul.

SARNEY lança pacote e pede apoio. *Folha de S. Paulo*, São Paulo, ano 66, n.20.931, p.1, 24 jul. 1986. Disponível em: https://acervo.folha.com.br/index.do. Acesso em: 10 fev. 2022.

SAYAD, J. Nota de Sayad. *Folha de S. Paulo*, São Paulo, ano 65, n.20.600, p.13, 27 ago. 1985. Disponível em: https://acervo.folha.com.br/index.do. Acesso em: 10 fev. 2022.

3

Luiz Carlos Bresser-Pereira

AS MÚLTIPLAS FACES DE UM GESTOR, *POLICYMAKER* E INTELECTUAL*

Ivan Colangelo Salomão e André Roncaglia de Carvalho

INTRODUÇÃO

Analisar o pensamento de determinado personagem encerra desafios que extrapolam as dificuldades inerentes à incumbência de ler, compreender e interpretar suas ideias acerca dos mais variados assuntos aos quais se dedicou. No caso específico de Bresser-Pereira, agrega-se uma particularidade quantitativa a essa circunstância: de todos os homens públicos que ocuparam o Ministério da Fazenda desde a sua criação, ele foi, provavelmente, o mais prolífico dos ministros que legaram uma obra escrita, cujos objetos de estudo perpassam diversas áreas das ciências sociais.[1]

Luiz Carlos Bresser Gonçalves Pereira nasceu na cidade de São Paulo, em 1934. Trineto do engenheiro alemão Karl Abraham

---

* Agradecemos a gentileza do professor Bresser-Pereira pela concessão de uma entrevista, no dia 13 de dezembro de 2019, em São Paulo.

1 As *Obras completas de Rui Barbosa*, organizadas pela Fundação Casa de Rui Barbosa e publicadas pelo antigo Ministério da Educação e Saúde, em 1941, foram reunidas em cinquenta volumes e 137 tomos. Ainda que, de fato, vultosa, parte substantiva de sua obra contempla os diversos discursos proferidos no decorrer de sua longa trajetória, expediente mais do que adequado ao político que foi Rui Barbosa.

Bresser – responsável técnico por diversas obras que viabilizaram a expansão urbana da capital no século XIX[2] –, Bresser-Pereira teve no ambiente familiar o primeiro estímulo pela trajetória intelectual posteriormente seguida. Seu pai, o advogado, professor e escritor Sylvio Gonçalves Pereira (1911-1995), trabalhou na redação do *Correio Paulistano* e, em 1951, fundou e dirigiu por quatro anos o diário *O Tempo*. Entre 1974 e 1994, publicou seis romances e dois títulos infanto-juvenis. Da parte de sua mãe, a educadora Clara Bresser Pereira, recebeu os primeiros ensinamentos na fase inicial de sua alfabetização.

Luiz Carlos seguiu o itinerário comum a parte expressiva da elite paulistana: frequentou o colégio dos jesuítas de São Paulo (Colégio São Luís), participou da Juventude Universitária Católica e se formou em Direito, pela Universidade de São Paulo (USP), em 1957. Nesse período, teve contato com os *Cadernos do Nosso Tempo*, publicados entre 1953 e 1955 pelo Instituto Brasileiro de Economia, Sociologia e Política (Ibesp). Sob a liderança dos sociólogos Hélio Jaguaribe e Alberto Guerreiro Ramos, o *think tank* – posteriormente transformado em Instituto Superior de Estudos Brasileiros (Iseb) e incorporado à estrutura do Ministério da Educação – foi um dos principais responsáveis pela divulgação do ideário nacional-desenvolvimentista, defendendo uma coalizão de classes que associasse empresários industriais, trabalhadores urbanos e a burocracia pública. A leitura desse material inaugurou o autodidatismo que marcaria a sua formação.

Bresser-Pereira iniciou a carreira docente na Escola de Administração de Empresas de São Paulo da Fundação Getúlio Vargas (EAESP/FGV) em 1959, instituição em que atua como professor e pesquisador até hoje. Já iniciado em temas organizacionais e econômicos, frequentou por dois anos a Universidade Estadual de Michigan (Estados Unidos), na qual concluiu o MBA em 1961. Lá, aprofundou os estudos sobre dois teóricos germânicos que viriam a influenciar diretamente o desenvolvimento de suas ideias: Max Weber e Joseph Schumpeter.

---

2 O patriarca da família, que havia chegado ao país em 1838, servira ao exército de seu país natal como agrimensor (Unzelte, 2003). Já no trabalho de Campos (1997), Karl Bresser é descrito como "engenheiro civil", designação ocupacional por ele adotada até o fim de sua vida no Brasil.

De volta ao Brasil, dedicou-se à redação de *Desenvolvimento e crise no Brasil* (1968), seu primeiro livro publicado, cuja última edição, das cinco atualizações, foi publicada em 2003.[3]

Em 1972, doutorou-se em Economia pela USP, período em que se debruçou sobre as obras de Karl Marx e John M. Keynes. Ainda que tais autores tenham balizado o desenvolvimento de sua análise da economia e da política brasileiras, foi a partir daquele momento que Bresser-Pereira investiu em uma das suas características distintivas: o empenho em desenvolver novas teorias, tais como a do surgimento da classe gerencial ou tecnoburocrática, a da queda da taxa de lucro, a da inflação inercial e a novo desenvolvimentista.

No início dos anos 1970, passou a estudar a emergência de uma nova classe social, a tecnoburocrática ou gerencial, como mencionado. Fruto dessa pesquisa, a coletânea *A sociedade estatal e a tecnoburocracia*, de 1981, reúne os diversos trabalhos por ele redigidos acerca do tema. Em 1984 obteve, pela mesma instituição, o título de livre-docente com a tese *Lucro, acumulação e crise*, na qual, à luz da tese marxista da tendência à queda da taxa de lucro, analisou as fases de desenvolvimento capitalista. Posteriormente publicado como livro, esse estudo viria a se tornar uma das principais referências na análise do desenvolvimento capitalista e da distribuição entre lucros e salários.

Seu entendimento da realidade nacional também foi lapidado pelas longas experiências tanto na administração privada – como vice-presidente do Pão de Açúcar – quanto na gestão pública, cuja estreia se deu ao assumir, em 1983, a presidência do então Banco do Estado de São Paulo (Banespa). Ainda no mesmo mandato de André Franco Montoro, primeiro governador paulista democraticamente eleito após o fim da ditadura militar, foi secretário da Casa Civil (1985-1986).

Em abril de 1987, em meio à grave crise de legitimidade que acometia o presidente José Sarney, Bresser-Pereira foi convidado a

3 A partir daí, deixou de atualizar esse livro – até aquele momento, sua análise mais completa da economia brasileira – e passou a se dedicar à obra mais completa e ampliada, *A construção política do Brasil* (2014), cuja quarta edição foi publicada em 2021.

assumir o Ministério da Fazenda. Diante do caos econômico decorrente do colapso do Plano Cruzado e da moratória da dívida externa decretada por seu antecessor, o novo ministro foi incumbido de responsabilidades não exatamente comezinhas: controlar a inflação galopante e renegociar o pagamento dos débitos com os credores internacionais. Sem contar com apoio político para levar a cabo um rigoroso e necessário ajuste fiscal, o primeiro desafio não foi alcançado.

Já em relação à crise da dívida externa, pode-se dizer que o aforismo atribuído a La Rochefoucauld ganhou novo entendimento no mundo das altas finanças mundiais. Inexorável, ainda que obrigatoriamente atrasada, a história prestou sua homenagem à virtude:[4] meses depois, a proposta formulada por Bresser-Pereira, inicialmente rechaçada pelos negociadores norte-americanos, foi adotada pelo secretário do Tesouro norte-americano que, sem lhe atribuir os méritos da iniciativa, ainda emprestou o nome ao que ficou conhecido como Plano Brady.

No governo Fernando Henrique Cardoso (FHC), assumiu o recém-criado Ministério da Administração Federal e Reforma do Estado (1995-1998), posto a partir do qual desenvolveu a teoria da reforma gerencial do Estado, na qual se baseou para iniciar a reforma administrativa no Brasil. No segundo mandato de FHC (1999-2002), foi ministro da Ciência e Tecnologia por breve período, quando lançou as bases para a institucionalização dos fundos setoriais relacionados à área. Dedicado exclusivamente à academia desde 1999, Bresser-Pereira segue ministrando cursos de graduação e pós-graduação na FGV-SP e editando a *Revista de Economia Política* (rebatizada como *Brazilian Journal of Political Economy*), periódico fundado em 1981 e hoje considerado um dos mais influentes entre os economistas e pesquisadores brasileiros.

O ecletismo de sua formação acadêmica e a magnitude de sua experiência na gestão pública refletem-se diretamente na pluralidade

---

4 Pensador francês do século XVII, François de La Rochefoucauld (1613-1680) foi afamado pelas máximas de tom pessimista célebres até os dias hoje. Além do referido "a hipocrisia é uma homenagem que o vício presta à virtude", outro adágio de sua lavra é o não menos conhecido "a verdadeira coragem está em fazermos sem testemunha o que seríamos capazes de fazer diante de todo mundo".

teórico-metodológica característica de sua pesquisa. Além dos dois primeiros autores citados, os também já referidos Marx e Keynes foram duas referências decisivas em sua trajetória intelectual – a de um economista heterodoxo, naturalmente.

Sua incursão no debate nacional deu-se com a publicação de um texto em 1970 pela hoje extinta revista *Visão*. No artigo "Dividir ou multiplicar? A distribuição da renda e a recuperação da economia brasileira", Bresser-Pereira argumentava que, diferentemente do que previra Celso Furtado, a concentração de renda em favor das classes médias condicionou a retomada do crescimento no final dos anos 1960, período posteriormente alcunhado de "milagre econômico".[5] O argumento foi retomado em 1973 com a publicação de "Novo modelo brasileiro de desenvolvimento" no periódico *Dados*, trabalho em que apontava novamente os desafios que a desigualdade de renda impunha ao crescimento econômico sustentado. Conquanto ainda fosse um "desenvolvimentista clássico", Bresser-Pereira já se preocupava com questões que extrapolavam as temáticas tradicionalmente abordadas por esse grupo de economistas, como, por exemplo, a concentração de renda, assunto por ele analisado no livro *Estado e subdesenvolvimento industrializado* (1977).

A partir do início dos anos 1980, Bresser-Pereira passou a se dedicar, como não poderia deixar de ser, ao entendimento do fenômeno inflacionário brasileiro. Sua primeira contribuição teórica referente à temática deu-se, justamente, por meio da descoberta do mecanismo subjacente ao renitente aumento geral dos preços: a inflação inercial. Em parceria com seu ex-aluno e também professor da FGV-SP Yoshiaki Nakano, Bresser apresentou, no 11º Encontro da Associação Nacional dos Centros de Pós-Graduação em Economia (Anpec), realizado em dezembro de 1983 em Belém (PA), o artigo "Fatores aceleradores, mantenedores e sancionadores da inflação", considerado o marco fundante da teoria da inflação inercial.[6] Ali foram lançadas

5 O mesmo argumento veio a ser amplificado pelo conhecido trabalho de Maria da Conceição Tavares e José Serra, "Além da estagnação" (2000), publicado originalmente em 1972, quase dois anos após a divulgação de seu artigo.

6 Apesar de Bresser-Pereira ter coadunados elementos para apresentar uma explicação, de certa forma, inédita, não se pode minimizar as contribuições prévias de diversos

as bases da política que viria a controlar a explosiva inflação brasileira uma década mais tarde. Em 1984, em parceria com Nakano, publicou o livro *Inflação e recessão*. Em 1992, a partir de sua experiência no Ministério da Fazenda, organizou uma coletânea dos seus trabalhos sobre a crise fiscal do Estado brasileiro, *A crise do Estado*, que recebeu o Prêmio Jabuti. No ano seguinte, publicou *Economic Reforms in New Democracies* (1993), em coautoria com o cientista político polonês Adam Przeworski e o sociólogo espanhol José María Maravall.

A referência a apenas algumas de suas mais relevantes pesquisas justifica-se não apenas pela deferência imanente a trabalhos seminais dessa natureza, mas também, sobretudo, pela impossibilidade de arrolar e analisar a totalidade de sua obra.[7] Autor de mais de trinta livros e centenas de artigos publicados em revistas brasileiras e estrangeiras, sua fecundidade acadêmica já seria digna de nota *per se*. Além de produtivo, lidera a atuação de toda uma corrente de economistas desenvolvimentistas, posto que lhe reserva a distinção de ser um dos mais respeitados cientistas sociais brasileiros da atualidade.

Intelectual irrequieto, Luiz Carlos Bresser-Pereira mantém, às vésperas de completar 90 anos de idade, intensa rotina de atividades – da concessão de entrevistas à publicação de textos nos principais jornais brasileiros, da coordenação de eventos à organização de grupos de pesquisa –, as quais contribuem para pautar e influenciar o debate acerca dos rumos do país.

A TEORIA DA INFLAÇÃO INERCIAL

Consagrado pela literatura como o período em que se registrou a maior queda do PIB da história estatisticamente documentada do país, o início dos anos 1980 também se destacou pela proficuidade

---

economistas, como as de Simonsen (1970) e Pazos (1972), e, especialmente, as coetâneas de Arida e Resende (1984) e Lopes (1984), autores responsáveis pela aplicação política da teoria, tanto no Plano Cruzado (1986) quanto no Real (1994).

7 Para a exaustiva lista de atividades desenvolvidas, cargos exercidos e prêmios recebidos, ver seu próprio currículo disponibilizado em: http://www.bresserpereira.org.br/documentos/91.

do debate teórico acerca do principal problema a acometer a economia brasileira naquele momento: a inflação. Posteriormente alcunhada de "perdida", a referida década assistiu não apenas ao recrudescimento inflacionário, mas também à explosão da dívida externa na esteira da crise internacional decorrente do segundo choque do petróleo, em 1979.[8]

A profunda recessão por que passou a economia brasileira entre 1981 e 1983 contrariava o receituário da teoria econômica convencional. A realidade demonstrou que não se tratava de uma simples questão de excesso de demanda agregada, uma vez que os arrochos fiscal e monetário operados pelo ministro Delfim Netto a partir de 1981 haviam levado o déficit público para próximo de zero. Contraintuitivamente, a inflação não cedia, pelo contrário: em 1983, o IGP-DI havia superado a marca inédita de 200%.

Por um lado, a repulsa que a sociedade brasileira já nutria em relação à ditadura militar contribuiu para o desmoronamento político do regime no decorrer do governo Figueiredo (1979-1985). Por outro lado, a mesma aversão reforçou a expectativa irreal de que a posse de um presidente civil viria automaticamente acompanhada da solução para todos os males econômicos herdados do período autoritário. Bastaria vontade política de um governante democraticamente eleito – e, portanto, representante legítimo das demandas sociais – para, num lance bonapartista, derrotar a inflação. Porém, o intenso debate acadêmico acerca do principal problema econômico do país desautorizava a ilusão popular.

No início dos anos 1980, a inflação havia se tornado, definitivamente, o centro das atenções dos economistas brasileiros. Em pouco tempo, estabeleceram-se pelo menos três propostas diferentes de solução para o problema.[9] A corrente ortodoxa, liderada por

---

8 Visando ao amortecimento de um choque inflacionário decorrente da elevação do preço do petróleo, o banco central norte-americano elevou a níveis até então inéditos a taxa de juros daquele país. O enxugamento de liquidez fez com que as economias devedoras da América Latina não só adentrassem uma espiral inflacionária como as jogou na longa estagnação cujo fim foi a sequência de moratórias de suas respectivas dívidas externas.

9 Além dos economistas arrolados, não se pode deixar de mencionar Adroaldo Moura e Silva e João Sayad, professores da Universidade de São Paulo (USP), cujos trabalhos,

professores da Escola de Pós-Graduação em Economia da Fundação Getúlio Vargas do Rio de Janeiro (EPGE/FGV), defendia que a inflação brasileira era um problema eminentemente fiscal. O excesso de gastos do governo, financiados por emissão monetária, resultava em aumento geral dos preços, dedução em linha com a teoria quantitativa da moeda.[10]

Pesquisadores ligados ao Instituto de Economia da Universidade Estadual de Campinas (IE/Unicamp), por sua vez, acreditavam que a carestia respondia ao grave conflito distributivo que desde sempre acometia o país. Nesse sentido, a solução passaria necessariamente por um pacto social: governo, empresários e trabalhadores deveriam, de modo coordenado, coibir reajustes dos seus respectivos preços (tarifas, preços e salários) a fim de eliminar a memória inflacionária e "recomeçar o jogo" em uma situação de neutralidade para todos os agentes.

Havia um terceiro grupo de estudiosos – subdivididos entre professores da Pontifícia Universidade Católica do Rio de Janeiro (PUC-Rio) e os ligados à Fundação Getúlio Vargas de São Paulo (FGV-SP), liderados por Bresser-Pereira –, os quais já haviam notado singularidades no quadro nacional que os levavam a rejeitar o prognóstico contracionista, conforme propunha a primeira escola citada. Não se tratava de convicção teórica; a realidade brasileira provara a inutilidade de um choque ortodoxo como panaceia para o problema inflacionário que passara a acometer o país com gravidade incomum, até mesmo para os padrões brasileiros, a partir do final da década de 1970.

A gênese do problema remontava a políticas adotadas havia pelo menos duas décadas. Desde o Plano de Ação Econômica do Governo

---

igualmente influenciados pela abordagem do conflito distributivo, também contribuíram para alargar o debate acerca do fenômeno no início dos anos 1980.

10 De acordo com revelação do próprio Bresser-Pereira (2010a, p. 170), numa das ocasiões em que debateu o assunto com o então presidente do Banco Central, Affonso Celso Pastore, este teria lhe dito não entender o que se passava com a inflação brasileira em 1984: "Fiz tudo para controlar a inflação, mas ela não cai". Nesse depoimento de 2010, Bresser-Pereira reproduz a resposta que gostaria de ter dado ao amigo, mas que, por respeito, jamais o fez: "A inflação não cai, Pastore, porque é uma inflação indexada, autônoma da demanda. Se você houvesse lido os dois trabalhos que escrevi com o Yoshiaki, creio que você compreenderia melhor o que está acontecendo e o que é preciso fazer para acabar com esse tipo de inflação".

(Paeg), elaborado por Roberto Campos e Octávio Gouveia de Bulhões durante o governo Castelo Branco (1964-1967), a indexação dos preços fora formalizada via correção monetária, mecanismo por meio do qual a inflação passada realimentava a inflação presente. Na prática, escolhia-se um índice de preços e um intervalo de tempo ao final do qual o valor do contrato seria reajustado pela variação registrada pelo índice.

A fim de garantir atratividade aos títulos públicos, entre outros objetivos, a equipe econômica castelista havia encontrado uma fórmula não explícita de convivência "harmônica" com a elevação dos níveis de preços. A partir dos anos 1980, contudo, a aceleração inflacionária informalizou a indexação:[11] todos os preços (e não apenas os oficialmente indexados) passaram a ser reajustados de acordo com a taxa de inflação passada.

Com efeito, de nada adiantava utilizar os mecanismos tradicionais de contração da quantidade de moeda; os preços eram governados por dispositivos contratuais que os atualizavam automaticamente de acordo com a inflação acumulada no período anterior. A consequente corrente de transmissão tornava-se inevitável: o governo atualizava os seus rendimentos, cobrando mais impostos da população, a qual reivindicava, por sua vez, aumentos salariais anualmente concedidos. Para fazer frente a salários mais altos, os empresários reajustavam os preços de bens e serviços, mitigando o poder real de compra dos salários. Deflagrava-se, assim, a incontrolável espiral salários-preços. Em outras palavras, o melhor preditor da inflação futura era o seu comportamento passado.

Diante desse cenário, Luiz Carlos Bresser-Pereira e Yoshiaki Nakano passaram a investigar, paralelamente à pesquisa desenvolvida por outros economistas anteriormente citados,[12] as causas da

---

11 A indexação de preços pode se dar de maneira tanto formal (por meio de cláusulas contratuais, como aluguéis de imóveis) quanto informal, como, por exemplo, reajustes tácitos concertados entre trabalhadores e empresas em negociação coletiva.

12 Apesar de seu primeiro trabalho a respeito da temática ter sido publicado em 1983, antes, portanto, dos artigos dos professores da PUC-Rio, a história acabou por legar a estes últimos os méritos pela "descoberta" da inflação inercial. Deve-se a distinção aos pares da PUC-Rio à importância maiúscula que tiveram não apenas para o entendimento teórico do problema, mas, sobretudo, pelo fato de terem sido Francisco Lopes (1984), Persio Arida e André Lara Resende (1984) os formuladores de dois dos mais

renitente inflação brasileira. Inicialmente baseado na teoria desenvolvida por Ignácio Rangel em *A inflação brasileira* (1963) – obra que pode ser considerada uma lapidação das teorias estruturalistas –, Bresser-Pereira avançou, intuitivamente, no entendimento do problema.

No trabalho "Fatores aceleradores, mantenedores e sancionadores da inflação", publicado em parceria com Nakano (1983), os autores distinguiram três fatores componentes do aumento generalizado dos preços: (1) aceleradores (causados por excesso de demanda), (2) mantenedores (indexação formal e informal dos preços ou inércia) e (3) sancionadores da inflação (quantidade endógena de dinheiro na economia). Conquanto outros economistas – como Loyola (1956), Sunkel (1957), Simonsen (1970) e Pazos (1972) – já tivessem explorado o tema da inflação inercial, foram o artigo e o livro de Bresser-Pereira e Nakano que apresentaram pela primeira vez uma teoria completa sobre esse tipo de inflação.

Os fatores aceleradores, subdivididos em três tipos, refletiam a teoria convencional concebida em países que não conheciam a inflação crônica que acometia a América Latina: (a) inflação keynesiana (excesso de demanda), (b) inflação estrutural (resultante do aumento de preços relativos setoriais, como o de alimentos) e (c) inflação administrada, autônoma em relação à demanda agregada e decorrente de uma estrutura de mercado oligopolizada, na qual as empresas protegem suas margens de lucro mesmo em um contexto recessivo.

Os fatores mantenedores, por sua vez, referem-se à indexação das rendas nominais à taxa de inflação do período anterior. Se a indexação reproduzir integralmente a inflação passada, esse mecanismo mantém inalterada a distribuição da renda relativa do ponto de vista intertemporal. Quando os agentes atuam para aumentar a respectiva renda relativa, indexando seus preços nominais a índices que excedem a inflação passada, o resultado é, invariavelmente, a aceleração da inflação.

Por fim, os fatores sancionadores constituíam-se tanto da expansão monetária quanto dos déficits públicos. Partindo da concepção

---

conhecidos planos de estabilização da história do Brasil contemporâneo: Cruzado (1986) e Real (1994).

rangeliana de que a moeda é endógena, os autores explicavam o quadro de estagflação por meio do seguinte ciclo: a inflação inicial corrói o poder de compra da moeda, cuja quantidade real diminui *pari passu* a liquidez, levando a um quadro recessivo. Ao ver-se pressionado a fomentar o crescimento econômico, o governo, via autoridade monetária, induz o sistema financeiro a aumentar a quantidade de moeda com vistas a estimular a demanda efetiva, fechando o circuito pernicioso em que a própria inflação leva à expansão monetária.

No caso dos déficits públicos, o problema era similar. A elevação dos preços dos bens e serviços consumidos pelo governo tornava o orçamento público uma peça de ficção. Dada a defasagem temporal entre o fato gerador do imposto e o momento em que é recolhido – o chamado efeito Oliveira-Tanzi –, o valor real da arrecadação tributária era corroído pela inflação, reforçando o déficit fiscal. Assim, a incapacidade de a arrecadação tributária fazer frente aos dispêndios públicos acomodaria, portanto, a inflação causada pelos fatores aceleradores e mantenedores.

Tais elementos da versão inercialista proposta por Bresser-Pereira e Nakano enfatizavam o papel do conflito distributivo no comportamento da inflação. A inércia inflacionária seria um processo potencialmente instável e explicado pela tentativa de os agentes defenderem sua posição na distribuição da renda real. Já a aceleração inflacionária resultaria do esforço de empresas e/ou trabalhadores em aumentar sua participação na renda real. Em ambos os casos, buscava-se fazer "justiça distributiva com suas próprias mãos" por meio de reajustes periódicos de suas rendas nominais – fosse via contratos indexados ou pela correção informal das rendas.

De modo quase simplista, ainda que bastante intuitivo, Bresser-Pereira e Nakano chegaram, pois, à conclusão de que a manutenção do patamar de inflação decorria do esforço dos agentes econômicos em preservar sua participação na renda nacional; para tanto, empresários e consumidores indexavam informalmente seus preços, aumentando-os defasada e automaticamente, independentemente das condições de demanda. A esse fenômeno os autores ofereceram, naquele momento, a designação de inflação autônoma.

Por meio desse pêndulo de aumentos assincrônicos de preços, os agentes simplesmente corroboravam um dos princípios elementares da teoria econômica: o da tendência à equalização das taxas de lucro ou do equilíbrio dos preços relativos. Com base nesse entendimento, os autores definiram a inflação inercial como resultado do conflito entre empresas, capitalistas, burocratas e trabalhadores para manter sua participação na renda.[13] Daí a complexidade de combater o aumento dos preços que já haviam sido "acelerados e mantidos" em patamares elevados.

A prescrição para solucionar o problema dependeria do estágio em que a subida dos preços se encontrava. Se a inflação fosse alta e resistisse a choques contracionistas, o governo deveria criar um sistema de prefixação gradual, baseado na previsão de uma inflação futura declinante por meio de guias (*guidelines*), incitando os agentes econômicos a aumentarem seus preços a taxas decrescentes. Uma segunda possibilidade seria a decretação de um congelamento geral e temporário de todos os preços e salários, acompanhado de uma tabela de correção dos contratos de compra e venda.

Já no caso de uma hiperinflação – quando os aumentos de preços se tornam tão altos e frequentes que a moeda nacional praticamente perde duas de suas funções basilares, de unidade de conta e reserva de valor –, far-se-ia necessária uma reforma monetária baseada em uma âncora nominal, geralmente a taxa de câmbio. Para tanto, Bresser-Pereira e Nakano alertavam que a autoridade monetária deveria dispor de divisas em moeda forte ou contar com o apoio de uma potência estrangeira que lhe assegurasse tais reservas.[14] Por fim, os autores condicionavam a neutralização da inércia inflacionária à adoção de um ajuste fiscal saneador das finanças públicas, uma vez que a hiperinflação decorria de uma disfuncionalidade fiscal tal que, dada

13 Bresser-Pereira e Nakano diferenciaram um conflito "agressivo" – quando se busca aumentar a respectiva participação na renda, configurando, portanto, um fator acelerador da inflação – de um "defensivo", caso em que se procura apenas manter a participação relativa na renda nacional igual ao momento imediatamente anterior. Era este o caso geral da inflação inercial.

14 Segundo seu diagnóstico, o Brasil se encontrava, em 1983, em uma situação intermediária entre uma hiperinflação e uma inflação normal e moderada, típica dos países desenvolvidos, na qual a inércia era, ainda, um fator secundário.

a carência de crédito, não seria mais possível ao Estado financiar seu déficit de modo não inflacionário.

Do ponto de vista da microfundamentação teórica da inflação inercial, Bresser-Pereira ancorou-se no arcabouço estruturalista, contrariando a hipótese de que os agentes econômicos aumentavam seus preços porque tinham a expectativa de que os outros também o fariam – reflexo da necessidade real de fazê-lo a fim de recompor, permanente e ilimitadamente, o equilíbrio dos preços relativos. Desse modo, Bresser-Pereira questionava o papel excessivo dado pela teoria econômica ortodoxa às expectativas que, em sua opinião, chegou ao paroxismo na teoria desenvolvida nos anos 1960 pelos economistas norte-americanos John Muth e Robert Lucas sobre a formação das expectativas racionais dos agentes. No caso da inflação inercial, Bresser-Pereira delegou à concretude da *práxis* humana a motivação para a remarcação de preços: os aumentos de preços anteriores geram uma expectativa *real* de que os demais agentes seguirão elevando seus preços, agora defasados, pois disso dependem para manter sua taxa de lucro.

Com base nesse silogismo é que o autor nega ter desenvolvido a teoria da inflação inercial por meio de "uma análise hipotético-dedutiva de expectativas racionais, mas através da observação de como os agentes econômicos se comportavam" (Bresser-Pereira, 2010a, p.184); antes, defende que eram as razões *reais*, e não meras expectativas racionais *a priori*, que levavam os agentes a agir desse modo em um contexto de alta inflação informalmente indexada. Indo além, Bresser-Pereira entendia ser complexa (quando não, contraproducente) a iniciativa governamental de balizar as expectativas dos agentes para, assim, influenciar suas decisões em relação a preços. As expectativas econômicas são, por definição, voláteis, sendo esse o principal motivo do fracasso do governo brasileiro quando tentou revertê-las em meio à escalada dos preços a partir do início da década de 1980.

Trata-se, resumidamente, de conhecimento eminentemente nacional, empregado nas experiências concretas de estabilização monetária levadas a cabo a partir de 1986, até o bem-sucedido Plano Real, em 1994.

BUROCRACIA, DESESTATIZAÇÃO E REFORMA DO ESTADO

O ecletismo da formação intelectual do cientista político Bresser-Pereira contribuiu para que suas ideias fossem discutidas e empregadas em diversas áreas das ciências sociais. Foi no debate acerca das reformas do Estado pós-desenvolvimentista que, à luz de suas influências weberianas, ele pôde contribuir (teórica e politicamente) de forma mais determinante a partir do final da década de 1980.

A crise de paradigma econômico pós-Bretton Woods resultara na canalização de forças políticas em favor das reformas pró-mercado. As controvérsias concernentes à defesa de uma economia coordenada pelo Estado e de um sistema orientado pelo mercado tornaram-se, a partir de então, acessórias e anacrônicas. Discutia-se, naquele momento, não mais se, mas de que forma e em que grau uma nova atuação do Estado sobre o domínio econômico far-se-ia adequada para voltar a induzir o desenvolvimento fiscalmente responsável e dinamicamente sustentado.

Passadas cinco décadas desde a Grande Depressão dos anos 1930 – quando se trouxe à baila a necessidade de ampliar a intervenção estatal na economia –, a "nova ordem mundial" também já havia sobrepujado a receita do Estado-mínimo empunhada a partir da década de 1980. Almejava-se, no crepúsculo do século XX, superar a dimensão quantitativa das atividades estatais em benefício de atuação mais qualitativa. Em outras palavras, abandonava-se a questão da "essência" para lançar-se sobre o "grau" em que a intervenção estatal deveria se fazer presente. Assim, fazia-se mister reavaliar como, quanto e onde deveria o Estado participar da vida econômica em um novo ambiente de redução das fronteiras comerciais e de intenso desenvolvimento tecnológico. Foi nesse contexto de revisão das funções do Estado que Bresser-Pereira assumiu mais um desafio como gestor público: gerenciar a delicada reforma da burocracia estatal brasileira no primeiro governo FHC (1995-1998).

Partindo da premissa de que, do ponto de vista fiscal, os Estados nacionais não poderiam manter a atuação econômica de outrora, mas que, desacompanhados, os mercados tampouco alocariam os recursos disponíveis de modo a atender as necessidades sociais, buscava-se reconstruir e remodelar a atividade estatal. Para tanto, sob a liderança burocrática do Ministério da Administração e Reforma do Estado (Mare), o governo lançou um vasto programa de reformas estruturais, as quais abarcavam do ainda tímido plano de privatização à institucionalização legal do ajuste fiscal.

O diagnóstico do ministro Bresser-Pereira apontava dois desafios que se impunham ao Estado naquela nova realidade. O primeiro, objetivo-meio, exigia a flexibilidade do Estado na tarefa de balizar e incentivar a acumulação em setores que operassem na fronteira da tecnologia a fim de torná-los "mais eficientes na realização de suas tarefas e aliviar os custos sobre as empresas nacionais que concorrem internacionalmente" (Bresser-Pereira, 1998, p.56). O segundo, desígnio-fim, visava garantir proteção à população socialmente vulnerável, historicamente apartada do processo de acumulação potencializado pelo desenvolvimento tecnológico que ampliou o hiato de renda entre os países.

De acordo com a classificação oferecida pelo próprio autor, as funções do Estado caracterizam-se (1) pelas atividades exclusivas de Estado, (2) pelos serviços sociais e científicos do Estado e (3) pela produção de bens e serviços para o mercado. Nesse sentido, far-se-ia não apenas adequado como também necessário que se construísse uma nova relação entre Estado e sociedade civil, aprofundando o processo de desregulamentação dos mercados e da retirada do setor público da área empresarial.

O pragmatismo de seu projeto poderia ser resumido à observância estrita e sistemática a fundamentos macroeconômicos elementares – isto é, ajuste fiscal, taxas de câmbio realistas e de juros moderadas – e às reformas orientadas para o mercado, por ele consideradas "necessárias para corrigir as distorções provocadas pelo excessivo crescimento do Estado e pela interferência arbitrária na definição dos preços relativos" (ibidem, p.58). Posto de outra forma, o autor defendia que se tratava de "transitar de um Estado que promove diretamente o desenvolvimento econômico e social para um Estado que atue como regulador e facilitador ou financiador a fundo perdido desse desenvolvimento". Assim, ao ente público caberia

> proteger os direitos sociais e promover o desenvolvimento econômico [...] usando mais os controles de mercado e menos os controles administrativos, porque realizará seus serviços sociais e científicos principalmente através de organizações públicas não-estatais competitivas, porque tornará os mercados de trabalhos mais flexíveis, porque promoverá a capacitação dos seus recursos humanos e de suas empresas para a inovação e a competição internacional. (ibidem, p.59)

Para tanto, a efetiva reconstrução do Estado deveria repousar sobre três condições: (1) recuperação da poupança pública e superação da crise fiscal, (2) redefinição das formas de intervenção estatal nos domínios econômico e social por meio da contratação de organizações públicas não estatais para a execução de serviços elementares, como educação, saúde e cultura, e (3) reforma da administração pública com o estabelecimento de uma administração gerencial. Esperava-se, da adoção de tais medidas, um aumento na governança e uma melhoria de sua governabilidade. Vislumbrava-se, ainda, o surgimento de um novo espaço intermediário denominado quase-mercado – no qual haveria uma clara separação entre a formulação (Estado) e a execução (organizações públicas não estatais) de políticas públicas.

A primeira função responde pelas atividades imanentes ao Estado, tais como os processos legislativo e penal, a condução das políticas fiscal e monetária, a garantia da seguridade social, a defesa do meio-ambiente, a proteção do patrimônio cultural e o estímulo às artes. Em outros termos, entende-se o Estado como "a organização burocrática que, através de transferências, complementa o mercado na coordenação da economia: enquanto o mercado opera através da troca de equivalentes, o Estado o faz através de transferências financiadas pelos impostos" (ibidem, p.63). Já em relação aos serviços sociais e científicos, caberia ao Estado viabilizar o seu financiamento, desde que sua execução fosse delegada ao setor público não estatal, as chamadas organizações não governamentais sem fins lucrativos – o já referido quase-mercado. Por fim, no que se refere à produção de bens e serviços para o mercado, Bresser-Pereira (ibidem, p.66) argumenta que

> a atividade empresarial não é própria do Estado, já que pode ser muito melhor e mais eficientemente controlada pelo mercado do que pela administração [pública]. Além do controle pelo Estado ser ineficiente quando comparado com o mercado, o controle estatal tem ainda o problema de submeter a operação das empresas a critérios políticos muitas vezes inaceitáveis, e a confundir a função da empresa, que é a de ser competitiva e ter lucros, com a do Estado, que na área econômica pode ser a de distribuir renda. (ibidem, p.65)

O autor ratifica, portanto, o entendimento de que se fazia necessário privatizar em virtude não apenas da crise fiscal, mas, sobretudo, da maior eficiência e da menor subordinação de empresas privadas a fatores políticos.

Em suma, deveriam ser incorporadas pelo aparelho estatal (somente) as atividades exclusivas do Estado. A atuação em setores cuja natureza obedece a um princípio híbrido entre público e privado (quase-mercados) deveria ser compartilhada com este, ao passo que os afazeres estatais que atendessem aos princípios de mercado deveriam ser privatizados levando-se em consideração a incapacidade empresarial inerente ao ente estatal.

A formulação desse programa de reforma estrutural contribuiu posteriormente para lapidar a mais relevante contribuição de Bresser-Pereira para a teoria econômica: o novo desenvolvimentismo.

DESENVOLVIMENTO NO SÉCULO XXI: O NOVO DESENVOLVIMENTISMO

A política econômica e a economia política dos anos 1990 representaram, se não uma ruptura, pelo menos o fim de um paradigma hegemônico na América Latina. A sucumbência do modelo desenvolvimentista e a consequente ascensão do neoliberalismo podem ser aferidas por meio das medidas levadas a cabo por diversos governos da região, tais como abertura da conta de capitais, desregulamentação financeira, liberalização comercial, privatizações e ações que visavam limitar a atuação estatal.

Não obstante a adoção de políticas econômicas voltadas para a estabilização de preços e a promoção de reformas institucionais à luz dos preceitos ortodoxos, o debate sobre a criação de uma agenda alternativa de desenvolvimento ganhou força na medida em que tais políticas não resultaram no crescimento econômico esperado.[15]

A própria ascensão de governos cujas plataformas eleitorais afastavam-se do receituário do chamado Consenso de Washington reforçava a aura de mudança não apenas ideológica, mas sobretudo de política econômica que rondava o subcontinente sul-americano. No caso do Brasil especificamente, a parcimônia com que o governo assumido em 2003 implementou mudanças gerou frustrações por parte dos agentes que esperavam uma guinada de vulto. A adesão a um programa não condizente com o *Zeitgeist* progressista daquele momento levou a autores como, por exemplo, Paulani (2003) a decretarem a "morte da macroeconomia", no sentido de que apenas a agenda estabilizadora mostrava-se viável, e não a indutora de renda e empregos.

Morais e Saad-Filho (2011) sugerem que o "continuísmo macroeconômico" resultou na produção de uma vasta bibliografia crítica das opções de política econômica levadas a cabo a partir de 2003. Para os autores, havia dois objetivos distintos nessa literatura crítica. Em primeiro lugar, a necessidade de demarcação dos campos teóricos, ou seja, de apresentar os limites e as contradições da continuidade das políticas econômicas face a perspectivas heterodoxas. Desse objetivo derivava-se o segundo: ao limitar as esperanças do continuísmo, caberia apontar quais as perspectivas e os caminhos para a inflexão de uma "política econômica" para uma "economia política".

Foi nesse contexto político-ideológico que surgiu o novo desenvolvimentismo, epíteto inicialmente cunhado por Bresser-Pereira (2003a).[16] O modelo teórico foi posteriormente elaborado pelo autor

15 Conquanto voltada especificamente para a realidade brasileira, a obra organizada por Bielschowsky e Mussi (2002), publicada pela Cepal, retrata o reavivamento da temática nos círculos intelectuais latino-americanos.

16 A primeira vez em que o autor empregou o termo "novo desenvolvimentismo" foi na quinta edição do livro *Desenvolvimento e crise* (Bresser-Pereira, 2003a). No ano seguinte, Bresser-Pereira publicou um artigo no jornal *Folha de S. Paulo* intitulado

em dois diferentes trabalhos. Em *Macroeconomia do Brasil pós-1994* (idem, 2003b), Bresser-Pereira esboçou algumas das ideias iniciais que viriam a formar seu arcabouço ao criticar as políticas adotadas após a implementação do Plano Real. Condicionada pela realidade atual, impunha-se a necessidade de que fosse pensada uma "estratégia nacional de desenvolvimento apropriada ao nosso tempo"; trata-se, pois, de uma atualização do projeto desenvolvimentista original. Naquele momento, se havia a possibilidade de formulação de um modelo desenvolvimentista atualizado para o novo contexto globalizante da economia moderna, ele se voltava mais a formulações teóricas do que a uma proposta de política econômica. Nesse sentido, a emergência dessa corrente deu-se a partir de um discurso normativo, ou seja, buscava-se oferecer tanto um ideário quanto uma agenda, apontando um guia de ação com vistas ao desenvolvimento econômico.[17] Por essa perspectiva, verifica-se a necessidade dos elementos retóricos na leitura que se faz da herança teórica para, nos termos de Arida (2003), formar o consenso necessário para o convencimento. Assim, a "estratégia desenvolvimentista" tomaria corpo gradualmente, saindo do campo teórico para o da formulação de política econômica.

É no século XXI, portanto, que Bresser-Pereira vem desenvolvendo[18] sua crítica metodológica à economia neoclássica ou ortodoxa e sua teoria novo desenvolvimentista. A experiência de duas décadas lecionando a disciplina Metodologia Científica para Economistas resultou na publicação de dois artigos envolvendo o assunto:

"O novo desenvolvimentismo" (19 set. 2004). Não obstante, a "pré-história" da teoria já aparecia, ainda que de forma não concatenada, em obras anteriores, tais como as publicadas por Bresser-Pereira em coautoria com Yoshiaki Nakano: *Uma estratégia de desenvolvimento com estabilidade* (2002) e *Crescimento econômico com poupança externa?* (2003).

17 Uma vez estabelecido como programa de pesquisa, elaboraram-se taxonomias acerca do renascimento intelectual do fenômeno. Mattei (2013), por exemplo, identifica três grupos principais: (1) o ligado à Fundação Getúlio Vargas de São Paulo (EAESP/FGV) e capitaneado por Luiz Carlos Bresser-Pereira; (2) o formado por docentes do Instituto de Economia da Universidade Federal do Rio de Janeiro (IE/UFRJ), forjados em uma tradição pós-keynesiana; (3) o composto por determinados economistas do Instituto de Pesquisa Econômica Aplicada (Ipea), os quais se inseriram no debate a partir de 2006.

18 O gerúndio justifica-se na medida em que, de acordo com o próprio autor, se trata de uma teoria nova e que se encontra, portanto, em processo natural de construção.

"*The Two Methods and the Hard Core of Economics*" (2009b) e "*Historical Models and Economic Syllogisms*" (2017b). Em ambos os trabalhos, o autor argumenta que a teoria econômica neoclássica é essencialmente equivocada por utilizar o método hipotético-dedutivo, apropriado para as ciências metodológicas, como a matemática e a estatística. Para as ciências substantivas e sociais, como é a teoria econômica, o método correto é o histórico-dedutivo ou empírico-dedutivo, por meio do qual se buscam as regularidades e tendências observadas na realidade.

Conquanto seja fruto de um reconhecido esforço coletivo de maturação intelectual, foi a partir de um trabalho publicado em 2006 – "O novo desenvolvimentismo e a ortodoxia convencional" – que o autor se convenceu de estar diante de um arcabouço teórico novo. No ano seguinte, a partir do pressuposto de que a teoria econômica deve ser "histórica" – e apoiada, portanto, na realidade de sistemas econômicos em permanente mudança –, Bresser-Pereira publicou um livro integralmente dedicado à macroeconomia do Brasil: *Macroeconomia da estagnação* (2007). Dois anos depois publicou *Globalização e competição* (2009a), originalmente em francês, obra que reunia seus principais artigos sobre a teoria novo desenvolvimentista até então. Mais recentemente, publicou dois novos *papers* relacionados ao tema: "Do desenvolvimentismo clássico e da macroeconomia pós-keynesiana ao novo desenvolvimentismo" (2019), artigo que sumariza a evolução da teoria a partir da década de 2010, mormente em suas perspectivas macroeconômica e de economia política, e "*New Developmentalism*" (2020a).

O novo desenvolvimentismo em dez medidas

O documento-síntese redigido sob a coordenação de Luiz Carlos Bresser-Pereira (2012b) apresenta as linhas que caracterizam a teoria novo desenvolvimentista.[19] Trata-se de dez medidas inter-relacionadas que resgatam a influência estruturalista ao mesmo tempo que

19 O documento foi apresentado nos dias 24 e 25 de maio de 2010, em São Paulo. Financiado pela Fundação Ford, o projeto foi subscrito por 86 economistas brasileiros e

atualizam elementos teóricos e de condução de política econômica à luz da realidade do século XXI.

A primeira tese refere-se à (1) *concepção do desenvolvimento econômico como um fenômeno de mudança estrutural*, caracterizado, portanto, pela plena utilização dos recursos domésticos da economia. Ainda que, em um primeiro momento, a preocupação recaísse sobre a máxima utilização do fator trabalho, Bresser-Pereira (2010b) aponta a necessidade de transferência dos trabalhadores para setores mais sofisticados. Identifica-se aí uma clara raiz estruturalista, uma vez que se procura fomentar "inovação nos setores já explorados e de transferência de mão de obra para setores com maior valor adicionado *per capita* e de salários médios cada vez mais elevados" (Bresser-Pereira; Gala, 2010, p.685).

Se o fenômeno do desenvolvimento econômico exige um ambiente específico, o novo desenvolvimentismo ratifica a primazia do mercado como (2) *locus do processo de desenvolvimento*. Não obstante, reserva-se ao Estado um papel estratégico para sustentar esse processo estrutural. Sob a perspectiva novo desenvolvimentista, o Estado é tido como um agente que desempenha um papel necessário, embora complementar, ao crescimento econômico. Assim, compreender sua importância no papel de formulador de uma estratégia não pressupõe, entretanto, a supremacia desse ente sobre os demais. Vislumbra-se, na realidade, um sentido complementar entre Estado e mercado, a partir do qual se rejeita tanto o Estado-mínimo quanto intervenções estatais desmedidas.

De toda sorte, o novo desenvolvimentismo preconiza Estado e mercado como instituições fortes e complementares para o bom funcionamento e a estabilidade do capitalismo. Assim, defendem-se tanto reformas orientadas para o mercado quanto programas sociais que visem à diminuição da desigualdade social e à inserção de populações excluídas no mercado de trabalho. É nesse sentido que se fazem necessárias as reformas institucionais a que Bresser-Pereira (2004, p.627) faz referência, "desde que sua preocupação

estrangeiros, e posteriormente divulgado no exterior sob o título *Ten Theses on New Developmentalism* (Bresser-Pereira, 2012b).

fundamental não seja simplesmente reduzir o tamanho do Estado, mas dar-lhe condições para que desempenhe seu papel".

Dessa forma, alcançar-se-ia o desenvolvimento somente quando não houvesse sobreposição das instituições. E é por causa dessa interação harmônica entre instituições e forças sociais que (3) *o desenvolvimento econômico requer uma estratégia nacional de desenvolvimento*. Fenômeno de natureza obrigatoriamente institucional, o desenvolvimento caracteriza-se como um processo histórico que combina as atuações do Estado e do mercado. Nos termos empregados por Bresser-Pereira (2006a), busca-se orquestrar os interesses de diversos setores da sociedade, alinhando instituições e recursos de que se dispõe em um objetivo único: a elevação do padrão de vida da coletividade.

Com vistas a rechaçar a crítica da suposta intervenção imoderada do ente público no domínio econômico, um dos pontos cardeais do novo desenvolvimentismo diz respeito justamente à parcimônia com que o Estado deve atuar. Nas palavras de Sicsú, Paula e Michel (2007, p.8), "trata-se de adotar uma forma de gestão que aproxime as práticas dos gerentes públicos às dos privados, tornando-os ao mesmo tempo mais autônomos e responsáveis perante a sociedade". Em última análise, o novo desenvolvimentismo restringe a incumbência estatal ao intento de possibilitar ao Estado os instrumentos necessários para regular as atividades econômicas, pois somente dessa forma garantirá as oportunidades de investimento bem como a redução das desigualdades sociais.

Conquanto se reconheça que, nas sociedades modernas, a coordenação das ações dos agentes econômicos é mais bem conduzida por um sistema de preços do que pelo Estado, Bresser-Pereira (2017a) sustenta haver espaço substantivo, sobretudo em setores não competitivos, em que a atuação do Estado se faz primordial. Trata-se do princípio microeconômico da subsidiariedade: nos setores não oligopolizados, em que o mercado logra alocar os recursos da forma mais eficiente, o Estado abstém-se de interferência.

No plano macroeconômico, a justificativa novo desenvolvimentista para a atuação do Estado diz respeito à incapacidade de o mercado manter os cinco principais preços macroeconômicos em seus respectivos estados de equilíbrio, a saber, as taxas de lucro, de juros, de câmbio, de salários e de inflação. Para tanto, faz-se primordial a intervenção do setor público no cerne da política macroeconômica (idem, 2016a).

A macroeconomia do desenvolvimento

A macroeconomia do desenvolvimento[20] foi formulada para adequar-se à realidade de determinados países latino-americanos que já não se encontram no mesmo patamar de isolamento e de inserção no comércio internacional como na época em que o estruturalismo original foi formulado. Trata-se de um dos casos de atualização do antigo desenvolvimentismo para o contexto atual.

Em clara evolução em relação ao que se defendia anteriormente, o novo desenvolvimentismo entende que as economias que já superaram a etapa inicial da industrialização nas décadas passadas necessitavam de outra abordagem sobre a indução do processo de desenvolvimento econômico, de modo que a condução da política pública em tais países deveria obedecer a lógicas distintas; além da política industrial já defendida pelo desenvolvimentismo clássico, far-se-ia necessário manter os preços macroeconômicos em níveis adequados, mormente a taxa de câmbio, bem como o equilíbrio da conta-corrente do balanço de pagamentos. Daí a necessidade de uma estratégia nacional adequada às especificidades de suas economias, bem como de uma macroeconomia ajustada aos padrões e às armadilhas que se impõem aos países de renda média.

De forma sumarizada, Oreiro (2016) define a política econômica desenvolvimentista como a que se utiliza das políticas cambial, fiscal,

20 Em sua versão original, a teoria foi divulgada sob a designação "Macroeconomia estruturalista do desenvolvimento", exatamente o título do artigo de Bresser-Pereira e Gala (2010). Posteriormente convencido pelo editor responsável pela divulgação internacional do projeto, Bresser-Pereira (2016b, p.240) aceitou que "os economistas dos países ricos dificilmente compreendem o termo 'estruturalismo'". Optou-se, então, pela supressão do termo "estruturalista", restando, ao fim, macroeconomia do desenvolvimento.

salarial e monetária para definir a trajetória de crescimento de longo prazo de economias capitalistas industrializadas, porém não desenvolvidas. Uma característica fundamental do arcabouço da macroeconomia do desenvolvimento reside no fato de que ela se ampara em uma perspectiva keynesiana, ou seja, admite-se a hipótese de que a política macroeconômica influencia o ritmo do desenvolvimento econômico. Desse modo, delineia-se a quarta tese da corrente: (4) *os maiores gargalos para o crescimento encontram-se no lado da demanda*. Esse pressuposto evidencia a rejeição à Lei de Say ao aceitar que as condições de demanda impactarão tanto as flutuações de curto prazo como o ritmo de crescimento econômico em longo prazo.

Desse entendimento surge a noção de que a política econômica deve ser ativa, direcionando o orçamento público para as causas caras legitimamente estabelecidas pela sociedade. Da incapacidade de as políticas implementadas a partir dos anos 1990 resultarem em crescimento econômico deriva, portanto, a quinta tese novo desenvolvimentista: (5) *a política econômica deve perseguir o pleno emprego*. Para tanto, além das políticas citadas, faz-se condição necessária a atuação anticíclica do Estado como meio de manutenção da demanda agregada em situações de recessão, por exemplo.

Ainda assim, o zelo com a responsabilidade fiscal faz-se presente – se não protagonista – na teoria novo desenvolvimentista. Isso se deve, justamente, aos erros de política econômica cometidos a partir dos anos 1980, os quais, dentre outros motivos, levaram à crise do desenvolvimentismo original. Nesse sentido, a sexta tese realça, justamente, a (6) *responsabilidade fiscal e cambial*. A imprevidência com que o desenvolvimentismo clássico lidou com a questão do déficit público levou à atualização dos princípios fiscais do novo modelo. Para os novos-desenvolvimentistas, o déficit público impulsiona a inflação e resulta na redução da efetividade das políticas públicas, de modo que se deve perseguir superávits correntes para, em situações transitórias de insuficiência de demanda efetiva, o orçamento fiscal permitir temporariamente déficits de curto prazo, conforme preconizava Keynes desde os anos 1930.

Nesse sentido, a solvência do Estado faz-se fundamental para garantir-lhe as condições necessárias e os instrumentos adequados de ação coletiva nacional. À luz do chamado "populismo fiscal" a que Bresser-Pereira faz referência, os déficits crônicos observados durante o processo de substituição de importações (PSI) contribuíram para a inviabilização do Estado como indutor do desenvolvimento:

> se o Estado é tão estratégico, seu aparelho precisa ser forte, sólido e grande; e, por essa mesma razão, suas finanças precisam estar equilibradas. Mais do que isso, sua dívida deve ser pequena e com prazo de vencimento longo. A pior coisa que pode acontecer com um Estado enquanto organização é ficar escravo dos credores, sejam eles internos ou externos. (Bresser-Pereira, 2010b, p.24)

Indo ao encontro dessa condição, o sétimo pilar da macroeconomia do desenvolvimento reforça a ideia de que a condução da política econômica novo desenvolvimentista não deve se restringir à busca da estabilidade de preços, mas da (7) *estabilidade macroeconômica*. Nesse sentido, Oreiro e Paula (2012, p.69) argumentam que o objetivo subjacente à macroeconomia do desenvolvimento seria "reduzir as incertezas relativas à demanda futura, inerentes que são aos negócios da economia". Entende-se por estabilidade macroeconômica, portanto, a situação em que se garante não só o controle inflacionário de um lado, como, também, o crescimento do produto, por outro.

Do ponto de vista do setor externo, o novo desenvolvimentismo pressupõe que a apreciação da taxa de câmbio advém da entrada de capital estrangeiro – empréstimos, investimentos diretos e aplicações financeiras – resultante da estratégia de crescimento com poupança externa. Desse entendimento decorre a oitava tese novo desenvolvimentista: (8) *a primazia da poupança doméstica*. De maneira geral, a utilização de poupança externa como forma de os países lidarem com uma situação de déficit externo, reflexo da falta de poupança interna, é vista como indesejável na medida em que pode conduzir a uma crise no balanço de pagamentos. Em tal perspectiva, a poupança externa faz com que o consumo e a dívida externa aumentem, mas não o investimento, variável-chave na macroeconomia keynesiana. Assim, numa situação em que a economia apresente liberdade do movimento de capitais, a taxa de câmbio torna-se a variável endógena, determinada pelo ingresso de poupança externa, de modo que quanto maior a entrada de capital, maior será a apreciação da taxa de câmbio.

Dessa forma, ocorre uma pressão baixista sobre os lucros dos empresários nacionais, a qual se dá por meio de dois vetores: (1) pelo aumento dos salários e ordenados reais, considerando que a taxa de lucro é inversa à taxa de salário, e (2) com a apreciação da taxa de câmbio, as expectativas de lucro dos investimentos voltados à exportação se reduzem e, portanto, as empresas investem menos (Bresser-Pereira, 2012a).

Caso a economia incorra em repetidos déficits de conta-corrente, a situação externa do país se fragiliza e, em última instância, observa-se uma crise do balanço de pagamentos. Ao substituir a poupança interna pela externa, o aumento artificial dos salários reais, decorrente da apreciação cambial e da elevada propensão marginal a consumir, concorre para reduzir a poupança interna. Além disso, a apreciação cambial reduz os investimentos lucrativos e, dessa forma, as inversões voltadas à exportação também diminuem, reduzindo ainda mais a poupança interna. Por esses motivos, a poupança externa não se soma à interna, mas a substitui.

Taxa de câmbio, doença holandesa e desindustrialização

A consolidação da dimensão macroeconômica de sua teoria deu-se com a publicação, em 2008, de seu artigo inovador sobre a doença holandesa ("*The Dutch Disease and its Neutralization*"). A não neutralização dessa falha de mercado e a estratégia de crescimento com endividamento externo (poupança externa) são as principais causas da (9) *tendência à sobreapreciação da taxa de câmbio* observada nos países em desenvolvimento. O novo desenvolvimentismo é a primeira teoria econômica que confere à taxa de câmbio um papel central na teoria do desenvolvimento econômico, pois dela depende a taxa de investimento. Segundo o autor, "é a taxa de câmbio que dá ou nega acesso à demanda existente tanto internamente quanto no exterior", de modo que, se mantida apreciada por um período demasiado, "as empresas fazem seus cálculos no longo período em que a moeda nacional permanece apreciada, e não investem"[21] (Bresser-Pereira, 2016b, p.155).

A administração da taxa de câmbio em um patamar de competitividade internacional potencializa dois vetores de estímulo à demanda agregada, em primeiro lugar, *ceteris paribus*, por favorecer o crescimento puxado pelas exportações, o chamado *export-led growth*. Além disso, o aumento da venda de bens para o exterior estimula, por sua vez, o investimento e a inovação tecnológica, dois dos principais pilares que viabilizam o crescimento econômico sustentado. Para tanto, torna-se necessário assegurar determinadas condições, tais como uma "taxa real de juros significativamente inferior à taxa de retorno do capital, um déficit público (como proporção do PIB) ciclicamente ajustado próximo de zero e um crescimento dos salários reais aproximadamente na mesma taxa que o ritmo de crescimento da produtividade do trabalho" (Oreiro, 2016, p.138).

Assim, cabe definir o que seria a tal taxa de câmbio "competitiva". De acordo com Bresser-Pereira (2012a), não se trata simplesmente de um câmbio "desvalorizado", mas de uma taxa equilibrada que ele denomina equilíbrio industrial. Trata-se da taxa que permite que as empresas nacionais que operam na fronteira tecnológica tornem-se competitivas no mercado internacional.

Trata-se, portanto, da taxa de câmbio necessária para neutralizar a chamada (10) *doença holandesa*, considerada uma falha do livre mercado e que, portanto, só pode ser retificada por meio da adoção de uma política cambial ativa. Também conhecida como "maldição dos recursos naturais", a doença holandesa pode ser definida como "a sobreapreciação crônica ou permanente da taxa de câmbio de um país causada por rendas ricardianas oriundas de recursos abundantes e baratos, cuja produção é compatível com uma taxa de câmbio de

21 A analogia utilizada por Bresser-Pereira (2012a) refere-se à taxa de câmbio competitiva como um interruptor de luz que liga ou desliga as empresas – tanto tecnológica quanto administrativamente – aos mercados globais, pois estimula os investimentos, principalmente aqueles voltados à exportação, bem como aumenta a poupança interna.

equilíbrio corrente[22] claramente mais apreciada do que a taxa de câmbio de *equilíbrio industrial*" (ibidem, p.12, grifos no original).

De acordo com o autor, o Brasil só conseguiu alcançar taxas de crescimento elevadas e realizar sua revolução industrial quando logrou neutralizar a doença holandesa. Conforme argumentou em "*Neutralizing the Dutch Disease*" (idem, 2020b), esse objetivo foi alcançado por meio do uso de tarifas aduaneiras elevadas sobre a importação de bens manufaturados, que neutralizaram a doença no mercado doméstico, e a partir de 1967, por meio de subsídios à exportação de manufaturados. Desde o início dos anos 1990, porém, a abertura comercial e financeira depôs contra essa neutralização, de modo que as empresas industriais localizadas no Brasil passaram a arcar com grande desvantagem competitiva, motivo subjacente à desindustrialização que acomete o país desde então (Bresser-Pereira; Araújo; Peres, 2020).

Em outros termos, trata-se da perda da competitividade da indústria nacional advinda da apreciação cambial, a qual resulta, por sua vez, da abundância relativa de determinado recurso natural.[23] Sua principal consequência reside na especialização ricardiana associada à "reprimarização" da pauta de exportações ou à produção de bens industriais intensivos em trabalho, resultando em constantes déficits comerciais da indústria e superávits comerciais nos outros setores. Reconhecida como uma "desindustrialização negativa ou precoce" – uma vez que o processo se inicia antes que se atinja determinado nível de renda *per capita* –, as economias que padecem de valorização cambial indevida não esgotam todas as possibilidades de desenvolvimento decorrentes do processo de industrialização.

Apesar da centralidade da teoria novo desenvolvimentista em seu pensamento econômico maduro, a sua elaboração "tardia" não chegou a pautar a política econômica adotada pelo *policymaker*

22 Entende-se por taxa de câmbio de *equilíbrio corrente* aquela em que se observa o equilíbrio intertemporal da taxa da conta-corrente do país. A doença holandesa é a diferença entre o equilíbrio industrial e o equilíbrio corrente.

23 O conceito de doença holandesa foi posteriormente ampliado a fim de abarcar uma segunda causa. A abundância relativa de recursos humanos também poderia resultar na valorização excessiva da taxa de câmbio real uma vez que levaria a economia a especializar-se na produção de *tradables* manufaturados intensivos em mão de obra.

Bresser-Pereira em sua curta passagem pelo ministério da Fazenda do governo José Sarney. Entre ambos, um hiato de mais de duas décadas.

A GESTÃO DE BRESSER-PEREIRA NO MINISTÉRIO DA FAZENDA (1987)

Após a sucumbência do Plano Cruzado, cujos detalhes foram apresentados no capítulo anterior, Bresser-Pereira foi convidado a assumir o Ministério da Fazenda em abril de 1987. Aos problemas inflacionários somou-se a frágil situação externa da economia brasileira após a decretação da moratória dois meses antes. Diante dos desafios que a conjuntura lhe impunha, o novo ministro lançou, dois meses após tomar posse, a segunda tentativa de estancar o avanço dos preços sob o governo Sarney.

Editado em 12 de junho, o chamado Plano Bresser foi concebido como um pacote híbrido, reunindo um conjunto de medidas heterodoxas e ortodoxas. O objetivo da nova equipe econômica era estabilizar a economia sem incorrer nos equívocos do Cruzado. Ao contrário deste último, porém, o "Plano Bresser não visava a 'inflação zero', nem tampouco uma desindexação plena da economia" (Modiano, 2014, p.298). Consistia fundamentalmente na tentativa de promover um ajuste nas finanças governamentais que desse suporte ao congelamento de preços e salários.

Pelo lado ortodoxo, o ministro propôs políticas fiscal e monetária austeras como meio de estabilizar o déficit público e controlar a demanda agregada. O governo aumentou determinadas tarifas públicas para restaurar as finanças das empresas estatais e eliminou, entre outros dispêndios discricionários, o subsídio ao trigo e investimentos públicos. Já no grupo de medidas heterodoxas, foi anunciado um novo congelamento de preços e salários com duração pré-anunciada de três meses. Os salários ficariam indexados a uma nova base, a Unidade de Referência de Preços (URP), formada a partir da inflação apurada nos três meses antecedentes.

A despeito do sucesso inicial no tocante ao controle inflacionário, a expectativa de que o congelamento perdurasse por tempo indeterminado incitou a remarcação preventiva em diversos setores, fazendo com que a inflação subisse dos 6,4% em agosto para 14,1% no fim do ano. O ajuste fiscal e a reforma tributária progressiva propostos tampouco saíram do papel, enfraquecendo a posição política do ministro. Sem apoio do Congresso nem do presidente da República, Bresser-Pereira não teve outra opção que não a de exonerar-se ainda em dezembro de 1987.

Chegavam ao fim as primeiras tentativas de aplicar uma teoria eminentemente brasileira ao caso inflacionário nacional. Foi somente a partir do governo Itamar Franco que a teoria da inflação inercial voltaria a ser empregada pelos economistas responsáveis pela elaboração do Plano Real.

CONSIDERAÇÕES FINAIS

A prodigalidade e a abrangência dos escritos de Bresser-Pereira impõem ao pesquisador incumbido de perscrutar sua obra a baliza não trivial de ater-se ao objeto específico em análise. Polímata multifacetado, o autor já eternizou seu nome no panteão dos cientistas sociais mais produtivos e propositivos da história contemporânea do país.

A sinuosidade de sua trajetória acadêmica e profissional certamente contribuiu para a originalidade que marca suas ideias. Da formação jurídica à passagem pela iniciativa privada, da experiência em diversos cargos públicos à bagagem de décadas em sala de aula, a vivência a partir de *loci* distintos e em momentos diversos da história do país garante-lhe uma posição privilegiada para observar, analisar e interpretar o desenvolvimento brasileiro. Não seria exagero afirmar que hoje (agosto de 2023) Bresser-Pereira é uma das cinco mais importantes testemunhas oculares das últimas seis décadas da história político-econômica do Brasil; mais do que isso, é um de seus maiores conhecedores, pois suas digitais nela se encontram.

Das contribuições teóricas ao intenso debate político de que vem participando desde os anos 1970, Bresser-Pereira será lembrado por inúmeros motivos. Às três contribuições destacadas neste capítulo, porém, guardar-se-á destaque: *avant la lettre*, a contribuição para a inflação inercial não apenas por vanguardista (e, talvez, a única teoria econômica internacionalmente reconhecida como brasileira), mas também por ter embasado o conjunto de políticas responsáveis por domar a inflação brasileira; a teoria e a reforma burocrática por inaugurarem, ainda que de modo incipiente, a era das reformas do Estado brasileiro; o novo desenvolvimentismo, por tornar-se a mais completa e robusta teoria econômica alternativa para determinados países em desenvolvimento.

O tom destas palavras epilogares não poderia ser menos laudatório. A despeito dos equívocos que certamente cometeu em sua carreira de economista, Bresser-Pereira, ousado e proativo, personifica o intelectual caro a qualquer sociedade que se pensa contínua e periodicamente, sobretudo nas que ostentam, olímpicas, índices socioeconômicos de que não se podem jactar – trata-se, esse, do infeliz caso brasileiro.

REFERÊNCIAS

ARIDA, P. A história do pensamento econômico como teoria e retórica. In: REGO, J. M.; GALA, P. S. de O. S. (Orgs.). *A história do pensamento econômico como teoria e retórica*: ensaios sobre metodologia em economia. São Paulo: Editora 34, 2003.

ARIDA, P.; RESENDE, A. P. de L. Inflação inercial e reforma monetária. In: ARIDA, Pérsio (Org.). *Brasil, Argentina e Israel*: inflação zero. Rio de Janeiro: Paz e Terra Economia, 1984.

BIELSCHOWSKY, R.; MUSSI, C. *Políticas para a retomada do crescimento* – reflexões de economistas brasileiros. Brasília: IPEA/CEPAL, 2002.

BRESSER-PEREIRA, L. C. Dividir ou multiplicar? A distribuição da renda e a recuperação da economia brasileira. *Visão*, nov. 1970.

BRESSER-PEREIRA, L. C. Novo modelo brasileiro de desenvolvimento. *Dados*, 11, p.122-45, 1973.

BRESSER-PEREIRA, L. C. *Estado e subdesenvolvimento industrializado*. São Paulo: Brasiliense, 1977.

BRESSER-PEREIRA, L. C. *A crise do Estado*. São Paulo: Editora 34, 1992.

BRESSER-PEREIRA, L. C. A reforma do estado dos anos 90: lógica e mecanismos de controle. *Lua Nova*, n.45, 1998.

BRESSER-PEREIRA, L. C. *Desenvolvimento e crise no Brasil*. São Paulo: Editora 34, [1968] 2003a.

BRESSER-PEREIRA, L. C. Macroeconomia do Brasil pós-1994. *Análise Econômica*, Porto Alegre, v.21, n.40, p.3-34, 2003b.

BRESSER-PEREIRA, L. C. Proposta de desenvolvimento para o Brasil. *Revista de Economia Política*, v.24, n.4 (96), p.625-30, 2004.

BRESSER-PEREIRA, L. C. Estratégia nacional e desenvolvimento. *Revista de Economia Política*, v.26, n.2 (102), p.203-30, 2006a.

BRESSER-PEREIRA, L. C. O novo desenvolvimentismo e a ortodoxia convencional. *São Paulo em Perspectiva*, v.20, n.3, p.5-24, 2006b.

BRESSER-PEREIRA, L. C. *Macroeconomia da estagnação*. São Paulo: Editora 34, 2007.

BRESSER-PEREIRA, L. C. The Dutch Disease and its Neutralization: a Ricardian Approach. *Brazilian Journal of Political Economy*, v.28, n.1, p.47-71, 2008.

BRESSER-PEREIRA, L. C. *Globalização e competição*: porque alguns países emergentes têm sucesso e outros não. Rio de Janeiro: Elsevier, 2009a.

BRESSER-PEREIRA, L. C. The Two Methods and the Hard Core of Economics. *Journal of Post Keynesian Economics*, v.31, n.3, p.493-522, Spring 2009b.

BRESSER-PEREIRA, L. C. A descoberta da inflação inercial. *Revista de Economia Contemporânea*, v.14, n.1, p.167-92, 2010a.

BRESSER-PEREIRA, L. C. Do antigo ao novo desenvolvimentismo na América Latina. *Texto para discussão*, FGV, n.274, 2010b.

BRESSER-PEREIRA, L. C. A taxa de câmbio no centro da teoria do desenvolvimento. *Estudos Avançados*, v.26, n.75, p.7-28, 2012a.

BRESSER-PEREIRA, L. C. Ten Theses on New Developmentalism. *Revista de Economia Política*, v.32, n.2 (127), p.336-9, 2012b.

BRESSER-PEREIRA, L. C. *A construção política do Brasil*. São Paulo: Editora 34, [2014] 2021.

BRESSER-PEREIRA, L. C. Teoria novo desenvolvimentista: uma síntese. *Cadernos do Desenvolvimento*, v.11, n.19, p.145-65, 2016a.

BRESSER-PEREIRA, L. C. Reflexões sobre o novo desenvolvimentismo e o desenvolvimentismo clássico. *Revista de Economia Política*, v.36, n.2, p.237-65, 2016b.

BRESSER-PEREIRA, L. C. The Economics and the Political Economy of New-Developmentalism. *Working Paper*, EESP/FGV, n.464, p.1-22, 2017a.

BRESSER-PEREIRA, L. C. Historical Models and Economic Syllogisms. *Journal of Economic Methodology*, n.25, p.68-82, 2017b.

BRESSER-PEREIRA, L. C. Do desenvolvimentismo clássico e da macroeconomia pós-keynesiana ao novo desenvolvimentismo. *Brazilian Journal of Political Economy*, v.39, n.2, 2019.

BRESSER-PEREIRA, L. C. New Developmentalism: a Development Macroeconomics for Middle-Income Countries. *Cambridge Journal of Economics*, v.44, n.3, p.629-46, 2020a.

BRESSER-PEREIRA, L. C. Neutralizing the Dutch Disease. *Journal of Post Keynesian Economics*, v.43, n.2, p.298-316, 2020b.

BRESSER-PEREIRA, L. C.; MARAVALL, J. M.; PRZEWORSKI, A. Economic Reforms in New Democracies: a Social-Democratic Approach. In: SMITH, W. C.; ACUÑA, C. H.; GAMARRA, E. (Eds.). *Theoretical and Comparative Perspectives for the 1990s*. New Brunswick: Transaction Books, 1994.

BRESSER-PEREIRA, L. C.; NAKANO, Y. Fatores aceleradores, mantenedores e sancionadores da inflação. In: ENCONTRO NACIONAL DE ECONOMIA, 11º, 1983, Belém. *Anais*... Belém: ANPEC, dez. 1983.

BRESSER-PEREIRA, L. C.; NAKANO, Y. *Inflação e recessão*. São Paulo: Brasiliense, 1984.

BRESSER-PEREIRA, L. C.; NAKANO, Y. Uma estratégia de desenvolvimento com estabilidade. *Revista de Economia Política*, v.22, n.3 (87), p.146-77, 2002.

BRESSER-PEREIRA, L. C.; NAKANO, Y. Crescimento econômico com poupança externa? *Revista de Economia Política*, v.23, n.2 (90), 2003.

BRESSER-PEREIRA, L. C.; GALA, P. S. de O. S. Macroeconomia estruturalista do desenvolvimento. *Revista de Economia Política*, v.30, n.4 (120), p.663-86, 2010.

BRESSER-PEREIRA, L. C.; ARAÚJO, E. C.; PERES, S. C. An alternative to the middle-income trap. *Structural Change and Economic Dynamics*, n.52, p.294-312, March 2020.

CAMPOS, E. *Arquitetura paulistana sob o Império*. São Paulo, 1997. Dissertação (Mestrado em Arquitetura) – Faculdade de Arquitetura e Urbanismo da Universidade de São Paulo.

LOPES, F. L. Só um choque heterodoxo pode derrubar a inflação. *Economia em Perspectiva*, ago., 1984.

MATTEI, L. Gênese e agenda do novo desenvolvimentismo brasileiro. *Revista de Economia Política*, São Paulo, v.33, n.1 (130), p.41-59, 2013.

MODIANO, E. M. A ópera dos três cruzados. In: ABREU, M. de P. (Org.). *A ordem do progresso*: dois séculos de política econômica no Brasil. Rio de Janeiro: Elsevier, 2014.MORAIS, L.; SAAD-FILHO, A. Da economia política à política econômica: o novo desenvolvimentismo e o governo Lula. *Revista de Economia Política*, v.31, n.4 (124), p.507-27, 2011.

OREIRO, J. L. da C. *Macroeconomia do desenvolvimento*: uma perspectiva keynesiana. Rio de Janeiro: LTC, 2016.

OREIRO, J. L. da C.; PAULA, L. F. de. O novo desenvolvimentismo e a agenda de reformas macroeconômicas para o crescimento sustentado com estabilidade de preços e equidade social. In: OREIRO, J. L. da C.; PAULA, L. F. de D.; BASILIO, F. *Macroeconomia do desenvolvimento*. Recife: Editora Universitária UFPE, 2012.

PAULANI, L. M. Brasil delivery: a política econômica do Governo Lula. *Revista de Economia Política*, v.23, n.4 (92), 2003.

PAZOS, F. *Chronic Inflation in Latin America*. Nova York: Praeger Publishers, 1972.

SICSÚ, J.; PAULA, L. F. de; MICHEL, R. Por que novo desenvolvimentismo? *Revista de Economia Política*, v.27, n.4, p.507-24, 2007.

SIMONSEN, M. H. *Inflação*: gradualismo x tratamento de choque. Rio de Janeiro: APEC Editora, 1970.TAVARES, M. da C. A.; SERRA, J. Além da estagnação: uma discussão sobre o estilo de desenvolvimento recente do Brasil. In: BIELSCHOWSKY, R. A. (Org.). *Cinquenta anos de pensamento na Cepal*. Rio de Janeiro: Record, [1972] 2000.

UNZELTE, C. (Org.). *A Família Bresser na História de São Paulo*. São Paulo: Saraiva, 2003.

4

Maílson da Nóbrega

DE BANCÁRIO DESENVOLVIMENTISTA A MINISTRO LIBERAL E ALÉM

Daniel Nogueira Silva, Victor Cruz-e-Silva e Ivan Colangelo Salomão

INTRODUÇÃO

Há mais de cinco séculos, a história do Brasil insiste em punir aqueles que, por azar na loteria genética, não têm a sorte de nascer em um berço – de qualquer material, não necessariamente de ouro. A tão propalada (e legítima) defesa da meritocracia não deveria ser invocada como regra, apenas como exceção; comparar os incomparáveis invalida o argumento desenvolvido em seu nome. É nesse sentido que a resiliência de tantos brasileiros que "venceram" na vida tornam-se digna de nota – resiliência, talento, sorte, perseverança. O economista Maílson da Nóbrega é mais um brasileiro a contar a sua história.

Maílson Ferreira da Nóbrega nasceu em Cruz do Espírito Santo, interior da Paraíba, em 1942. De funcionário do Banco do Brasil alocado na cidade de Cajazeiras (PB), no início da década de 1960, veio a tornar-se, ao final dos anos 1980, o 57º ministro da Fazenda do Brasil. Conquanto seu nome não seja um dos mais lembrados pelo grande público, a trajetória de Maílson da Nóbrega guarda relação estreita com a própria história recente do país. Nesse sentido, analisar a evolução de seu pensamento contribui para o entendimento dos caminhos e labirintos econômicos pelos quais o país passou a partir de meados da década de 1960.

Maílson faz parte de um seleto grupo de economistas que desempenhou papel decisivo nos rumos tomados pela economia brasileira em diferentes momentos de sua história. Conhecedor profundo dos meandros do funcionamento da máquina governamental, sua participação e, sobretudo, suas digitais na economia brasileira extrapolam os pouco mais de dois anos em que esteve à testa da Fazenda. Sua formação intelectual foi diretamente influenciada pelas diversas vivências e experiências por que passou, as quais, concatenadas, contribuem para uma compreensão holística de suas ideias econômicas.

Este capítulo analisa as vicissitudes pelas quais passou o pensamento econômico de Maílson da Nóbrega no decorrer das mais de cinco décadas de atuação – do ingresso no Banco do Brasil à carreira como consultor, passando, naturalmente, pela longa e fecunda experiência na burocracia estatal. Indo além, entrelaça-se a evolução de suas ideias à história factual, aclarando a influência inerentemente recíproca que se estabelece entre tais universos de naturezas distintas, ainda que conjugadas.

De maneira geral e esquemática, é possível dividir o pensamento econômico de Maílson da Nóbrega em três diferentes recortes que guardam relação direta com as referidas fases de sua vida. O primeiro momento – que pode ser caracterizado pela clara influência do pensamento cepalino, hegemônico no país desde pelo menos o segundo governo Vargas – corresponde ao período da ditadura militar (1964-1985). O segundo coincide com a campanha das Diretas Já e vai até meados dos anos de 1990, período em que Maílson assumiu o mais alto cargo público em sua carreira no corpo do Estado. Data do início da década de 1990, por fim, o terceiro momento, que pode ser considerado, apesar da longevidade, vigente até os dias atuais. Mesmo não tendo ocupado nenhuma função pública a partir desse período, Maílson passou a apresentar suas ideias de forma mais clara por meio da publicação de artigos jornalísticos, livros, entrevistas e palestras. Não por acaso, seus principais escritos, que de alguma maneira sintetizam o seu pensamento econômico atual, foram redigidos a partir dos anos 1990. Essas atividades alçaram a sua voz ao patamar das mais influentes entre os economistas do setor privado, o que lhe rendeu o título de Economista do Ano de 2013, outorgado pela Ordem dos Economistas do Brasil.

A TRAJETÓRIA DE MAÍLSON DA NÓBREGA: ATUAÇÃO E INTELECTUALIDADE

Maílson representa, infelizmente, aquele raro caso de brasileiro que superou uma infância de privações para ascender aos degraus mais altos da República. Natural da Zona da Mata paraibana, uma região que ficava "entre dezenas de quilômetros de canaviais, uma réstia de mata atlântica e o [Rio] Paraíba" (Nóbrega, 2011, p. 22), poucas eram as alternativas que a vida lhe apresentava para escapar do destino historicamente oferecido aos seus: sacerdócio, Forças Armadas ou funcionalismo público, especialmente do Banco do Brasil (idem, 2021). Dentre essas, a última era particularmente bem quista por materializar a grande ambição de seus conterrâneos: "O maior sonho dos espírito-santenses era se tornar funcionário público. Melhor ainda se fosse federal" (idem, 2011, p. 47). Assim, Maílson, em esforço quase autodidata, foi aprovado, em março de 1963, em concurso do Banco do Brasil, instituição em que viveu intensamente a primeira parte de sua vida pública.

Foi no Banco do Brasil, uma das mais antigas e capilarizadas repartições públicas do país, que iniciou sua longa carreira na burocracia brasileira. Nela pôde ascender organizacionalmente com base no mérito e no reconhecimento político de sua atuação, vindo a ocupar diversas funções de alto relevo, como a de chefe da Carteira Agrícola na agência do banco em Cajazeiras (PB) e de assessor direto da presidência do Banco e chefe da consultoria técnica – uma espécie de departamento econômico e estratégico – na gestão de Ângelo Calmon de Sá (1974-1977).

O banqueiro baiano foi, como reconhece o próprio Maílson, personagem central para o sucesso de sua carreira naquele momento. Coube a Sá, por exemplo, autorizar uma segunda vivência na burocracia ao convidá-lo para comandar a Assessoria de Assuntos

Econômicos do Ministério da Indústria e Comércio (MIC), em fevereiro de 1977. Nessa função, pôde acompanhar de perto a execução dos principais projetos vinculados ao II Plano Nacional de Desenvolvimento (II PND), um dos mais completos, complexos e controversos projetos de industrialização levados a cabo na história do Brasil (idem, 2021). Após pouco mais de dois anos no cargo, foi transferido para o Ministério da Fazenda (MF) para exercer o cargo de chefe da Coordenadoria de Assuntos Econômicos, subordinada ao ministro Karlos Rischbieter, iniciando uma terceira e mais conhecida fase da sua trajetória pública.

Na Fazenda, além de chefiar a referida coordenadoria, também assumiu pela primeira vez a Secretaria Geral da pasta em 1983, já na gestão de Ernane Galvêas (1980-1985). Naquele período, desempenhou papel relevante em diversas negociações internacionais com o Fundo Monetário Internacional (FMI) e com os credores brasileiros durante o período conhecido como "década perdida" – alcunha posteriormente consagrada, entre outros fatores, pelos efeitos deletérios que a crise da dívida externa impôs à economia brasileira. Foi nesse momento, quando começou a se dar conta dos grandes problemas de política econômica no Brasil, que se observou a grande transformação de suas ideias (ibidem).

Uma peculiaridade em sua trajetória – mais pessoal do que exatamente pública – iniciou em março de 1985, quando teve a oportunidade de atuar como diretor do European Brazilian Bank (Eurobraz), em Londres (idem, 2011, cap. 18). Trata-se do período em que, segundo o próprio ministro, suas ideias econômicas passaram por um importante processo de amadurecimento, especialmente no que tange ao papel desempenhado pelo Estado no fenômeno do desenvolvimento econômico (idem, 2020a). Ao retornar do exterior, Maílson da Nóbrega contava com uma (nova) bagagem teórica que, indo além de sua experiência na burocracia estatal, contribuiria diretamente para a formação e a atuação do futuro ministro. Afinal, o menino do interior da Paraíba vivia *in loco* o ambiente político e intelectual da Inglaterra do governo liberal de Thatcher.

A volta ao Brasil marcou a quinta e última fase de sua vida como homem público propriamente dito. Após passar pela segunda vez pela Secretaria Geral do MF, foi nomeado pelo presidente José Sarney, em janeiro de 1988, ministro da Fazenda, cargo que ocupou até o final do governo, em março de 1990.

Com a vitória de Fernando Collor de Mello nas eleições presidenciais de 1989, Maílson abandonou a já longa carreira de burocrata para atuar como consultor, colunista, professor e palestrante. Se, por um lado, sua influência no cenário político é naturalmente eclipsada pelos novos atores econômicos, por outro, o agora ex-ministro passou a dedicar mais tempo e energia para estudar e refletir com mais detença os problemas e desafios econômicos do Brasil contemporâneo, atividade que absorve a maior parte dos esforços desse ativo economista octogenário.

AS ORIGENS DO PENSAMENTO DE MAÍLSON E SUA ADESÃO AO DESENVOLVIMENTISMO

Maílson da Nóbrega tornou-se economista tardiamente, como confidenciou aos autores deste capítulo em entrevista concedida em seu escritório, em São Paulo, em 16 de março de 2020 (Nóbrega, 2020a). Talvez por esse motivo tenha sido influenciado – como a maioria dos economistas de sua geração – pelo arcabouço teórico desenvolvido pela Comissão Econômica para a América Latina e o Caribe (Cepal). Conquanto tenha se tornado crítico do desenvolvimentismo, mormente em sua vertente nacionalista, cumpre reconhecer que, no início de sua carreira, as ideias econômicas de Maílson não foram exatamente impérvias ao *Zeitgeist* daquele momento.

De acordo com Fonseca, três são as categorias que compõem o chamado "núcleo comum principal" do desenvolvimentismo. O primeiro é a "existência de um projeto deliberado, ou estratégia tendo como objeto a nação e o seu futuro". O segundo elemento, diretamente articulado ao primeiro, é a "intervenção consciente e determinada do Estado", uma vez que não se pode definir uma política como desenvolvimentista sem a intervenção do ente estatal no domínio econômico. O terceiro aspecto a condicionar um projeto desenvolvimentista é a industrialização, entendida como motor relevante, se não principal, para liderar o crescimento econômico em virtude das especificidades desse setor (Fonseca, 2015, p. 20).

Se, do ponto de vista teórico, tais pilares do desenvolvimentismo foram posteriormente questionados, o período em que Maílson da Nóbrega iniciou sua carreira testemunhava o apogeu de sua representação política. Mesmo a ditadura militar (1964-1985), cujo primeiro governo patrocinou um ajuste duro e controverso, não abandonou as linhas de um Estado fundamentalmente desenvolvimentista. Ainda que lotado em um cargo técnico sem ingerência alguma sobre os rumos políticos do país, Maílson compunha uma engrenagem a serviço de um projeto maior de financiamento das atividades econômicas, cujo fito último era, inegavelmente, um projeto desenvolvimentista.

Seu primeiro contato com a política macroeconômica desenvolvimentista deu-se, ainda em Cajazeiras, por meio da Carteira de Crédito Agrícola e Industrial (Creai) do Banco do Brasil (Nóbrega, 2011). Quando transferido para o Rio de Janeiro, em 1968, Maílson viu-se em uma função de clara atuação do Estado no seio de uma atividade não satisfeita adequadamente pelo livre mercado.[1] Isso porque antes da criação do Sistema Nacional de Crédito Rural, em 1965, esse tipo de financiamento agrícola era executado somente pela Creai do Banco do Brasil, criada em 1937, ainda no governo Vargas (BCN, 2020).

Dada a importância do financiamento para uma atividade historicamente fundamental nas regiões desconectadas do circuito internacional de comércio, o Banco do Brasil vira-se obrigado a criar instituições, no sentido lato do termo, para adequar-se a essa realidade. Três décadas depois da criação da Creai, um dos principais técnicos que compuseram o grupo de trabalho que se reuniu no Rio de Janeiro para reformular as normas para a política de crédito rural do Banco do Brasil

---

1 A Creai foi instituída em 1937 por meio da Lei nº 454, ainda no governo de Getúlio Vargas (Brasil, 1937). Em 1964, o Sistema de Crédito Rural, por sua vez, foi institucionalizado com a Lei nº 4.595 promulgada em 31 de dezembro pelo então presidente Humberto de Alencar Castello Branco (Brasil, 1965). A partir de então, ficava sob o controle do recém-criado Conselho Monetário Nacional (CMN) a responsabilidade de normatizar as operações de crédito (Artigo 4 da Lei 4.829), cabendo ao Banco Central do Brasil sistematizar as ações dos órgãos financiadores e elaborar os planos globais de aplicação do crédito rural.

foi, justamente, Maílson da Nóbrega, cujo passado vivido no sertão paraibano contribuiu para a melhor compreensão da essencialidade desse tipo de atuação estatal.

Extrapolando o simples mas importante fornecimento de crédito à produção primária, o papel desempenhado pela Creai no financiamento do processo de substituição de importações (PSI) mostrou-se fundamental. Conforme apontam Redivo e Fonseca (2018), a carteira sustentou linhas de crédito para setores novos que só lograram se estabelecer graças às condições vantajosas dos recursos emprestados pelo banco. É nesse sentido que se argumenta que, mesmo sem ratificar diretamente a ideologia subjacente ao fenômeno, a atuação na Carteira de Crédito Agrícola ofereceu a Maílson um importante *know-how* prático do papel que desempenha um Estado desenvolvimentista.

Ainda que não tivesse todos os elementos necessários para compreender as inter-relações que a política de crédito rural instituída pelo governo criaria, foi nesse contexto que se forjaram suas primeiras convicções econômicas. Se a visão do papel do Estado como indutor da atividade econômica não lhe era totalmente clara àquele momento, o contato com o cotidiano do tecido produtivo brasileiro revelou-lhe a imprescindibilidade do papel do ente público em determinadas funções.

Por iniciativa do presidente Emílio Médici (1969-1974), três importantes instituições de Estado foram transferidas para Brasília: o Banco do Brasil, o Banco Central e o Itamaraty. Então assessor da Diretoria do Banco do Brasil para o Nordeste (Dinor), Maílson viu-se obrigado a transferir-se para a nova capital federal em 1970. Abria-se um novo horizonte em sua carreira e, consequentemente, em sua visão de mundo.

Foi nessa ocasião que, já pai de três filhos, surgiu a oportunidade de formalizar o conhecimento prático que havia adquirido em mais de uma década atuando no Banco do Brasil. Dada a necessidade de cursar a faculdade no contraturno do trabalho – opção não oferecida pela Universidade de Brasília (UnB) –, matriculou-se na graduação em Economia do Centro de Ensino Unificado de Brasília (UniCEUB) em 1971, concluindo o curso em 1974 (Nóbrega, 2011, 2020a). Decidido a ingressar no mestrado logo após a formatura, viu seu objetivo frustrado pela oportunidade de assumir a chefia da recém-criada divisão de Análise de Projetos do Banco do Brasil. O encadeamento de novas promoções – tornou-se assessor especial do presidente do banco e, logo depois, nos anos 1980, chefe da Consultoria Técnica, cargo equivalente ao de economista-chefe – veio a condenar em definitivo a trajetória acadêmica que havia traçado anteriormente (idem, 2020a).

Cedido em 1977 ao Ministério de Indústria e Comércio (MIC), então comandado por Ângelo Calmon de Sá, a legislação então vigente permitiu-lhe manter vínculo formal com o Banco do Brasil. Foi no MIC, então, que Maílson passou a atuar mais diretamente com políticas desenvolvimentistas focadas na industrialização. Como já mencionado, o Brasil vivia a euforia chauvinista do II Plano Nacional de Desenvolvimento, seu último espasmo de investimento industrial planificado do século XX. O contexto internacional, contudo, viria a balizar diretamente os rumos da economia brasileira.

No início dos anos 1970, a primeira crise do petróleo impôs condicionalidades severas ao desempenho futuro da economia brasileira. O salto no preço do combustível desencadeou aumento da taxa de juros nos países industrializados já em 1974, medida em parte responsável pela relativa queda da atividade econômica observada no biênio subsequente. A decorrente contração das exportações brasileiras impediu a geração suficiente de divisas para que se mantivessem os níveis de importação de insumos.

Diante do cenário de dependência, o governo empossado em março de 1974 deparava-se com duas alternativas para materializar o ajuste externo que se mostrava inevitável. A dicotomia parcialmente imposta pelo primeiro choque do petróleo pode ser resumida pelas seguintes opções necessariamente excludentes: ajustamento ou financiamento. A primeira atrelaria o crescimento do PIB às condições do mercado internacional, o que permitiria à economia um crescimento somente quando liderado pelas exportações. Já o financiamento buscaria a possível redução da dependência do cenário externo ao investir-se na ampliação da capacidade de produção doméstica de insumos básicos, energia e bens de capital. O ajustamento caracterizar-se-ia por um modelo conjuntural e potencialmente recessivo, pressupondo, dessa forma, a provisoriedade da crise: tratar-se-ia de vicissitude temporal e não repetitiva. A segunda alternativa apostava em uma ousada estratégia de adaptação estrutural baseada na endogeneização da oferta de insumos industriais e no aumento das exportações. Contudo, ambas estariam sujeitas, em algum grau, às condições do mercado financeiro internacional: oferta de crédito e taxa de juros (Hermann, 2011).

Conquanto não tenha sido diretamente encarregado pela elaboração do plano, delegou-se ao MIC a não menos relevante tarefa de executar sua implementação, uma vez que parte dos estímulos oferecidos pelo governo para viabilizar a formação de capital envolvia órgãos e unidades da pasta, como o Conselho de Desenvolvimento Industrial (CDI), a Secretaria de Tecnologia Industrial, o Conselho de Siderurgia e Não Ferrosos, a Superintendência de Seguros Privados (Susep), a legislação dos Fundos de Pensões e o Departamento de Registros de Comércio, entre outros (Nóbrega, 2020a).

A Maílson coube a elaboração dos documentos técnicos utilizados como subsídios para os relatórios de acompanhamento do II PND. Diante da grandiosidade do projeto, bem como das transformações estruturais por ele previstas, Maílson revelou, décadas mais tarde, ter mantido alguma simpatia com as medidas adotadas com o intuito de substituir as importações de bens de capital e de determinados insumos básicos (idem, 2012b). Muito embora tal reconhecimento não seja suficiente para classificá-lo, àquele momento, como um economista desenvolvimentista, tal constatação contribui para elucidar os itinerários pelos quais passou o pensamento econômico do futuro ministro.

Com a ida do então presidente do Banco do Brasil Karlos Rischbieter para o Ministério da Fazenda em 1979, Maílson foi convidado para assumir a Coordenadoria de Assuntos Econômicos da pasta, cargo hoje equivalente ao de Secretário de Política Econômica, o terceiro posto mais relevante na burocracia da Fazenda (idem, 2020a). Dentre suas atribuições estava a coordenação do Conselho Interministerial de Preços (CIP), órgão responsável pela pouco lisonjeira e um tanto delicada tarefa de executar a "política de preços" – eufemismo para tabelamento – no mercado interno.

Maílson ocupou o cargo até 1982, já na gestão do ministro Ernane Galvêas (1980-1985), quando passou a participar, como delegado, das reuniões do Comitê Interino do Fundo Monetário Internacional (FMI), sendo nomeado secretário-geral do Ministério da Fazenda em 1983. Nesse período, chefiou as delegações brasileiras nas reuniões do Conselho Interamericano Econômico e Social da Organização dos Estados Americanos (OEA). Além disso, também se encarregou das negociações bilaterais do Brasil com o Japão, no âmbito do Clube de Paris, e integrou a equipe do governo responsável pela definição dos diversos acordos com o FMI, função na qual vivenciou o início da crise da dívida externa. Não por acaso, o insucesso da negociação do governo brasileiro com os credores internacionais atuou decisivamente para seu afastamento de políticas e estratégias ditas heterodoxas. A derrocada da ditadura militar representou, com efeito, um marco para a história do país; para Maílson da Nóbrega, foi o gatilho para a transformação de seu pensamento econômico.

A TRANSFORMAÇÃO LIBERAL

A vitória de Tancredo Neves no Colégio Eleitoral, em janeiro de 1985, selaria a derrocada do partido de sustentação da ditadura militar e a ascensão do PMDB, uma agremiação de grande capilaridade nacional que carrega, até a atualidade, grandes contradições programáticas e ideológicas entre seus quadros, sobretudo em matéria de política econômica. Tal disputa interna acabou por selar o destino de Maílson da Nóbrega.

Setores do partido não aceitavam o nome de Maílson para permanecer no cargo de secretário-geral do Ministério da Fazenda para o qual havia sido convidado pelo futuro ministro, Francisco Dornelles, com a aprovação de Tancredo Neves. Sua permanência foi vetada por Ulysses Guimarães. A solução encontrada pelo governo foi convidá-lo para assumir a diretoria-executiva do European Brazilian Bank (Eurobraz) em Londres (Nóbrega, 2020a). O Eurobraz representava uma associação entre o Banco do Brasil e quatro instituições financeiras globais com vistas à atuação no mercado internacional de capitais.

O período de quase dois anos em que esteve "exilado" representou, possivelmente, o mais importante ponto de inflexão em sua trajetória intelectual.

Dada a centralidade da Inglaterra para o desenrolar da história econômica mundial contemporânea, o pensamento de Maílson não passaria incólume à sua passagem pela ilha. O país vivia o auge do thatcherismo, fenômeno multifacetado cujo aspecto econômico marcou uma era de privatizações e fiscalismo ferrenho (Blundel, 2008). Se o modelo fordista-keynesiano, com pitadas de Estado do Bem-Estar Social, dominara a agenda econômica mundial desde pelo menos o fim da Segunda Guerra Mundial, os anos 1980 marcaram a ascensão e a hegemonia de uma visão liberal que mesclava elementos do monetarismo norte-americano com princípios da Escola Austríaca, perspectivas teóricas que se consagraram durante a década de 1970 com os prêmios Nobel atribuídos a Friedrich von Hayek (1974) e Milton Friedman (1976). O epicentro da manifestação política desse movimento foi, sem espaço para dúvida, a Grã-Bretanha de Margaret Thatcher.[2]

As crises econômicas que eclodiram a partir da década de 1970 ensejaram questionamentos legítimos acerca do modelo de intervenção do Estado. O recrudescimento inflacionário aliado a um baixo crescimento do PIB, fenômeno conhecido como estagflação, era uma realidade até então não observada nas economias capitalistas desenvolvidas e tampouco bem explorada do ponto de vista teórico pelos macroeconomistas.[3] Foi a oportunidade para economistas

---

2 O liberalismo econômico também encontrou no presidente norte-americano eleito em 1980, Ronald Reagan, um defensor ardoroso. Não por acaso, à política econômica sob os oito anos de sua gestão outorgou-se um conhecido neologismo no mundo econômico: *Reaganomics*.

3 A relação entre a inflação e o desemprego havia ganhado notoriedade por meio dos trabalhos do economista neozelandês Alban William Phillips (1958), que apresentou evidências de uma relação negativa entre salários e nível de emprego, e dos vencedores do Nobel Paul Samuelson e Robert Solow (1960), que estenderam essa relação entre desemprego e salários para uma relação entre desemprego e preços. Isto é, quando a inflação aumentava, verificava-se uma diminuição no desemprego, sendo que o inverso também ocorria. A partir de 1970, porém, um grupo de economistas influenciados por Friedman apresentou novas bases teóricas que permitiram explicar a relação positiva entre a inflação e o desemprego (Forder, 2014).

associados ao pensamento liberal, marginalizado desde a ascensão keynesiana (Barro, 1989), argumentarem que um dos principais fatores para aquela situação era, justamente, o excesso de intervenção do Estado na economia, ferindo de (quase) morte o arcabouço keynesiano hegemônico naquele momento.

A partir de então, a desconstrução política, teórica e ideológica do Estado de Bem-Estar Social rebatizou o conceito de intervencionismo estatal; ao liberalismo clássico seriam adicionados elementos condizentes com a realidade do século XX para inaugurar o que se passou a denominar neoliberalismo. De acordo com Oliver e Pemberton (2004), as transformações por que passou o mundo capitalista a partir daquele momento deram-se em três níveis: (1) alteração na condução da política econômica instrumental (mormente fiscal e monetária), (2) incorporação de novos mecanismos de gestão da política pública, como privatizações e regulação, e (3) introdução de novos objetivos na agenda política.

O convívio *in loco* com evento histórico de tamanha profundidade determinou as relevantes transformações por que passou o pensamento econômico de Maílson da Nóbrega, sobretudo no que diz respeito à atuação do Estado na economia. Dispondo de mais tempo para aprofundar-se nos estudos de temas de seu interesse enquanto à frente do Eurobraz, Maílson embrenhou-se nos fundamentos teóricos responsáveis por fornecer as bases das reformas levadas a cabo por Thatcher. O bancário que saíra de Cajazeiras para ser economista no centro do império financeiro do mundo não seria o mesmo depois dessa experiência internacional. Sua administração na Fazenda, por conseguinte, em muito seria pautada pelos princípios liberais prevalentes na Inglaterra thatcherista.

A GESTÃO DE MAÍLSON NA FAZENDA (1988-1990)

Ao retornar ao Brasil em 1987, Maílson encontrou o país mergulhado nos problemas gerados pelo Plano Cruzado. O governo, que procurava se livrar de uma das mais altas inflações já registradas até aquele momento, teve de lidar concomitantemente com os problemas que passaram a acometer o balanço de pagamentos. Tal qual o conhecido aforisma eternizado por Mario Henrique Simonsen, reconhecia-se que "a inflação aleijava, mas que o impasse externo seria mortal". Enfraquecido pela sucumbência do plano heterodoxo de estabilização, o então ministro da Fazenda Dilson Funaro foi substituído, em abril de 1987, por Luiz Carlos Bresser-Pereira, professor da Fundação Getúlio Vargas de São Paulo, que convidou Maílson para assumir a Secretaria Geral da pasta.

A nova equipe assumiu a Fazenda assombrada pelo problema da inflação, que recrudescera ainda mais após o governo decretar a moratória da dívida externa, em fevereiro daquele ano, com consequências diretas (e debilitantes) sobre a gestão da política econômica. Diante da falta de apoio político para levar a cabo o ajuste fiscal requerido pelo Plano Bresser e da resistência à proposta de reforma tributária, o novo ministro deixou o cargo sete meses após ser nomeado. Para o seu lugar três opções se ofereciam ao presidente José Sarney: Maílson da Nóbrega, àquele momento um dos mais experientes burocratas econômicos do país e ministro interino havia algumas semanas, Camilo Calazans, presidente do Banco do Brasil, e o economista Paulo Rabello de Castro (Traumann, 2018).

Diante dessa lista tríplice, a decisão parece ter contado com a participação direta de Roberto Marinho, presidente das Organizações Globo. Sarney pediu a Maílson que conversasse com Marinho, que o sabatinou por duas horas sobre as mais variadas questões econômicas. Ao final do encontro, antes mesmo que Sarney comunicasse a Maílson a sua nomeação, o *Jornal Nacional* anunciava o burocrata paraibano como novo ministro da Fazenda (Nóbrega, 2020a).

Maílson assumiu o posto de ministro da Fazenda em 6 de janeiro de 1988, com a esperança de que seria possível contornar os graves problemas que enfrentava a economia brasileira: "Tínhamos fé de que conseguiríamos navegar as águas já turbulentas, promover reformas e implementar propostas para conduzir a economia com a maior racionalidade possível, quem sabe até o governo seguinte" (idem, 2011, p.479). A magnitude do desafio que se impunha à nova equipe, contudo, atualizava o conceito de "sucesso" na condução da política econômica. Lograr a redução da quase hiperinflação para algo próximo a 10% ao mês – objetivos modestos e ingênuos, de acordo com o próprio Maílson – já teria significado êxito total de sua gestão (idem, 2021).

Para o novo ministro, já se faziam claros os indícios de que o projeto econômico vigente desde os anos 1930 sucumbira. Antes mesmo de assumir a Fazenda, Maílson já entendia que "o modelo de desenvolvimento centrado no Estado e no protecionismo, o chamado nacional-desenvolvimentismo, havia chegado ao final" (idem, 2000, p.75). Indo além, o economista chega mesmo a relacionar o desenvolvimentismo a uma administração pública irresponsável:

> Em qualquer país sério, o Ministério da Fazenda cuida das Finanças do Tesouro Nacional e o Banco Central zela pela estabilidade da moeda e do sistema financeiro. *Políticas fiscais prudentes e moeda estável formam o ambiente para que as forças do desenvolvimento atuem na geração do crescimento e do bem-estar.* Mesmo quando o Estado exerce um papel saliente, como o de apoio à agricultura e ao desenvolvimento tecnológico, as respectivas ações têm curso em outras áreas do governo e obedecem ao princípio da restrição orçamentária. Gasta-se o que está no Orçamento. (ibidem, p.149, grifos nossos)

Tal constatação ilustra o quanto o próprio Maílson, outrora simpático à agenda desenvolvimentista, havia transformado seu pensamento para adequá-lo ao novo e, em alguma medida, impositivo contexto histórico.

Ainda assim, repetindo o caminho pelo qual passaram seus antecessores, os primeiros desafios impostos ao novo ministro não se relacionavam à atuação do Estado na economia, mas diziam respeito ao combate à inflação e à renegociação da dívida externa. Para Maílson, a situação fiscal fora agravada pela crise da dívida externa da década de 1980, de maneira que o "Brasil ingressara em um longo período de desequilíbrio macroeconômico, que associado a um processo generalizado de indexação de preços e salários nos conduziu à crise inflacionária dos anos 1980 e princípio dos anos 1990" (ibidem, p.75).

Disposto a "normalizar" a política anti-inflacionária com a adoção de medidas gradualistas de austeridade – em detrimento de planos heterodoxos que se provavam fugazes e ineficazes –, Maílson adotou uma agenda modesta, alcunhada de "feijão com arroz" pela trivialidade com que se prometia conduzir a política econômica.[4] Por ela, pretendia-se controlar os gastos públicos e retomar o diálogo com os credores externos, objetivos baseados em sua assumida visão liberal do funcionamento da economia. Ao rejeitar a adoção de mais um choque heterodoxo, as metas estabelecidas visavam à estabilização da inflação em 15% ao mês e à redução gradual do déficit público, que estava projetado para aproximadamente 8% do PIB em 1988 (Modiano, 2014).

Para tanto, Maílson e sua equipe implementaram diversas medidas com vistas ao fortalecimento de uma economia de mercado, instrumentalizadas por um plano de privatização de determinadas estatais, pela revisão de subsídios e incentivos fiscais e pelo início de um processo de abertura da economia, que previa a redução de impostos de importação para milhares de produtos, além do congelamento dos valores dos empréstimos em termos nominais e da contenção salarial do funcionalismo público (Castro, 2011). O combate ao protecionismo tarifário, ainda que tímido, significou a primeira grande ruptura com o modelo de substituição de importações vigente havia mais de cinco décadas. Tal política inaugurou uma nova fase na história da economia brasileira posteriormente qualificada e aprofundada no decorrer da década de 1990. Há de se reconhecer, com efeito, que a inauguração, ainda que de forma hesitante, de uma nova agenda econômica – de abertura econômica e reformas estruturantes – deu-se sob a sua gestão no Ministério da Fazenda.

O (tímido) ajuste fiscal respondeu não apenas ao choque monetário requerido pelo combate à inflação, mas também para atender ao cumprimento de metas negociadas com o Fundo Monetário Internacional e para reforçar a capacidade de negociação com os credores externos. Uma das principais conquistas do período foi o restabelecimento do contato com os bancos aos quais o país devia, bem como a normalização das relações do Brasil com a comunidade financeira

---

4 Maílson da Nóbrega (2021) credita a Olinto Tavares de Campos, seu chefe de gabinete no Ministério da Fazenda, a criação da expressão "feijão com arroz".

internacional após a rescisão, em 3 de janeiro de 1988, dos efeitos da moratória decretada onze meses antes. A reconquista de (alguma) credibilidade não foi gratuita, mas à custa de um aperto fiscal de difícil operacionalização política, cujos obstáculos inerentes a um governo carente de legitimação legaram resultados aquém dos planejados.

Assim, o primeiro trimestre de Maílson na Fazenda entregou índices inflacionários relativamente próximos à meta estabelecida. O efêmero sucesso a curto prazo deveu-se, em ampla medida, ao compromisso do governo em não decretar um novo congelamento de preços. Meses depois, o reajuste de preços públicos, somado a um choque agrícola desfavorável, fez desmoronarem as bases do edifício erigido nos meses anteriores. Sobre o rigor de sua política fiscal, Maílson relembra que "[n]a minha gestão, o 'não' era generalizado na Fazenda. Quase que invariavelmente negávamos as reivindicações de aumento de gastos" (Nóbrega, 2011, p.492).

A celebrada promulgação da Constituição Federal, em outubro de 1988, tornou-se um dos mais relevantes elementos a minar o projeto fiscal do ministro. A ampliação das necessidades de financiamento do setor público e o enrijecimento de certas despesas, como o gasto com pessoal, depuseram diretamente contra a saúde das contas públicas. Maílson delega à Constituição – por ele alcunhada de "O Grande Atraso" – um dos principais obstáculos ao desenvolvimento brasileiro, uma vez que a Carta teria minado o processo de reforma do Estado, no que Maílson classificou como uma verdadeira "contrarreforma" (idem, 2000, p.76, 93-105). Nos termos empregados pelo próprio ministro, a Constituição misturava "o desejo sincero de consolidar a democracia com uma visão ultrapassada do mundo, [...] o assistencialismo incompatível com a disponibilidade de recursos e a ação libertária na organização social e política do país" (ibidem, p.210). No meio do caminho, porém, havia um ajuste fiscal não implementado.

Diante do fracasso das medidas gradualistas de combate à inflação, Maílson apresentou, em 14 de janeiro de 1989, o Plano de Estabilização da Economia, logo apelidado de Plano Verão, em alusão ao Plano Primavera, havia pouco lançado na Argentina. De acordo com o próprio Maílson,

> a inflação se acelerava desde julho: passou de 24% para quase 29% em dezembro. O feijão e o arroz haviam aumentado cerca de 1.200% em 1988. Na mesma proporção, aumentava a desconfiança de que um novo plano econômico estaria a caminho, o que provocava atitudes defensivas que contribuiriam para acelerar a inflação, como estocar alimentos. [...] Nossa esperança era a de que o novo plano duraria mais do que os anteriores, porque estaria alicerçado em forte ajuste fiscal, extinção de vários órgãos e privatização de empresas estatais. Imaginávamos que, com a amplitude do programa, manteríamos a inflação baixa, para os padrões da época, até entregar o bastão ao novo presidente. (idem, 2011, p.532-3)

Assim, o Plano Verão, além de recorrer a um novo congelamento parcial de preços e salários, instituiu uma nova moeda, o cruzado novo (NCz$), com o qual também se excluíram três zeros da unidade monetária nacional. Diferentemente da estratégia gradualista do "feijão com arroz", era uma proposta radical de desindexação a partir da qual se extinguiam todos os mecanismos de indexação existentes na economia brasileira, incluindo a Unidade de Referência de Preços (URP).

Pode-se afirmar que, em alguma medida, se tratou de um plano híbrido, que somava elementos heterodoxos – como o congelamento de preços e salários por tempo indeterminado – à estratégia ortodoxa adotada desde o início da administração de Maílson, pautada por redução de despesas de custeio e pela utilização de mecanismos contracionistas de política monetária. Esta última compreendia o aumento da taxa de juros real de curto prazo, o controle do crédito disponível ao setor privado em suas múltiplas formas e a redução das pressões das operações com moeda estrangeira (Castro, 2011).

Do ponto de vista do combate à inflação, o Plano Verão fixou o cruzado novo, por tempo indeterminado, na paridade de 1:1 com o dólar. Conjugada à extinção dos mecanismos de coordenação de expectativas, essa medida fez com que os agentes reduzissem sistematicamente os intervalos entre os reajustes de preços, colocando a inflação em rota ascendente e explosiva. É verdade que, quando de sua efetivação, o Plano Verão interrompeu brevemente uma trajetória já hiperinflacionária; no início de 1990, contudo, a inflação já ultrapassava os 80% ao mês.

Pela definição usual estabelecida por Cagan (1956, p.25), "a hiperinflação começa no mês em que a inflação atinge 50% mensais e termina no mês imediatamente anterior àquele no qual o aumento mensal dos preços cai abaixo de 50%, mantendo-se abaixo desse patamar por pelo menos um ano". Se esse é o caso, pode-se dizer que o Brasil experimentou quatro meses de hiperinflação em sua história, entre dezembro de 1989 e março de 1990, período que coincide precisamente com os últimos meses de Maílson na Fazenda (Franco, 2004, p.11).

Se é fato que o Plano Verão atrasou a entrada da economia brasileira em uma dinâmica hiperinflacionária, é igualmente verdade que o governo se mostrou incapaz de impedi-la, uma vez que em março de 1990 o Brasil experimentava a mais alta inflação de sua história: 4.800% no acumulado de 12 meses. Além disso, o governo também viu seus objetivos frustrados em outras frentes, como no controle do déficit público e no apaziguamento do conflito distributivo, já que a classe trabalhadora se via em desvantagem perene em termos de recomposição do seu poder de compra (Bresser-Pereira, 1989).

Essa série de derrotas levaram-no a reconhecer que o governo – ele incluído – havia perdido a credibilidade no combate à inflação. Diante desse quadro, o ministro da Fazenda sugeriu a Sarney que renunciasse à Presidência da República em benefício do candidato que fosse eleito (Collor ou Lula) já após o segundo turno da eleição, em 17 de dezembro de 1989, e que não aguardasse o dia 15 de março do ano seguinte, como ditavam os trâmites constitucionais, pois assim o país poderia ganhar alguns preciosos meses de fôlego para reagir na aparentemente perdida luta contra a inflação (Traumann, 2018).

Em olhar retrospectivo, Maílson viria a afirmar que as duas principais lições a extrair dos planos de estabilização dos anos 1980 foram as seguintes: (1) "que uma economia complexa como a brasileira não aguenta o desaforo do congelamento" e (2) "que o sistema de contratos não podia ser violado sem graves consequências" (Nóbrega, 2000, p.185). Trata-se do tipo de constatação que apenas o amadurecimento intelectual e o desenvolvimento institucional podem oferecer.

Maílson seguiu à testa do Ministério da Fazenda até o fim do mandato de José Sarney, sendo substituído por Zélia Cardoso de Mello em

15 de março de 1990. Na cerimônia de transmissão do cargo, Maílson fez breve discurso, no qual prestou contas dos seus 26 meses e doze dias como ministro. "Zélia anunciou as intenções do governo de estabilizar a economia, de colocar o país num novo ciclo de desenvolvimento, essas coisas. Muito gentil, me fez um elogio. Disse que a equipe reconhecia o meu trabalho no MF e que muitas das minhas ideias teriam continuidade" (ibidem, p. 585-6). A história mostrou que Collor e Zélia não teriam melhor sorte que Maílson no combate à inflação, chaga que seguiria a açoitar a economia brasileira até 1994.

VIDA APÓS A FAZENDA: MAÍLSON, O NOVO INSTITUCIONALISTA

A terceira fase da trajetória intelectual de Maílson da Nóbrega não pode ser considerada exatamente uma ruptura com sua visão já liberal do funcionamento da economia. Aspectos centrais da teoria da Nova Economia Institucional (NEI) já se faziam presentes em seu pensamento mesmo antes de seu primeiro contato com os autores dessa escola. As medidas adotadas pelo ainda ministro Maílson já indicavam um claro entendimento da importância das mudanças institucionais no sentido de fortalecer os mecanismos de mercado para o desenvolvimento do país. O contato com a obra do economista norte-americano Douglass North (1990), porém, só poderia se dar de forma efetiva após a sua saída do Ministério da Fazenda.

As análises econômicas que o ex-ministro passou a emitir em diferentes meios de comunicação deixam transparecer de maneira clara as influências da Nova Economia Institucional (NEI), sobretudo no que diz respeito ao papel medular do fortalecimento das instituições no processo de desenvolvimento econômico. O principal elemento comum às vertentes dos pensamentos institucionalistas em suas distintas – e frequentemente conflitantes – proposições é o reconhecimento de que a história é fundamental para compreender as dinâmicas econômicas. Tal argumento se contrapõe a determinadas visões tradicionais que desconsideram ou minimizam os processos históricos como variáveis relevantes para entender o desenvolvimento das diferentes sociedades.

Para a NEI, por exemplo, são as regras formais e informais que governam o comportamento econômico e político as entidades responsáveis por estimular os investimentos produtivos e por formar a estrutura de incentivos que rege o comportamento dos agentes econômicos. Esse corpo teórico defende, ainda, que o bom funcionamento do mercado é um elemento central para o desenvolvimento capitalista. Conquanto incompleto, cabe ao ente público desenhar a formatação adequada para que as instituições garantam a otimização das transações entre entes privados, as quais, por sua vez, embasarão o improvável fenômeno do desenvolvimento (March; Olsen, 2008).

É dessa vertente que se aproxima o pensamento maduro de Maílson da Nóbrega, para o qual a contribuição seminal de Douglass North representa a mais bem-acabada teorização sobre o tema. De acordo com North (1994, 2006), as instituições são constituídas no decorrer da história e, justamente por isso, devem ser compreendidas a partir das especificidades da formação de cada nação. Em seu entendimento, não se pode avaliar a qualidade de uma instituição sem considerar os respectivos processos históricos – econômicos, políticos, sociais, culturais etc. – a ela subjacentes. É a partir dessa visão que Maílson procura entender os problemas estruturais da economia brasileira, os quais, em sua opinião, se estabeleceram na vida nacional por causa das falhas com que foram erigidas as instituições de mercado.

Uma das principais consequências dessa situação é a atestada incapacidade nacional de superar a condição de subdesenvolvimento. Trata-se do que se convencionou chamar de "armadilha da renda média", categoria utilizada para caracterizar determinadas economias intermediárias que se mostram incapazes de convergência – ou *catching-up* – de sua renda *per capita* com a das sociedades desenvolvidas (Eichengreen; Park; Shin, 2012). Duas são as principais características apresentadas por países nessa condição: o custo da mão de obra é elevado relativamente aos concorrentes, o que minora a sua competitividade internacional na atração de investimentos estrangeiros, por exemplo. Além disso, a sofisticação estrutural de seu tecido econômico é insuficiente para competir internacionalmente em setores que operam na fronteira tecnológica, restando-lhes, assim, a especialização em áreas de menor valor agregado, notadamente as de bens primários.

Diretamente relacionada à institucionalidade falha está, na visão de Maílson, a estagnação da produtividade sistêmica, consequência direta da negligência histórica com a formação de recursos humanos no país. No seu entendimento, os países que lograram superar essa condição garantiram o desenvolvimento de suas instituições econômicas e educacionais – da Inglaterra pós-Revolução Industrial aos membros da Organização para Cooperação e Desenvolvimento Econômico (OCDE) –, sem as quais o crescimento econômico eventual não poderia se sustentar intertemporalmente.

Analisando especificamente o caso brasileiro, Maílson aponta três questões prioritárias de cujo endereçamento depende a mudança de modelo capaz de apontar o país para o rumo do desenvolvimento. O primeiro, mais antigo e possivelmente mais complexo de todos, é o desemaranhar do que ele classifica como "manicômio tributário" (Nóbrega, 2020a). Ao responsabilizar o descasamento entre a extensão de direitos sociais garantidos pela Constituição Federal de 1988 e a impossibilidade aritmética da necessária cobertura tributária, o ex-ministro não desconsidera a importância de uma rede de proteção social. Para ele, as políticas deveriam ser mais bem focadas, de modo não apenas a poupar recursos do contribuinte, como também a torná-las mais efetivas, eficazes e eficientes (idem, 2009a).

Nesse sentido, Maílson defende o segundo elemento estruturante da mudança institucional a que se refere North (1994) em seu texto clássico: uma reforma administrativa que fortaleça – e qualifique – a atuação do Estado e não vise apenas à redução de despesas *per se*. Guiado pelas ideias de Fukuyama (2014), Nóbrega (2020b) defende a necessidade de combater o chamado clientelismo a partir da redução da influência que determinados atores políticos – o tal estamento burocrático a que Faoro (1959) se refere em sua obra clássica – exercem sobre o setor público. Essa manobra seria operacionalizada por meio da queda drástica de cargos de comissionamento, pela limitação dos proventos da alta burocracia e pela equiparação dos salários de servidores com a realidade da iniciativa privada.

O terceiro e último movimento institucional evocado por Maílson diz respeito à abertura econômica – seja para o mercado externo, seja para melhor acomodar a iniciativa privada nacional por meio da privatização de setores em que a iniciativa privada atue com maior eficiência do que o Estado. "Nos anos 80, começou a ficar claro que a indústria brasileira se havia acomodado aos longos anos de protecionismo e subsídios. Sem concorrência, praticamente não existiam estímulos à melhoria da produtividade" (Nóbrega, 2000, p.46). Dessa forma, a abertura econômica resultaria em ganhos de produtividade que podem ser espelhados em experiências bem-sucedidas de empresas e setores já expostos à luz da competitividade. Trata-se dos casos da fabricante de aviões Embraer, da montadora de carrocerias de ônibus Marcopolo, do setor do agronegócio e do sistema financeiro, por exemplo. Diante disso, segundo Maílson, duas seriam as condições para a manutenção do Brasil na rota ascendente em que o país se encontrava nos anos 1990: a estabilidade e a abertura (ibidem).

Com efeito, Maílson indica que, dos anos 1980 em diante, o Estado brasileiro entrou em sua terceira fase no século XX.[5] Ela representou a reforma do Estado, pautada pela abertura da economia, pela transparência nas finanças públicas, pela privatização de estatais e pelo fortalecimento dos órgãos de regulação (ibidem).

No entender do ex-ministro, o Brasil não suplantará a condição de subdesenvolvido – ou, na terminologia contemporânea, de país em desenvolvimento – sem fortalecer as suas instituições de mercado. Ao reconhecer que a existência do mercado antecede a do próprio sistema capitalista, Maílson condiciona a viabilidade das sociedades humanas às possibilidades e potencialidades que apenas uma entidade como o mercado pode oferecer. Nesse sentido é que argumenta: não basta o mercado existir, faz-se necessário dotá-lo de funcionalidade e eficiência para que atue como motor do desenvolvimento.

O advento do sistema de mercados, por sua vez, subordina-se a duas condições básicas: (1) rigorosa definição dos direitos de

5 Na periodização proposta pelo próprio Maílson, as duas primeiras fases teriam sido (1) a do Estado liberal, até a década de 1930, e (2) a do Estado interventor, dos anos 1930 até a década de 1970 (Nóbrega, 2000).

propriedade, isto é, instituições jurídicas que estabeleçam a primazia e a segurança dos direitos individuais, e (2) mitigação do que autores afiliados a essa escola convencionaram chamar de "instituições predadoras", fenômenos tão díspares quanto concretos, como a corrupção, os *lobbies* indevidos, os monopólios e os conluios que, além de usurpar, garantem o domínio de mercados específicos.

Diretamente relacionada à abertura anteriormente citada, o ex-ministro reconhece a existência de falhas de mercado responsáveis por viabilizar e manter monopólios, concentrar renda e reservar seus frutos a minorias (idem, 2009b). Daí a relevância de um desenho institucional adequado que impeça ou limite a ocorrência de tais imperfeições, como os custos de transação, a assimetria de informações, a seleção adversa e o risco moral. Trata-se de problemas que surgem na ausência do funcionamento adequado do sistema de mercados, que devem, reconhece Maílson, ser regulados pelo agente público – regulação, este é o conceito, e não a intervenção de outrora.

Portanto, na visão holística de Maílson da Nóbrega, o desenvolvimento econômico pressupõe um arcabouço institucional que favoreça o sistema de mercados. São as instituições – e não as pessoas – as entidades responsáveis por garantir não apenas o bom funcionamento da estrutura econômica, mas também dos mecanismos democráticos tão arduamente conquistados pela humanidade ao longo de mais de três séculos de sua história.

CONSIDERAÇÕES FINAIS

Testemunha ocular de algumas das principais transformações ocorridas na economia brasileira nas últimas cinco décadas, não surpreende o fato de o pensamento de Maílson ter sofrido influências e renovações no decorrer de seus cinquenta anos na vida pública. O caráter autodidata de sua formação constitui um elemento central nesse processo. Menino de origem humilde, aprendeu com o que viu, ouviu e executou; os anos de experiência prática e de estudos aplicados outorgaram-lhe, com efeito, um cabedal de conhecimento maduro, sólido e moderno.

Caso típico de um economista de país periférico do século XX, sua formação entremeou-se com o transcorrer histórico-factual concomitante. O jovem Maílson forjou-se no desenvolvimentismo hegemônico dos anos 1950, refinou-se na vivência profissional na máquina federal e no exterior, e consolidou seu arcabouço teórico-intelectual já na condição de homem maduro e burocrata consagrado. As fases pelas quais passou revelam, antes, a capacidade de aprendizagem e de questionamento da realidade. Nada mais natural: quando de seu nascimento, sequer havia curso superior em Economia formalmente integrado a uma instituição universitária no Brasil.

De acordo com o próprio Maílson, para um funcionário de carreira do Banco do Brasil não havia opção, talvez sequer oportunidade, de pensar fora da teoria então vigente (Nóbrega, 2011). Entender os fenômenos sociais à luz dos preceitos desenvolvimentistas, até os anos 1980, não era uma opção, mas uma "imposição histórica". Não por acaso, o liberalismo econômico encontrou no Brasil barreiras quase intransponíveis para firmar-se como paradigma a ser estudado nas escolas de economia, no debate público e na arena política.

A segunda fase do seu pensamento econômico sofreu uma mudança significativa a partir dos anos 1980. Diretamente influenciado pelas transformações políticas, sociais, econômicas e ideológicas que ocorriam no Brasil e no mundo naquele período, Maílson passou a entender o papel do Estado de modo distinto, quando não antagônico, do que o fizera até então. Tratou-se do justo momento em que a teoria econômica e os *policymakers* do mundo desenvolvido abandonavam os ditames do keynesianismo presente na síntese neoclássica em prol de um arcabouço liberal diretamente influenciado por autores como Milton Friedman e Robert Lucas.

A consolidação da terceira e última etapa de seu pensamento respondeu ao aprofundamento teórico nos estudos da Nova Economia Institucional. Mantidos seus princípios liberais, Maílson reforça a convicção de que apenas uma economia baseada no mercado pode levar países pobres à referida convergência de renda. O funcionamento adequado dessa instituição é condição *sine qua non* para que o sistema econômico opere a engenharia subjacente ao fenômeno do desenvolvimento. Garantidor das regras jurídicas que o regem, ao

Estado cabe a importante tarefa de regular as transações e minimizar as falhas de mercado, atuando de forma complementar, e não mais norteadora, desse processo.

Economista de agudo senso prático, Maílson da Nóbrega, no alto de seus 82 anos de vida recém-completados, mantém intensa atividade profissional e intelectual nas diversas frentes em que atua. Síntese de um país que insiste em deixar para trás parcela expressiva de sua população ainda marginalizada, Maílson reflete a desde sempre verdadeira, ainda que pouco provada, máxima de que o brasileiro é, antes de tudo, um forte.

REFERÊNCIAS

BCN (Banco Central do Brasil). *Crédito rural*. 2020. Disponível em: https://www.bcb.gov.br/estabilidadefinanceira/creditorural. Acesso em: 3 out. 2021.

BARRO, R. New Classicals and Keynesians, or the Good and Bad Guys. *Schweizerische Zeitschrift für Volkswirtschaft und Statistik*, n.3, p.263-73, 1989.

BLUNDEL, J. *Margaret Thatcher*: a Portrait of the Iron Lady. Nova York: Algora, 2008.

BRASIL. Lei nº 454, de 09 de julho de 1937. Autoriza o Tesouro Nacional a subscrever novas ações do Banco do Brasil. Disponível em: *Diário Oficial da República Federativa do Brasil*, Poder Executivo, Rio de Janeiro, 21 jul. 1937.

BRASIL. Lei nº 4.595, de 31 de dezembro de 1964. Dispõe sobre a política e as instituições monetárias, bancárias e creditícias. *Diário Oficial da República Federativa do Brasil*, Poder Executivo, Brasília, 3 fev. 1965.

BRESSER-PEREIRA, L. C. O Plano Verão e a crise estrutural da economia brasileira. *Revista de Economia Política*, v.9, n.4, 1989.

CAGAN, P. The Monetary Dynamics of Hyperinflation. In: FRIEDMAN, M. (Ed.). *Studies in the Quantity Theory of Money*. Chicago: The University of Chicago Press, 1956.

CASTRO, L. B. de. Esperança, frustração e aprendizado: a história da Nova República (1985-1989). In: GIAMBIAGI, F. et al. *Economia brasileira contemporânea [1945-2010]*. Rio de Janeiro: Elsevier, 2011.

EICHENGREEN, B.; PARK, D.; SHIN, K. Growth Slowdowns Redux: New Evidence on the Middle-Income Trap. *NBER Working Paper*, n.18673, National Bureau of Economic Research, Cambridge, 2012.

FAORO, R. *Os donos do poder*. Porto Alegre: Globo, 1959.

FONSECA, P. C. D. Desenvolvimentismo: a construção do conceito. In: DATHEIN, R. (Org.). *Desenvolvimentismo*: o conceito, as bases teóricas, as políticas. Porto Alegre: Editora da UFRGS, 2015.

FORDER, J. *Macroeconomics and the Phillips Curve Myth*. Oxford: Oxford University Press, 2014.

FRANCO, G. H. B. de. Auge e declínio do inflacionismo no Brasil. *Texto para Discussão*, n.487, Departamento de Economia da PUC-Rio, Rio de Janeiro, 2004.

FUKUYAMA, F. *Political Order and Political Decay*. Seattle: Brilliance Audio, 2014.

HERMANN, J. Reformas, endividamento externo e o "milagre" econômico (1964-1973). In: GIAMBIAGI, F. et al. *Economia brasileira contemporânea [1945-2010]*. Rio de Janeiro: Elsevier, 2011.

MARCH, J. G.; OLSEN, J. P. Neo-institucionalismo: fatores organizacionais na vida política. *Revista de Sociologia Política*, v.16, n.31, p.121-42, 2008.

MODIANO, E. M. A ópera dos três cruzados. In: ABREU, M. de P. (Org.). *A ordem do progresso*: dois séculos de política econômica no Brasil. Rio de Janeiro: Elsevier, 2014.

NÓBREGA, M. F. da. *O Brasil em transformação*. São Paulo: Gente, 2000.

NÓBREGA, M. F. da. A ilusão sobre a reforma tributária. *Blog Maílson da Nóbrega*: Economia, História e Política. São Paulo, 12 ago. 2009a. Disponível em: http://mailsondanobrega.com.br/colunas/ilusao-sobre-reforma-tributaria/. Acesso em: 17 maio 2020.

NÓBREGA, M. F. da. O Estado voltou? *Blog Maílson da Nóbrega*: economia, história e política. São Paulo, 21 out. 2009b. Disponível em: http://mailsondanobrega.com.br/colunas/o-estado-voltou/. Acesso em: 23 maio 2020.

NÓBREGA, M. F. da. *Além do feijão com arroz*. Maílson da Nóbrega: autobiografia. Rio de Janeiro: Civilização Brasileira, 2011.

NÓBREGA, M. F. da. Imposto na nota fiscal. *Blog Maílson da Nóbrega*: economia, história e política. São Paulo, 11 jan. 2012a. Disponível em: http://mailsondanobrega.com.br/colunas/imposto-na-nota-fiscal/. Acesso em: 12 jul. 2020.

NÓBREGA, M. F. da. Projeto Nacional. *Blog Maílson da Nóbrega*: economia, história e política. São Paulo, 25 jan. 2012b. Disponível em: http://mailsondanobrega.com.br/colunas/projeto-nacional/. Acesso em: 14 ago. 2020.

NÓBREGA, M. F. da. *Entrevista*. Entrevistadores: Daniel Nogueira Silva, Fernando Motta Correia e Ivan Colangelo Salomão. São Paulo, 16 mar. 2020a.

NÓBREGA, M. F. da. Reforma administrativa já. *Blog Maílson da Nóbrega*: economia, história e política. São Paulo, 8 abr. 2020b. Disponível em: http://mailsondanobrega.com.br/colunas/reforma-administrativa-ja/. Acesso em: 29 set. 2020.

NÓBREGA, M. F. da. Maílson da Nóbrega: anos 1980 – crises e reformas. Entrevista concedida ao podcast *Casa das Garças* [meio digital]. Entrevistador: José Augusto Fernandes. [S.l.]: Instituto de Estudos de Política Econômica/ Casa das Garças, maio de 2021. Disponível em: https://iepecdg.com.br/ podcast/podcast/mailson-da-nobrega/. Acesso em: 22 nov. 2022.

NORTH, D. C. *Institutions, Institutional Change and Economic Performance*. Cambridge: Cambridge University Press, 1990.

NORTH, D. C. *Institutional Change*: a Framework of Analysis, 1994. Disponível em: https://econwpa.ub.uni-muenchen.de/econ-wp/eh/papers/9412/9412001.pdf.

NORTH, D. C. Desempeño económico en el transcurso de los años. *Temas de Management*, v.4, n.2, p.16-24, 2006.

OLIVER, M. J.; PEMBERTON, H. Learning and Change in 20th-Century British Economic Policy. *Governance*, v.17, n.3, p.415-41, 2004.

PHILLIPS, A. W. The Relationship between Unemployment and the rate of Change of Money Wages in the United Kingdom, 1861-1957. *Economica*, v.25, n.100, p.283-99, 1958.

REDIVO, A. S.; FONSECA, P. C. D. A atuação da Carteira de Crédito Agrícola e Industrial (Creai) do Banco do Brasil entre 1937 e 1969. In: ENCONTRO NACIONAL DE ECONOMIA, 46, 2018, Rio de Janeiro. *Anais*... Rio de Janeiro: Anpec, 2018.

SAMUELSON, P. A.; SOLOW, R. M. Analytical Aspects of Anti-Inflation Policy. *American Economic Review*, v.50, n.2, p.177-94, 1960.

TRAUMANN, T. *O pior emprego do mundo*: 14 ministros da Fazenda revelam como tomaram as decisões que mudaram o Brasil e mexeram no seu bolso. São Paulo: Planeta, 2018.

5

Zélia Cardoso de Mello

A MULHER QUE SEQUESTROU A POUPANÇA

Andrea Cabello, Victor Cruz-e-Silva e Ivan Colangelo Salomão

INTRODUÇÃO

Os desafios e obstáculos que determinados grupos têm que superar para provar a competência que o preconceito lhes subtrai são, como se sabe, múltiplos e estruturais. Exemplos pontuais não justificam o abandono dos esforços arduamente empenhados para minorar tais barreiras socialmente erigidas. Numericamente majoritárias na população brasileira, as mulheres ainda encontram óbices por vezes insuperáveis para demonstrar capacidades muitas vezes exclusivas e não compartilhadas por homens. Assim, a baixa representatividade feminina nos espaços de poder faz com que a inesperada ascensão de uma jovem economista ao cargo mais importante na estrutura do Governo Federal seja digna de nota *per se*. Eis a história da primeira e até hoje única mulher a comandar a economia brasileira.

Zélia Maria Cardoso de Mello nasceu em 20 de setembro de 1953, em São Paulo. Filha de Emiliano Cardoso de Mello, delegado de polícia do Departamento de Ordem Política e Social (Dops), e Azuléia Castiglioni Martoni Cardoso de Mello, cresceu em uma típica família de classe média paulistana. Descendente de família italiana e de grandes proprietários de terras em Parati (RJ), de "rigorosa formação católica" e "superburguesa" (Sabino, 1991, p.20), Zélia estudou no Colégio de Aplicação da Faculdade de Filosofia da Universidade de São Paulo (USP) – ambiente considerado liberal e progressista para os padrões da época –, no qual participou de movimento estudantil de oposição ao regime militar.

A escolha do caminho profissional a seguir é uma das decisões mais importantes na vida dos adolescentes privilegiados e que contam com essa opção. A jovem estudante Zélia também enfrentou os dilemas por que passam milhões de jovens ao completar o ensino médio. Seu teste vocacional havia indicado as carreiras de Psicologia ou Jornalismo, mas a vocação natural acabou sendo eclipsada ao ingressar, em 1971, na Faculdade de Economia e Administração da USP (FEA) para cursar Economia, em grande parte "por influência dos primos mais velhos, como sempre" (ibidem, p.41). João Manuel Cardoso de Mello,[1] o mais famoso deles, já atuava como professor do futuro Instituto de Economia da Universidade Estadual de Campinas (Unicamp). Autor do clássico *O capitalismo tardio* (Mello, 2009), obra de inspiração marxista, João Manuel viria a ser um dos mais relevantes intelectuais pertencentes a uma corrente de pensamento que se oporia frontalmente às medidas que a prima mais nova adotaria quando da passagem pelo Ministério da Economia.

A entrada na universidade marcou um momento relevante não apenas na sua formação intelectual, mas também na sua pouco conhecida militância política. A oposição às arbitrariedades do regime militar conquistava corações e mentes de jovens que engrossavam as filas mosaicas das oposições à ditadura; nesse período, Zélia filiou-se ao Partido Comunista Brasileiro (PCB),[2] de cujas atividades, porém, não chegou a participar com assiduidade.

A formação na FEA/USP forneceu-lhe instrumentos da teoria econômica *mainstream*, mas também lhe permitiu manter contato com

1 De acordo com Sabino (1991, p.70), Zélia o considerava "uma das pessoas que melhor 'pensam' o Brasil: conhece nossos problemas, estudou a fundo cada um deles".

2 Zélia teve um primo assassinado por agentes do DOI-Codi, cujo cadáver foi por ela reconhecido no Instituto Médico Legal (IML), fato que determinou sua rejeição ao regime militar (Sabino, 1991, p.40).

autores cujas obras fundamentam a mais heterodoxa das vertentes econômicas, como Karl Marx, Leon Trotski e Vladimir Lenin – personagem este sobre o qual "encheu várias páginas sobre sua vida e seu pensamento" (Sabino, 1991, p.42). A crer no seu histórico escolar, não foi exatamente uma aluna exemplar, tendo reprovado em diversas disciplinas no terceiro ano da graduação por falta de interesse, momento em que considerou abandonar o curso de Economia.

Formada em 1975, Zélia chegou a ingressar na pós-graduação, projeto brevemente interrompido pela oportunidade de trabalhar na Companhia Estadual de Casas Populares (Cecap). Em 1977, já como aluna do mestrado na USP, tornou-se docente de História Econômica do curso de graduação da mesma instituição, desejo acalentado desde a infância. Por parte dos alunos, era considerada uma professora "rígida, disciplinada e mesmo arrogante" (ibidem, p.46); já na visão de sua orientadora de doutorado Alice Piffer Canabrava – personagem icônica da universidade por ter sido a primeira catedrática da FEA/USP –, Zélia destacou-se pelo empenho e dedicação:

> Foi aluna invulgar dos cursos de História Econômica da Faculdade de Economia e Administração da Universidade de São Paulo. Sua vocação desabrochou desde cedo, nos trabalhos de monitoria junto às disciplinas de História Econômica do Brasil. Em seu anseio de conhecimento histórico, espontaneamente foi atraída pelos manuscritos, os documentos que instruem a memória do passado, e dominou logo as dificuldades inerentes às antigas formas de escrita e de linguagem. Leu muito os grandes autores, das mais diversas correntes do pensamento historiográfico, dando largas às suas inquietações teóricas. Frequentou outros cursos referentes a disciplinas das Ciências Humanas não contempladas no currículo das faculdades de Economia. (Canabrava, 1985, p.14)

Após defender sua tese de doutorado, em 1981, foi convidada para trabalhar no departamento econômico da embaixada brasileira na Inglaterra, oportunidade em que conheceu o diplomata Clodoaldo Huguenay, que viria a integrar a sua futura equipe no Ministério da Economia. Além disso, aproximou-se da imprensa, mantendo contato com diversos correspondentes brasileiros em Londres, como

Claudio Abramo (*Folha de S. Paulo*), Alessandro Porro (*Veja*), Fernando Pacheco Jordão (*IstoÉ*) e Ricardo Pereira (*O Globo*).

Para além da experiência profissional, a vivência na capital inglesa também repercutiu em seu amadurecimento teórico. O livro *A teoria geral do emprego, do juro e da moeda*, obra máxima de John Maynard Keynes, tornou-se, a partir daquele momento, "seu manual de trabalho" (Sabino, 1991, p.63). Isso significa que Zélia aderiu a uma doutrina que, reconhecendo a existência de desemprego involuntário, buscava identificar as falhas sistemáticas que afetavam o funcionamento de economias descentralizadas, com especial ênfase em insuficiências de demanda agregada em função de vazamentos do setor produtivo para o setor financeiro. Assim, caberia ao Estado atuar por meio da combinação de políticas de ativação da demanda, como a manutenção de baixas taxas de juros e a distribuição de renda (De Vroey, 2016). Muito embora o cerne da teoria keynesiana já tivesse sido reformado por autores de diversas correntes de pensamento (Snowdon; Vane, 2005), a aproximação com a *Teoria geral...* indicava a influência de uma vertente teórica simpática à intervenção do ente público em momentos de recessão. Não se pode deixar de notar, entretanto, a completa divergência desse receituário em relação às medidas, ao menos no plano fiscal, adotadas durante a sua gestão no Governo Federal.

No retorno ao Brasil, assumiu o cargo de diretora administrativa e financeira da Companhia de Desenvolvimento da Habitação (CDH), sucessora da Cecap, na gestão de André Franco Montoro no governo de São Paulo (1983-1987) – estatal presidida por outro de seus primos, Pedro Paulo Branco. Paralelamente à atuação no governo, Zélia voltou a lecionar História Econômica na USP, naqueles que seriam seus últimos anos como docente.

Logo após a redemocratização do país, Zélia filiou-se ao PMDB[3] e integrou a equipe econômica do governo José Sarney (1985-1990). Dilson Funaro, segundo ministro da Fazenda de Sarney, havia convidado o professor João Manuel Cardoso de Mello (Unicamp) para

3 Em 1988, Zélia chegou a assinar sua filiação ao recém-criado PSDB, que acabou sendo anulada por questões burocráticas (Lemos, 2009).

assessorá-lo, o qual acabou por agregar a já reconhecida professora da USP à equipe. A Zélia coube chefiar a Secretaria de Programa Financeiro do Setor Público, órgão responsável por acompanhar a liberação de recursos e a situação das dívidas dos estados e municípios. Foi nesse cargo que a jovem economista conheceu o então governador de Alagoas e futuro presidente da República, Fernando Collor de Mello. Com isso, completou-se a tríade das figuras públicas mais admiradas por Zélia: Montoro, Funaro e Collor, "não necessariamente nessa ordem" (Sabino, 1991, p.83).

Após a queda de Funaro, em abril de 1987, Zélia deixou o governo e montou uma empresa de consultoria e planejamento – a ZLC Consultores Associados – em sociedade com Lélio Ravagnani e Carlos Henrique Morais. Um de seus principais clientes era justamente o estado de Alagoas, à época em grave situação financeira, e cujo governador, bem impressionado com os serviços prestados pela referida secretária, buscou se aproximar da responsável por liderar a parte técnica da consultoria. Não por acaso, Zélia se tornaria um raro caso de colaborador que granjearia alguma ascendência sobre o intempestivo futuro presidente da República (Traumann, 2018, p.93).

A campanha presidencial de 1989, a primeira eleição nacional livre e democrática desde 1960, trazia expectativas proporcionais aos desafios a enfrentar naquele momento. O governador de Alagoas, considerado um *outsider* pelos partidos tradicionais, convidou Zélia para coordenar a elaboração do seu programa econômico – *Diretrizes da ação do governo Collor*. De fato, durante a campanha eleitoral, "Zélia tornou-se a porta-voz oficial do programa econômico de Collor, embora nenhum dos dois [ainda] pensasse em Ministério" (ibidem, p.93). A parceria entre uma economista de formação pluralista e um político de viés liberalizante se consolidou dada a admiração de Zélia pelo político nordestino, cujo discurso modernizante envolveu, de fato, setores relevantes da sociedade brasileira. Quando questionada acerca da suposta incoerência em assessorar um candidato à direita no espectro ideológico, Zélia argumentava que, a despeito de seu posicionamento político, Collor se oferecia como um nome jovem e com "genuína disposição de transformar o Brasil, promover justiça social" (apud Sabino, 1991, p.91).

Emoldurada no que comumente se designa como populismo político, a campanha de Collor inovou ao apresentar um "autêntico marketing eleitoral, sem precedentes na história do Brasil" (Castro, 2011, p.131). Baseado em *slogans* enfáticos e moralizantes, Collor prometia acabar com a inflação com "uma bala de prata", modernizar o tecido produtivo nacional e patrocinar reformas institucionais que combatessem os privilégios do funcionalismo público. Nas palavras do jurista Tarcísio Leite, Collor representava a livre iniciativa ou o neocapitalismo, em um embate contra a estatização ou o "neossocialismo" almejados por seu adversário, Luiz Inácio Lula da Silva (CPDOC, [s.d.]).[4]

Eleito presidente, Collor nomeou Zélia Cardoso de Mello a primeira mulher a chefiar a mais importante pasta da Esplanada, o agora rebatizado Ministério da Economia, cargo que ocupou por catorze meses, entre março de 1990 e maio de 1991. Não obstante o ferramental teórico e a experiência prática que adquiriu em sua breve carreira profissional, a professora da USP pôde imprimir apenas parte de suas ideias à política econômica. Como não poderia deixar de ser, a *Realpolitik* e, sobretudo, a pressão de uma sociedade descrente e impaciente com os inúmeros fracassos dos planos de combate à inflação impuseram-se sobre o presidente da República e, consequentemente, sobre a ministra da Economia.

AS IDEIAS ECONÔMICAS DE ZÉLIA CARDOSO DE MELLO POR MEIO DE SUA PRODUÇÃO ACADÊMICA

Se a proximidade intelectual com colegas de profissão pudesse ser empregada como termômetro teórico-ideológico, Zélia Cardoso poderia ser considerada, às vésperas da eleição de 1989, uma economista liberal. Influenciada pelo também professor da USP Affonso Celso Pastore e próxima do futuro ministro do Trabalho, Antônio Rogério Magri, o pensamento econômico de Zélia já não guardava lembrança com o de seu primo mais conhecido. De acordo

---

4 Arquivos pessoais de André Franco Montoro, AFM pi Leite, F.T. 1989.12.00.

com Tarcísio Leite, os principais elementos de sua visão econômica podiam, àquele momento, ser resumidos nos seguintes pontos:

> (1) Liberdade plena de concorrência de mercado; (2) liberdade geral de preços e livre negociação para os salários; (3) redução dos tributos; (4) privatização e aproximação com o sistema financeiro internacional através da negociação da dívida externa, e, (5) revisão da política de indexação da economia, da política de juros e correção monetária. (ibidem, p.3)

Seja como for, conquanto tenha exercido atividades docentes por mais de uma década, Zélia não desenvolveu uma pesquisa acadêmica exatamente prolífica. Na página do repositório da biblioteca da USP, sua *alma mater*, constam apenas 22 registros de trabalhos em que ela figura como autora ou coautora, dos quais apenas três podem ser considerados artigos estritamente acadêmicos: sua tese de doutorado, um artigo publicado na revista *Estudos Econômicos* (USP) e um capítulo de livro. Apesar de limitados em termos quantitativos, tais trabalhos revelam seus interesses acadêmicos e, em alguma medida, elucidam determinados aspectos de seu pensamento econômico.

Sua pesquisa acadêmica insere-se na área de História Econômica, tema da publicação do único artigo anteriormente referido. O restante dos trabalhos está associado à sua atuação na gestão pública, uma vez que apresentam análises conjunturais, ainda que teoricamente bem fundamentadas. O primeiro dos 22 registros mencionados data de 1981 e o último de 1991, sendo que os dois artigos acadêmicos, de forte embasamento empírico, foram publicados em 1981 e 1985.

Sua tese de doutorado – *Metamorfoses da riqueza: São Paulo (1845-1895)*, publicada como livro em 1985 (Mello, 1985) – corrobora o que Sabino (1991, p.43) caracteriza como um "teor fundamentalmente paulista de sua formação". Traço definidor de sua visão de mundo, a relação com o universo de São Paulo marcaria uma das várias críticas que sofreu durante o período em que comandou a economia do país.[5]

---

5 O biógrafo atenta ainda para a relação de Zélia com o interior do estado: "As funções na vida pública a impediram de voltar com frequência, como gostaria, à Pirajuí da sua infância. Mas nem por isso perdeu certa conotação campestre, ou caipira mesmo

A suposta visão paulistocêntrica não foi, nem seguirá sendo, uma censura original, uma vez que dela se utilizaram uma série de atores políticos e econômicos que buscavam estigmatizar eventuais adversários desse estado.

Na referida tese, Zélia pesquisou "o movimento das formas de riqueza como expressão do momento de superação do escravismo e de emergência do capitalismo" (Mello, 1985, p.26). Para tanto, buscou entender como a consolidação da economia exportadora capitalista ensejou mudanças na estrutura econômico-social da época, atentando para as transformações na riqueza pessoal e os tipos de bens que passaram a ser consumidos no contexto de transição do trabalho escravizado para o assalariado. A premissa de que partia considerava que "as informações sobre os bens possuídos constituem indicador do padrão de vida, da riqueza dos indivíduos e da maneira como essa se distribuía individualmente" (ibidem, p.27).

Do ponto de vista metodológico, Zélia seguiu os passos de sua orientadora e embrenhou-se em processos de inventário do 1º Ofício da Família de São Paulo da segunda metade do século XIX. Os dados lá coletados e apresentados no apêndice estatístico da tese demonstram o rigor de sua pesquisa, em linha com a tradição que a própria professora Canabrava havia inaugurado na Faculdade de Economia da USP. Indo além, ambas enfatizavam a centralidade ambiental do fenômeno do desenvolvimento econômico, ressaltando como as peculiaridades espaciais deveriam ser consideradas pelo historiador econômico, ao qual caberia "reconhecer a permanência dos elementos geográficos, especialmente no sentido de que as condições naturais possam apresentar obstáculos importantes, por vezes insuperáveis, às atividades humanas, dado o maior ou menor grau de controle que o homem alcançou em relação à natureza" (Mello; Saes; Nozoe, 1985, p.177).

Embora seja sua única contribuição acadêmica de relevo, sua tese ainda representa um estudo basilar da história do café no estado de São Paulo. Nele, Zélia relaciona a profunda transformação por que

---

(no melhor sentido da palavra, se é que o tem), que faz parte do encanto de sua personalidade" (Sabino, 1991, p.43).

passou a estrutura laboral de São Paulo com a própria evolução da economia cafeicultora paulista em meados do século XIX:

> À medida que *o capital se libertou do escravo, defrontou-se com uma ampla variedade de alternativas que produziu um capitalista, desde logo comprometido com a concentração do capital e que já surge como classe que personifica interesses diversos, comerciais, financeiros e agrários.* Por outro lado, a difusão de novas formas de riqueza, exigia-lhe postura diferente e gestão mais complexa dos negócios. (Mello, 1985, p.150, grifo no original)

Em consonância com uma série de outros trabalhos que também analisam o mesmo fenômeno histórico em outras localidades do país – como no Vale do Paraíba (Marcondes, 1998), Pernambuco (Versiani; Vergolino, 2003), Rio de Janeiro (Motta; Nozoe; Costa et al., 2004) e Juiz de Fora (Almico, 2005) –, a tese de Zélia contribuiu para a literatura "ao estabelecer uma linha de continuidade de investigação que consolida e amplia as anteriores, enriqueceu estas com a denúncia e a interpretação da diversidade quantitativa e qualitativa dos componentes da riqueza" (Canabrava, 1985, p.15). Nesse sentido, é possível entender a sua contribuição à historiografia econômica como um importante exercício empírico com vistas a ampliar o entendimento do fenômeno econômico mais importante do final do século XIX, a saber, a monetização da economia decorrente da substituição da mão de obra cativa pela assalariada (Furtado, 1982, p.151).

Em "Características dos núcleos urbanos em São Paulo", publicado em 1985 em coautoria com Flávio Saes, Zélia busca complementar e aprofundar a mesma temática: os autores analisam a relação do desenvolvimento do município de São Paulo com o seu entorno, enfatizando "a divisão do trabalho dentro da cidade e entre diferentes cidades" (Mello; Saes, 1985, p.310). Utilizando-se novamente de dados primários – "almanaques [que] apresentam relações nominativas de pessoas e sociedades que exercem atividades nos diversos municípios" (ibidem, p.312) –, eles pesquisaram a estrutura produtiva da região, atentando para o processo de transformação e desenvolvimento acelerado pelo qual passava a cidade. Novamente, sua pesquisa procura agregar elementos à compreensão do fenômeno do desenvolvimento econômico paulista.

Os últimos trabalhos de natureza acadêmica escritos por Zélia foram duas resenhas, também publicadas na revista *Estudos Econômicos* (USP), dos livros *Desenvolvimento capitalista: ensaios sobre a crise*, organizado por Luiz Gonzaga Belluzzo e Renata Coutinho, e *Revolução de 30: a dominação oculta*, de Ítalo Tronca. Conquanto crítica, pouco se pode inferir sobre o pensamento de um autor de uma resenha dada a própria natureza desse tipo de trabalho.

Muito embora tenha sido uma professora respeitada no Departamento de Economia da maior universidade brasileira, Zélia não legou uma obra acadêmica de fôlego por meio da qual seja possível identificar claras influências teóricas nem esquadrinhar suas ideias a respeito dos mais diferentes assuntos econômicos. Nesse sentido, é por meio de sua obra como gestora pública que se pode identificar e avaliar o que, de fato, pensava a primeira e única mulher a comandar a economia brasileira desde 1822.

A GESTÃO DE ZÉLIA NO MINISTÉRIO DA ECONOMIA (1990-1991)

O nome da primeira-ministra da Economia foi oficialmente publicado pelo presidente eleito Fernando Collor de Mello no dia primeiro de março de 1990, duas semanas antes de sua posse.[6] Muito embora não fosse exatamente uma novidade, suas atribuições exorbitariam as de que usualmente se incumbe um ministro da área econômica. A pasta por ela assumida, o Ministério da Economia, fora criada a partir da fusão da Fazenda, do Planejamento, da Indústria e Comércio e (parcialmente) da Agricultura, estrutura que lhe atribuía, além das responsabilidades correspondentes, um enorme poder político. Conforme Traumann (2018, p.93) oportunamente observa, "nunca

6 Tanto Sabino (1991, p.114) quanto Traumann (2018, p.93-4) afirmam que Daniel Dantas foi considerado para assumir o Ministério da Economia antes de Zélia. Mário Henrique Simonsen e André Lara Resende também foram apontados como interlocutores do presidente na área econômica.

um ministro da Fazenda teria tanto poder formal [até então] como no governo Collor" – ao menos no papel, pois, na prática, a era dos czares econômicos já havia sido inaugurada por Rui Barbosa havia um século, período em que outros homens gozaram de poder *de facto* comparável ao do próprio presidente da República, como Antonio Delfim Netto ou mesmo Octávio Gouveia de Bulhões.

O início do governo Collor, especialmente no primeiro semestre de 1990, poderia ser caracterizado como próprio do cesarismo ou de uma democracia delegativa, "na qual os presidentes da República julgam-se capazes de governar acima dos interesses e dos partidos, apenas respaldados pelo voto majoritário da população e auxiliados por assessores técnicos 'neutros'" (Abrucio; Loureiro, 1998, p.35). Ao declarar que "assumiria 'pessoalmente' a condução da nossa política econômica e os ministros seriam 'seus auxiliares'", o presidente buscava não apenas minimizar o pouco conhecimento que a sociedade brasileira tinha a respeito de Zélia, como também mostrar-se como garantidor da estabilidade requerida pela condução de uma política econômica simpática aos valores do mercado (Guilherme, 2019).

Como não poderia deixar de ser, o principal tema de que se ocuparia a nova ministra foi o combate à inflação, assunto para o qual Zélia contava inicialmente com a assessoria dos economistas José Francisco Gonçalves e Luís Eduardo Assis, aos quais se incorporaram, após a vitória de Collor na eleição, os nomes de Antônio Kandir, Ibrahim Eris, Venilton Tadini, Luís Otávio da Motta Veiga, Eduardo Teixeira e João Maia. Trata-se da equipe à qual coube lidar com a questão inflacionária no único momento de sua história em que o Brasil conviveu, de acordo com o critério de Cagan (1956), com uma hiperinflação.[7] Foi justamente entre dezembro de 1989 e março de 1990 ou, coincidentemente, da vitória à posse de Fernando Collor de Mello, que o país amargou os mais altos índices inflacionários já registrados desde o início de sua aferição oficial (Andrada, 2018, p.784).

---

7 Segundo Cagan (1956, p.5), "a hiperinflação começa no mês em que a inflação atinge 50% mensais e termina no mês imediatamente anterior àquele no qual o aumento mensal dos preços cai abaixo de 50%, mantendo-se abaixo desse patamar por pelo menos um ano".

Com efeito, a adversidade do contexto econômico da época exigia medidas profundas ao mesmo tempo que a conjuntura política não permitiria longos períodos recessivos. Por um lado, além da inacessibilidade às linhas de crédito no mercado financeiro internacional, a rápida remonetização pós-processos de estabilização e a existência de uma "moeda indexada" ao refinanciamento diário da dívida no mercado apresentavam-se como os principais desafios no campo monetário (Carvalho, 2006).

Por outro lado, muito embora o ajuste interno se mostrasse ainda mais premente do que a situação com os credores internacionais, o equacionamento da questão da dívida externa fazia-se bastante sensível diante das consequências onerosas da moratória decretada em 1987. Ainda assim, a postura do novo governo não foi exatamente apaziguadora. Na contramão da estratégia adotada por outros países latino-americanos, a equipe econômica de Zélia impôs-se com o objetivo de postergar tanto quanto possível o retorno do pagamento da dívida interrompido no governo Sarney (Sallum Júnior, 2011, p.269). Essa postura altiva viria a lhe render eventuais dissabores. Em abril de 1991, após discursar na sede do Banco Interamericano de Desenvolvimento – oportunidade em que acusou os dirigentes do órgão de forçar o Brasil a um acordo prejudicial à economia do país –, o ministro da Economia francês, Pierre Bérégovoy, referiu-se à ministra brasileira como "petulante" (Lemos, 2009).

Diante desse quadro pouco alvissareiro, o governo anunciou o Plano Brasil Novo – popularmente conhecido como Plano Collor – em 16 de março de 1990, um dia após a posse do novo presidente da República. O plano, cuja mentoria intelectual coube a Zélia Cardoso de Mello, inseria-se no contexto mais amplo de reformas que se discutia ao redor do globo. Época em que se consolidava a hegemonia do chamado Consenso de Washington – conjunto de medidas econômicas concatenadas e sistematizadas pelo economista John Williamson (1989), mas já praticado desde as administrações de Margaret Thatcher (1979-1990), na Inglaterra, e Ronald Reagan (1981-1989), nos Estados Unidos –, a última década do século XX ficaria caracterizada pela adoção de políticas de austeridade mundo afora, tais como disciplina fiscal, redirecionamento de gastos para medidas pró-crescimento em detrimento de subsídios e isenções fiscais, reforma tributária, taxas de câmbio e de juros competitivas, liberalização comercial, mobilidade de capitais, privatização, desregulamentação financeira e garantias de segurança jurídica para contratos e direitos de propriedade. Palco privilegiado desse experimento, a América Latina passava por transformações estruturais naquele momento. Principal economia do continente, o Brasil não ficaria de fora, de modo que não se pode entender o Plano Collor como "uma invenção tirada do vazio em face do quadro particularmente adverso daquele momento" (Carvalho, 2000, p.113).

O diagnóstico da equipe de Zélia para os principais problemas da economia brasileira girava em torno do desequilíbrio financeiro do Estado, contra cujos efeitos se propunha o saneamento da máquina pública por meio de uma série de reformas de cunho liberalizante: (1) monetária, a qual, segundo a ministra declarou posteriormente, "gerou todos esses problemas"; (2) ajuste fiscal; (3) política de rendas; (4) reformas estruturais que, na visão de Zélia, "deram muito certo" (Mello, 2012). Para ela, os planos de estabilização anteriores haviam falhado justamente por buscarem atacar todos esses pontos simultaneamente, especialmente na tentativa de tornar a política monetária mais rígida (idem, 1990a). O objetivo do plano era, assim, estabilizar o nível de preços independentemente dos impactos sobre a atividade econômica, entendido por Zélia como um "resíduo do combate à inflação" (idem, 1990c).

Ainda que o plano tenha entrado para a história (e para a historiografia) nacional como uma das mais inadequadas medidas já adotadas por um governante, Andrada (2018) sugere que a recepção imediata não foi totalmente negativa. Além da bem avaliada promessa de ajuste fiscal, as reformas estruturais – com destaque para a abertura comercial e financeira, e as privatizações – agradaram setores específicos. Mesmo entre a classe política, cujo apoio fora desde a campanha desdenhado, o plano angariou algum apoio parlamentar. De acordo com Leitão (2011, p.189), apesar de "todas as suas loucuras", o Plano Collor contou com apoio dos partidos de perfil mais fisiológico.

Reforçava a sua fragilidade o fato de o único trabalho acadêmico apontado pela literatura como base para elaboração do plano ter sido o de Belluzzo e Almeida (1990), cujas semelhanças com a "Exposição de Motivos n.58", documento apresentado à sociedade na ocasião,[8] são, de fato, substantivas. Pastore (1991) credita tal ausência à suposta dificuldade da sociedade de compreender assuntos complexos e excessivamente técnicos. Não por acaso, desde a confusa e pouco didática apresentação do plano pela equipe econômica, grande parte da sociedade brasileira teve dificuldade em entender do que se tratava aquele "tratamento de choque". A esse respeito, Zélia teria se expressado nos seguintes termos em entrevista concedida à TV Globo: "O plano econômico não é um sabonete, um produto para ser colocado à venda, é um projeto de transformação do Brasil" (apud Traumann, 2018, p.92). A caricatura da analogia explica o pouco apreço da equipe econômica por uma comunicação eficiente, um dos mais relevantes elementos subjacentes ao sucesso do Plano Real, implementado no governo subsequente.

Dada a multiplicidade de fatores responsáveis pelo desequilíbrio da economia brasileira (Mello, 2012), o êxito desinflacionário resultaria, obrigatoriamente, de uma ação igualmente holística. Nesse sentido, sua equipe buscou combater "várias frentes ao mesmo tempo", dentre as quais ganhou notoriedade o traumático e famigerado confisco dos haveres financeiros.

A reforma monetária e o sequestro dos ativos financeiros

Aspecto mais controverso do plano, a estratégia monetária do Plano Collor entrou para a história brasileira como uma das medidas mais traumáticas já adotadas por um governo. Segundo Pastore (1991, p.157), "o ponto fundamental do programa foi uma reforma monetária que estabeleceu a troca do padrão monetário", substituindo o cruzado novo pelo cruzeiro. Além disso, 80% do M4 brasileiro teve sua circulação sustada,[9] o que representava aproximadamente 30% do

8 Para uma comparação detalhada entre os dois documentos, ver Carvalho (2006).

9 As denominações M1, M2, M3 e sucessivas dizem respeito às formas de manifestação da moeda por grau de liquidez. A liquidez reduz-se conforme aumenta a numeração

PIB. Collor prometera derrubar a inflação com uma "bala de prata". De fato, "em uma única bala de prata, 30% do PIB do Brasil estava bloqueado" (Traumann, 2018, p.90).

O chamado "confisco da poupança" – operacionalizado pela Medida Provisória nº 168, de 15 de março de 1990, e transformado na Lei nº 8.024, de 12 de abril de 1990 – foi o elemento que realmente distinguiu o Plano Collor, tanto em relação àqueles que o precederam quanto àqueles que o sucederiam. Convencidos de que as demais alternativas eram politicamente inviáveis ou demasiadamente arriscadas, Zélia e seus assessores optaram pelo sequestro de liquidez baseados no debate econômico da época.

Aprovada pela equipe econômica ainda em dezembro e chancelada pelo presidente no mês subsequente – por ele considerada "audaciosa" (Sabino, 1991, p.111) –, a medida "trouxe alívio a todos, ao perceberem que os demais concordavam com uma proposta que era encarada com muito receio" (Carvalho, 2006, p.122). Na visão de Antônio Kandir, secretário especial de política econômica do Ministério da Economia, "o ajuste fiscal não vai adiantar nada se eu continuar com essas condições [de liquidez extrema] na área monetária" (apud Traumann, 2018, p.91). Assim, a equipe econômica buscou na experiência alemã de 1948, quando da criação da Alemanha Ocidental, a inspiração para a manobra realizada:

> Ao extinguir a moeda *Reichsmark* e trocá-la pelo *Deutschemark*, o Banco Central estipulou a conversão na qual cada alemão poderia em troca de 60 RM obter 40 DM imediatamente, e outros 20 DM após dois meses. Estava aí a experiência mais bem-sucedida de "enxugamento de liquidez", a expressão econômica para controle da expansão monetária. (Traumann, 2018, p.92)

---

em "M", tal que M1 seja constituído por papel-moeda em poder do público mais o saldo dos depósitos à vista – sendo, portanto, sua forma mais líquida. Desse modo, cada categoria está incluída na categoria subsequente, por ser menos líquida que a anterior. Pastore (1991, p.157) inclui a poupança no M4. Teixeira (2002, p.21), por sua vez, indica que a posição de liquidez de um ativo pode variar relativamente aos demais ativos no tempo, de maneira que o enquadramento de um ativo de M1 a M5 pode se alterar ao longo do tempo.

Ao tornar indisponíveis 80% do M4, o plano comprimiu tanto a quantidade de moeda em circulação (M1) quanto a quantidade de todos os demais ativos financeiros, produzindo uma significativa queda no grau de liquidez da economia (Pastore, 1991). Dada a impossibilidade de controlar a conversão de M4 em M1, o fluxo potencial de M1 era aumentado pelo crescimento desenfreado de M4, uma perspectiva que "dá sentido às afirmações de que não se estaria 'cancelando direitos', mas sim buscando 'ordenar seu exercício no tempo'" (Carvalho, 2000, p.143).

No caso de depósitos à vista e cadernetas de poupança, aplicações cujo valor superasse o limite de 50 mil cruzados novos[10] seriam bloqueadas por um período de 18 meses, quando seriam devolvidas em cruzeiros, a nova moeda, em doze vezes iguais remuneradas por juros e correção monetária de 6% ao ano. As mesmas regras valiam para os depósitos a prazo, com a diferença de que o piso para bloqueio nesses casos era de 25 mil cruzados novos ou 20% do total aplicado – o que fosse maior (Mello, 1990a). Motivo de questionamentos populares e judiciais, o valor estipulado, bem como a baixa remuneração do capital retido, foi decidido de modo improvisado e arbitrário. Conforme revela Leitão (2011), o então presidente do Banco Central, Ibrahim Eris, buscou informações, de forma não oficial, acerca da distribuição da poupança por faixa de depósito, de modo a calibrar, ainda que de forma pouco exata, o limite a ser bloqueado.

Coerente com o diagnóstico elaborado pela equipe econômica, o sequestro de liquidez procurava conter o crescimento da base monetária e utilizar tais recursos no processo de privatização, o que acabou ocorrendo apenas de forma parcial (Castro, 2011). De acordo com Carvalho (2000, p.114), "a preeminência do caráter de bloqueio da liquidez é o que dá unidade às medidas adotadas e permite compreender o sentido do que se pretendia". Nesse mesmo sentido, Andrada (2018, p.785) sugere que

10 De acordo com Castro (2011), esse valor correspondia, pelo câmbio da época, a cerca de US$ 1.200. Ao atualizá-lo para a moeda brasileira pelo INPC, Traumann (2018, p.89) calculou que o montante corresponderia, em 2018, a aproximadamente R$ 10.073,08.

> trata-se de um equívoco achar [que] essa medida foi apenas uma insanidade derivada do comportamento imprevisível de Collor, ou de um devaneio de uma equipe econômica inexperiente. O bloqueio respondia às preocupações com a rápida remonetização da economia quando da desinflação abrupta, da retomada do controle da política monetária e do peso fiscal da rolagem da dívida pública.

Do ponto de vista teórico, foram três os principais elementos subjacentes à reforma monetária conduzida por Zélia: (1) a tendência à remonetização nos casos de desinflação brusca e a dificuldade de controlar seus efeitos negativos sobre a estabilização dos preços, (2) as consequências da elevada liquidez sobre os haveres financeiros, o que gerava a chamada "moeda indexada" e (3) o crescimento acelerado da dívida mobiliária interna e seu deficiente esquema de refinanciamento diário no mercado monetário (Carvalho, 2000, p.113).

Buscando abarcar esses três aspectos, o bloqueio não se pretendia um tratamento de choque, tal como o Plano Cruzado, mas evitar a chamada remonetização pós-estabilização, fenômeno observado após a queda repentina da inflação via congelamento. Diante disso, o problema central ainda era a já conhecida indexação da moeda brasileira, que gerava uma terceira forma de entesouramento para além da moeda e dos títulos financeiros.

Por "moeda indexada" pode-se entender uma moeda cuja oferta cresce em resposta à inflação como mera multiplicação financeira. Segundo Pastore (1991), o conceito de "moeda indexada" aplicava-se no Brasil a todos os agregados monetários que não podiam ser classificados como M1. Assim como a moeda corrente (M1) – naquele momento, cruzeiro –, a "moeda indexada" tinha liquidez absoluta, mas ao contrário da primeira, possuía rendimento nominal positivo, em geral superior à inflação. Assim, embora não pudesse servir de meio de troca, cumpria as outras duas funções de uma moeda: reserva de valor e unidade de conta. Para Zélia e sua equipe, a conjuntura brasileira não permitia diferenciar o que era moeda corrente e moeda indexada (Mello, 1990a).

Tal fenômeno fez-se possível porque as instituições financeiras carregavam títulos públicos e privados em seus ativos com base em depósitos de *overnight* (em tradução literal, "durante a noite") com compromissos de recompra pelo Banco Central. Isso significava que os bancos incapazes de financiar suas carteiras podiam revertê-las automaticamente no BC, o que garantia enorme liquidez a esses títulos. Tratou-se do principal motivo por trás do bloqueio de 80% do M4, medida que, de forma colateral, acabou por restringir o acesso ao estoque de moeda, ao mesmo tempo que não se restringiu, de fato, o processo de criação de moeda e liquidez, justamente a raiz do processo inflacionário. De acordo com Pastore (1991), o grande responsável por esse fenômeno seria o compromisso de recompra automática de títulos do *overnight* firmado pelo Banco Central, mecanismo deletério não dirimido pela reforma implementada.

A controvérsia de tal diagnóstico ensejou uma série de críticas em diversos setores da sociedade brasileira. Conquanto a equipe econômica rejeitasse o emprego do termo "confisco",[11] a crescente reprovação popular à medida consagrou a palavra não apenas no meio jornalístico, mas também acadêmico. Carvalho (2006, p.105) justifica o emprego da expressão "bloqueio da liquidez" para se referir à medida adotada por causa da "suspensão (parcial ou total, temporária ou definitiva) do direito ao exercício da liquidez de ativos financeiros". Ramalho (1993), por sua vez, utiliza o conceito de "confisco monetário", ainda que houvesse a intenção – de fato, efetivada – de devolução dos recursos. Para Castro (2011, p.139), tratou-se de "uma inadmissível intervenção estatal". Contribuiu para a consolidação da ideia de "confisco" o fato de a medida ter abarcado a poupança e os depósitos à vista, "instituições econômicas" tidas como intocáveis até então no país.[12]

---

11 Nas palavras de Ibrahim Eris (1990), então presidente do Banco Central quando do lançamento do plano: "Nada está sendo confiscado, todos os ativos que um cidadão tem, ele terá daqui a 18 meses corrigido monetariamente".

12 A contundência do caso brasileiro, todavia, não era exatamente uma novidade. Diversos foram os países que adotaram medidas de incisividade correspondente. Simonsen (1991) remonta a origem da estratégia anti-inflacionária do governo Collor aos planos Schacht (1923) e Ehrard (1948), ambos adotados na Alemanha com o intuito de estancar a expansão monetária observada naquele país. Carvalho (2006) também ressalta que esse tipo de medida fora resgatado havia pouco, como no Plano Bonex (1989), quando o governo argentino procedeu ao bloqueio de depósitos bancários e títulos da dívida pública.

Independentemente das críticas que recebeu, as consequências concretas do pacote foram substantivas. Os efeitos sobre os contratos geraram insegurança jurídica no país em diversos setores, como no conhecido caso dos contratos de aluguel (CPDOC, s.d.). Em entrevista à Rede Globo, Zélia mostrou dificuldades para explicar como seriam reajustados tais contratos, sugerindo a necessidade de novas regulamentações futuras para balizar o assunto (Mello, 1990b). No duro retrato de Leitão (2011, p.156, grifo nosso), "poucos lembram que o plano instaurou, nos primeiros dias, um *estado policial* que cometeu inúmeras arbitrariedades". Ironicamente, tratava-se, no entendimento da equipe econômica do governo, justamente da medida considerada menos deletéria.

Outras medidas econômicas do Plano Collor

O segundo objetivo basilar do Plano Collor procurou abarcar a questão fiscal. De acordo com Pastore (1991), a situação das contas públicas no início dos anos 1990 era consideravelmente pior do que à época do Plano Cruzado, de modo que a promessa de entregar um superávit fiscal de 2% do PIB em 1990 foi bem recebida pelo mercado (Andrada, 2018, p.783). Simonsen (1991), por exemplo, elogiou a eliminação de incentivos fiscais, medida promissora pelo lado da arrecadação. Já os economistas da oposição criticaram a ausência de medidas pelo lado das despesas, uma vez que se pretendia operacionalizar o ajuste por meio da elevação de tributos, da tentativa de combate à sonegação e, se possível, pela redução de subsídios. Já pelo lado das despesas e do enxugamento da máquina federal, o Plano Collor também extinguiu de imediato 24 órgãos e empresas estatais, demitindo os funcionários não estáveis, conforme uma das principais promessas de sua campanha eleitoral (Castro, 2011).

No que tange às políticas de rendas, o plano previa um congelamento de preços e salários, cujos reajustes passariam a se basear em índices de inflação prefixados, procurando eliminar, assim, a indexação à inflação passada, que seria substituída por uma regra *forward looking*. Instrumento já desgastado, o congelamento foi criticado por não atingir os objetivos a que se propôs; além disso, a política de oferecer reajustes reais negativos ensejou crítica por parte da oposição, sobretudo dos sindicatos de trabalhadores (Andrada, 2018). Segundo confissão de Simonsen (1991, p.114), "o congelamento temporário de preços e a sua posterior prefixação pela inflação estimada [era] uma parte redundante do plano, mas que serviu para tornar politicamente vendável a mudança da regra salarial".

Já em relação às reformas estruturais, o principal mote do governo Collor, antecipado em seu discurso eleitoral inovador, foi a promulgação do Plano Nacional de Desestatização (PND), um marco na história não apenas das privatizações, como também do processo de (des)industrialização brasileira. Tratava-se do cumprimento de uma das mais conhecidas promessas de sua campanha eleitoral, na qual o então candidato Collor criticava diretamente o "Estado produtor", o protecionismo alfandegário e a limitada concorrência externa.

Estratégia diretamente ligada à privatização, o lançamento da Política Industrial e de Comércio Exterior (PICE), em 26 de junho de 1990, buscava fornecer condições de competitividade às empresas brasileiras em um contexto de abertura comercial. Procurando modernizar as empresas brasileiras a fim de dotá-las de condições para operar na fronteira tecnológica, o projeto incentivava o aumento de investimentos em P&D, a eficiência produtiva, o aumento da qualidade e, consequentemente, a queda dos preços dos bens disponibilizados à população. Para tanto, adotaram-se políticas específicas de financiamento, de comércio exterior, de capacitação tecnológica e de fomento via poder de compra do Estado (Santos et al., 1992).

Buscava-se, assim, modernizar a indústria nacional por meio do aumento da competição e da competitividade, priorizando setores intensivos em tecnologia, tais como informática, química fina, mecânica de precisão e biotecnologia (Bonelli; Veiga; Brito et al., 1997). Revelava-se a estreita relação entre as reformas estruturais e o processo de estabilização monetária, uma vez que "a recuperação do atraso industrial era vista pelo governo não apenas como uma prioridade *per se*, mas também como uma condição necessária para se obter a estabilidade duradoura dos preços" (Castro, 2011, p.136).

Por fim, do ponto de vista das políticas instrumentais de curto prazo, o governo atuou para sobrevalorizar a taxa de câmbio, o que, na visão de Pastore (1991), resultou em queda no estoque de ativos e no desestímulo às exportações. Um dos principais eixos dessa estratégia foi a liberalização comercial, levada a cabo de forma unilateral e em um momento em que o Brasil negociava sua maior integração com o resto do mundo em dois foros distintos e igualmente relevantes: a rodada Uruguai, no âmbito da Organização Mundial do Comércio (OMC), e a criação do Mercosul, união aduaneira que envolvia Argentina, Paraguai e Uruguai. Não obstante a clara guinada liberalizante, o governo não abdicou das políticas ativas para os setores industrial e de exportação (Veiga, 2002). Apesar da aparente contradição, nota-se o objetivo holístico do governo Collor em dotar o tecido produtivo brasileiro de instrumentos modernos de competitividade, buscando integrar a economia brasileira às cadeias globais de produção para, assim, beneficiar o consumidor com bens de mais alta qualidade e menor preço.

Os resultados do Plano Collor e a mudança da equipe econômica

Apesar da severidade das medidas implementadas no início da gestão, o novo governo não logrou seu objetivo maior: acabar com a inflação que derrubava a popularidade de governantes em série havia décadas. No primeiro semestre de 1990, a inflação manteve-se sob controle, caindo de 80% ao mês para níveis próximos a 10% (Castro, 2011, p.141). Já em maio, porém, uma das medidas provisórias basilares do plano foi derrubada pelo Congresso, permitindo ao Tribunal Superior do Trabalho (TST) suspender dissídios coletivos regionais. Pelo efeito contágio que os salários têm sobre os demais preços da economia, essa medida acabou eliminando qualquer oportunidade, ainda que vaga, de domar a inflação, que voltou a acelerar a partir do início do segundo semestre, atingindo 19% em novembro, o que contribuiu para enfraquecer ainda mais a sua situação no cargo.

Diante do resultado da inflação registrado ao final de 1990 – de aproximadamente 1.700% no acumulado em doze meses, segundo o

IGP-M/FGV –, o governo anunciou, em 31 de janeiro de 1991, o chamado Plano Collor II, cujas principais medidas contemplavam mais um congelamento de preços e salários por tempo indeterminado, uma nova fórmula para contratos de aluguéis, além de reajuste dos preços de combustíveis e serviços públicos. A amplitude do congelamento – que não se restringiu ao varejo, estendendo-se para setores industriais – alargava a distorção de preços relativos, o que resultou em queda generalizada das vendas nos meses subsequentes. O objetivo, segundo a ministra, seria aprofundar a desindexação de preços: "Trata-se de uma trégua: vamos parar um pouco com a aceleração dos preços e pôr ordem na casa, desindexar de uma vez a economia, fazer uma modificação profunda no mercado financeiro" (apud Sabino, 1991, p.206).

Do ponto de vista financeiro, o novo pacote também reestruturou o *overnight* por meio da criação do Fundo de Aplicações Financeiras e da substituição do Bônus do Tesouro Nacional (BTN) pela Taxa Referencial Diária (TRD). Além disso, elevou-se a alíquota do Imposto sobre Operações Financeiras (IOF) e anunciou-se um cronograma de redução das alíquotas dos impostos sobre importação (CPDOC, s.d.). Paralelamente, o governo avançou com o plano de privatizações, incluindo no rol de alienação duas grandes empresas siderúrgicas: a Usiminas e a Companhia Siderúrgica Nacional (CSN). O completo fiasco em que se tornou a segunda e última tentativa de domar a inflação revelou-se politicamente condicionado, como viria a reconhecer a própria ministra: foi "um ato de desespero, com certeza", diria Zélia, em 2017 (apud Traumann, 2018, p.103).

Os motivos alegados pela equipe econômica para justificar o insucesso do plano também contribuíram para prejudicar a já desgastada imagem da ministra. Ao delegar o repique inflacionário às consequências da eclosão da Guerra do Golfo (1991) sobre o mercado de petróleo e a uma quebra de safra (supostamente) temporária, o governo parecia eximir-se de suas incumbências. Ao participar de um programa popular de televisão conduzido por Silvio Santos, a já contestada ministra da Economia parecia sucumbir diante das dificuldades enfrentadas pelo governo: "Porque tem fatores fora do nosso controle, é muito difícil dizer quando ela [a inflação] vai baixar"

(Mello, 1990d). Além disso, o descontentamento com a arbitrariedade com que determinados grupos ou setores econômicos tiveram acesso aos recursos que haviam sido bloqueados, as popularmente alcunhadas "torneiras", concorreu para fragilizar ainda mais a gestão.

Ao mesmo tempo que lhe faltava sustentação social para dar continuidade ao plano, o apoio político para sua permanência no cargo também se esvaiu. Além da profunda insatisfação popular, a ministra travou diversas disputas que acabaram por lhe minar o apoio político de que sempre necessita um ministro da Economia – como no embate com a então prefeita de São Paulo, Luiza Erundina, que aumentou preços de transportes públicos um dia após o anúncio do congelamento, criando, assim, uma "Frente Anti-Zélia" (Sabino, 1991). O descontentamento era, de fato, amplo, geral e irrestrito.

Em meio a revelações de sua vida pessoal que, além de machistas, em nada diziam respeito à sua atuação profissional, a credibilidade da ministra passou a ser questionada pela opinião pública. Mas o estopim para sua exoneração foi um embate pitoresco com o então secretário de Desenvolvimento Regional, Egberto Batista, acerca de uma portaria relacionada à Zona Franca de Manaus e à fixação de cotas de importação. Collor havia encomendado a Batista um plano de desenvolvimento do Nordeste, classificado por Zélia como uma simples "tabela de reajuste de vencimentos dos funcionários da Sudene". Entre a pressão dos governadores da região e a insatisfação da ministra com mais um aumento de gastos, o presidente da República curvou-se aos primeiros. Em 6 de maio de 1991, a primeira mulher a comandar a economia nacional foi exonerada, a pedido, do cargo mais importante na Esplanada dos Ministérios.

Com o benefício da visão retrospectiva, Zélia reconheceu a profundidade do trauma social causado pelo confisco dos ativos financeiros (Mello, 2011). Ainda assim, a ex-ministra ressalta o legado positivo de sua gestão, no qual se destacam a criação de cartões internacionais, a liberação de importações e da taxa de câmbio, o aumento da mobilidade de capitais e o fim da reserva de informática. Mais do que isso: por um lado, Zélia se jactava, com alguma justiça, de ter eliminado a ameaça de hiperinflação que rondava a economia brasileira naquele momento (idem, 1990c). Por outro lado, delega o próprio infortúnio político e o impedimento do presidente Collor aos interesses econômicos contrariados por sua política: "Nós fizemos mudanças na economia que afetaram interesses muito poderosos e esses interesses, vamos dizer assim, fizeram com que houvesse o *impeachment*. Foi o único *impeachment*, certo? [...] Houve corrupção em outros governos e não aconteceu nada" (idem, 2012).

A despeito da autoindulgência contida na afirmação, a aplicação de um segundo *impeachment* em menos de três décadas corrobora o entendimento de que a política brasileira não tolera nem perdoa erros econômicos em vão.

CONSIDERAÇÕES FINAIS

Apesar das turbulências que enfrentou à testa do Ministério da Economia, os catorze meses da gestão de Zélia marcaram a história brasileira, a começar pelo simbolismo de ter sido a primeira mulher a assumir os rumos do país. Independentemente dos (des)acertos de sua política, de um lado, o trauma causado pelo sequestro da poupança deixou marcas duradouras na sociedade brasileira. De outro, o início do processo de abertura e de desestatização da economia brasileira também representou mudanças estruturais na história do país. Nesse sentido, a literatura (e a própria Zélia) apontam a redução relativa – ainda que efêmera – da inflação, a abertura comercial, a política de informática e questões ligadas à política industrial como os maiores legados de sua gestão.

O discurso de exoneração demonstrou a insatisfação por não ser devidamente reconhecida pela ousadia de suas medidas diante de desafios tão complexos: "Em sua cômoda posição de críticos, ignoram os avanços conseguidos até aqui: subestimam as dificuldades de se gerenciar um País que encontramos aos escombros, prisioneiro de uma gravíssima crise fiscal, de uma profunda crise de crédito, da falta de investimentos" (apud Sabino, 1991, p.245).

No entanto, o legado oneroso do atabalhoado plano de estabilização não pode ser olvidado. Nas palavras de Leitão (2011, p.204), "o retrato que sai dessa biografia consentida é de uma pessoa despreparada para o cargo e indiferente à tragédia que provocou. A chegada da primeira mulher ao posto mais importante da economia brasileira significou, por tudo que foi, um retrocesso. Ela fortaleceu estereótipos e preconceitos contra os quais as mulheres têm lutado tanto". Vindo da pena de quem vem – uma mulher de convicções indiscutivelmente liberais –, o lugar de fala confere-lhe legitimidade para a crítica com esse nível de mordacidade.

Após a passagem pelo Ministério da Economia, Zélia voltou a lecionar na USP a partir de 1992 para, pouco tempo depois, abandonar a carreira acadêmica e fundar uma empresa de consultoria com ex-colegas de governo. Acusada pela Comissão Parlamentar de Inquérito (CPI) instalada pela Câmara dos Deputados para investigar denúncias de corrupção e tráfico de influência contra o tesoureiro da campanha eleitoral de 1989, Paulo César Farias, e de ter autorizado operações financeiras irregulares da Viação Aérea São Paulo (Vasp), a ministra foi posteriormente inocentada de todas as acusações. Após esse período conturbado – regra na vida de qualquer gestor público com passagem por Brasília –, Zélia mudou-se para os Estados Unidos em 1997, onde trabalhou por mais de uma década em empresas de consultoria de investimentos.

Justa, ainda que indevidamente potencializada, a mácula que lhe foi imposta pelo impacto de um plano tecnicamente falho deve ser relativizada. Se é fato que a jovem professora da mais prestigiada universidade brasileira não logrou derrotar a inflação – assim como diversos economistas tão ou mais experientes que a antecederam –, o estigma de "sequestradora de poupança" não faz jus à complexidade da trajetória da primeira – e ainda única – mulher a assumir o comando da economia brasileira em duzentos anos de sua história independente.

REFERÊNCIAS

ABRUCIO, F.; LOUREIRO, M. R. G. Burocracia e política na nova ordem democrática brasileira: o provimento de cargos no alto escalão do Governo Federal (governos Sarney, Collor, Itamar Franco e FHC). *Relatório de Pesquisa*, Núcleo de Pesquisas e Publicações da EAESP/FGV/NPP, n.9, 1998.

ALMICO, R. de C. da S. Mudanças nas fortunas: Juiz de Fora, 1870-1914. *Revista Científica da Faminas*, v.1, n.2, p.277-302, 2005.

ANDRADA, A. F. S. Quem, afinal, apoiou o Plano Collor? *Brazilian Journal of Political Economy*, v.38, n.4, p.781-99, 2018.

BELLUZZO, L. G. de M.; ALMEIDA, J. Crise e reforma monetária no Brasil. *São Paulo em Perspectiva*, v.4, n.1, p.63-75, 1990.

BONELLI, R.; VEIGA, P.; BRITO, A. As políticas industrial e de comércio exterior no Brasil: rumos e indefinições. *Texto para Discussão do IPEA*, n.527, nov. 1997.

CAGAN, P. The Monetary Dynamics of Hyperinflation. In: FRIEDMAN, M. *Studies in the Quantity Theory of Money*. Chicago: The University of Chicago Press, 1956.

CANABRAVA, A. P. Apresentação. In: MELLO, Z. M. C. de. *Metamorfoses da riqueza*: São Paulo, 1845-1895. São Paulo: Hucitec, 1985.

CARVALHO, C. O Plano Collor no debate econômico brasileiro. *Pesquisa & Debate*, v.11, n.1, p.112-51, 2000.

CARVALHO, C. As origens e a gênese do Plano Collor. *Nova Economia*, v.16, n.1, p.101-34, 2006.

CASTRO, L. B. de. Privatização, abertura e desindexação: a primeira metade dos anos 90 (1990-1994). In: GIAMBIAGI, F. et al. (Orgs.). *Economia brasileira contemporânea [1945-2010]*. São Paulo: Campus, 2011.

CPDOC (Centro de Pesquisa e Documentação de História Contemporânea do Brasil). *Documentos*. Arquivos pessoais de André Franco Montoro. Rio de Janeiro: Fundação Getúlio Vargas, [s.d.].

DE VROEY, M. *A History of Macroeconomics from Keynes to Lucas and Beyond*. Cambridge: Cambridge University Press, 2016.

ERIS, I. Apresentação do Plano Brasil Novo. *Manchete*, 1990. (17min9s). Disponível em: https://www.youtube.com/watch?v=EKAkdkP0sXE. Acesso em: maio 2022.

FURTADO, C. M. *Formação Econômica do Brasil*. São Paulo: Companhia Editora Nacional, 1982.

GUILHERME, C. *1989*: história da primeira eleição presidencial pós-ditadura. Jundiaí: Paco, 2019.

LEITÃO, M. *Saga brasileira*: a longa luta de um povo por sua moeda. São Paulo: Record, 2011.

LEMOS, R. *Zélia Maria Cardoso de Melo*. Rio de Janeiro: CPDOC/FGV, 2009. Disponível em: http://www.fgv.br/cpdoc/acervo/dicionarios/verbete-biografico/zelia-maria-cardoso-de-melo. Acesso em: 10 maio 2022.

MARCONDES, R. L. *A arte de acumular na economia cafeeira*: Vale do Paraíba, século XIX. São Paulo, 1998. Tese (Doutorado em Economia) – Instituto de Pesquisas Econômicas, Universidade de São Paulo.

MELLO, J. M. C. de. *O capitalismo tardio*. São Paulo: Editora Unesp, 2009.

MELLO, Z. M. C. de. *Metamorfoses da riqueza*: São Paulo, 1845-1895. São Paulo: Hucitec, 1985.

MELLO, Z. M. C. de. Zélia Cardoso de Mello. *Manchete*, 1990a. (17min9s). Disponível em: https://www.youtube.com/watch?v=EKAkdkP0sXE. Acesso em: maio 2022.

MELLO, Z. M. C. de. Zélia Cardoso de Mello. *Roda Viva*, 1990b. (1h31min9s). Disponível em: https://www.youtube.com/watch?v=JegWsHRDNC8&t=2729s. Acesso em: jul. 2020.

MELLO, Z. M. C. de. Zélia Cardoso de Mello. *Rede Globo* [intervalos comerciais], 1990c. (3min2s). Disponível em: https://www.youtube.com/watch?v=QV0inE6fZ5k. Acesso em: maio 2022.

MELLO, Z. M. C. de. Zélia Cardoso de Mello. *Show de Calouros*, 1990d. (2min12s). Disponível em: https://www.youtube.com/watch?v=Pi0fHHDLzh8. Acesso em: maio 2022.

MELLO, Z. M. C. de. Zélia Cardoso de Mello. *Hebe*, 2011. (9min38s). Disponível em: https://www.youtube.com/watch?v=hcLBKcwKQRA. Acesso em: nov. 2020.

MELLO, Z. M. C. de. Zélia Cardoso de Mello. Cultura Retrô. 2012. (12min02s). Disponível em: https://www.youtube.com/watch?v=RZ0YHo0RJZ8. Acesso em: jul. 2022.

MELLO, Z. M. C. de; SAES, F. A. M. Características dos núcleos urbanos em São Paulo. *Estudos Econômicos*, v.15, n.2, p.307-37, 1985.

MELLO, Z. M. C. de; SAES, F. A. M.; NOZOE, N. Três pesquisas pioneiras em história econômica (as teses universitárias de Alice Piffer Canabrava). *Estudos Econômicos*, v.15, n. esp., p.169-79, 1985.

MOTTA, J. F.; NOZOE, N.; COSTA, I. del N. da. Às vésperas da abolição um estudo sobre a estrutura da posse de escravos em São Cristóvão (RJ), 1870. *Estudos Econômicos*, v.34, n.1, p.157-213, 2004.

PASTORE, A. C. A reforma monetária do Plano Collor. *Revista Brasileira de Economia*, v.45, n. esp., p.157-74, 1991.

RAMALHO, V. Elementos para uma avaliação de confiscos monetários. *Revista Brasileira de Economia*, v.47, n.4, p.533-64, 1993.

SABINO, F. *Zélia, uma paixão*. Rio de Janeiro: Record, 1991.

SALLUM JUNIOR, B. Governo Collor: o reformismo liberal e a nova orientação da política externa brasileira. *Dados*, v.54, n.2, p.259-88, 2011.

SANTOS, C. et al. A política industrial e de comércio exterior do Governo Collor. *Cadernos EBAP*, n.59, 1992.

SIMONSEN, M. H. Aspectos técnicos do Plano Collor. *Revista Brasileira de Economia*, v.45, n.esp., p.113-28, 1991.

SNOWDON, B.; VANE, H. *Modern Macroeconomics: its Origins, Development and Current State*. Cheltenham: Edward Elgar, 2005.

TEIXEIRA, E. *Economia monetária*: a macroeconomia no contexto monetário. São Paulo: Saraiva, 2002.

TRAUMANN, T. *O pior emprego do mundo*: 14 ministros da Fazenda revelam como tomaram as decisões que mudaram o Brasil e mexeram no seu bolso. São Paulo: Planeta, 2018.

VEIGA, P. Política comercial, indústria e exportações: vamos voltar a falar de produtividade e competitividade? *Desenvolvimento em Debate*, v.2, n.1, p.81-104, 2002.

VERSIANI, F. R.; VERGOLINO, J. Posse de escravos e estrutura da riqueza no agreste e sertão de Pernambuco: 1777-1887. *Estudos Econômicos*, v.33, n.2, p.353-93, 2003.

WILLIAMSON, J. What Washington Means by Policy Reform. In: WILLIAMSON, J. (Ed.). *Latin American Readjustment*: How Much has Happened? Washington: Peterson Institute for International Economics, 1989.

6

Marcílio Marques Moreira

O LEGADO DE UM LIBERAL

Cássio Silva Moreira, Marcelo Mallet Siqueira Campos e Ivan Colangelo Salomão

INTRODUÇÃO

Poucos são os homens públicos brasileiros que podem se jactar de feitos tão improváveis quanto perniciosos como Fernando Collor de Mello. Primeiro presidente democraticamente eleito após mais de duas décadas de regime de exceção, o jovem político contava com a força do voto popular e com o amplo (e explícito) apoio do *establishment* nacional e estrangeiro. Da corrupção desmedida à profunda e, em alguma medida, desnecessária crise econômica, passando pelo rebaixamento da institucionalidade do cargo que ocupava, Collor logrou fazer da limonada um limão.

Conforme apresentado no capítulo anterior, as duas tentativas de combate à inflação levadas a cabo pela ministra Zélia Cardoso de Mello haviam traumatizado a sociedade brasileira. Acuado, o presidente da República entendeu que precisava reconquistar o que restou de sua credibilidade de outrora, sobretudo entre os agentes econômicos estrangeiros. Dentre as opções que se lhe apresentavam no momento, parecia não haver nome mais adequado ao posto do que o do então embaixador em Washington Marcílio Marques Moreira, homem com trânsito no circuito Elizabeth Arden da diplomacia internacional.

Nascido no Rio de Janeiro em 25 de novembro de 1931, Marcílio passou parte da infância em Viena e Budapeste por causa da atuação de seu pai, o também diplomata Mario Moreira da Silva. Quando da eclosão da Segunda Guerra, em 1939, retornou ao Brasil na companhia da mãe e dos irmãos, onde permaneceu até a cessão do conflito. Aos 14 anos de idade, mudou-se para Berna, capital da Suíça, onde cursou parte do ensino médio e aprimorou suas habilidades em idiomas estrangeiros.

A convivência em ambiente culturalmente rico e intelectualmente refinado[1] instigou o jovem Marcílio a seguir a carreira de seu pai. Em 1950 retornou definitivamente ao Rio de Janeiro, onde concluiu os estudos preparatórios para o nível superior. No ano seguinte, ingressou na Faculdade de Direito da Universidade do Brasil (atual UFRJ) e no Instituto Rio Branco. Como terceiro-secretário, ocupou seu primeiro cargo na burocracia do Ministério das Relações Exteriores (MRE) em 1954. Nesse período, atuou na Divisão Econômica do Departamento Econômico do Itamaraty, integrando a geração dos chamados "diplomatas-economistas", grupo do qual também fez parte outro ilustre economista oriundo do MRE, o futuro ministro do Planejamento Roberto de Oliveira Campos (Rodrigues, 2021).

Transferido para a embaixada brasileira em Washington em 1956, participou das reuniões do comitê de representantes das 21 repúblicas americanas. Criado no seio da Organização dos Estados Americanos (OEA), o colegiado tinha por objetivo debater as propostas da chamada Operação Pan-Americana (OPA), programa de assistência multilateral que visava à superação do subdesenvolvimento na América Latina. Já sob o governo Jânio Quadros (1961), Marcílio participou da negociação chefiada pelo embaixador Walter Moreira Salles a respeito da dívida externa brasileira, cujo resultado foi a liberação de um expressivo pacote de recursos (US$ 2 bilhões) injetados no frágil balanço de pagamentos brasileiro.

Em 1963, Marcílio concluiu sua formação acadêmica na Universidade de Georgetown, em Washington, apresentando a dissertação

1 Antônio Houaiss, Raul Bopp e Clarice Lispector foram alguns dos intelectuais brasileiros de cuja companhia Marcílio desfrutou durante a infância.

de mestrado em Ciência Política intitulada *Algumas pré-condições sociais e políticas ao crescimento econômico*. Naquele mesmo ano, a convite do então ministro da Fazenda, San Tiago Dantas,[2] integrou sua equipe econômica ao assumir o cargo de assessor para assuntos financeiros internacionais, posição que lhe permitiu conhecer, em visita oficial à Casa Branca, o presidente John Kennedy.

Com a saída de Dantas do Ministério da Fazenda, em junho de 1963, Marcílio foi deslocado para a assessoria geral do Departamento de Operações Internacionais do Banco Nacional de Desenvolvimento Econômico (BNDE). Nesse cargo compôs a delegação brasileira que compareceu à primeira sessão da Conferência das Nações Unidas para o Comércio e Desenvolvimento (Unctad), realizada em Genebra em 1964. Já no regime militar, permaneceu no BNDE ao mesmo tempo que assumiu uma assessoria na Secretaria do Planejamento. Nesse cargo participou da comissão que negociou o acordo de compra, pelo governo brasileiro, das subsidiárias da American Foreign Power Company (Amforp) no Brasil.[3]

Ainda na década de 1960, Marcílio estreou duas novas e importantes etapas de sua carreira. A primeira foi a experiência docente,[4]

---

2 A influência de San Tiago Dantas em sua formação política pode ser aferida pela homenagem a ele prestada no título de seu livro *Quixote no Planalto* (2017), uma referência direta à conferência "D. Quixote – um apólogo da alma ocidental" ministrada por Dantas em 1948, no Rio de Janeiro, por ocasião da comemoração do 4° centenário de Cervantes. Já em 1980, a Universidade de Brasília promoveu uma série de palestras com autores de viés liberal, cujo conteúdo foi posteriormente publicado nas coleções *Itinerários* e *Cadernos da UnB*. O texto de Marcílio Marques Moreira reitera a homenagem ao mestre: *De Maquiavel a San Tiago* (1981).

3 A comissão responsável pela negociação já havia sido formada durante o governo João Goulart (1961-1964), que recuou da medida diante da oposição de setores nacionalistas mais radicais.

4 Conquanto não tenha trilhado a carreira acadêmica, Marcílio legou uma obra relevante durante as mais de cinco décadas de atuação docente. Além de artigos publicados em periódicos acadêmicos e jornalísticos, o diplomata escreveu mais de uma dezena de livros, dentre os quais se destacam os seguintes: *Indicações para o projeto brasileiro* (1971); *Poder, liberdade, desenvolvimento* (1980); *De Maquiavel a San Tiago* (1981); *Confissão liberal* (1984); *The Brazilian Quandary* (1986); *Agressive Unilateralism* (1990); *In the Shadow of the Debt: Emerging Issues in Latin America* (1992); *O futuro do Brasil: a América Latina e o fim da guerra fria* (1992); *Desenvolvimento, tecnologia e governabilidade* (1994); *Brazil: at the Turning Point* (1995); *Sessenta anos de política externa brasileira* (1995); *Diplomacia, política e finanças* (2001) e *Quixote no Planalto* (2017).

ao tornar-se professor da Pontifícia Universidade Católica do Rio de Janeiro (PUC-Rio) e, entre 1965 e 1975, do Instituto Rio Branco. Paralelamente, lançava-se no universo da gestão executiva – no início, de empresas públicas; pouco tempo depois, na iniciativa privada. No final de 1965, assumiu a vice-presidência da Companhia Progresso do Estado da Guanabara (Copeg) no mandato do governador Francisco Negrão de Lima (1965-1971). Nessa função, coordenou uma série de projetos de urbanização de comunidades carentes que resultaram na criação, em 1968, da Companhia de Desenvolvimento das Comunidades (Codesco), da qual foi seu primeiro presidente.[5] Assumiu, ainda, a diretoria do Instituto de Estudos Econômicos, Políticos e Sociais da Universidade do Estado da Guanabara (UEG). Entre 1974 e 1980, foi membro do Conselho do BNDE.

Na iniciativa privada, debutou no mundo empresarial em 1965, ao assumir a diretoria financeira do Museu de Arte Moderna (MAM), cargo que ocupou por seis anos. No final de 1968, licenciou-se dos quadros do Itamaraty para assumir a vice-presidência da União de Bancos Brasileiros (Unibanco), em que permaneceu por mais quinze anos, quando passou a integrar o Conselho de Administração do mesmo grupo financeiro.[6] Em janeiro de 1980, desligou-se definitivamente do Ministério das Relações Exteriores, no qual ocupava o cargo de primeiro-secretário.

Seis anos depois, retornou à vida pública por meio do próprio MRE. Em 1986, o presidente José Sarney o convidou para assumir a embaixada do Brasil em Washington, onde enfrentou dois problemas tão relevantes quanto embaraçosos. O primeiro e talvez mais delicado foi administrar a crise diplomática decorrente da decretação da moratória da dívida externa, em fevereiro de 1987. Delegou-se

5 Sua visão social – que, segundo o próprio Marcílio, sofreu influência direta de sua tia materna Edith – levou-o a ser acusado de socialista na época em que presidiu a Companhia de Desenvolvimento de Comunidades (Codesco), no final dos anos 1960. Instado a urbanizar comunidades carentes que naquela época já subiam os morros cariocas, Marcílio tratou de urbanizá-las em vez de removê-las (Rodrigues, 2021).

6 Nesse período em que não manteve relações com a ditadura militar, Marcílio publicou artigos na imprensa posteriormente compilados em dois livros: *Indicações para o projeto brasileiro* (1971) e *Poder, liberdade, desenvolvimento* (1980).

a Marcílio o importante papel de amenizar o conteúdo original do discurso e do telex[7] enviado pelo governo brasileiro aos bancos credores.

O segundo desafio, de caráter mais estrutural, dizia respeito a disputas comerciais entre Brasil e Estados Unidos na área de patentes e, sobretudo, de informática. Nesta, as autoridades americanas pressionavam pelo fim da lei de reserva de mercado, em vigor no Brasil desde 1984. Três eram as demandas dos norte-americanos: (1) a falta de um regime apropriado de proteção ao *copyright*, (2) a necessidade de redução da lista de produtos e bens cuja importação era obstruída pela reserva de mercado e (3) a remoção às barreiras aos investimentos americanos no setor de informática.[8] A dificuldade em refazer a imagem brasileira perante a comunidade internacional e, especificamente, o governo norte-americano foi assim descrita por Moreira (2001): "Na dívida externa, éramos caloteiros; na área farmacêutica, piratas; no tema mulheres, assassinos; no caso dos índios, genocidas; e no cuidado com as florestas, incendiários."

Em maio de 1991, assumiu o Ministério da Economia, Fazenda e Planejamento do Brasil, cargo ocupado até o impedimento do presidente Collor de Mello, em outubro do ano subsequente. Embora tenha se tratado do posto de maior relevo, a pasta da economia não foi o seu último cargo no setor público. Entre 1993 e 1995, foi assessor especial do prefeito do Rio de Janeiro, César Maia, para orçamento, recursos externos e políticas públicas. No biênio seguinte, integrou o Conselho Consultivo de Alto Nível das Nações Unidas para o Desenvolvimento Sustentável. No final dos anos 1990, retornou à iniciativa privada como consultor de diversas empresas e membro do conselho diretor de distintos órgãos e entidades de representação classista, atividades que desempenha até os dias de hoje.[9]

---

7 O documento pode ser lido em https://bresserpereira.org.br/articles/1989/923.Telex_Credores.pdf.

8 Durante o período em que foi embaixador do Brasil nos Estados Unidos, foi elevada a flexibilização da reserva de mercado, que seria finalmente extinta em 29 de outubro de 1992, dentro do prazo original previsto pela lei de 1984.

9 Atualmente, Marcílio Marques Moreira atua em diversas entidades, tais como o Instituto Brasileiro de Administração Municipal (Ibam), a Fundação Getúlio Vargas, o Instituto Nacional de Altos Estudos (Inae), e o Institute of the Americas. Além disso, integra os conselhos de política econômica da Federação das Indústrias do Estado do Rio de

Como se nota, trata-se de trajetória singular para um quadro técnico saído do Itamaraty. Burocrata com vasta experiência nos setores público e privado, Marcílio conhece por dentro os meandros do poder no Brasil e no circuito internacional. Nesse sentido, por menos conhecida que tenha sido sua gestão à frente da economia do país, não se pode ignorar o homem que, em alguma medida, carrega no currículo a paternidade do neoliberalismo brasileiro.

O PENSAMENTO LIBERAL DE MARCÍLIO MARQUES MOREIRA

Eleito com base em uma campanha inovadora e um discurso modernizante, Fernando Collor de Mello foi o primeiro presidente brasileiro a defender abertamente uma agenda econômica liberal, nos moldes do que já se observava em vizinhos latino-americanos, especialmente no Chile e na Argentina. Conforme diagnosticou Batista (2009, p.149), Marcílio parecia ser o nome ideal para assumir a liderança desse processo de aproximação com o FMI e os bancos internacionais:

> Com a nomeação de Marcílio Marques Moreira, homem da confiança da comunidade financeira internacional, Collor finalmente renunciaria à pretensão de ser seu próprio ministro da Economia e passaria a subscrever, sem reservas, o Consenso de Washington como forma de se credenciar a uma renegociação da dívida externa agora nos termos do Plano Brady. Ou seja, passaria a admitir que a política macroeconômica teria de ser definida a partir das condições estabelecidas pelos credores.

Marcílio, de fato, o era. Traço delineador de seu pensamento, o liberalismo empunhado no decorrer de toda sua trajetória profissional remonta às agruras por que passou sob o regime nazista no período em que viveu em Viena.[10] Se a ojeriza a regimes totalitários

---

Janeiro (Fierj), da Federação das Indústrias do Estado de São Paulo (Fiesp) e da Associação Comercial do Rio de Janeiro, nesta última na qualidade de presidente.

10 Em entrevista concedida à Escola Nacional de Administração Pública (Enap), Marcílio relata que a troca do médico que tratava seu reumatismo articular por outro, simpático ao nazismo e cujas injeções lhe causavam dor, levou-o a rejeitar o totalitarismo

foi concebida no âmbito pessoal de sua vida, o apego doutrinário ao liberalismo forjou-se nos arquiconhecidos pilares do pensamento moderno ocidental.

Sua formação intelectual percorreu o itinerário tradicional dos cursos universitários da área de humanidades de sua época. A constante referência a autores clássicos em seus textos e depoimentos revela a influência do Iluminismo e, sobretudo, da economia política inglesa sobre suas ideias,[11] a começar por Adam Smith, de quem absorveu elementos importantes para o debate acerca da ontologia do "egoísmo natural", do lucro e das bases do funcionamento de uma economia de mercado. Segundo Ferreira (2021), Marcílio "recusa a perspectiva egoísta do ser humano como simples maximizador utilitário ao demonstrar, numa perspectiva consistentemente liberal, que a sociedade demanda relações de confiança e boa-fé, seja no âmbito das relações privadas, para a criação de um apropriado ambiente de negócios ou para o êxito de políticas públicas". Tal exigência não se daria apenas na relação entre governo e sociedade, de modo verticalizado, mas também entre os diferentes grupos sociais.

Ainda no âmbito dos "sentimentos morais" smithianos, Marcílio sugere a centralidade da ética – pública e privada – para o funcionamento azeitado das engrenagens de que se fazem as sociedades modernas (Moreira, 2008). De acordo com Ferreira (2021), Marcílio entende que a "natureza ética do agir precisa ser cultivada no âmbito dos governos – onde são criadas as regras de regulação da vida coletiva –, como também no âmbito dos mercados e da sociedade – onde

---

desde tenra idade (Moreira, 2000). Essa faceta de sua personalidade revela a influência de um liberalismo de inspiração humanista. Em suas próprias palavras: "O destino individual só se realiza plenamente quando consegue entrar em equação com a sua própria época, exprimindo na trajetória de vida a trama dos problemas da sociedade a que pertence [...] o respeito sagrado pelo desenvolvimento da personalidade humana em todas as suas dimensões, isto é, desde o patamar da sobrevivência, até o gozo de bens econômicos mínimos, educação, saúde, liberdade e participação na construção da comunidade em que vivemos" (Moreira, 2000).

11 Segundo o próprio diplomata, o liberalismo ao qual se perfilava foi absorvido por meio da leitura de um grupo de autores, dos iluministas clássicos – Rousseau, Locke, Hume, Montesquieu, Smith e Jefferson – a pensadores contemporâneos, como Weber, Popper, Arendt, Keynes, Mises, Russel, Hayek, Leo Strauss, Carl Friedrich, Dahendorf, Wittgenstein, Aron, Karl Deutsch, Nozick e Rawls (Moreira, 1981, p.4).

o imperativo é respeitar as regras do jogo". Sob prisma, de fato, conservador, defende a antecedência – e, de alguma maneira, a primazia – da ordem em relação ao progresso, ratificando o desenvolvimento incremental, e não revolucionário, do sistema capitalista.

> Urge que o Estado, o mercado e a sociedade civil reaprendam a mostrar apreço à confiança, à verdade, à perseverança, à obediência à lei, ao respeito à coisa pública e à propriedade privada, à solidariedade com o outro, assim como ao compromisso com as qualidades morais mais nobres que, só elas, serão capazes de emprestar sentido pleno ao viver em sociedade. (Moreira apud Ferreira, 2021)

A defesa do lucro não se faz descasada, porém, de um entendimento mais amplo da sua natureza. Ao inserir o agente econômico individual num ecossistema por esse influenciado, Moreira ressalta que "tocar uma empresa vai muito além de gerar lucros, pois ela tem de ter em conta não só o bem-estar do acionista, mas também o de todas as outras partes interessadas, tais como clientes, funcionários, fornecedores, meio ambiente, além da sociedade em geral" (ibidem). Nesse sentido, entende que, por um lado, "precisamos superar preconceitos contra o lucro, por outro não podemos aceitar a redução das belezas e complexidades da vida humana à sua busca cega", pois "o lucro deve servir à empresa e não a empresa servir ao lucro" (ibidem).

Daí a importância do bom funcionamento dos mecanismos de mercado como condição *sine qua non* para deslanchar o fenômeno do desenvolvimento – condição necessária, mas não suficiente, uma vez que a liberdade de empreendimento individual não pode ser descasada da igualmente relevante responsabilidade individual, que, por sua vez, só se consuma se garantido o direito à escolha individual. Nesse aspecto, Moreira se vale de uma das mais conhecidas contribuições de John Stuart Mill, outro autor clássico inglês de cuja obra o diplomata também se utiliza com recorrência. Ao defender a liberdade de expressão das ideias como ferramenta de aperfeiçoamento do processo decisório, Marcílio Moreira (2017) sugere que "além de dignificar o cidadão, a liberdade pessoal contribui para enriquecer a boa gestão política ao assegurar ao processo social o pluralismo, autocrítica, imaginação e criatividade indispensáveis à sua vitalidade".

Desse modo, a faceta política de seu pensamento liberal se coaduna à conhecida objeção ao autoritarismo que a filósofa alemã Hannah Arendt eternizou em sua obra. Independentemente da natureza do regime político, argumentava a autora, o exercício do poder demanda uma espécie de "capital", cujas moedas se materializam por meio de força, propaganda, ganhos econômicos, medo ou esperança. Nesse sentido, Marcílio defende o sistema democrático não por produzir necessariamente os melhores resultados, mas por minimizar o custo da derrota e incentivar o reconhecimento da vitória do adversário, conferindo-lhe, assim, a necessária legitimidade social de que depende o desenvolvimento civilizacional: "A legitimidade não só investe o poder de autoridade ética, senão também lhe assegura maior eficácia, ao instilar confiança e respeito aos governados. Existe, pois, reciprocidade entre maximização de legitimidade e eficácia na gestão do poder. À medida em que cresce a legitimidade, o governo pode economizar as chamadas moedas do poder" (idem, 1980, p.73).

Conquanto coerente do ponto de vista da elaboração do silogismo, a referência a Arendt surpreende por não se tratar de uma pensadora exatamente liberal. Conforme argumentam Regiani e Medeiros (2019), Marcílio fez uma interpretação singular da obra da autora ao ressignificar a argumentação de Arendt a fim de corroborar a sua interpretação liberal da história. Essa hipótese foi refutada pela própria filósofa, há de se registrar, que declarou sua descrença na ideologia liberal quando de sua participação no congresso "A obra de Hannah Arendt", realizado em sua homenagem pela Universidade de York, no Canadá, em 1972: "Nunca fui uma liberal. Quando disse o que não fui, esqueci [de mencionar isso]. Nunca acreditei no liberalismo" (Arendt apud Correia, 2010, p.157). Nesse sentido, Regiani e Medeiros (2019, p.182) tecem crítica contundente da hermenêutica de que se utiliza o diplomata:

> Marcílio Marques Moreira, ao usar as ideias de Hannah Arendt, pôs em prática uma retórica de convencimento para defender um projeto de inserção do Brasil na economia mundial. Mas, o pacto de leitura assimétrico que

fez da obra de Arendt serviu apenas para justificar o pluralismo enquanto princípio aglutinador de várias perspectivas filosóficas, comprometendo-se somente com as suas ideias e do grupo que integrava e representava. O que poderia sugestionar uma boa intenção ou, no pior dos casos, uma manipulação.

Outro pensador do século XX que exerceu influência direta sobre as ideias e ações de Marcílio foi o economista austríaco Friedrich Hayek. Em *O caminho para a servidão* (1944), sua obra mais afamada, Hayek procurou relacionar o liberalismo político ao econômico, argumentando que o fenômeno totalitário representaria a radicalização tanto do comunismo quanto do fascismo por meio da intervenção do Estado na economia.[12] Buscando equiparar tais regimes, Hayek (1981, p.39) acreditava "que o nazismo de Hitler era simplesmente outro tipo de socialismo que igualmente preconizava restrições à democracia, a exemplo do que pretendia a doutrina socialista". A falsa equivalência entre fenômenos igualmente condenáveis revela a supremacia de questões econômicas sobre políticas em seu constructo, do mesmo modo que Marcílio se posicionaria em relação à ditadura militar brasileira.

A influência que tais autores exerceram sobre o pensamento de Marcílio não se deu sem tensões, contudo. A associação do liberalismo político de Arendt ao econômico de Hayek desconsidera a luta intelectual que a autora travou contra a violência institucional de que fora vítima, posição, em alguma medida, por ele compartilhada, uma vez que Marcílio também defendia o Estado de direito natural como limite do direito positivo: tratava-se de ampliar o poder da sociedade civil (e do mercado) a fim de atenuar a discricionariedade de atuação política e econômica do Estado (Regiani; Medeiros, 2019).

Liberal, ainda que conservador, Marcílio Moreira manteve certo distanciamento em relação à ditadura militar, uma vez que a carreira de Estado lhe impunha limites a manifestações de cunho pessoal. Não obstante, baseava-se na sacralidade do direito individual para

12 Indo além, Hayek teria afirmado, segundo Turin (2019, p.41), preferir "um ditador liberal a um governo democrático sem liberalismo".

criticar, ainda que sutilmente, as arbitrariedades cometidas pelos militares: "O liberalismo moderno procura assegurar condições econômicas, sociais e políticas para o pleno desenvolvimento da personalidade humana, buscando o difícil, mas necessário, equilíbrio entre gestão eficaz do poder e o respeito às liberdades fundamentais do homem" (apud Ferreira, 2021).

De todo modo, é possível entender que suas discordâncias, tal qual Hayek, se revelavam muito mais em relação ao modelo econômico do que exatamente ao fechamento do regime em 1964. Marcílio buscava justificar o "desvio autoritário", eufemismo para referir-se à ditadura, como o preço a ser pago para evitar que doutrinas iliberais do ponto de vista econômico se estabelecessem no país. Não obstante as atrocidades cometidas pela referida vereda, Marcílio também minimizava o golpe militar motivado pela ameaça socialista e pela corrupção supostamente intrínseca a ela. Nesse sentido, entendia que a "racionalização da máquina administrativa" levada a cabo pela ditadura contribuiu para afastar – ou, ao menos, atenuar – o "caos, o comunismo e a corrupção" (Regiani; Medeiros, 2019).

Como corolário, o "neocontratualismo" pós-ditadura militar defendido por Marcílio teria sido, assim, um dos vetores responsáveis pela consolidação do neoliberalismo no Brasil. Isso porque ao garantir determinados benefícios aos grupos sociais dominantes, o liberalismo econômico foi instrumentalizado como prebenda no pacto conciliatório da redemocratização – que, em sua versão política, também pode ser designado como anistia ampla, geral e irrestrita. Moreira entendia o liberalismo como um caminho moderado para evitar as incertezas inerentes à luta de classes bem como o retorno do populismo (Barreto, 2012).

Isto posto, entende-se que suas credenciais inequivocamente liberais se revelaram úteis para o governo a que serviu como ministro da Economia. O projeto econômico de Collor alinhava-se às medidas propostas no chamado Consenso de Washington, documento elaborado por ocasião da reunião organizada no final de 1989 pelo economista John Williamson, no Institute for International Economics, na capital dos Estados Unidos. Ainda que por demais esquemático, pode-se resumir tal projeto de desenvolvimento liberal em medidas como abertura comercial e financeira, privatizações, flexibilização da legislação trabalhista, liberalização cambial e redução das atividades estatais, dentre outras. Como contrapartida, o governo norte-americano e o Fundo Monetário Internacional (FMI) articulariam a renegociação da dívida externa dos países que haviam entrado em *default* nos anos 1980 (Chaves, 2020). Daí a importância e a oportunidade de ter um diplomata com bagagem internacional à frente da economia do país (Gomes, 1999).

Diante da repercussão negativa que naturalmente acompanha a defesa de agendas impopulares, Marcílio buscou defender a necessidade de adotar um novo modelo de desenvolvimento nos diversos foros dos quais participou, como na abertura do seminário O Brasil e o Novo Cenário Internacional, promovido em agosto de 1994 pela Universidade Estadual do Rio de Janeiro (UERJ) e no qual o próprio Williamson se fez presente. Na ocasião, o já ex-ministro sugeriu que as ideias e objetivos da famigerada reunião haviam sido deturpadas pela grande imprensa nacional: "No Brasil, ele [o consenso] ainda é considerado uma fórmula fria concebida nos gabinetes de Washington para forçar as economias latino-americanas a qualquer custo social a se ajustarem a uma espécie de parâmetro preestabelecido" (Professor..., 1994).

Em sua manifestação, o próprio Williamson salientou que o consenso contemplaria uma "agenda social" por meio de políticas compensatórias que amenizariam o impacto de medidas recessivas em países com elevadas taxas de pobreza e desigualdade. Indo além, sugeriu que o novo modelo proposto representaria a inserção ou a exclusão das economias latino-americanas no mundo pós-queda do Muro de Berlim; os países que seguissem outra estratégia simplesmente tomariam uma "rota de barbárie", restando "à margem do capitalismo" (Professor..., 1994). A história se encarregaria de provar a imprecisão de sua leitura.

A despeito de eventuais erros e acertos em seus diagnósticos e prognósticos, o pensamento econômico liberal de Marcílio Marques Moreira revela-se holístico e concatenado. Coerente com a ideologia que professara desde tenra idade, o diplomata buscou adotar uma agenda essencialmente liberalizante em sua passagem pelo Governo

Federal. As vicissitudes intrínsecas ao concreto, porém, mostraram-lhe que o liberalismo em estado puro erra em desconsiderar a existência de um simples detalhe que teima em provar a falibilidade de seus argumentos: a realidade.

A GESTÃO DE MARCÍLIO NO MINISTÉRIO DA ECONOMIA (1991-1992)

Com a saída de Zélia Cardoso do Ministério da Economia, em maio de 1991, o presidente Fernando Collor convidou Marcílio Marques Moreira para integrar o governo por intermédio do então ministro da Justiça, Jarbas Passarinho. Ao novo titular da pasta foi oferecida total autonomia não só para compor a sua própria equipe e para conduzir a política econômica de acordo com suas convicções, mas também para indicar o seu sucessor na embaixada em Washington, ocupada a partir de setembro daquele ano por Rubens Ricupero, personagem de que se ocupa o Capítulo 8 deste livro.

Como já mencionado, a opção pelo nome de Marcílio se deu em meio à tentativa de recuperação de credibilidade internacional e de apoio popular, que haviam definhado após o controverso plano de estabilização levado a cabo na gestão de Zélia. Para tanto, o presidente procurou escalar um "Ministério de Notáveis", nomeando atores políticos e intelectuais respeitados em suas respectivas áreas: Adib Jatene e Jamil Haddad (Saúde), Ângelo Calmon de Sá (Desenvolvimento Regional), Celio Borja (Justiça), Celso Lafer (Relações Exteriores), Helio Jaguaribe (Ciência e Tecnologia), José Goldemberg (Educação e Meio Ambiente), Ozires Silva (Infraestrutura) e Sérgio Rouanet (Cultura), dentre outros.

A conjuntura econômica em que Marcílio assumiu a Economia era, de fato, conturbada. Não apenas pelo recrudescimento inflacionário observado após o lançamento do chamado Plano Collor II, em janeiro de 1991, mas também pela necessidade de legitimação política por parte de um presidente sem apoio social e parlamentar. No curto prazo, Marcílio manteve a mesma linha da política econômica instrumental executada até então: austeridade monetária e fiscal. Tal parcimônia respondia não apenas às suas convicções teóricas, mas também à tentativa de atenuar eventuais desancoragens na formação das expectativas dos agentes econômicos (Moreira, 2021).

No que tangia especificamente ao sistema de preços, o novo ministro procurou normalizar o que ele considerava uma distorção herdada da gestão anterior, procedendo a um "descongelamento controlado" – entre 6% e 17% – de um número significativo de bens e serviços. Em contrapartida, adotou uma política monetária ativa, resultando em contração da absorção interna e em elevação expressiva das reservas cambiais. Por fim, o Banco Central corrigiu a taxa de câmbio, promovendo desvalorização nominal de aproximadamente 14% com vistas a equilibrar a conta corrente do balanço de pagamentos (Silva, 2009). Apesar de enérgicas, as medidas contaram com o apoio dos principais setores da economia: o ágio no mercado paralelo, que havia superado os 100%, reduziu-se para 2% em uma semana – vitória pontual do ministro em sua primeira batalha.

Paralelamente, Marcílio adotou uma abordagem conciliatória e flexível em relação aos bancos credores, visando à inserção do país nas negociações no âmbito do Plano Brady.[13] A centralidade do endereçamento dessa questão – conquista pouco explorada pela mídia naquele momento – pode ser aferida por um entendimento tão verdadeiro quanto pouco intuitivo: o equacionamento da dívida externa foi a pedra angular do Plano Real, sem o qual a nova moeda dificilmente teria sido implementada com o êxito conhecido em 1994.

Mas foi apenas no segundo semestre de 1991 que a equipe econômica promoveu sua estreia de *facto* ao apresentar ao Congresso Nacional um documento com 33 propostas de emendas constitucionais, que ficou conhecido como "Emendão".[14] Tratava-se de um

---

13 Dentre outros elementos que viabilizaram a conclusão da renegociação da dívida no âmbito do Plano Brady, a redução e a securitização do passivo externo por meio do lançamento de títulos novos avalizados pelo Tesouro norte-americano mostraram-se as medidas mais importantes. Em contrapartida, os países que se beneficiassem dessa oferta deveriam adotar as tais medidas liberalizantes em linha com o chamado Consenso de Washington, tal como a recusa em adotar qualquer tipo de controle de capital. O acordo com o FMI foi concluído em dezembro de 1991.

14 Tal diploma teve como base o Projeto de Reconstrução Nacional, conjunto de emendas constitucionais, projetos e decretos lançados pelo governo em abril de 1991, ainda durante a gestão de Zélia Cardoso de Mello.

pacote de reformas institucionais que visavam à redução estrutural dos dispêndios públicos e, em última análise, à reformulação do papel do Estado na economia. Dentre as principais propostas constavam a reestruturação das receitas e encargos da União, estados e municípios, a revisão das regras para aposentadoria e o fim do monopólio estatal na exploração mineral, de petróleo e gás natural, bem como na prestação de serviços públicos, como energia elétrica e telecomunicações. Concomitantemente, o governo reforçava as medidas contidas no Plano Nacional de Desestatização (PND), privatizando empresas importantes nos setores de siderurgia, petroquímica e fertilizantes. Aprovadas em etapas, muitas das medidas pensadas por Marcílio se tornaram política pública de fato apenas no primeiro mandato de Fernando Henrique Cardoso (1995-1998) – homenagem que a história prestou à correção de suas ideias.

A partir de meados do primeiro semestre de 1992, entretanto, as denúncias de corrupção, amplamente exploradas pela mídia, jogaram por terra a possibilidade de adotar qualquer política pública baseada na racionalidade econômica. Tal qual observado no decorrer de 1963 ou de 2015, o recrudescimento da crise política inviabilizou a condução ordinária da economia. Ciente de que seu perímetro de ação se tornara ainda mais limitado, o ministro da Economia organizou um jantar em São Paulo que reuniu mais de 1.200 empresários, uma clara anuência à continuidade da política econômica conduzida pelo ministro. Isolado, o governo buscou apoio parlamentar por meio da liberação de verbas públicas, especialmente para políticos do PFL e do PDS. O ajuste fiscal prometido e conduzido pelo ministro Marcílio, porém, inviabilizou a expansão dos dispêndios e, consequentemente, a sustentação *ad hoc* do presidente prestes a ser derrubado.

Ainda que o período de 17 meses à frente da Economia não tenha sido exatamente fugaz, o raio de ação que se lhe apresentava ao assumir o cargo era, de fato, limitado. Muito embora o presidente da República tenha lhe oferecido carta branca, a convulsão política que tomou conta do país em 1992 tolheu-lhe quaisquer possibilidades de controlar a inflação e de reformar as bases do Estado brasileiro. Ainda assim, Marcílio pôde imprimir seu nome na história econômica do país por ter plantado o gérmen da mais ampla abertura econômica já realizada no Brasil. Além disso, apresentou o primeiro pacote estruturado, ainda que limitado, de desestatização e encaminhou com sucesso a negociação da dívida externa.

Se não logrou domar a inflação, o nome de Marcílio não pode ser excluído do documento de paternidade do plano de estabilização que viria a mudar a história do país. Nas palavras de seu principal formulador:

> O período Marcílio fez as bases do Plano Real, de uma forma que pouca gente entende até hoje. Ele desarmou bombas colossais: a devolução dos Cruzados, o descongelamento de preços, a estabilização do câmbio, uma série de heranças malditas que vieram do Plano Collor. E mudou o debate econômico, com o projeto do Emendão, que não foi aprovado, mas chamou a atenção para a importância de mudanças constitucionais para a realização das reformas estruturais. E por fim, a firmeza do ministro Marcílio em dizer que não congelaria preços de jeito nenhum também mudou o comportamento dos agentes econômicos, reconquistando as condições para implantação do Plano Real, conforme havíamos desenhado no *paper* do Larida. (Arida apud Ferreira, 2021)

Poucos são os brasileiros que podem ostentar epígrafe com tais serviços prestados ao país.

CONSIDERAÇÕES FINAIS

Testemunha ocular da história brasileira e estrangeira por mais de sete décadas, Marcílio Marques Moreira compõe aquele seleto grupo de brasileiros verdadeiramente internacionalizados. Da infância na Europa conflagrada à experiência na burocracia brasileira em seus mais diferentes níveis, Marcílio conheceu o mundo sob a lente privilegiada de um diplomata de alto escalão. Homem de senso prático, dedicou-se a atividades intelectuais com a desenvoltura de quem subscreve mais de uma dezena de obras publicadas.

Sua passagem pelo Ministério da Economia foi, com efeito, eclipsada por nomes de maior conhecimento do grande público. Ainda assim, exibe conquistas relevantes das quais nem todo economista poderia jactar-se. Coerente com suas convicções liberais, Marcílio adotou políticas econômicas ortodoxas no curto prazo que não lograram, entretanto, controlar a inflação. Esta última, como se pode confirmar em diversos capítulos deste livro, não era apenas uma consequência deletéria do financiamento monetário do déficit público, como defendia a economia *mainstream*. Tratava-se de um caso específico e pouco abordado pela teoria econômica tradicional, daí a merecida deferência com que são tratados os homens que pensaram e implementaram o plano que finalmente pôs fim a décadas de descontrole inflacionário.

O seu principal legado, porém, foi a inserção do Brasil em uma nova era da economia mundial globalizada. Para além do endereçamento da questão da dívida externa, a pouco popular agenda de liberalização econômica, que envolvia, além da abertura, privatizações e desregulamentações de setores historicamente consolidados, pode ser considerada como as bases sobre as quais o Plano Real se viabilizou.

Mentor político da implementação do neoliberalismo no Brasil contemporâneo, Marcílio se diferencia dos supostos liberais do século XXI não apenas pela erudição que o caracteriza, mas pelo humanismo que falta àqueles. Ao criticar o apoio que parte do empresariado nacional oferecia ao presidente eleito em 2018, o nonagenário diplomata transborda a lucidez que lhes faltou, mas que não escaparia a este profundo conhecedor do mundo político e, sobretudo, da alma humana:

> É ingênuo pensar que crise moral e simultâneo deslumbramento hoje vivenciados entre nós, tanto na esfera privada quanto na pública, não acabem corroendo o processo econômico, social e político, ao preferir mitos à realidade e afastar do debate público temas relevantes. E constituem solo fértil para insidiosas sementes – falta de confiança nas instituições e cinismo generalizado. (Moreira apud Ferreira, 2021)

Há de se reconhecer: já não se fazem liberais como os de antigamente.

REFERÊNCIAS

BARRETO, F. de M. B. A política externa após a redemocratização. Brasília: Funag, 2012. Disponível em: https://funag.gov.br/loja/download/949-A_Pol%C3%ADtica_Externa_ap%C3%B3s_a_redemocratiza%C3%A7%C3%A3o_TOMO_I.pdf.

BATISTA, P. N. O consenso de Washington: a visão neoliberal dos problemas latino-americanos. In: BATISTA JUNIOR, P. N. (Org.). *Paulo Nogueira Batista*: pensando o Brasil. Brasília: Funag, [1994] 2009. Disponível em: http://funag.gov.br/loja/download/331-Paulo_Nogueira_Batista_Pensando_o_Brasil.pdf.

CHAVES, M. P. A. Consolidando a agenda neoliberal no Brasil dos anos 1990: a construção do "consenso" que veio de Washington. *História Unisinos*, v.24, n.2, p.309-24, 2020.

CORREIA, A. Sobre Hannah Arendt. *Inquietude*, v.1, n.2, 2010.

FERREIRA, M. O legado de Marcílio Marques Moreira. *Estado da Arte*, 25 nov. 2021. Disponível em: https://estadodaarte.estadao.com.br/reconstrucao-democracia-legado-liberal-marcilio-marques/.

GOMES, L. M. Os homens de FHC – banqueiros e testas de ferro do imperialismo. *Portal Grabois*, v.51, p.6-20, [1º nov. 1998] 1999. Disponível em: https://grabois.org.br/1998/11/01/os-homens-de-fhc-banqueiros-e-testas-de-ferro-do-imperialismo/.

HAYEK, F. A. V. *Hayek na UnB*. Brasília: Editora Universidade de Brasília, 1981.

MOREIRA, M. M. *Indicações para o projeto brasileiro*. Rio de Janeiro: Tempo Brasileiro, 1971.

MOREIRA, M. M. *Poder, liberdade, desenvolvimento*: indicações para o debate brasileiro. Rio de Janeiro: Tempo Brasileiro, 1980.

MOREIRA, M. M. *De Maquiavel a San Tiago*: ensaios sobre política, educação e economia. Brasília: Editora Universidade de Brasília, 1981.

MOREIRA, M. M. *Coleção Oficina da Palavra*: entrevista com Marcílio Marques Moreira. Brasília: Escola Nacional de Administração Pública (Enap), 2000. Disponível em: https://repositorio.enap.gov.br/handle/1/4332. Acesso em: 17 jul. 2023.

MOREIRA, M. M. *Diplomacia, política e finanças*. Entrevista à Fundação Getúlio Vargas. Rio de Janeiro: Objetiva, 2001.

MOREIRA, M. M. Existe uma ética do mercado? *O Estado de S. Paulo*, 29 jul. 2008. Disponível em: https://www.etco.org.br/etco-na-midia/bexiste-uma-etica-do-mercado/. Acesso em: 15 fev. 2023.

MOREIRA, M. M. *Quixote no Planalto*: o resgate da dignidade em tempos adversos. Rio de Janeiro: Edições de Janeiro, 2017.

MOREIRA, M. M. Marcílio Marques Moreira: Ministério da Fazenda em tempos de crise. *A arte da política econômica*. Podcast. Rio de Janeiro: Instituto de Estudos de Política Econômica/Casa das Garças, nov. 2021. Disponível em: https://iepecdg.com.br/podcast/podcast/marcilio-marques-moreira/. Acesso em: 19 jul. 2023.

PROFESSOR vê consenso de Washington ou barbárie. *Folha de S. Paulo*, 15 ago. 1994. Disponível em: https://www1.folha.uol.com.br/fsp/1994/8/15/caderno_especial/25.html. Acesso em: 19 jul. 2023.

REGIANI, A. R.; MEDEIROS, K. E. G. A recepção das ideias políticas de Hannah Arendt pelo liberalismo humanista de Marcílio Marques Moreira: a retórica dos projetos de abertura política no Brasil da virada. In: SIMPÓSIO NACIONAL DE HISTÓRIA, 30, 2019, Recife. *Anais...* Recife: ANPUH, 2019. Disponível em: https://www.snh2019.anpuh.org/resources/anais/8/1563980630_ARQUIVO_ArecepcaodasideiaspoliticasdeHannahArendtnoliberalismohumanistadeMarcilioMarquesMoreiraII.pdf.

RODRIGUES, P. L. O jovem Marcílio Marques Moreira. *Revista ETCO*, n.27, dez. 2021. Disponível em: https://www.etco.org.br/publicacoes/revista-etco/o-jovem-marcilio-marques-moreira/. Acesso em: 23 jul. 2023.

SILVA, A. de M. *Marcílio Marques Moreira*. Rio de Janeiro: CPDOC/FGV, 2009. Disponível em: http://www.fgv.br/cpdoc/acervo/dicionarios/verbete-biografico/marcilio-marques-moreira. Acesso em: 11 jan. 2024.

TURIN, R. *Tempos precários:* aceleração, historicidade e semântica neoliberal. São Paulo: Zazie, 2019.

7

Fernando Henrique Cardoso

DA DEPENDÊNCIA AO REAL

Rafael Moraes e Ivan Colangelo Salomão

INTRODUÇÃO

Uma das diversas definições cabíveis ao que se convencionou chamar de intérprete do Brasil seria sua capacidade holística de compreender as raízes da atualidade, colocando questionamentos que contribuem para articular elementos perenes de nossa história. Já um estadista, por sua vez, pode ser entendido como um homem público que, a despeito dos revezes políticos e equívocos de curto prazo, empenha seu capital político em favor de medidas cujos resultados positivos só poderão ser observados, avaliados e julgados posteriormente, quando seu nome evocar apenas lembranças de um passado longínquo.

Não obstante a polissemia inerente a ambas as categorias, não seria inoportuno empregá-las para definir algumas das várias facetas de Fernando Henrique Cardoso. Trata-se, afinal, de um dos brasileiros vivos cujas digitais fazem-se mais visíveis na história nacional dos últimos cinquenta anos. Personagem central da política brasileira durante a última década do século XX, sua trajetória pública remonta pelo menos ao início dos anos 1960, quando despontava como um dos mais relevantes intelectuais latino-americanos de sua geração.

Do homem que pensou a relação centro-periferia em novos termos ao que liderou a criação do Plano Real, pululam riqueza e complexidade de ideias nas mais diferentes áreas de seu pensamento político e social. Este capítulo procura elucidar os principais elementos de seu arcabouço econômico.

O sociólogo, professor e ex-presidente Fernando Henrique Cardoso nasceu no Rio de Janeiro em 18 de junho de 1931. Filho de general e neto de marechal,[1] mudou-se com a família para a capital paulista em 1940 por força do ofício de seu pai, cidade que adotou como domicílio pessoal, político e profissional até a atualidade. Ainda que a tradição familiar o encaminhasse à carreira das armas, optou por ingressar na Faculdade de Filosofia, Letras e Ciências Humanas da Universidade de São Paulo (FFLCH/USP), instituição pela qual se titulou bacharel em Ciências Sociais em 1952. De seus antepassados, herdou o interesse pela política e certa simpatia em relação ao socialismo, tendo inclusive se aproximado do Partido Comunista Brasileiro (PCB), sem nunca a ele ter se filiado. Acabou afastando-se da agremiação no final dos anos 1950, contrariado com os rumos políticos e econômicos da União das Repúblicas Socialistas Soviéticas (URSS); ainda assim, manteve curiosidade intelectual pelo estudo do marxismo.

O interesse pela obra do filósofo alemão levou-o a ingressar no Grupo de Estudos de *O Capital* – ou Seminário Marx – criado em 1958 por iniciativa do filósofo José Arthur Giannotti. Dele também participaram outros nomes maiúsculos da intelectualidade paulista, como Ruth Corrêa Leite Cardoso, Francisco Weffort, Michael Löwy, Paul Israel Singer, Octávio Ianni, Roberto Schwarz, Fernando Novais, Bento Prado Jr., Ruy Fausto e Leôncio M. Rodrigues, dentre outros. Originalmente, propuseram-se a ler e debater a principal obra de Karl Marx a partir de uma percepção crítica em relação aos caminhos tomados pelo marxismo sob influência do stalinismo soviético. No Brasil, a influência da potência socialista aparecia na postura dogmática do PCB e em sua interpretação "etapista" do processo de

---

1 Seu avô, Joaquim Ignacio Cardoso, esteve diretamente envolvido no movimento militar que derrubou D. Pedro II e pôs fim à Monarquia brasileira, em 1889.

desenvolvimento do capitalismo. Porém, a constituição do grupo também apontava para um processo mais amplo de modernização do pensamento social brasileiro que, a partir do rigor científico introduzido na FFLCH pela missão francesa dos anos 1930, priorizou o entendimento e a interpretação da realidade nacional.

Ao mesmo tempo que o contato com o pensamento marxista, ainda que por meio da perspectiva acadêmica, abrira-lhe portas importantes, FHC acabou por matizar o seu posicionamento intelectual naquele momento de sua trajetória. A própria relação com Florestan Fernandes, inegavelmente a principal influência do ainda jovem pesquisador Fernando Henrique, foi por aquele reposicionada. Bastante influenciado pelo funcionalismo, Florestan, seu orientador de doutorado, era forte crítico do marxismo estruturalista predominante naquele contexto, produzindo uma sociologia eclética na qual Marx não sobrepujava Emile Durkheim, Max Weber ou Karl Mannheim.

Em 1961, defendeu sua tese de doutorado,[2] *Capitalismo e escravidão no Brasil meridional* (2003), momento em que se aproximou do também sociólogo Alain Touraine, ingressando no recém-fundado Centro de Sociologia Industrial e do Trabalho (Cesit). Convidado por Touraine, viajou à França, onde escreveu sua tese de livre-docência, *Empresariado industrial e desenvolvimento econômico no Brasil*, defendida na USP em 1963. Nesse trabalho, realizado com base em uma série de entrevistas com empresários brasileiros no início dos anos 1960, já se faziam notar os primeiros traços de sua interpretação do papel da burguesia nacional e alguma dose de inquietação diante do nacional-desenvolvimentismo.

Após o golpe militar de 1964, recebeu ameaças por sua ligação com o marxismo, culminando em uma ordem de prisão que o levou a abandonar o país para trabalhar no escritório da Comissão Econômica para a América Latina e o Caribe (Cepal/ONU), em Santiago, no Chile. Lá escreveu, em conjunto com o sociólogo chileno Enzo Faletto, o clássico *Desenvolvimento e dependência na América Latina*, originalmente publicado em 1968, em espanhol. O livro, que auferiu

---

2 Segundo o próprio FHC, parte de sua introdução, já influenciada pelo marxismo e bastante crítica ao funcionalismo, foi reescrita após sugestão reiterada de seu orientador

grande repercussão no circuito acadêmico internacional, contrapunha-se à interpretação clássica da Cepal sobre o desenvolvimento das economias periféricas do sistema capitalista. Ao apresentar a forma como os condicionantes políticos se interseccionavam com a dependência econômica, qualificando a relação centro-periferia já consagrada no pensamento cepalino, os autores jogaram luz sobre a relevância da estrutura de classes interna de cada país. Assim, aceitavam a possibilidade de formas distintas de desenvolvimento nas economias latino-americanas.

Em 1968, FHC voltou ao Brasil e foi aprovado em concurso para cátedra na USP, sendo, contudo, compulsoriamente aposentado meses depois pelo Ato Institucional nº 5 (AI-5). Sem poder exercer a docência em universidades públicas, Cardoso ajudou a fundar, em 1969, o Centro Brasileiro de Análise e Planejamento (Cebrap), cujo destaque no debate público ao longo dos anos 1970 ensejou o apoio financeiro de intuições internacionais, como a Fundação Ford.

Ainda no final da década 1970, FHC havia participado das primeiras reuniões que dariam origem ao Partido dos Trabalhadores (PT), afastando-se da sigla, no entanto, por defender a criação de um partido mais heterogêneo e plural, que reunisse apoio contra o regime militar. Com o objetivo de fortalecer uma verdadeira frente ampla de oposição ao regime militar, Fernando Henrique aproximou-se do Movimento Democrático Brasileiro[3] (MDB), partido pelo qual se candidatou, em 1978, ao Senado Federal. Segundo mais votado no estado, ficou atrás de André Franco Montoro, ocupando, de acordo com a legislação de então, a primeira suplência. Com a eleição de Montoro para o governo de São Paulo, em 1982, FHC assumiu seu primeiro cargo político, ocupando a cadeira de senador por São Paulo. Três anos depois, concorreu à Prefeitura de São Paulo, tendo sido derrotado pelo ex-presidente Jânio Quadros (PTB). Em 1986, foi reeleito para o Senado na esteira do sucesso inicial do Plano Cruzado, mas sua relação com o PMDB já se mostrava fragilizada, sobretudo diante do

3 Com a volta do pluripartidarismo, o MDB transformou-se, em 1981, no Partido do Movimento Democrático Brasileiro (PMDB). Em 2017, a agremiação voltou a excluir o termo Partido de sua designação, retornando à sigla MDB.

protagonismo exercido pelo recém-eleito governador paulista, Orestes Quércia. Contrariado com as posições cada vez mais fisiológicas do PMDB paulista em relação ao governo Sarney, FHC engrossou a dissidência que fundou, em 1988, o Partido da Social-Democracia Brasileira (PSDB).

Após a vitória de Fernando Collor de Mello nas primeiras eleições diretas após o golpe de 1964, o nome de FHC foi sondado para assumir um ministério, ainda que seu partido tenha apoiado o adversário de Collor no segundo turno, Luiz Inácio Lula da Silva (PT). Por decisão partidária, o PSDB não apoiou o governo eleito, vindo a compor apenas o de Itamar Franco, vice empossado após o *impeachment* do presidente, em 1992. Inicialmente alocado na chancelaria, Fernando Henrique assumiu o Ministério da Fazenda pouco tempo depois, em maio de 1993. Após a breve e histórica experiência à frente da economia, quando liderou a equipe responsável pela criação do Plano Real, FHC se candidatou à Presidência da República em 1994, sendo eleito no primeiro turno com 54% dos votos válidos.

Sua passagem pelo Ministério da Fazenda e o endosso às políticas econômicas de viés liberal estreitaram o caminho para a aproximação do PSDB com o Partido da Frente Liberal (PFL). A coligação vitoriosa se repetiria em 1998, dessa vez com o apoio de outros partidos importantes no cenário nacional, como o PMDB e o PP.

Seus mandatos foram caracterizados por profundas reformas institucionais no seio econômico do país. As políticas de cunho liberalizante como a abertura comercial, as reformas na legislação trabalhista e previdenciária e as privatizações estavam em sintonia com as mundialmente afamadas propostas defendidas por economistas e organismos multilaterais como o Consenso de Washington (Williamson, 1989). Se por um lado a inflação foi controlada de forma sustentável, por outro, as reformas estruturais levadas a cabo não resultaram no dinamismo econômico. Nas disputas internas entre liberais e desenvolvimentistas, prevaleceram os primeiros, sob a liderança do ministro da Fazenda Pedro Malan.

Após oito anos na Presidência da República, Fernando Henrique Cardoso afastou-se do cotidiano partidário sem ausentar-se da vida pública. Com 92 anos de idade, completados em junho de 2023,

FHC participou ativamente do debate político até a eleição de 2022, momento em que a democracia brasileira mais necessitou de estadistas da sua envergadura.

AS IDEIAS ECONÔMICAS DE FHC: DA DEPENDÊNCIA À GLOBALIZAÇÃO

Muito embora não seja economista de formação, parte expressiva da obra intelectual de Fernando Henrique Cardoso esteve em constante diálogo com as Ciências Econômicas. A economia está presente desde seus trabalhos referentes à escravidão, que têm como marco sua tese de doutorado, publicada em 1962, até suas pesquisas sobre o empresariado nacional, cujo produto mais conhecido é a também citada tese de livre-docência, de 1963.

Subjacente à maioria de seus trabalhos está sua principal influência teórica, o marxismo aprendido e incorporado a partir das leituras de *O Capital*, ainda quando estudante na USP. Já presente em *Capitalismo e escravidão no Brasil meridional*, o marxismo foi se emaranhando a outras influências para, desse ecletismo teórico, erigir uma interpretação multiprismática das realidades brasileira e latino-americana. Tanto é assim que sua Teoria da Dependência, nascida marxista, seria posteriormente apresentada por críticos como uma leitura weberiana da história nacional.[4] Ainda que, politicamente, não possa ser considerado marxista, Fernando Henrique nunca aceitou tal leitura de sua obra, reafirmando a preponderância da dialética marxista desde sempre presente em seu método de pesquisa (Cardoso, 1980).

Se a relação de Cardoso com o marxismo é, em certo grau, conflituosa, pode-se afirmar que outra de suas grandes influências intelectuais, o pensamento econômico e social cepalino, também se fez presente em suas análises, ainda que na posição de alvo. Embora sua formação uspiana o tenha afastado do núcleo de formação do pensamento desenvolvimentista no Brasil – reunido, sobretudo, no

4 Para um contraponto a essa interpretação, ver Franklin (2016).

Instituto Superior de Estudos Brasileiros (Iseb) –, a influência familiar contribuiu para que mantivesse alguma simpatia por elementos do nacional-desenvolvimentismo.

Do ponto de vista teórico, o nó górdio da discordância entre a USP e o Iseb[5] estava na posição marxista dos primeiros, pautada pela luta de classes, e a nacionalista dos segundos, fundada sobre a disputa entre o elemento nacional e o "imperialista". Sob esse aspecto, o pensamento econômico da Cepal aproximava-se, em algum grau, da interpretação isebiana na medida em que se reforçava a posição desvantajosa das economias periféricas no comércio internacional. Nesse sentido, a Cepal reservava ao Estado o papel de elemento organizador das forças nacionais com vistas à constituição de um projeto de desenvolvimento industrial. Tal arranjo passava pela crença na existência de uma burguesia nacional interessada na industrialização do país e disposta a aliar-se ao operariado urbano, sob a tutela estatal, para viabilizar a construção desse projeto.

Foi com base nessa hipótese que Cardoso deu início às referidas entrevistas com empresários brasileiros no início dos anos 1960. Suas conclusões, entretanto, não ratificavam exatamente a premissa de que partira, uma vez que ouviu de tais homens de negócios que "não queriam outra coisa, senão se aliar ao capitalismo, ao imperialismo" (Cardoso apud Lima, 2003, p.12). Tais resultados empíricos o levaram a apontar a inexistência de uma ação coletiva consciente dessa "burguesia nacional". No entendimento de FHC, o empresariado nacional, por sua constituição plural e em grande parte oriunda da própria aristocracia rural cafeicultora, não apresentava "definição clara e

5 Nos termos empregados por Hollanda (2012, p.608), estabeleceu-se uma "oposição rígida entre intelectuais engajados e colonizados, de acordo com a taxonomia carioca, e entre ideólogos e verdadeiros cientistas, conforme designação paulista". No fundo, os professores da USP não reconheciam a legitimidade do Iseb como interlocutor à altura, pois nos percebiam como intelectuais de formação jurídica, bacharelesca, desprovidos de instrumentos teóricos e metodológicos; em suma, carentes de "rigor científico, diletantes, e sujeitados à esfera governamental" (Motta, 2000, p.120). Por um lado, do ponto de vista teórico-metodológico, Côrtes (2003) define o grupo fluminense como "nacionalista e historicista", que adotava um pressuposto dualista e concebia um projeto harmônico da perspectiva das classes sociais. Por outro lado, a USP partia de uma perspectiva cosmopolita e estruturalista, antidualista, enfatizando o conflito das classes.

coerente dos interesses de classe" (Cardoso, 2020). Restavam claras, assim, as bases frágeis do projeto nacional-desenvolvimentista, o que fortalecia suas críticas tanto aos intelectuais quanto à plataforma de desenvolvimento autônomo propagada pela Cepal.

A descrença cada vez maior nas capacidades e possibilidades do Estado nacional-desenvolvimentista balizou uma mudança sutil em sua interpretação do fenômeno do desenvolvimento autônomo, agora menos economicista do que aquele defendido pela Cepal. Naquilo que chamou de autocrítica – pela declarada ascendência cepalina –, Cardoso entendeu que a percepção das assimetrias estruturais entre o centro e a periferia trazida pelos autores filiados à Cepal esbarrava na pouca atenção oferecida aos desdobramentos internos resultante dessa realidade dos países periféricos.

Em outras palavras, concordava por um lado que os estudos iniciais da Cepal se provaram fundamentais para demonstrar que a especialização produtiva da América Latina no setor agroexportador não lograria equiparar os padrões de vida desses países em relação às economias desenvolvidas. Por outro lado, argumentava FHC, o projeto nacional-desenvolvimentista não levaria os países periféricos, automática e necessariamente, ao patamar material das economias centrais. O desenvolvimento, para Cardoso, não apenas não carecia de uma aliança entre burguesia nacional e operariado urbano, mas também poderia ocorrer sem que nenhum dos problemas sociais dos países periféricos fosse, de fato, equacionado. Já se fazia claro, na segunda metade dos anos 1960, que a simples industrialização de determinados países latino-americanos nem atenuou sua condição de dependência das economias centrais nem resolveu seus problemas sociais. Nascia aí a chamada Teoria da Dependência ou, como prefere Cardoso, os estudos sobre a dependência.

As conclusões a que chegavam aqueles intelectuais dos anos 1970 soam óbvias se lidas com o benefício do transcorrer cronológico; não o eram, naturalmente, no tempo em que foram produzidas, e seus impactos só podem ser avaliados quando levadas em consideração a força e a influência das teorias cepalinas naquele momento. Entre as décadas de 1930 e 1950, a América Latina e o Brasil, em especial, experimentaram um salto qualitativo em estudos (e políticas) que visassem a um projeto de desenvolvimento autônomo. Os governos de Juan Domingo Perón (1946-1955; 1973-1974), na Argentina, e Getúlio Dornelles Vargas (1930-1945; 1951-1954), no Brasil, são tidos como exemplos simbólicos daquele período histórico, assim como os diversos trabalhos de Raul Prebisch e Celso Furtado seriam seus equivalentes no plano intelectual.

Se as quedas de Vargas e Perón na metade dos anos 1950 já apontavam limitações desse modelo de desenvolvimento nacional, as eleições de Juscelino Kubitscheck (1955) e Arturo Frondizi (1958) inauguraram uma nova faceta do mesmo projeto: o desenvolvimentismo associado (ao capital estrangeiro). Do ponto de vista teórico, buscava-se entender os limites e contradições do arranjo cepalino.

A leitura corrente indicava a necessidade de proceder a reformas com o fito de corrigir os rumos do processo, mormente no que tocava à sua capacidade de incluir a crescente parcela populacional alienada dos frutos do desenvolvimento. Acreditou-se, até o final do governo de João Goulart (1961-1964), que o apoio dos setores urbanos – a rigor, dos empresários industriais – às reformas estruturais permitiria a superação da crise conjuntural e a inauguração de um novo ciclo de prosperidade. O golpe militar viria a enterrar os sonhos e as fantasias de então.

Nesse contexto político e teórico, os estudos sobre a dependência surgem quase como continuidade natural dos trabalhos sobre a burguesia nacional iniciados nos anos 1960. Em *Dependência e desenvolvimento na América Latina*, Cardoso e Faletto ([1968] 2004) demonstram como o desenvolvimento industrial na América Latina não se deu de forma homogênea em todos os países da região, o que proibiria, pois, tomar o desenvolvimento como um fenômeno com sentido único. Desse modo, os autores argumentam como o processo de desenvolvimento não responde apenas às balizas econômicas, mas também aos diversos arranjos possíveis entre as forças sociais de cada país, que se constituem, naturalmente, a partir das singularidades de suas trajetórias históricas.

No caso específico do Brasil, os autores apontam que uma aliança entre diversos grupos ou classes deu sentido ao processo de desenvolvimento nacional desde o início dos anos 1930 até meados da década de 1960. Indo além, demostram como essa aliança foi se reformulando a partir de suas próprias contradições – ora com viés mais nacionalista, ora mais atrelada ao capital estrangeiro. Assim, foi a partir desse arranjo, no imediato pós-Segunda Guerra, que o Estado logrou sustentar uma política de desenvolvimento que, em alguma medida, transferia recursos do setor agroexportador para o setor industrial, incorporando melhorias no padrão de vida de parte das massas urbanas. Tal possibilidade – que pressupunha um arranjo político sustentado por uma "aliança" entre o empresariado industrial, o operariado e as classes médias urbanas, inclusive militares – só se viabilizou graças ao momento externo favorável no que se referia aos termos de troca. A relação positiva entre os preços dos bens exportados e dos importados permitiu que as perdas do setor exportador resultantes da política estatal fossem compensadas pelo maior retorno auferido na venda para o estrangeiro.

As diversas e bruscas oscilações no preço do café no mercado internacional, entretanto, já desnudavam os limites de tal arranjo, especialmente em face daquilo que Cardoso e Faletto (ibidem) chamariam de "internacionalização dos mercados internos". Após a recuperação da economia europeia, o mundo assistiu a uma enxurrada de capitais voltados para a periferia. Se, por um lado, esse grande fluxo de investimentos externos se somou aos empreendimentos autônomos, em sua maioria capitaneados pelo Estado, por outro, ampliou os espaços de valorização do capital das grandes corporações internacionais no além-mar. As multinacionais acabaram suprindo as carências financeira e tecnológica dos países da periferia, fomentando o crescimento – mas não necessariamente o desenvolvimento – econômico dos países hospedeiros.

Esse movimento não escapou às contradições imanentes ao capitalismo dependente, uma vez que se abdicou dos controles dos processos produtivos, resguardados às matrizes das empresas localizadas nos países centrais. Consequência direta desse descasamento, as recorrentes crises cambiais por que passavam os países latino-americanos, devido, sobretudo, à remessa de lucros aqui gerados, também sinalizavam um importante limite do modelo.

Esse é o principal motivo da ampliação compulsória a que a aliança desenvolvimentista teve que ceder. A partir da segunda metade dos anos 1950, o recurso ao capital externo deixou de ser uma possibilidade para transformar-se numa imperiosidade imposta pela conjuntura, tornando-se um novo sócio daquele concerto político-social, no qual o Estado e o capital estrangeiro assumiram o papel de sócios majoritários, enquanto à "burguesia nacional" delegou-se o de coadjuvante.

A economia brasileira sob JK apresentou as possibilidades de continuidade do processo de modernização quando se prenunciavam os novos caminhos para a superação das contradições entre o capital industrial e o agroexportador. Ao mesmo tempo, também se faziam claras as dificuldades para suplantar os paradoxos entre as demandas distributivistas das massas (urbanas e rurais) e as pressões por maiores possibilidades de valorização e acumulação de capitais. Tais obstáculos vieram a desembocar na crise política no início de década de 1960, quando se esgarçou definitivamente a antiga aliança desenvolvimentista, antessala da ruptura institucional de 1964. A opção das elites econômicas após o golpe militar consagrou o privilégio do capital externo, ainda que não sem alguma dose de desconforto diante da posição cada vez mais marginalizada do empresariado nacional.

É nesse sentido que Cardoso e Faletto (ibidem) concluem que a industrialização não logrou pôr fim à sujeição das economias periféricas em relação às centrais, apenas a deslocou para outro espaço – geográfico, simbólico e material. Tal subordinação extrapolava a simples dependência de importações de bens manufaturados, passando essencialmente pela submissão tecnológica e financeira, que se concretizava no predomínio, mercadológico e financeiro, das empresas multinacionais nas economias periféricas. A manutenção da posição de dependência mesmo em meio ao processo de desenvolvimento produziu um aprofundamento da exclusão social das massas urbanas e rurais e, em alguma medida, de parte das classes dominantes internas; a outra parcela, que optou por vincular-se subalternamente ao capital monopolístico internacional, pôde participar da divisão do excedente gerado. Não obstante o aprofundamento da dependência e dos problemas sociais, a economia modernizou-se, o país se urbanizou e a burguesia local, ainda que submissa, obteve ganhos consideráveis.

Alguns anos depois, já tendo decorrido o período do "milagre econômico" (1968-1973), Cardoso (1974) voltou a tratar do "modelo brasileiro" de desenvolvimento para corroborar as conclusões a que tinha chegado anteriormente. Nesse trabalho, o autor reforça a argumentação de que o desenvolvimento no Brasil – e na periferia de um modo geral – não supunha necessariamente uma superexploração e sub-remuneração da mão de obra, como defendia Marini (2000). A partir do conceito de desenvolvimento associado, FHC procurou demonstrar como o avanço da industrialização e da modernização econômica, ainda dependentes dos países centrais, apresentava possibilidades de ganhos para a burguesia local. Nesse sentido, o autor atesta que ao aceitar o papel de sócio menor do processo de desenvolvimento, a burguesia local também se beneficiava ao prospectar novas possibilidades de acumulação e exercer seu poder político, inclusive ocupando espaços em disputa com as classes dominadas. Ou seja, o fato de essa fração da burguesia rejeitar o papel que lhe impunha o projeto nacional-desenvolvimentista não significava que ela abdicaria da possibilidade de atuar como uma "força social ativa".

Nesse contexto, o Estado nacional assumiu um novo papel no qual ao mesmo tempo que pleiteava autonomia, reforçava sua própria dependência. Além disso, contribuiu para o aumento da exclusão na mesma medida em que facilitou a criação de novos espaços para acumulação tanto da burguesia externa quanto de seus sócios nacionais. Sob tal ponto de vista, já não fazia sentido a oposição entre Estado e mercado, tão cara ao pensamento cepalino. Em seu lugar, Cardoso apresentou um arranjo no qual um Estado-empresário desempenhava papel medular no processo de desenvolvimento, ainda que, para tanto, tenha anulado um dos principais sustentáculos da ideia de nação.

O Estado não se portava como representante dos interesses nacionais, ainda que buscasse se apresentar como tal. "Tudo o que é autenticamente popular – mesmo que não tenha o caráter de uma reivindicação de classe específica – se torna suspeito, é considerado subversivo e encontra como resposta a repressão" (Cardoso; Faletto, 2004, p.210). Nesse contexto, ao Estado caberia uma combinação de um instrumento de repressão das demandas de baixo com o de estímulo e indução da acumulação empresarial.

A interpretação dos autores casa hermeticamente com o período do "milagre econômico" do início dos anos 1970. Naquele caso, o arranjo mostrou-se exitoso em incitar o crescimento econômico e industrial, a urbanização e o enriquecimento, ainda que recolocasse ou agravasse todos os problemas sociais e econômicos historicamente consolidados nas respectivas sociedades periféricas – tais como a desigualdade de renda, a subordinação produtiva e a mimetização dos padrões de consumo dos países centrais. Nesses termos, os autores procuram desconstruir a oposição que se propunha existir entre Estado e mercado, sugerindo um desencontro entre o modelo de desenvolvimento vigente – no qual se congraçavam as classes dominantes e o Estado – e a "dimensão 'nacional-popular' alheia, senão oposta, ao Estado" (ibidem, p.222).

Depreende-se dessa passagem que a viabilização do desenvolvimento, ainda que sob diferentes condições de dependência, afasta Cardoso da noção de desenvolvimento cepalina – aqui entendida não como emancipação ou integração social, mas apenas como ampliação dos espaços de acumulação do capital, tal qual proposto por Marx.[6] É nesse sentido que os autores defendem a ideia de que desenvolvimento e dependência não são fenômenos necessariamente contraditórios; pelo contrário, no capitalismo "dependente-associado", apresentam-se como as duas faces de uma mesma moeda.

Diferentemente do tratamento que foi dado a tais abordagens sobre a dependência ao longo dos anos 1970, Cardoso assume, como ponto central de sua análise, a possibilidade de desenvolvimento mesmo em condições de dependência. Assim, Cardoso e Faletto (ibidem) buscavam superar tanto o determinismo econômico cepalino,

6 Em sua mais recente obra de traços autobiográficos, FHC reconhece a ênfase, por vezes imoderada, no julgamento oferecido aos que censuravam o alegado caráter resignante de sua teoria: "Critiquei, às vezes duramente, os que acreditavam na inviabilidade do crescimento do capitalismo na região latino-americana e viam, por todo lado, o aumento das populações marginais. Não que estas inexistissem, mas eu julgava que não seriam empecilhos para que alguns países da região se industrializassem" (Cardoso, 2021).

que apontava para uma única via de desenvolvimento diante da possibilidade de estagnação, como o de certo marxismo[7] que sugeria duas únicas possibilidades: socialismo ou subordinação total. A mensagem era clara: mesmo sob dependência, arranjos políticos distintos produziriam processos diversos entre os extremos: de uma transformação social em direção ao socialismo, nos moldes cubanos, ao "reordenamento das classes dominantes, acentuando o papel repressivo do Estado" (ibidem, p.207), como no caso brasileiro. Suas conclusões ensejaram críticas de diferentes autores, sobretudo entre os marxistas, como Ruy Mauro Marini, para quem FHC sucumbia ao imperialismo ao sugerir o capitalismo dependente-associado como uma saída viável para o desenvolvimento da América Latina.

Não parece razoável, contudo, afirmar a existência de uma via direta entre a ideia de capitalismo dependente-associado do sociólogo e o programa liberal do futuro presidente, como indica parte de seus críticos. Ao contrário, parece nítido que apesar de apontar a possibilidade de desenvolvimento, ainda que sob condições de dependência, como no caso do desenvolvimento associado, o sociólogo não se mostrava entusiasta ou apoiador desse modelo.

Quais teriam sido, então, as mudanças que explicam a guinada entre o sociólogo e o presidente? Se, porventura, ele realmente pediu que se esquecessem do que escrevera, o fato é que as mudanças em suas posições políticas refletem as próprias transformações pelas quais passou a história. Fenômenos contemporâneos, como a globalização, tomavam claros contornos ao longo dos anos 1990, influenciando o colapso do mundo socialista e a nova forma de integração econômica pós-queda do Muro de Berlim.

Com efeito, o marxista dos anos 1960 que citava as várias possibilidades de desenvolvimento – ainda que atadas, de alguma maneira, à condição de dependência – deu lugar ao presidente liberal que acreditava ser possível extrair da integração à economia-mundo benefícios mínimos para o desenvolvimento da periferia. Em comum a ambos, a crença na construção não teleológica da história; antes, o

7 Ver Marini (2000).

desenvolvimento se dá entre os limites estruturais, a partir de movimentos e arranjos políticos possíveis e viáveis em cada conjuntura.[8]

Se se observam, de fato, transformações em seu pensamento, elas não podem ser tachadas de incoerentes. Sem abdicar de seu ferramental marxista na interpretação da nova realidade, seus escritos passaram a tratar da força das mudanças trazidas pela globalização capitalista e da impropriedade de colocar-se contra ela. Para tanto, apoiava-se no entendimento do ex-presidente italiano egresso do Partido Comunista Italiano, Giorgio Napolitano: "Ou nós nos internacionalizamos ou eles nos internacionalizarão". Trata-se de evidente defesa da necessidade de adaptação ao novo mundo (Cardoso, 1998).

Em uma clara mudança de foco, as bases de sua posição político-ideológica daquele momento em diante assentaram-se sobre a defesa da democracia e da reforma do Estado. Quanto à primeira, especificamente, seu posicionamento colocava-o no campo oposto tanto dos regimes autoritários, que desmoronavam na América Latina, quanto das experiências socialistas, que também sucumbiam diante das respectivas crises econômicas em que incorriam havia décadas.

Pode-se apontar como continuidade de suas ideias defendidas nos anos 1970 a defesa da capacidade dos sistemas políticos em atenuar as consequências das crises econômicas estruturais. Se o capitalismo é instável e irracional, e a globalização irreversível, caberia à política mitigar seus efeitos deletérios, como a pobreza e a devastação ambiental. Nesse sentido, Cardoso passou a se apresentar, a partir dos anos 1990, como um social-democrata entusiasta das experiências europeias. Assim, colocava-se como um ator de centro-esquerda que não acreditava na capacidade de autorregulação dos mercados, anunciando-se como um político moderno ao mesmo tempo que procurava se afastar do rótulo de liberal.

Conquanto passasse a minimizar cada vez mais o papel do Estado no processo de desenvolvimento, é possível apontar coerência entre tal posicionamento e o que escrevera até então. A visão crítica do

8 A clara proeminência da ideia de "internacionalização dos mercados internos" presente em suas publicações a partir do final da década de 1980 já apontava para a relevância por ele oferecida ao posteriormente denominado fenômeno da globalização.

Estado desenvolvimentista não era nova e remontava ao papel excludente do Estado-empresário do regime militar. Afirmava Cardoso, no limiar dos anos 1990, que o setor privado brasileiro já havia se adaptado à nova realidade, mas o Estado seguia inerte e ineficientemente voltado para o passado, não para o futuro.

Por tal motivo, defendia que o Estado deveria adaptar sua forma de atuação diante das novas demandas, sugerindo a superação do modelo varguista. No entendimento contemporâneo de Cardoso, caberia ao Estado apenas o papel de regulador e garantidor da eficiência dos mercados, devendo abdicar das antigas incumbências de planejar, produzir e impulsionar o desenvolvimento. No contexto atual, o papel das empresas estatais deveria ser revisto por meio do que o próprio autor denominava "desprivatização" dos espaços do setor público (Cardoso, 1998). Somente livre das amarras do corporativismo é que o Estado poderia se voltar para sua finalidade precípua de regulador social, permitindo que o mercado se responsabilizasse pela tarefa de prover bens e serviços à população.

Ainda no que concernia ao papel do Estado na economia, o FHC dos anos 1990 tornou-se crítico das fórmulas de proteção ao mercado interno e de discriminação às empresas estrangeiras, elementos presentes na própria Constituição de 1988. No mesmo sentido, passou a defender a necessidade de atrair recursos externos para financiar e otimizar os investimentos na economia nacional, em posição aparentemente antagônica ao que postulara décadas atrás. Diante da suposta incoerência, a honesta e correta constatação de que o mundo havia mudado.

Se é inegável que seu novo posicionamento em muito se aproxima das bandeiras liberais hegemônicas na década de 1990, não é possível apontar incoerência em relação a seus escritos anteriores. Faz-se nítido o embasamento marxista na percepção da força explosiva da dinâmica do capitalismo e, consequentemente, no esperado fracasso das tentativas de domesticá-lo. Ao mesmo tempo que rejeita teses de determinismo econômico, mostra-se congruente com o que defendeu desde os anos 1970 e com sua crença na política na busca por "alargar as margens do possível" (Cardoso apud Lima, 2013).

Faz-se relevante, contudo, destacar duas questões centrais no desenvolvimento intelectual de FHC. A primeira diz respeito à contradição entre o "marxista acadêmico" e "político não marxista". Sabe-se inegável o rigor de Cardoso na análise marxista da realidade nacional, assim como parecem claras as limitações impostas à sua atuação política a partir de sua rejeição ao marxismo como filosofia da revolução. O fato é que, no anseio de rejeitar qualquer determinismo histórico, Cardoso acabou por estreitar as "margens do possível" pelas quais transitou, tomando como saída única a aceitação de um receituário econômico que se justificava exatamente a partir de uma pretensa inexistência de alternativas.[9] Em segundo lugar, é preciso destacar a nítida influência do político sobre o intelectual durante a década de 1990. Aqui também fica claro o estreitamento dos horizontes possíveis que resultaram dos caminhos tomados pelo político FHC, cuja atuação econômica como *policymaker* mostrou-se aquém mesmo daquilo que postulava como "possível".

Nesse sentido, entende-se que o marco fundamental da trajetória que levaria a esse estreitamento das "margens do possível" está em sua curta passagem pelo Ministério da Fazenda. Contraditoriamente, foi naquele turbulento contexto que as opções tomadas pelo chefe da equipe econômica do governo Itamar Franco lhe asseguraram as condições para disputar a Presidência da República ao mesmo tempo que lhe encurtaram o espaço para sua atuação política futura, impondo-lhe um determinismo econômico contra o qual, de modo tão engenhoso e sofisticado, o intelectual se opusera havia duas décadas.

A GESTÃO DE FHC NO MINISTÉRIO DA FAZENDA (1993-1994): DO PLANO REAL À PRESIDÊNCIA DA REPÚBLICA

Do ponto de vista do número de ministros que ocuparam a pasta da Fazenda, a gestão econômica do interregno Itamar Franco não foi das mais estáveis, uma vez que por ela passaram nada menos do que

9 A pretensa inexistência de alternativas às reformas neoliberais coloca-se no contexto de crise do Estado de bem-estar social e do colapso da União das Repúblicas Socialistas Soviéticas (URSS) e aparece em discursos como os do "fim da história" e em slogans como o "*There is no alternative*" (TINA), da primeira-ministra britânica Margaret Thatcher.

seis ministros em 27 meses de governo. A alta rotatividade respondia não apenas à instabilidade política decorrente do impedimento do presidente Fernando Collor de Mello, mas sobretudo à dificuldade em superar a crise inflacionária que se arrastava desde a década de 1980. Eis o momento em que se cruzaram as histórias do Brasil e do até então pouco conhecido senador Fernando Henrique Cardoso.

Embora curta – pouco mais de dez meses –, a gestão de FHC à frente do Ministério da Fazenda entrou para a história como a que debelou de forma perene o fantasma da hiperinflação. Líder da equipe responsável pela criação do Plano Real, FHC colheu os louros do engenhoso plano de estabilização, sendo catapultado da Fazenda diretamente para a Presidência da República no primeiro turno da eleição de 1994.

O Plano Real, inicialmente denominado Plano FHC, apresentava dois eixos centrais: um diagnóstico do processo inflacionário calcado na inflação inercial e uma agenda de reformas liberais que visava à reestruturação do papel do Estado na economia. A equipe responsável por sua elaboração contava com nomes que já haviam participado do Plano Cruzado (1986), no governo Sarney, dentre os quais se destacavam Pérsio Arida, presidente do BNDES, André Lara Resende, negociador-chefe da dívida externa, e Edmar Bacha, assessor especial do Ministério. Somaram-se a eles Pedro Malan, presidente do BC, Clóvis Carvalho, secretário-executivo do Ministério da Fazenda, Winston Fritsch, secretário de Política Econômica, e Gustavo Franco, secretário-adjunto de Política Econômica.

A ineficácia das medidas ortodoxas de ajustes fiscal e monetário implementadas no início da década de 1980 já sugeria a existência de algum elemento específico para além do excesso de demanda como indutor da inflação. Para os inercialistas, tratava-se da indexação, mecanismo de reajuste de preços e contratos a partir de um indexador, notadamente o próprio índice de inflação passada, criado pelo governo militar como meio de conviver com a elevação de preços. Uma vez fora de controle, porém, a inflação valeu-se da indexação para retroalimentar os índices correntes com base nos passados; o simples fato de que os preços aumentaram no passado significava, por pura inércia, aumento no futuro.

O cerne do combate à inércia inflacionária passaria, assim, pela neutralização desse componente automático de incitação de preços. No Plano Cruzado, prevaleceu a proposta de choque defendida pelo economista Francisco Lopes (1984), concretizada na forma de um congelamento de preços. Tal medida era contestada por Arida e Resende (1985), que viam no congelamento um mecanismo imperfeito de manutenção de distorções temporais nos preços relativos: enquanto um agente econômico poderia ter reajustado seus preços no dia anterior à fixação dos preços, outros poderiam estar prestes a fazê-lo.

O amadurecimento teórico do assunto e a conformação de uma conjuntura política favorável permitiram que a mesma equipe adotasse novas medidas a partir de 1993. A proposta de moeda indexada, inicialmente elaborada por Resende (1984), sugeria que a solução para eliminar a inflação inercial seria transformar o próprio indexador em uma moeda, cujo valor seria reajustado periodicamente com base em um indicador que poderia ser a própria inflação passada. Assim, as pessoas poderiam converter paulatinamente preços, contratos e salários da velha para a nova moeda. Como o poder de compra da moeda nova seria corrigido pela própria inflação, seu valor não seria corroído, como acontecia com o cruzeiro até 1986. Com a extinção da moeda antiga, a memória inflacionária seria apagada e a inércia finalmente interrompida.

Eis o conceito de moeda indexada, base para a criação da unidade real de valor (URV), mecanismo utilizado para desempenhar apenas uma das funções da moeda, a de unidade de conta. Tratou-se, segundo Franco (1995), da estratégia encontrada pelo governo para driblar a inconstitucionalidade da existência de duas moedas simultâneas no país.

Se por um lado a teoria da inflação inercial e a opção por uma quase-moeda indexada responderam pela face monetária do plano, por outro, a agenda fiscal e a reforma do Estado não tiveram papel menos importante na passagem de Fernando Henrique pela Fazenda. Conforme dito anteriormente, no momento em que assumiu pasta, em 1993, FHC já estava convencido da necessidade de reformas que visassem ao aumento da competitividade sistêmica da economia brasileira e ao uso mais eficiente dos recursos orçamentários. Suas críticas dirigiam-se ao que via como um Estado perdulário e a uma parte do empresariado que lucrava à custa da proteção comercial que já não se justificava no contexto de economia globalizada.

A turbulência política do governo Collor e a fragilidade institucional da gestão Itamar, entretanto, não garantiam apoio político-social necessário para levar a cabo reformas de tal profundidade e de tão ampla repercussão. No Congresso Nacional, o escândalo que deu origem à Comissão Parlamentar de Inquérito (CPI) dos Anões do Orçamento deixou ainda mais caótico o quadro político do país no momento em que a aprovação de reformas econômicas exigiria uma sólida articulação parlamentar. Para o recém-empossado ministro, a debilidade política daquele momento mostrou-se mais como uma verdadeira oportunidade (Cardoso, 2015).

Diante desse contexto, a equipe econômica comandada por FHC apresentou ao Congresso aquela que seria a primeira fase do Plano Real, o Programa de Ação Imediata (PAI). Em linhas gerais, tratava-se de um ajuste fiscal por meio da redução dos gastos públicos, do aumento das receitas e do saneamento dos bancos estatais. Em julho de 1993 foram aprovados os principais pontos do programa, cujo aspecto mais controverso foi a criação de um novo tributo, o Imposto Provisório sobre Movimentação Financeira (IPMF).

No ano subsequente, avançou-se no ajuste fiscal por meio da aprovação do Fundo Social de Emergência (FSE), uma desvinculação de parte das receitas da União, cuja justificativa residia no engessamento da maior parte da receita federal em relação a gastos obrigatórios. Por fim, também se encaminhou ao Congresso Nacional o aperfeiçoamento e a ampliação do programa de privatizações, dentre cujas empresas desestatizadas em sua gestão estavam a Ultrafertil, a Cosipa e a Açominas (Programa..., 1994).

Tais medidas procuravam equilibrar o orçamento da União de modo a impedir que o desajuste fiscal não resultasse em maiores pressões inflacionárias após o lançamento da nova moeda, já na gestão de Rubens Ricupero. A centralidade do ajuste fiscal não respondia apenas às necessidades do combate inflacionário, mas também aos acordos costurados com os credores externos, ao Fundo Monetário Internacional (FMI) e ao Tesouro norte-americano no bojo da renegociação da dívida externa pós-moratória de 1987. A solvência fiscal encabeçava a lista de condições imposta pela tríade citada. A rejeição por parte de diversos atores sociais – oposição, sindicatos, classe política, setores do empresariado e, de alguma maneira, o próprio presidente da República – contribuiu para que, a despeito das vitórias políticas obtidas com a aprovação dos ajustes no Congresso, o ajuste fiscal não ocorresse na prática (Filgueiras, 2007).

A segunda etapa do plano – a fase propriamente monetária – deu-se com a criação da URV, cuja principal dificuldade residia na comunicação social de um assunto tão complexo como uma "quase-moeda". De início, depunha contra o plano o justificado temor do lançamento de novos pacotes econômicos que, tempos depois, se provariam fracassados. Um segundo ponto de dissenso circunscrevia a conversão dos salários de cruzeiros reais para URVs. A equipe econômica defendia que o cálculo fosse realizado pela média dos salários nos últimos quatro meses, enquanto o ministro do Trabalho, Walter Barelli, liderava o coro dos que viam na medida perdas reais para os trabalhadores. Barelli também advogava um aumento no salário-mínimo para o equivalente a cem dólares, enquanto a equipe econômica propunha, no máximo, US$ 70. De acordo com o próprio FHC, essa discussão ocorreu em longa e tensa reunião em fevereiro de 1994, na qual teria colocado seu cargo à disposição caso o presidente arbitrasse em favor da proposta de Barelli. A solução intermediária adotada concedeu 5% de aumento para os servidores e a formação de uma comissão para discutir as condições de futuramente se aumentar o salário-mínimo para os cem dólares aventados (Cardoso, 2015).

Pacificadas tais divergências, o governo instituiu, por meio da Medida Provisória nº 434, de 27 de fevereiro de 1994, a Unidade Real de Valor (URV), novo indexador a ser utilizado como quase-moeda. Como consequência do esforço de comunicação empenhado pelo governo, a sociedade brasileira assimilou o novo sistema de preços de forma positiva e sem grandes sobressaltos. Até mesmo pequenos comerciantes logo perceberam as vantagens de apresentar os preços na nova unidade de conta, livre da inflação. O aspecto de psicologia social do combate à inflação foi fundamental para os intentos da equipe econômica granjearem o apoio da população (Leitão, 2011).

Em meio à delicada travessia da URV para a nova moeda de fato, Fernando Henrique Cardoso afastou-se do Ministério da Fazenda, em 30 de março de 1994, para concorrer à Presidência da República na eleição de outubro daquele ano. Coordenado pelo embaixador Rubens Ricupero, seu sucessor no cargo, o real foi finalmente estabelecido como a nova moeda oficial do Brasil em 1º de julho do mesmo ano, cuja conversão unitária correspondia à 1 URV, ou 2.750 cruzeiros reais. A partir de então, a inflação brasileira nunca mais voltaria a ultrapassar a casa dos 4% ao mês. Muito embora outros problemas econômicos seguissem acometendo o país com gravidade não desprezível, a inflação renitente não seria um deles. A história monetária do Brasil foi, definitivamente, dividida entre antes e após o Plano Real.

CONSIDERAÇÕES FINAIS

A passagem de FHC pelo Ministério da Fazenda passaria incógnita se o critério utilizado fosse apenas temporal, até porque nove meses e onze dias não são exatamente um tempo confortável para transformar a realidade social por meio de políticas públicas adotadas pela emperrada máquina pública brasileira: sob FHC, foi o suficiente para gestar um dos mais importantes programas econômicos da história contemporânea do país. Elaborado durante a sua curta passagem pelo comando da economia, o Plano Real foi implementado durante o seu mandato como presidente da República (1995-2002).

Vistas a partir de sua origem marxista e de sua produção intelectual, as ideias econômicas que nortearam sua gestão na Fazenda e em seus dois mandatos soam, à primeira vista, contraditórias. Trata-se de percepção que vai de encontro ao nosso entendimento, que segue a trilha indicada pelo próprio presidente em entrevistas e recortes de memórias. Àqueles que procuram apontar incoerências entre o professor e o presidente, FHC oferece a mais honesta resposta: está-se diante de um homem de seu tempo, que fora um intelectual bem como um político moldado pelas condições e circunstâncias em que vivia, conforme a máxima atribuída a Ortega y Gasset. Nesse sentido, aponta a concatenação entre sua atividade intelectual marxista e as premissas de sua atuação como homem público, reconhecendo os desvios de rota e as adaptações às transformações sociais, materiais, políticas e ideológicas observadas no mundo a partir dos anos 1950.

Com efeito, entende-se por coerente a trajetória intelectual de Cardoso, que desembocaria em sua adesão à social-democracia e, *cum grano salis,* ao liberalismo. Ao transportar suas ideias para um programa de ação, FHC deparou com uma questão central subjacente a toda sua produção acadêmica: as limitações da política diante da economia. Foi ali, em meio às contradições da vida política, que o intelectual que dedicou grande parte de sua vida à crítica de toda forma de determinismo econômico, viu sua atuação constrangida por um tecnicismo econômico que lhe limitou horizontes e possibilidades. A adesão do ministro e posteriormente do presidente à ideologia da "saída única" fez do governante um político menos influente e popular do que o intelectual de outrora.

Paulatinamente, a imposição do receituário liberal tornou-se a bandeira central de seu governo. A defesa do equilíbrio fiscal e das privatizações, encampadas pelo ainda senador no início da década de 1990, transformou-se, anos mais tarde, em precondição ou mesmo em justificativa para o êxito no combate aos graves e históricos problemas sociais brasileiros. Em outros termos, a finalidade social da atuação estatal parece ter sido sobrepujada pela centralidade da estabilidade econômica, muitas vezes apresentada por determinados representantes de seu governo como um fim em si mesmo.

Não nos parece adequado, contudo, atribuir essa situação à contradição imanente entre o que escrevia o sociólogo e o que fez o presidente; tampouco caberia apontar um conservadorismo teleológico a conduzir o personagem em toda sua carreira pública. Faz-se mais realista reconhecer as próprias limitações que se impunham a partir de cada circunstância, cujas dificuldades de contornar acabavam, dialeticamente, por lhe ampliar os horizontes. Assim, sugere-se que o sucesso do Plano Real no controle da inflação delimitou as margens do futuro de seu próprio criador, de tal modo que nem mesmo sua impetuosidade criativa e sua sofisticação intelectual foram capazes de alargá-las.

REFERÊNCIAS

ARIDA, P.; RESENDE, A. L. P. Inertial inflation and monetary reform. In: WILLIAMSON, J. (Org.). *Inflation and Indexation*: Argentina, Brazil, and Israel. Cambridge: MIT Press, 1985.

CARDOSO, F. H. As contradições do desenvolvimento associado. *Estudos Cebrap*, n.8, 1974.

CARDOSO, F. H. *As ideias e seu lugar*: ensaios sobre as teorias do desenvolvimento. Petrópolis: Vozes, 1980.

CARDOSO, F. H. Entrevista. *Revista Brasiliense de Políticas Comparadas*, v.2, n.1, p.7-11, 1998.

CARDOSO, F. H. *Capitalismo e escravidão no Brasil meridional*: o negro na sociedade escravocrata no Rio Grande do Sul. Rio de Janeiro: Civilização Brasileira, [1962] 2003.

CARDOSO, F. H. *A arte da política*: a história que vivi. Rio de Janeiro: Civilização Brasileira, 2015.

CARDOSO, F. H. *Empresário industrial e desenvolvimento econômico no Brasil*. Rio de Janeiro: Civilização Brasileira, [1964] 2020.

CARDOSO, F. H. *Um intelectual na política*: memórias. São Paulo: Companhia das Letras, 2021.

CARDOSO, F. H.; FALETTO, E. *Dependência e desenvolvimento na América Latina*: ensaio de interpretação sociológica. Rio de Janeiro: Civilização Brasileira, [1968] 2004.

CÔRTES, N. *Esperança e democracia*: as ideias de Álvaro Vieira Pinto. Belo Horizonte/Rio de Janeiro: Editora da UFMG/IUPERJ, 2003.

FILGUEIRAS, L. A. M. *História do Plano Real*. São Paulo: Boitempo, 2007.

FRANCO, G. H. de B. *O Plano Real e outros ensaios*. Rio de Janeiro: Francisco Alves, 1995.

FRANKLIN, R. S. P. Seria Fernando Henrique Cardoso um weberiano? *História Econômica & História das Empresas*, v.19, n.1, p.189-219, 2016.

HOLLANDA, C. B. de. Os *Cadernos do Nosso Tempo* e o interesse nacional. *Dados*, v.55, n.3, p.607-40, 2012.

LEITÃO, M. *Saga brasileira*: a longa luta de um povo por sua moeda. Rio de Janeiro: Record, 2011.

LIMA, P. L. Entrevista com Fernando Henrique Cardoso. *Revista Estudos Políticos*, v.4, n.7, p.7-21, 2003.

LOPES, F. L. de P. Inflação inercial, hiperinflação e desinflação. *Revista da Anpec*, n.7, dez. 1984.

MARINI, R. M. *Dialética da dependência*. Petrópolis/Buenos Aires: Vozes/Clacso, 2000.

MOTTA, L. E. P. O Iseb no banco dos réus. *Comum*, n.15, p.119-45, 2000.

PROGRAMA Nacional de Desestatização: relatório de atividades. Rio de Janeiro: BNDES, 1994.

RESENDE, A. L. P. A moeda indexada: uma proposta para eliminar a inflação inercial. *Texto para Discussão*, Departamento de Economia, PUC-Rio, n.75, 1984.

WILLIAMSON, J. What Washington Means by Policy Reform. In: WILLIAMSON, J. (Ed.). *Latin American Readjustment*: How Much has Happened? Washington: Peterson Institute for International Economics, 1989.

8

Rubens Ricupero

UM ALGODÃO ENTRE CRISTAIS: PENSAMENTO E AÇÃO DO ECONOMISTA PRÁTICO

Leonardo Segura Moraes, Oz Solon Chovghi Iazdi e Ivan Colangelo Salomão

INTRODUÇÃO

Dentre os inúmeros fatores no motor por trás da história, a economia sempre foi uma das mais relevantes engrenagens. Mas se é verdade que a organização da produção e da distribuição de bens balizou de fato as grandes transformações da humanidade, não se pode negligenciar a relevância de elementos de difícil racionalização e, por esse motivo, de menor poder explicativo. Questões políticas, culturais, institucionais, geográficas e biológicas também determinaram a evolução civilizacional, assim como o acaso, tratado como resíduo nos modelos preditivos, mas que se fez tão presente em acontecimentos sociais de vulto quanto em todas as trajetórias individuais.

Essa mesma contingência também permeou a passagem do diplomata Rubens Ricupero, um dos mais breves e simbolicamente importantes ministros da Fazenda que já ocuparam o cargo. Da sua improvável nomeação à controversa exoneração quatro meses depois, Ricupero foi o homem a comandar a Fazenda quando do lançamento do mais relevante marco da economia brasileira contemporânea.

Paulista da capital, Rubens Ricupero veio ao mundo no dia 1º de março de 1937 no seio de uma família de origem italiana que migrara para o Brasil em 1895, no auge da chegada dos demais conterrâneos no final do século XIX. As raízes genealógicas e a criação tradicional em meio à comunidade ítala do Brás definiram a sua formação educacional de matriz católica, influência que se revelará importante tanto em sua trajetória intelectual quanto em seu engajamento social na juventude.[1]

Aprovado no vestibular de Ciências Econômicas da Faculdade de Economia da Universidade de São Paulo (FEA/USP) em 1956, Ricupero abandonou a graduação por causa do interesse em seguir a carreira diplomática, efetivamente iniciada em 1958 ao ingressar no curso preparatório do Instituto Rio Branco (IRBr). No ano seguinte, bacharelou-se pela Faculdade de Direito da USP, embora nunca tenha exercido a profissão. Apesar de já iniciado em assuntos econômicos, Ricupero pôde aprofundar seus conhecimentos – notadamente na área de macroeconomia, sob a orientação do professor Julian Chacel (FGV-Rio) – na preparação oferecida aos postulantes à chancelaria no IRBr.

Sua trajetória na diplomacia teve início em 1961, quando se tornou oficial de gabinete do ministro das Relações Exteriores, Afonso Arinos, sendo um dos primeiros funcionários da chancelaria a trabalhar na recém-construída capital federal. Dois anos depois, foi designado pela primeira vez para servir no exterior, atuando por três anos na representação brasileira em Viena. Entre 1966 e 1969, serviu na Embaixada do Brasil em Buenos Aires, onde chefiou o Serviço de Promoção Comercial até ser removido para a embaixada brasileira em Quito, capital do Equador.

No quadriênio 1971-1974, coordenou a Divisão de Difusão Cultural do Ministério das Relações Exteriores em Brasília, sendo transferido para Washington pelos três anos subsequentes. Designado chefe da Divisão da América Meridional II (países andinos e amazônicos), foi o principal negociador do Tratado de Cooperação Amazônica

---

1 Aluno do Colégio de Nossa Senhora do Carmo durante a infância e adolescência, Rubens foi congregado mariano e participou de atividades sociais da Igreja em comunidades carentes da periferia de São Paulo. Durante a faculdade integrou a Conferência Vicentina, movimento guiado por princípios de justiça e caridade que busca aliviar o sofrimento alheio (Delgado; Moraes, 2009).

(1977-1979), tornando-se, em seguida, chefe do Departamento das Américas (1980-1985), quando foi promovido a ministro de primeira classe (1982). No crepúsculo da ditadura militar, assessorou o então candidato à Presidência da República Tancredo Neves, sendo posteriormente nomeado subchefe da Casa Civil e assessor especial do presidente José Sarney por dois anos.

Entre 1987 e 1991 chefiou, em Genebra, a missão brasileira com o General Agreement on Tariffs and Trade (GATT)[2] – órgão inaugurado em 1947 e que antecedeu a Organização Mundial do Comércio (OMC)[3] – e na United Nations Conference on Trade and Development (Unctad) – conferência permanente e intergovernamental da Organização das Nações Unidas (ONU), criada em 1964 por inspiração de Raúl Prebisch e iniciativa da Assembleia Geral da ONU, que atua em nível nacional, regional e global sobre questões envolvendo desenvolvimento, comércio e investimento de países em desenvolvimento. Em 1995, tornou-se, finalmente, secretário-geral da Unctad, posição exercida até 2004.

A experiência adquirida pela passagem por diversos órgãos ligados à ONU deu forma não apenas a sua carreira diplomática, mas também contribuiu para a sedimentação de seu saber econômico. No GATT, Ricupero atuou, por exemplo, contra as sanções impostas pelo governo norte-americano em relação às importações brasileiras, sob o pretexto de que as patentes de medicamentos estrangeiros não eram respeitadas no Brasil. Tal desavença concorreu para a consolidação de sua crítica a políticas protecionistas adotadas pelos Estados Unidos, não raro sob critérios controversos.

Em setembro de 1991, Ricupero foi nomeado embaixador brasileiro em Washington, posto considerado o mais importante da

2 Paralelamente à atuação no GATT, Ricupero acumulou as funções de representante brasileiro das demais agências sediadas em Genebra: Conferência de Desarmamento, Comissão de Direitos Humanos das Nações Unidas, Organização Internacional do Trabalho (OIT), Organização Mundial de Saúde (OMS) e Organização Mundial de Propriedade Intelectual (OMPI), entre outras.

3 A assim conhecida Rodada Uruguai de negociações comerciais multilaterais teve início, de fato, a partir de 1987, período no qual Ricupero se tornou o principal negociador do governo brasileiro. Na oportunidade, defendeu a concessão de tratamento especial mais favorável aos países em desenvolvimento.

diplomacia brasileira. Sua atuação nos Estados Unidos foi fortemente afetada pela reversão das expectativas inicialmente favoráveis ao governo Collor em decorrência do fracasso do plano de estabilização monetária lançado pela ministra Zélia Cardoso de Mello, ao mesmo tempo que se avolumavam as denúncias que levariam ao *impeachment* do presidente da República. Além de tentar reduzir os danos à imagem externa do país, Ricupero foi incumbido de acompanhar a renegociação da dívida externa brasileira à luz das cláusulas do Plano Brady. Nos mais de dois anos em que serviu na capital norte-americana, também representou o Brasil no Banco Mundial, no Fundo Monetário Internacional e no Banco Africano de Desenvolvimento.

Foi justamente entre as diversas participações ativas como representante diplomático em órgãos multilaterais que Rubens Ricupero estreou em cargos de primeiro escalão no Estado brasileiro. Em setembro de 1993 assumiu o Ministério da Amazônia Legal (posteriormente transformado em Ministério do Meio Ambiente e da Amazônia Legal), logo após a chacina de índios ianomâmis ocorrida em Roraima, episódio conhecido como o massacre de Haximu. Sua atuação à frente da pasta foi limitada pelos poucos meses em que a geriu; ainda assim, logrou dar início à coordenação e planejamento a longo prazo do desenvolvimento sustentável da região por meio da criação do Conselho Nacional da Amazônia, com o objetivo de vincular as políticas de crescimento econômico à justiça socioambiental.

Logo após o processo de impedimento de Fernando Collor de Mello, em outubro de 1992, Ricupero havia sido convidado pelo presidente Itamar Franco para assumir a gestão da economia brasileira. Embaixador em Washington à época, Ricupero recusou o convite, pois julgava que havia pessoas tecnicamente mais qualificadas para o cargo. Quando Fernando Henrique Cardoso, então titular da pasta, exonerou-se para concorrer à Presidência da República, em março de 1994, seu nome voltou à tona como seu sucessor natural,[4] cargo por ele ocupado até setembro do mesmo ano.

---

4 Entre a recusa de Ricupero e a posse de FHC, em maio de 1993, três nomes passaram pelo Ministério da Fazenda: Gustavo Krause (outubro a dezembro de 1992), Paulo

Após sua passagem pela Fazenda, tornou-se secretário-geral da Unctad, em setembro de 1995, a convite do então Secretário-Geral da ONU, Boutros Ghali. A entidade passava, naquele momento, por uma investida explícita liderada pelos Estados Unidos sob o pretexto de que a criação da OMC havia tornado redundante a existência da Unctad. Coube a Ricupero se contrapor a tal ofensiva, atuando para demonstrar mais do que a necessidade, a urgência de dispor de um órgão que garantisse a representação das nações em vias de desenvolvimento na comunidade econômica multilateral. Liderada pelo diplomata brasileiro, a reação dos países subdesenvolvidos reconquistou o prestígio da entidade ao embasar seu posicionamento em estudos que demonstravam que parcela importante das condições de subdesenvolvimento resultava dos desequilíbrios e injustiças do sistema comercial e financeiro internacional, os quais tendiam a perpetuar e agravar as assimetrias da globalização.

Aposentado da Organização das Nações Unidas em 2004, Ricupero retornou ao Brasil no ano seguinte, assumindo a direção da Faculdade de Economia e Relações Internacionais da Fundação Armando Álvares Penteado (Faap), em São Paulo. A vida acadêmica não era para ele exatamente uma novidade, uma vez que, entre 1979 e 1994, já havia lecionado Teoria das Relações Internacionais e História das Relações Internacionais na Universidade de Brasília (UnB) e História das Relações Diplomáticas do Brasil no Instituto Rio Branco.

Conquanto tenha exercido papéis de liderança em órgãos e instituições multilaterais, o conhecimento econômico de Ricupero forjara-se no esforço autodidata e consolidado no cotidiano dos cargos que ocupou. É nesse sentido que se recorre à noção de *economista prático*,[5] conceito utilizado para caracterizar o pensamento de intelectuais e burocratas sem treinamento específico no tema, e cuja base repousa sobre determinado ecletismo intelectual e no pragmatismo

---

Roberto Haddad (dezembro de 1992 a março de 1993) e Eliseu Resende (março a maio de 1993).

5 Diversos são os exemplos de economistas práticos que legaram uma obra escrita que influenciou o debate econômico, tais como William Petty, Alexander Hamilton, Vladimir Lenin, Raul Prebisch e Alicia Barcena, entre outros. A respeito do referido conceito, ver Gilauri (2017) e Curi e Dacanal (2019).

das ações. Conforme apontou Stuart Mill, o caráter prático pode ser observado porque tais atuações "requerem uma experiência *específica* e argumentam totalmente *para cima* dos fatos particulares a uma conclusão geral" (1974, p.303, grifo no original). Trata-se do caso de Ricupero: intelectual plurifacetado e diplomata de carreira que atuou nas principais negociações brasileiras com organismos multilaterais, Rubens acumulou sólido conhecimento econômico no decorrer de sua longa trajetória como servidor do Estado brasileiro.

Ator público respeitado, Rubens Ricupero apresenta, aos 87 anos de idade, vigor físico e higidez intelectual, dedicando-se a atividades acadêmicas – da publicação de artigos na imprensa à participação em conferências – e emprestando o prestígio de seu nome a conselhos de entidades ambientais, culturais e artísticas. Apesar da reconhecida distância prudencial mantida em relação ao debate político-eleitoral, Ricupero tem demonstrado a integridade esperada de um homem cuja história se confunde com a defesa das mais legítimas causas republicanas no momento em que o país atravessou sua mais grave crise política das últimas décadas.

AS IDEIAS ECONÔMICAS DE RUBENS RICUPERO

A análise das ideias econômicas de um pensador eclético requer método específico para que se possa captar as diversas nuances que caracterizam seu arcabouço intelectual,[6] a começar pelo próprio sentido que se dá àquelas. Para Ricupero, o poder das ideias não reside nelas mesmas, como se tivessem um valor imanente e autocontido, mas na capacidade que têm de servir como "instrumentos para ajudar as pessoas a mudar *de* vida e a mudar *a* vida" (2002, p.11, grifo

6 No intuito de atingir o objetivo a que se propõe este capítulo empregaram-se distintos instrumentos de pesquisa. Além da entrevista concedida em fevereiro de 2020, em seu gabinete na Faap, foram selecionados textos de sua autoria cujo principal objeto tenham sido assuntos direta ou indiretamente relacionados à economia. Por fim, foram pesquisados no arquivo on-line do jornal *Folha de S. Paulo* artigos de opinião e notícias referentes ao período em que ocupou o Ministério da Fazenda. Ao todo, levantaram-se 24 entradas noticiosas entre o anúncio de seu nome para o cargo, no final de março de 1994, e a sua exoneração no início de setembro.

no original). O diplomata preocupou-se em entender se e que tipo de ideias permitiriam influenciar uma mudança gradual no processo de globalização que atenuasse a dinâmica desigual e excludente do desenvolvimento, baseada, por sua vez, em aliança estabelecida entre governos e grandes conglomerados transnacionais.

Nota-se, de partida, que o caráter de economista prático se faz presente desde a concepção sobre a aplicabilidade e a capacidade de mudança das ideias até a multiplicidade de influências a partir das quais Ricupero forjou seu pensamento. O autor não se filia a nenhuma escola de maneira rígida, pois entende que "as doutrinas econômicas captam apenas parcialmente a realidade, e é necessário temperá-las com os fatos econômicos, com as circunstâncias políticas e os condicionamentos sociais" (idem, 2020a). Sua própria trajetória profissional reflete o caráter prático de seu pensamento:

> A fim de que as ideias ajam sobre o mundo, alguém tem de empreender a tarefa de explicá-las, discuti-las. [...] É essa tarefa que constitui a razão de ser da entidade que dirijo, a Conferência das Nações Unidas sobre Comércio e Desenvolvimento. [...] A Unctad inspirou-se no pensamento latino-americano sobre os problemas do desenvolvimento [...] e participou desse espírito sobretudo no impulso ao projeto a que ficou indissoluvelmente ligada: o de ajudar a criar uma Nova Ordem Econômica Internacional. (idem, 2002, p.13-5)

Eclético, ainda que assumidamente heterodoxo. Sua primeira e principal influência foi o pensamento estruturalista latino-americano, notadamente o dos economistas ligados à Comissão Econômica para a América Latina e o Caribe (Cepal), cujo programa econômico norteou as ideias e as políticas de toda uma geração de intelectuais latino-americanos a partir dos anos 1950. Ricupero manteve, inclusive, amizade pessoal com Celso Furtado, nome maior dos economistas cepalinos brasileiros.

A apropriação dos elementos teóricos da Cepal pode ser observada em diferentes dimensões de seu pensamento. A começar pelo olhar crítico em relação aos chamados "economistas do norte" – expressão utilizada pelo próprio autor –, mormente no que tangia à teoria das vantagens comparativas no comércio internacional. Além disso, o entendimento que realçava os contextos históricos e culturais específicos dos países em desenvolvimento, cerne da análise dual centro-periferia que embasava todo o arcabouço do *think tank* latino, também é frequente em seu pensamento econômico.

Em sua visão, a posição dos países periféricos nas relações econômicas internacionais deveria ensejar o controle da volatilidade do capital de curto prazo em um contexto de acelerada financeirização. Analogamente, Ricupero acredita que, do ponto de vista produtivo, essa mesma condição impõe a necessidade de alargamento da oferta interna a fim de tornar a economia nacional menos dependente da exportação de algumas poucas matérias-primas, posteriormente beneficiadas no exterior (ibidem, p.46). A crise econômica por que passou a economia brasileira durante a década de 1980 – com aguda restrição no balanço de pagamentos e elevada dívida externa – provaria a plausibilidade de sua proposta: a necessidade de constantes saldos comerciais positivos baseados na exportação de *commodities* em um cenário de volatilidade financeira internacional mostrava-se uma combinação perigosa para a economia brasileira.

A consolidação de sua perspectiva crítica a teorias universais de desenvolvimento econômico deu-se durante a sua já referida passagem pela Unctad. Os principais eixos sobre os quais o órgão desenvolve suas atividades vão ao encontro do que Ricupero acreditava ser o projeto mais adequado a uma economia periférica:

> [Primeiro], o crescimento dos países em desenvolvimento depende do ritmo de expansão econômica e da demanda de importações das nações industrializadas, e vice-versa. [Segundo], as economias emergentes só poderão atingir seu pleno potencial de crescimento se puderem complementar e multiplicar os recursos nacionais com o financiamento, o investimento e a tecnologia do exterior. [Terceira], o comércio é o melhor instrumento para gerar o círculo virtuoso do desenvolvimento, mas, a fim de preencher seu papel, ele deve promover o acesso dinâmico aos mercados dos países desenvolvidos para bens e serviços de crescente conteúdo tecnológico e valor agregado exportados pelos países em desenvolvimento. (ibidem, p.49, acréscimos nossos)

Balizado por tais ideias, o projeto de superação do subdesenvolvimento brasileiro postulado pelo autor envolve uma atuação holística do ente público em pelo menos três elementos da vida econômica nacional: (1) aperfeiçoamento no sistema tributário por meio do qual se atenuasse a sua regressividade, incluindo um imposto de sucessão ou herança, (2) controle de capitais e (3) políticas redistributivas estruturais, como reforma agrária, concessão de crédito a pequenos empresários e agricultores, além de uma política educacional voltada à capacitação profissional (idem, 1998, p.170-2; 2002, p.123-5).

Do ponto de vista das relações econômicas internacionais, Ricupero advoga uma diplomacia que priorize os interesses nacionais de forma autônoma, pragmática e altiva. Se fosse possível resumir seu entendimento nesse campo em três grandes temas, eles seriam os seguintes: (1) o perdão da dívida de países em desenvolvimento e da assistência oficial, (2) a retirada de barreiras protecionistas impostas pelas nações centrais e (3) o incentivo à atração de investimentos externos, não só em forma de capital, mas, sobretudo, que transferissem conhecimento para os países hospedeiros (idem, 2002, p.83-4).

A esse respeito, Ricupero (ibidem) demostra certa deferência com o que considera uma "previsão espantosamente precisa e minuciosa da globalização" contida no *Manifesto do Partido Comunista*, panfleto publicado por Karl Marx e Friedrich Engels em 1848. Em sua opinião, "todos os temas definidores de uma globalização ainda inacabada se encontram identificados no documento de modo nunca melhor expresso antes ou depois" (ibidem, p.224). Como exemplo, ressalta a unificação dos mercados em escala planetária por meio de uma indústria moderna que estabelece o mercado-mundo e a internacionalização da produção via substituição das empresas nacionais pelas transnacionais.

O tema da globalização impõe-se, naturalmente, como veio condutor de toda sua obra intelectual. Convicto de que as teorias (e as políticas) do desenvolvimento não podem alijar-se das condições nacionais, Ricupero (2001) as condiciona a políticas externas que considerem os riscos da liberalização financeira. Por um lado, o diplomata demonstra certo otimismo quanto aos benefícios que os investimentos estrangeiros diretos garantiriam ao crescimento de curto prazo; por outro, não nega os riscos da formação de crises financeiras, contra as quais sugere a criação de mecanismos internacionais que visem a coordenar políticas monetárias nacionais e os investimentos forâneos (idem, 1998).

Nesse sentido, salienta-se sua percepção crítica quanto à capacidade de o mercado promover valores sociais descasados da geração de lucro imediato, tais como a pesquisa científica, a correção de desequilíbrios regionais e o combate à degradação ambiental, entre outros. Seu ceticismo em relação à instituição "mercado" mostra-se ponderado: se é o melhor mecanismo para produzir bens e serviços com eficiência, ao mesmo mercado não se pode confiar a incumbência de distribuição dos frutos do progresso, mormente aos mais vulneráveis, de modo que não se pode esperar a coadunação hermética dos interesses dos aplicadores financeiros com os da coletividade.

Assim, defende a complementaridade entre Estado e o mercado a fim de satisfazer as necessidades sociais da forma mais eficiente e justa possível; em suas palavras, sugere o estabelecimento de uma "economia social de mercado" baseada no tripé mercado, sociedade e Estado. A tal arranjo delegar-se-ia a tarefa precípua de um estado desenvolvimentista, qual seja, buscar consenso entre as classes sociais – burguesia nacional, trabalhadores urbanos e burocracia estatal – para aproveitar os benefícios da globalização a fim de viabilizar o ganho de produtividade obrigatoriamente requerido pelo desenvolvimento econômico e social (ibidem, p.25, 70, 144; idem, 2020a).

O questionamento acerca do livre mercado como representação natural do estado em que se encontram a economia e a sociedade ilustra outras fontes de influência sobre o pensamento de Rubens Ricupero: a sociologia, a ciência política e, ainda que de modo não explícito, a economia institucional. Mais uma vez, emerge a figura do economista prático: "No meu pensamento, a influência dos fatores culturais e históricos é maior do que a academia admite" (idem, 2020a). Nesse sentido, faz-se clara a importância oferecida por Ricupero a valores, a crenças compartilhadas e ao papel das instituições formais para o fenômeno do desenvolvimento. Não obstante as ressalvas, o exemplo de que se utiliza para ilustrar sua convicção é o dos Estados Unidos da América, sociedade em que se comunga o culto a instituições caras à formação histórica daquele país, como a liberdade, a igualdade de oportunidade e a iniciativa individual (idem, 1998, p.42).

Ao ressaltar a importância do contexto institucional para a promoção do bem-estar social, Ricupero também argumenta que "não dá certo importar os resultados sem reproduzir-lhes as causas", motivo pelo qual o século XX teria sido um cemitério de modelos: "Ainda quando genuínos e não blefes, [...] os modelos devem ser consumidos no local, como o peixe fresco e as jabuticabas. Quando se tenta exportá-los, quase sempre se estragam" (ibidem, p.41-2). O autor atesta que são os valores de cada sociedade que inspiram suas instituições políticas, seus sistemas jurídicos, a qualidade de suas instituições públicas ou mesmo a correção e a continuidade da política macroeconômica. Mais relevantes do que eventuais dádivas da natureza, considera que tais elementos são "muito mais determinantes para o desenvolvimento do que a abundância dos fatores de produção e dos recursos naturais" (ibidem, p.262).

Constituindo mais uma importante peça do mosaico de seu arcabouço intelectual, a clara influência keynesiana no pensamento econômico de Ricupero repousa, principalmente, sobre dois aspectos primordiais: a importância de determinados componentes da demanda agregada e da formação das expectativas dos agentes. Desse modo, ele enfatiza a relevância do investimento público para a sustentabilidade intertemporal do crescimento econômico, uma vez que tanto a inversão privada quanto o próprio consumo das famílias dependeriam, direta ou indiretamente, daquele. Quanto ao segundo aspecto, a citação dos economistas que mais têm exercido influência sobre seu pensamento – André Lara Resende e Nelson Barbosa, críticos da interpretação novo-clássica das expectativas dos agentes – ilustra sua aproximação com a referida corrente teórica heterodoxa.

Em lógica que corrobora uma das principais contribuições de Keynes para a teoria macroeconômica, Ricupero (ibidem, p.64) entende ser "a confiança das pessoas na economia que condiciona os investimentos, e estes, por sua vez, determinam se o crescimento será maior ou menor. É por isso que hoje, no Japão, na França e na Alemanha, volta-se a estimular a demanda e desencorajar a poupança com métodos que Keynes aprovaria". Nesse mesmo sentido, ao comentar a condução da política econômica do primeiro-ministro francês Lionel Jospin (1997-2002), Ricupero ressalta que não foram o aumento dos impostos, a baixa inflação ou mesmo a queda na taxa de juros os fatores responsáveis para a retomada dos investimentos, mas, sobretudo, as expectativas em relação ao crescimento da demanda agregada: "Na verdade, os empresários não investem porque sabem que não existe demanda. E não existe porque, de um lado, o desemprego, do outro, a apropriação pelos lucros, em detrimento dos salários, de quase todo o aumento da produtividade e de outros ganhos da economia, pouco deixa para consumir" (ibidem, p.38).

A influência keynesiana não se traduz em suposta conivência com a irresponsabilidade fiscal, porém. Faz-se constante, em seus escritos, a preocupação com o equilíbrio fiscal e o déficit do setor público. Indo além, critica a qualidade dos dispêndios estatais, sobretudo na concessão de determinados subsídios por parte do governo brasileiro, os quais, historicamente, acabaram apenas por beneficiar grupos que gozavam do acesso aos formuladores de política econômica.

Condizente com o que advogam determinadas correntes da heterodoxia brasileira – mormente os chamados novo desenvolvimentistas –, Ricupero também defende que o Estado abdique da responsabilidade de planejar e gerir o setor produtivo, devendo concentrar-se na formulação, implementação e coordenação de políticas sociais, incumbência imanente ao ente estatal. Assim, garantir-se-iam ao espírito animal dos empresários determinadas condições para investir, lucrar, empregar e desenvolver uma sociedade. Em suas palavras: "Para isso, só há um caminho: uma política macroeconômica de equilíbrio orçamentário, que elimine o déficit do setor público e a necessidade do seu financiamento, liberando a poupança privada para investimentos produtivos" (ibidem, p.230).

Sua visão em relação ao papel do Estado vai ao encontro ao que reclamam setores progressistas, mas também liberais, da política nacional: a focalização da atividade e dos recursos públicos nas camadas vulneráveis da população brasileira, delegando ao empresariado e à iniciativa privada a tarefa precípua de produzir bens e ofertar serviços à população. Em seu entendimento, tal estratégia não apenas atenuaria o constante problema fiscal que há muito acomete a economia brasileira, mas também contribuiria para minimizar dívidas sociais historicamente ignoradas:

> Na raiz dos crônicos déficits orçamentários, o que se encontra não é excesso de gasto social, mas uma política perversa de transferências e custeio de setores ineficientes e improdutivos. [...] No México, por exemplo, o governo sempre subsidiou a *tortilla*, comida típica do pobre. Nossa história econômica é, ao contrário, um rosário interminável de criação e transferência de rendas pelo Estado a grupos politicamente poderosos. [...] Não se diga que não existem, por isso, alternativas e que temos de escolher entre o equilíbrio orçamentário ou o combate à pobreza. A opção real é entre usar dinheiro público para bancos oficiais politizados e irrecuperáveis ou para permitir o acesso à terra. É entre continuar a alimentar os déficits de estatais ineficientes ou privatizá-las, canalizando os recursos para investimentos sociais. (ibidem, p.266-7)

A junção dessa miríade de influências faz com que Ricupero rejeite explicitamente determinadas dicotomias usualmente colocadas no debate econômico, tais como: Estado *versus* mercado; estabilidade de preços *versus* crescimento econômico; flexibilidade do trabalho *versus* proteção ao emprego; dirigismo *versus* livre empresa; capital nacional *versus* capital estrangeiro etc. Em sua concepção, o mundo pós-queda do Muro de Berlim já não permite visões de cunho maniqueísta: "Não mais existe lugar para modelos antípodas que se negam e se excluem totalmente. [...] Não há mais preto nem branco, apenas infinitas gradações de cinza" (ibidem, p.26).

A partir desse entendimento, Ricupero propõe um caminho gradual de reformas a fim de provar a possibilidade de coadunação dos polos das dualidades supracitadas, sugerindo a moderação reformista como estratégia mais adequada a países como o Brasil: "Em lugar de desperdiçar tempo combatendo de novo velhas batalhas, deveríamos concentrar-nos nos desafios reais do presente, com ênfase nos fatos, na evidência empírica, não em ideologias. Tentando, entre outras coisas, harmonizar e compatibilizar os elementos das dicotomias clássicas de maneira coerente, de modo a que eles se reforcem mutuamente" (idem, 2002, p.46).

Mais recentemente, Ricupero tem se dedicado a assuntos não exatamente descasados de temas econômicos, mas que têm no melhor entendimento da realidade socioambiental seu objetivo fulcral. Em trabalho publicado em 2020, o autor tratou de mapear o que designou como estado da arte no que diz respeito à sustentabilidade ambiental, bem-estar social e a salvaguarda de direitos individuais e coletivos no Brasil da Nova República. O artigo resgata o histórico de conquistas nas referidas áreas a partir da promulgação da Constituição de 1988, dialogando com a sua atuação ministerial, mormente no Ministério do Meio Ambiente e da Amazônia Legal, entre setembro de 1993 e abril de 1994.

O diplomata reconstitui e sintetiza a formação do consenso acerca da socialmente requerida ampliação dos direitos individuais e coletivos entre 1985 e 2015, parcialmente revertidos desde pelo menos as eleições de 2018. Trata-se de análise de conjuntura que não se limita a uma observação aparente dos fenômenos sociais em curso no país, mas que procura expor como o empoderamento do que designa como "forças destrutivas orgânicas" atua para inviabilizar o diálogo.

Nota-se, assim, a importância das ideias como forças de mudança da realidade social, notadamente no que diz respeito à sua capacidade de promover transformações reais, se não por si mesmas, ao menos por meio do amálgama de consensos parciais capazes de articular entidades da sociedade civil, imprensa e os poderes constitucionais. Nesse sentido, o autor enfatiza o caráter dinâmico das ideias em seus contextos, pois, ainda que louvável, o acordo social sobre direitos humanos – individuais e coletivos – encontra-se em xeque perante o avanço da ideologia antimoderna que parece se formar à margem da vida cultural e intelectual. "Teriam as universidades, os acadêmicos, sucumbido à tentação da 'torre de marfim', vivendo para suas carreiras, voltados somente à rotina da vida interna no *campus*?" (idem, 2020b, p.137).

Além de intelectual versátil, Rubens Ricupero mantem o espírito inconformado que fez do experiente diplomata um burocrata respeitado.

A GESTÃO DE RICUPERO NO MINISTÉRIO DA FAZENDA (1994)

Muito embora curta do ponto de vista temporal, a passagem de Rubens Ricupero pelo Ministério da Fazenda mostrou-se crucial para o êxito do Real, plano de estabilização monetária cujas primeiras medidas já haviam sido lançadas no ano anterior.[7] Mesmo a Medida Provisória 434, que instituiu a Unidade Real de Valor (URV) como moeda paralela, fora assinada em fevereiro de 1994, ainda na gestão de FHC.

Além do seguimento ao plano anti-inflacionário, Ricupero defrontava-se com pelo menos outros dois desafios ao assumir a Fazenda: a aprovação do orçamento de 1994 e a conclusão de revisões constitucionais diretamente relacionadas ao saneamento fiscal, como as reformas tributária e previdenciária. Se polêmicas e impopulares, tais medidas integravam um projeto maior em consonância com o que pensava e defendia o diplomata havia muito. Ao controle inflacionário subjazia uma poderosa ideia de equacionamento do conflito distributivo. Em artigo intitulado "Cidadania e inflação", Ricupero argumentava que "embora não exclua outras ações de sentido social, nada poderá trazer benefícios mais rápidos ao conjunto da população, inclusive aos mais carentes, do que a estabilidade da economia". Consciente de que a estabilização não representava um fim em si mesmo, mas apenas uma condição para a possibilidade de edificar uma sociedade justa e próspera, Ricupero recorria à analogia de física estática para embasar sua política: "pedestal de um monumento", a estabilidade monetária viabilizaria a solução de parte do atraso e dos desequilíbrios brasileiros, estando o desenvolvimento almejado, porém, muito além dela.

De acordo com o próprio ministro, sua atuação, ainda que técnica, teve caráter político igualmente relevante, cabendo a ele administrar os conflitos dentro da equipe herdada da gestão de Fernando Henrique Cardoso, que se licenciara do cargo para disputar a Presidência da República na eleição de outubro de 1994: "Uma das funções mais difíceis que eu tive. [...] O Itamar tinha me chamado de fora porque

7 Sobre a estratégia de estabilização do Plano Real e seu contexto histórico, ver, por exemplo, Franco (1995), Filgueiras (2000) e Prado (2005).

ele queria interferir. Eu passei a defender a visão da equipe sem abrir nenhum espaço para mudança. Aí eu tive choque com ele. Choques amistosos" (Ricupero, 2020a). Em sua leitura, ainda que o presidente apresentasse algum instinto populista,[8] teve o mérito de viabilizar politicamente as condições para que o plano fosse implementado, aceitando a posição colocada por Ricupero de defesa da estratégia de estabilização. Nas palavras de Ricupero, coube a ele atuar como um "algodão entre cristais",[9] equilibrando as demandas do presidente e as medidas requeridas pelo corpo técnico do ministério.

Conquanto sua função tenha sido mais de mediar do que propriamente formular, sua participação na escolha da data de lançamento da nova moeda contribuiu para o êxito na reta final do plano. De acordo com o próprio Ricupero, a substituição da URV pelo real precisaria ocorrer antes das eleições de outubro, de modo que colaborasse para o desempenho do seu principal formulador ao mesmo tempo que se descasasse da agenda eleitoral propriamente dita. Transcorrida sem maiores sobressaltos em todo o território nacional, a introdução da nova moeda representava um novo marco na história de um país que procurava superar os traumas de um passado recente. O dia 1º de julho de 1994 entraria para a história do país como um símbolo de modernização rumo ao século XXI.

Para tanto, a estratégia de comunicação social do Ministério provou-se fundamental para o êxito do plano. Ciente de que o triunfo das políticas dependeria do apoio granjeado da sociedade, o ministro apresentava-se em rede nacional de rádio e TV a cada dez dias, em média, a fim de explicar didaticamente as medidas que seriam tomadas. Com transparência e previsibilidade, o governo superou o ceticismo de um

---

8 Conceito inerentemente controverso, a faceta do populismo a que se refere Ricupero diz respeito à intencionalidade de ação do governante que a subordina ao cálculo político-eleitoral. Sobre o fenômeno e suas várias acepções, assim como a crítica e desconstrução conceitual, ver Moraes (2018).

9 Empregada pelo próprio entrevistado, a expressão "algodão entre cristais" alude a um dos principais resultados da Guerra da Cisplatina (1825-1828), quando se buscou atenuar o longo período de hostilidade entre os dois maiores países da região (Argentina e Brasil) por meio da criação de um novo país independente (Uruguai). No caso em tela, Ricupero representou o papel de amortecedor de conflitos entre os membros da equipe e deles com o presidente da República.

povo já descrente em pacotes anti-inflacionários impostos de surpresa, conquistando, assim, corações e mentes dos brasileiros e brasileiras.

Se contava com a confiança do presidente e da população, o Plano Real não angariou o apoio de instituições importantes, principalmente o Fundo Monetário Internacional (FMI). Diante dos problemas fiscais por que passava a economia brasileira, o órgão multilateral desacreditou a estratégia que resultou na criação do Fundo Social de Emergência (FSE), precursor das Desvinculações de Receitas da União (DRU) – institutos por meio dos quais o Governo Federal poderia manejar seu orçamento de forma mais flexível. Para o FMI, era preciso alcançar superávit primário de 3% do PIB ao ano, meta pouco exequível naquele contexto fiscal (e político) do país.

Nesse momento é que se destacou a sagacidade da estratégia do ministro da Fazenda. Ao sugerir a antecipação do lançamento da nova moeda, Ricupero imaginava ser possível convencer a sociedade e os agentes econômicos da plausibilidade da estabilização. Assim, o governo munir-se-ia de maior credibilidade para endereçar o problema fiscal com medidas mais rigorosas e impopulares. Era justamente o caminho oposto do que postulavam os técnicos do Fundo.

É oportuno esclarecer, entretanto, que a participação de Ricupero na introdução do Real não implica concordância absoluta com todas as ideias defendidas pelos economistas responsáveis pelo plano. Em suas próprias palavras: "O fato de eu ter feito parte da equipe não significa que eu tenha comunhão de ideias com eles" (ibidem). Posto de outra forma, o diplomata acredita que "a estabilidade é apenas o começo do início do princípio" (ibidem), ou seja, é apenas uma precondição para o desenvolvimento, não sua causa ou fim. Trata-se de premissa para a *possibilidade* do desenvolvimento, fenômeno que exige, em seu entender, uma gama muito mais completa e complexa de medidas governamentais.

A mais saliente de tais divergências circunscrevia a estratégia cambial, uma vez que, no seu entendimento, a manutenção da taxa de câmbio sobrevalorizada em relação ao dólar deporia contra a viabilidade de uma série de setores econômicos brasileiros. Nesse sentido, o ministro planejava uma travessia temporária, de apenas seis meses, para o câmbio fixo na paridade de 1 para 1 com o dólar norte-americano. Em suas palavras:

> Sei que isso pode soar como uma declaração apologética, mas quem quiser pode reler as minhas entrevistas na imprensa na época, bem como os anais no Diário do Congresso de meu último comparecimento ao Congresso Nacional, para um debate em que deixei claro que, no meu entender, a valorização do câmbio era apenas expediente temporário para o curto período de introdução da nova moeda, o que não deveria durar mais do que algumas semanas ou uns poucos meses no máximo, enquanto ainda houvesse dúvidas sobre se a moeda "pegaria" ou não. (idem, 2002, p.178-9)

Diferentemente do que defendia Ricupero, contudo, o real permaneceu artificialmente sobrevalorizado até a crise cambial de janeiro de 1999. A conjuntura internacional afetou diretamente as condições de financiamento, sobretudo após as derrocadas de países do Leste Asiático (1997) e da Rússia (1998), as quais viriam a corroborar o temor de Ricupero em relação à estratégia cambial brasileira. Tratava-se de preocupação alinhada com sua crítica à integração econômica dos países periféricos no mercado mundial, especialmente no que diz respeito aos efeitos da chamada abertura financeira sobre os dilemas da globalização.

Se é verdade que o pensamento econômico de Ricupero entrelaça influências distintas para, ao final, compor um projeto eclético, concatenado e harmônico de política econômica, o breve período à frente da economia brasileira não permitiu que suas ideias fossem efetivamente transformadas em *práxis* dos homens. Ainda assim, os cinco meses na Fazenda revelam o pragmatismo de um economista prático, uma vez que determinadas medidas do plano que ele ajudou a erigir não representavam exatamente aquilo que o diplomata e intelectual Rubens Ricupero efetivamente defendia.

CONSIDERAÇÕES FINAIS

A trajetória de Rubens Ricupero como diplomata e homem público ilustra como a constituição de seu pensamento econômico está intimamente relacionada ao senso prático-pragmático que o caracteriza e, sobretudo, à sua forma de enxergar o processo de desenvolvimento econômico como uma constante busca pela capacidade de administrar a complexidade da sociedade moderna (Ricupero, 2020a). Da mesma forma que a experiência na Unctad realçou sua veia crítica às desigualdades em que o livre-cambismo internacional pode resultar, tal qual teorizaram os economistas cepalinos, a passagem pelo Ministério da Fazenda concorreu para consolidar seu entendimento acerca do fenômeno inflacionário e, indiretamente, sobre as questões monetária e fiscal. Embora breve, a experiência de Rubens Ricupero no comando da economia brasileira mostrou-se importante para a implementação da estratégia de estabilização monetária, notadamente no que diz respeito à sua capacidade de mediação de conflitos no seio da equipe econômica herdada da gestão anterior.

Nesse sentido, a versatilidade teórica de Rubens Ricupero não se mostrou desprovida de sentido concreto com vistas à ação; antes, concorreu para consolidar a maneira pela qual o autor compreende a economia *lato sensu*. Ao Estado, em suma, cabe um complexo e ativo papel de orientador do desenvolvimento, em especial nas ações voltadas para a correção de desigualdades e de indução equilibrada do crescimento econômico, elementos medulares de seu pensamento.

Conquanto seu ecletismo resulte em possíveis tensões teóricas, não é menos louvável sua tentativa de olhar para as distintas correntes de pensamento econômico como quem procura pelo instrumento adequado para lidar com problemas específicos, atenuando eventuais dilemas filosóficos em favor de uma ação concreta como meio de intervenção na realidade social – em outros termos, em benefício da ação humana com vistas ao bem coletivo maior: o desenvolvimento.

REFERÊNCIAS

CURI, L. F. B.; DACANAL, P. H. Francisco Simch (1877-1937): um economista prático germanófilo no sul do Brasil. *Nova Economia*, v.29, n.3, 2019.

DELGADO, S.; MORAES, G. *Rubens Ricupero*. Rio de Janeiro: CPDOC/FGV, 2009. Disponível em: http://www.fgv.br/cpdoc/acervo/dicionarios/verbete-biografico/ricupero-rubens. Acesso em: 12 nov. 2020.

FILGUEIRAS, L. A. M. *História do Plano Real*. São Paulo: Boitempo, 2000.

FRANCO, G. H. B. *O Plano Real e outros ensaios*. Rio de Janeiro: Francisco Alves, 1995.

GILAURI, N. *Practical Economics*: Economic Transformation and Government Reform in Georgia 2004-2012. Londres: Palgrave Macmillan, 2017.

MORAES, L. S. *Populismo, política econômica e crises na América Latina*. Porto Alegre, 2018. Tese (Doutorado em Economia) – Universidade Federal do Rio Grande do Sul.

PRADO, M. C. R do. *A real história do Real*. Rio de Janeiro: Record, 2005.

RICUPERO, R. *O ponto ótimo da crise*. Rio de Janeiro: Revan, 1998.

RICUPERO, R. *O Brasil e o dilema da globalização*. São Paulo: Editora Senac, 2001.

RICUPERO, R. *Esperança e ação*. São Paulo: Paz e Terra, 2002.

RICUPERO, R. *Entrevista*. Entrevistadores: Eduardo Angeli, Ivan Colangelo Salomão e Leonardo Segura Moraes. São Paulo: FAAP, 7 fev. 2020a.

RICUPERO, R. Sustentabilidade, bem-estar e direitos humanos. *Cadernos de Campo*, n.28, jan./jun. 2020b.

STUART MILL, J. *Da definição de economia política e do método de investigação próprio a ela*. São Paulo: Abril Cultural, [1836] 1974.

9
Ciro Ferreira Gomes
DO PLANO REAL A UM PROJETO NACIONAL DE DESENVOLVIMENTO

Cássio Silva Moreira e Ivan Colangelo Salomão

INTRODUÇÃO

Um dos homens públicos mais importantes de sua geração, o jurista nordestino ostentou, de fato, uma trajetória singular. Bacharel em Direito, elegeu-se deputado, assumiu o Ministério da Fazenda antes dos 40 anos de idade e, por décadas no centro da política nacional, influenciou o debate público como poucos de seus pares. Dono de prodigioso poder oratório, intimidava seus oponentes com vasto repertório lexicográfico e a atestada capacidade retórica. Preparado, inteligente, impetuoso. Gestor competente, político respeitado, debatedor temível, carregou quatro derrotas presidenciais em seu currículo. Eis um dos resumos possíveis da biografia de Rui Barbosa.

Um século depois – guardadas todas as imensuráveis proporções –, essa mesma história poderia ser veridicamente contada se se substituíssem apenas o nome e sobrenome do personagem. Apesar de nacionalmente conhecido como um dos mais importantes políticos nordestinos de sua geração, o paulista Ciro Ferreira Gomes nasceu em Pindamonhangaba, no Vale do Paraíba, em 15 de novembro de 1957. Quatro anos depois, seus pais estabeleceram-se em Sobral, interior do Ceará, cidade em que sua família paterna mantinha tradição na política local desde que seu avô, Vicente Antenor Ferreira Gomes, assumiu a prefeitura municipal na década de 1930 – a mesma Sobral que viria a ser governada por dois de seus irmãos mais novos a partir dos anos 1990.

Após a conclusão do ensino secundário, Ciro mudou-se para Fortaleza ao ingressar na Faculdade de Direito da Universidade Federal do Ceará (UFC) em 1976, período em que militou no grupo denominado Habeas-Corpus, ligado à esquerda católica. Em 1979, quando da reabertura da União Nacional dos Estudantes (UNE), candidatou-se à vice-presidência da entidade em uma chapa de viés social-democrata, o que contribuiu para afastá-lo dos grupos mais à esquerda no movimento estudantil. Uma vez formado, retornou para a cidade natal onde atuou como causídico ao mesmo tempo que passou a lecionar Direito Constitucional e Tributário.

Sua primeira incursão eleitoral ocorreu em 1982. Ao ver ameaçado o desempenho do grupo político a que pertencia, seu pai incluiu o nome do primogênito em uma lista de candidatos do Partido Democrático Social (PDS) à Assembleia Legislativa do Ceará, ainda que o prazo de filiação já tivesse sido encerrado. A estreia nas urnas foi marcada pela incisividade que futuramente caracterizaria seu discurso, articulando, naquele momento, o chamado "voto camarão", uma defesa do voto em branco para senador e governador. Eleito deputado estadual mais votado da história de Sobral até então, Ciro assumiu o primeiro mandato público aos 25 anos de idade (Souza; Pinheiro, 2009).

Nesse período, aproximou-se de Tasso Jereissati, presidente do Centro Industrial do Ceará (CIC), que despontava como uma nova liderança empresarial e política no estado. Nas eleições de novembro de 1986, já pelo Partido do Movimento Democrático Brasileiro (PMDB), Ciro se reelegeu como deputado, assumindo a liderança do governo Tasso na Assembleia Legislativa. Dois anos depois assumiu a prefeitura de Fortaleza, cargo do qual se licenciou para disputar o governo do estado, em 1990. Na ocasião, tornou-se o governador mais jovem do país, o único eleito pelo recém-criado Partido da Social-Democracia Brasileira (PSDB).

Em setembro de 1994, Ciro Gomes foi convidado pelo presidente Itamar Franco para assumir o Ministério Fazenda em substituição ao embaixador Rubens Ricupero. Após quatro meses no posto, mudou-se para os Estados Unidos para um período de estudos na Universidade Harvard, onde manteve contato com o filósofo Roberto Mangabeira Unger, uma de suas mais importantes influências intelectuais e responsável pela consolidação de seu pensamento econômico.

De volta ao Brasil, trabalhou com gerente financeiro do Beach Park (entre 1997 e 1998) e filiou-se ao Partido Popular Socialista (PPS), agremiação pela qual se lançou candidato à Presidência da República pela primeira vez em 1998. Sua segunda candidatura ao cargo, em 2002, nasceu da aproximação com o presidente nacional do Partido Democrático Trabalhista (PDT), Leonel Brizola, que sugeria a formação de uma chapa com o governador de Minas Gerais, Itamar Franco. Ao final do pleito vencido pelo candidato do PT, Ciro se aproximou de Lula e assumiu o Ministério da Integração Nacional, função na qual reestruturou as superintendências de desenvolvimento da Amazônia (Sudam) e do Nordeste (Sudene), além de coordenar uma das mais controversas iniciativas daquele governo: o projeto de transposição das águas do rio São Francisco.

Em junho de 2005, Ciro Gomes filiou-se ao Partido Socialista Brasileiro (PSB) e em março do ano seguinte exonerou-se do ministério para organizar a estratégia eleitoral do partido em 2006. Seu nome foi ventilado para uma possível composição de chapa liderada pelo presidente Lula; diante da resistência oferecida por ambas as siglas, porém, Ciro concorreu à Câmara dos Deputados para ampliar a bancada do partido no Congresso Nacional. Parlamentar discreto, fez-se pouco presente no plenário e não apresentou projetos de lei (ibidem).

Afastado do cenário político nacional a partir do início da década de 2010, tornou-se, entre outras atividades, comentarista de futebol na rádio Verdes Mares, de Fortaleza. Em setembro de 2013, assumiu a Secretaria de Saúde do Ceará no governo de seu irmão, Cid Gomes. No ano subsequente, posicionou-se a favor da reeleição de Dilma Rousseff, contrariando as indicações do presidente do PSB. Isolado no partido, filiou-se ao já extinto Partido Republicano da Ordem Social (PROS), sigla com posicionamento ideológico bastante fluído. Em 2015, incursionou na iniciativa privada ao tornar-se diretor da Transnordestina Logística, empresa controlada pela Companhia

Siderúrgica Nacional (CSN) e responsável pela coordenação das obras de conclusão da ferrovia de mesmo nome, que ligaria os portos de Pecém (CE) e Suape (PE). Em agosto do mesmo ano, ingressou no Partido Democrático Trabalhista (PDT), agremiação pela qual foi candidato à Presidência da República em 2018 e 2022.

Ainda que telegráfico, esse breve preâmbulo biográfico contribui para emoldurar a trajetória política e intelectual do personagem em tela. Homem de formação prática, Ciro Gomes passou por diversos cargos no setor público e na iniciativa privada. Sua experiência acumulada oferece ao pesquisador incumbido de perscrutar suas ideias uma gama diversificada de fontes primárias, tais como discursos, entrevistas e depoimentos.[1] Além disso, as próprias campanhas eleitorais de que participou ensejaram oportunidades de refletir sobre o Brasil, momentos em que Ciro Gomes procurou sistematizar suas ideias em compilações que refletem de forma aclarada os meandros e as vicissitudes por que passaram suas ideias acerca dos mais variados temas. Trata-se das obras *No país dos conflitos* (1994), *O próximo passo* (com Roberto Mangabeira Unger, 1996), *Um desafio chamado Brasil* (2002) e *Projeto Nacional* (2020).

Com base nesse material primário, o presente capítulo apresenta e analisa as principais ideias econômicas de Ciro Gomes no decorrer de mais de três décadas de sua vida política – da iniciação universitária, em 1976, até 2021.

O PENSAMENTO ECONÔMICO DE CIRO GOMES

Conquanto não tenha graduação em Economia, Ciro Gomes destacou-se pela destreza incomum com que discorre sobre a matéria.

1 O principal método empregado baseia-se na análise de discurso, instrumento com o qual se pode interpretar construções ideológicas que emanam de um texto. O discurso é a prática social de produção de textos, de modo que se caracteriza como uma construção social, não individual, e que só pode ser analisado considerando seu contexto histórico-social, suas condições de produção. Isso significa que o discurso reflete uma visão de mundo determinada, necessariamente vinculada a seu autor e à sociedade em que vive. Por isso, a análise do discurso pode apontar para a visão de mundo, ou seja, para a existência de ideias conectadas para uma finalidade (Pêcheux, 1969).

Forjado no conhecimento prático do cotidiano político e no estudo autodidata de um interessado pela temática, o pensamento econômico do político sofreu transformações relevantes no decorrer de sua trajetória. De uma concepção mais social-democrata ao estilo europeu a um projeto nacional de desenvolvimento com viés trabalhista, Ciro Gomes visita as diversas áreas da economia com a autoridade de quem está, no mínimo, bem assessorado.

Na época da faculdade, Ciro manteve a natural simpatia juvenil por Leon Trotsky e seus discípulos, como o economista belga Ernest Mandel, considerado um dos mais importantes dirigentes trotskistas da segunda metade do século XX. Muito embora nunca tenha aderido formalmente ao comunismo, a Teoria da Revolução Permanente, por exemplo, encantava-o de alguma maneira.[2] Foi casado com uma antiga militante do Partido Comunista do Brasil (PCdoB), Patrícia Saboya, mas sempre manteve discordância civilizada da visão de mundo do partido e, sobretudo, do experimento soviético.

> O caminho é o socialismo democrático, porque me parece que a eficiência da iniciativa privada na propriedade dos fatores de produção é um elemento impulsionador do progresso, na pesquisa, na ciência, na tecnologia, e o Estado, como expressão do querer coletivo, deve ser o encarregado de subtrair os excessos pela regulação ou mesmo pela tomada de riquezas, inclusive sendo ele próprio proprietário, para redistribuir, eliminando a grande perversão do capitalismo que é a iniquidade, a desigualdade, a concentração de renda, o oligopólio que ainda infesta a vida brasileira. (Gomes, 2013)

Nesse sentido, a indispensabilidade da atuação estatal sempre se fez presente em seu tipo ideal de desenvolvimento. Quando eleito governador do Ceará, em 1990, Ciro já demonstrava essa simpatia pela social-democracia e aversão ao neoliberalismo: “o Estado não

---

2 Do ponto de vista político, dois homens balizaram o seu entendimento acerca da indispensabilidade do setor público como ente organizador da sociedade por excelência: Olof Palme, primeiro-ministro sueco defensor da conciliação de uma economia de mercado com um estado social, e Willy Brandt, considerado o “Kennedy alemão”, ganhador do prêmio Nobel da Paz em 1971 pela sua atuação na reconciliação com o Leste Europeu.

pode se demitir de uma responsabilidade central de promover o bem-estar das pessoas, não só como Estado prestador de serviço, o Estado polícia, o Estado posto médico, o Estado educação, mas o Estado interventor na economia para dirimir [...] as desigualdades entre as pessoas" (idem, 1991).

O meio, o objetivo e o grau de intervenção com que o ente público deveria atuar, porém, variaram no decorrer de sua carreira. Quando governador do Ceará, em 1991, Ciro já rejeitava, por exemplo, a concessão de ampla liberdade ao mercado como mecanismo de alocação ótima dos recursos produtivos e de prestação de serviços, defendendo, ainda que de forma implícita, um modelo de desenvolvimento que partisse da esfera estatal:

> Todas as encomendas do poder público cearense que possam ser induzidas a gerar empregos em microempresas, em pequenas unidades no interior ou na capital de produção comunitária assim são feitas. Quando nós assumimos as carteiras escolares, material mobiliário escolar eu comprava no Paraná; hoje todas são feitas em microunidades de produção. Pobre, mais do que ninguém, deve ser social-democrata. (ibidem)

Além disso, Ciro Gomes entende que a tarefa de dirimir as desigualdades inerentes ao sistema capitalista de produção, aprofundadas por um cenário de rápidas mudanças decorrentes da automação e da informatização, deveria partir do Estado, que buscaria ganhos de produtividade aliada à diminuição da jornada de trabalho. Como exemplo, Ciro apresenta o caso da Suécia, que "já experimenta o turno único sem intervalo de seis horas diárias. São essas alterações que deverão ser bandeira progressista pelos anos vindouros para evitar tanto enormes contingentes de desempregados quanto a concentração da riqueza nas grandes corporações, gerada pela automação e informatização" (idem, 2020b, p.237).

O período sabático nos Estados Unidos contribuiu para a consolidação de uma série de elementos de seu arcabouço intelectual e, especificamente, de sua concepção de política econômica. Como *visiting scholar* na Faculdade de Direito de Harvard, estudou, sob a orientação do professor Mangabeira Unger, os aspectos políticos da inflação brasileira. Em seu entendimento, tratar-se-ia de um fenômeno multicausal, mas que, em alguma medida, resultaria diretamente dos "interesses das plutocracias, oligarquias, corporativismos que controlavam o país", distúrbio de natureza mais política do que exatamente monetária, conforme expressaria quando de sua passagem pelo Ministério da Fazenda. Em entrevista concedida à época, manifestou-se a esse respeito nos seguintes termos:

> Saí com a ideia de que a inflação brasileira é um fenômeno político [...] na medida em que ela interessa basicamente a três grandes grupos de interesses muito fortes na política e na vida social brasileira: plutocratas, oligarcas e corporativos. Plutocratas são todos aqueles que se servem na especulação e que vivem o privilégio de não sofrer da inflação, porque manipulam moedas indexadas que permanecem, pela exorbitância das taxas de juros que nós praticamos no Brasil [...]. Os oligarcas, eu classifico como esse grupo de pessoas que na política fazem da manipulação do estado e da lógica perversa da inflação o mecanismo de tornar opaca a administração pública, de superfaturar obras, de subfaturar fornecimentos e com isso ter um cenário absolutamente franco para sua malfadada ação em relação ao estado brasileiro. E os corporativos, por omissão, acabam aceitando nas grandes lideranças sindicais do país, acabam aceitando a inflação como premissa e se protegem, porque são muito agressivos das consequências inflacionárias, porque conseguem mecanismos de superindexação. (idem, 1995)

A pesquisa desenvolvida em Boston não se limitou a analisar o fenômeno inflacionário brasileiro. O referido livro publicado em coautoria com Mangabeira Unger era um esboço do que viria a ser o seu plano de governo na campanha presidencial disputada em 1998. Dividida em cinco capítulos, a obra reconstitui os principais momentos por que passou a economia brasileira nas décadas anteriores (Gomes; Unger, 1996).

Ainda que por demais esquemática, a parte voltada a temas econômicos pode ser fracionada em nove pontos, cujos principais objetivos eram os seguintes: (1) desenvolvimento de um Estado financeiramente hígido que apoie empresas e setores atrasados, (2) reformulação da estrutura tributária a fim de torná-la mais progressiva, com base em impostos diretos e sobre valor agregado, (3) estabelecimento de uma rede mínima de proteção social com foco na infância, baseada no conceito de "herança social": todos herdam da sociedade, e não apenas alguns privilegiados de suas famílias, (4) elevação do nível de poupança interna, com objetivo de atingir uma taxa próxima a 30% do PIB – em suas palavras, "o capital se faz em casa" (Gomes, 1999) –, (5) consolidação da estabilidade monetária, (6) aprimoramento da parceria entre o poder público e a iniciativa privada, (7) redirecionamento do apoio estatal das grandes para as pequenas e médias empresas, (8) transição paulatina de liberalização comercial e (9) fortalecimento da democracia por meio de inovações institucionais.

Parte significativa (se não a totalidade) de tais medidas veio a compor o programa econômico de suas campanhas presidenciais. Trata-se de momento naturalmente propício para refletir sobre o país, seus problemas, desafios e propostas para sua superação. Em 2002, Ciro Gomes lançou um segundo livro, *Um desafio chamado Brasil*, compilação de artigos publicados nos jornais *O Estado de S. Paulo* e *Jornal da Tarde*, entre 1995 e 1999. Ao resgatar e sofisticar os elementos já arrolados, os textos abordam temas como globalização, dívida externa, desenvolvimento regional, guerra fiscal e movimento dos trabalhadores sem-terra. De forma sumarizada, trata-se de (mais) uma ode à indispensabilidade do Estado como ente insubstituível nos processos de desenvolvimento econômico e de distribuição de renda. Em entrevista anexada ao final da obra, o autor sintetiza suas ideias da seguinte maneira:

> O Brasil tem quatro grandes desafios simultâneos, um conectado ao outro. Em primeiro lugar, o país não terá solução para os profundos desequilíbrios se não voltar a crescer e se desenvolver. Um segundo ponto é que não é possível mais administrar as energias e tensões que estão se acumulando se não transformamos o modelo de distribuição de renda do país. Em terceiro lugar, nada disso será praticado se o Brasil não resgatar sua soberania em contexto internacional complexo. Em quarto lugar, tudo isso não será feito por ações individuais. Terá de haver uma grande participação da sociedade porque teremos que confrontar privilégios internacionais e locais muito poderosos. (idem, 2002, p.7)

Em consonância com o que defendia o economista José Alexandre Scheinkman, um dos seus principais conselheiros econômicos na campanha de 2002 – e respeitado professor de algumas das melhores universidades norte-americanas, com inequívocas credenciais liberais –, elementos ortodoxos compuseram a linha de frente de seu programa de governo naquele ano, a começar pela centralidade conferida à poupança interna como condição para elevar a reconhecidamente baixa taxa de investimento global da economia brasileira.

Ainda assim, a teoria heterodoxa mostra-se fulcral em seu arcabouço intelectual. Conquanto concordasse com o mérito da política anticíclica de viés keynesiano adotada após a crise financeira de 2008, Ciro já apontava, porém, algumas das inconsistências do regime posteriormente denominado Nova Matriz Econômica no governo de Dilma Rousseff, sobretudo no que concernia à ampla exoneração tributária oferecida pelo governo a setores que não se utilizaram desse espaço fiscal para elevar a taxa de inversão. Inseridos em uma economia em acelerado processo de financeirização, tais empresários eximiram-se do risco inerente ao investimento produtivo protegendo-se no mercado financeiro. Nas palavras de Ciro:

> Quando Mantega assumiu no lugar do Palocci, ele era o homem certo, na hora certa [...]. Hoje não está dando certo, o que tem se produzido no ministério da Fazenda (sou bom amigo dele, fomos colegas de ministério) é ridículo em relação à qualificação da crise. Essa renúncia fiscal sem explicação, fazendo favor com o dinheiro público para lá e para cá, sem nenhuma explicação, com zero efeito; descasada da política cambial; uma política fiscal que não se justifica, numa hora que o país está despencando; sinalizar cortes de investimentos, mantendo o mesmo padrão de gastos correntes, de desperdício que se anotam na administração pública brasileira, não é a resposta. (A equipe..., 2013)

Indo além, corrobora sua influência keynesiana a relevância conferida à ausência de expectativas de realização de lucros por parte de tais empresários. Ao engajar-se na reeleição de Dilma Rousseff, condicionou o apoio a mudanças não apenas na forma de regular investimentos privados, como também em calibrar os componentes da demanda agregada e de arrocho salarial: "O Brasil não oferece mais confiança aos agentes econômicos de que os investimentos serão remunerados" (Ciro prega..., 2014).

De todo o material já produzido por Ciro Gomes e seus colaboradores, o programa de governo que embasou sua campanha presidencial de 2022 é, sem espaço para dúvida, o mais completo e sofisticado livro já publicado pelo político. Lançado em 2020, *Um projeto nacional de desenvolvimento* representa a fase mais madura de seu pensamento, podendo ser tomado como uma síntese das ideias que Ciro já defendeu ao longo de sua trajetória.

Ao cercar-se de assessores econômicos filiados à escola novo desenvolvimentista, fez-se natural o resgate e a atualização do projeto original à luz da realidade contemporânea. Assim, a obra tem por mote devolver ao Estado sua tarefa inerentemente precípua, qual seja, congregar as forças políticas e sociais com vistas à implementação de um projeto nacional de desenvolvimento econômico que, além de gerar emprego e distribuir renda, tenha no setor produtivo seu elemento dinâmico de crescimento. Nos termos empregados pelo mais longevo presidente da história do Brasil, Getúlio Vargas – que, de alguma maneira, pode ser considerado o mentor político do desenvolvimentismo original –, eis a justificativa para tal empoderamento do ente estatal: "A finalidade do Estado é promover a justiça social. Mas não há justiça social sem desenvolvimento e não há desenvolvimento sem soberania" (Vargas apud Gomes, 2020b, epígrafe).

A liberalização ocorrida a partir dos anos 1990 também concorreu para robustecer sua crítica à política (e à ideologia) do Estado-mínimo. Diante dos resultados econômicos insatisfatórios colhidos naquele período, Ciro reforçou sua convicção de que a atuação direta de um governo planejador no domínio econômico não apenas se faria plausível, como também se provou necessária. A despeito das transformações por que passou seu pensamento econômico no decorrer do tempo, a rejeição do neoliberalismo como modelo de desenvolvimento econômico e harmonização social sempre se fez presente em seu discurso:

> O que não está certo é esse neoliberalismo, hoje, que pretende demitir o Estado da sua responsabilidade de interventor na economia, não de burocratizar a economia, de engessar a economia, de fazer socialismo de direita, como o período autoritário no Brasil fez. Mas liberando as forças da economia, agir como um indutor do desenvolvimento, e agir como um promotor de justiça social via tributos, via repartição de rendas, via distribuição de serviço de boa qualidade. (Gomes, 1991)

Em sua opinião, a devastação econômica do mundo pós-pandemia suscitará o restabelecimento do ente público como única instituição apta a coordenar a alocação dos recursos materiais e simbólicos com vistas ao fomento da demanda agregada, no curto prazo, e ao aumento sistêmico e sistematizado da produtividade, codinome do desenvolvimento econômico, no longo. Se a Europa debate um novo Plano Marshall e os Estados Unidos discutem um novo New Deal, o Brasil haveria de restaurar e modernizar a estratégia responsável por transformar a realidade produtiva brasileira entre 1930 e 1980: o desenvolvimentismo.[3]

Conforme apresentado no Capítulo 3 deste livro, o chamado novo desenvolvimentismo tem em Bresser-Pereira seu principal mentor intelectual. Do ponto de vista político, Ciro Gomes é um dos principais defensores dessa ideologia (e política) econômica, realçando

---

3 Trata-se de uma inflexão em sua crítica ao nacional-desenvolvimentismo dos anos 1950. Em 1994, no livro de depoimentos *No país dos conflitos*, Ciro criticou textualmente o ex-governador gaúcho Leonel de Moura Brizola por seu suposto apoio a um modelo anacrônico de desenvolvimento: "O Brizola errou tudo. Ele é a morte de um modelo político. [...] O populismo, o getulismo, o nacional-estatismo, tudo isso é coisa que foi fantástica no passado, mas morreu mesmo e o Brasil não entende mais isto, nós que temos 40 anos 37, 30, 25 estamos rompidos com essa memória, até porque a ditadura fez um corte nisto, nós crescemos e não sabemos nem da história, nem como foi isto" (Gomes, 1994, p.46). Duas décadas e meia depois, redimiu-se com o caudilho gaúcho, a quem prestou continência da eleição de 2002 até o seu falecimento, em 2004 (O Brizolista..., 2018). Indo além, Ciro ancorou-se no velho líder gaúcho para justificar a intervenção do Estado no seio econômico para garantir a função social da propriedade privada: "Essa comunhão entre a luta por justiça social e o cristianismo caracteriza o trabalhismo desde seu início. Ele advoga um modelo político e econômico que equilibra a garantia da propriedade privada com sua função social. Esse equilíbrio se expressa de forma muito feliz na famosa frase de Leonel Brizola: 'A propriedade privada é uma coisa tão boa, que a queremos para todos'" (Gomes, 2020b, p.252).

pelo menos três dos principais elementos de seu *hard core*: (1) papel do Estado como indutor do desenvolvimento, (2) o combate à desindustrialização e o (3) foco em empresas que estão na fronteira tecnológica, a começar pelo já citado protagonismo do Estado nesse projeto, a quem cabe produzir em setores cuja organização industrial enseja a consolidação de um monopólio natural ou regular naqueles em que a iniciativa privada se mostrar mais apta a fazê-lo. Além disso, delega-se ao ente estatal a incumbência de atenuar as diversas distorções naturais a economias de mercado.

Elemento medular da teoria novo desenvolvimentista, o combate ao processo de desindustrialização por que passa a economia brasileira desde pelo menos os anos 1990 faz-se especialmente presente no projeto de Ciro Gomes. A indústria de transformação, que já respondeu por aproximadamente de 30% do PIB nacional no final dos anos 1970, beira os 10% atualmente. Se consensual no diagnóstico, o assunto gera discordâncias acerca das medidas que devem ser adotadas.

Autores de formação ortodoxa sustentam, por um lado, que se trata de um processo natural pelo qual todas as economias de industrialização originária já passaram. Assim, caberia ao Estado apenas administrar a substituição desse setor pelo de serviços. De acordo com Bonelli e Pessôa (2010a), por exemplo, a "suposta desindustrialização" teria sido causada, entre outros motivos, pelo avanço da indústria chinesa nos mercados internacionais, impulsionado por soldos diminutos e pela desvalorização do *yuan*. Ameaça incontornável a todas as economias do globo,[4] o fenômeno brasileiro não representaria um "processo avassalador" de desindustrialização, "mas, apenas, indícios a partir da experiência histórica de mais longo prazo."

Muito embora procurem atenuar a queda da indústria nacional como participação do PIB, Bonelli e Pessôa (2010b) afirmam que o caso brasileiro tem sido condizente com a tendência mundial. Quando cotejada a realidade nacional com um subgrupo de dezesseis

---

4 O estudo comparativo realizado por Bonelli, Pessôa e Matos (2013) sustenta que se trata de um fenômeno global. Analisando um conjunto de 185 países, os autores demonstram que, em 1970, o produto industrial representava 25% do PIB mundial; em 2007, a mesma relação atingiu 17%.

economias a ela semelhantes,[5] observa-se que o setor industrial brasileiro era comparativamente "sobrerepresentado" nos anos 1970.

Já para os economistas heterodoxos, o setor industrial ainda mantém um papel relevante para as economias periféricas do século XXI. Para eles, a reprimarização da pauta de exportações brasileira reflete de forma clara a involução pela qual passou o tecido produtivo nacional nas últimas décadas. Variável-chave para a questão, a política cambial atuaria como um instrumento para neutralizar a "doença holandesa", condição que acomete determinados países exportadores de *commodities*, cuja apreciação do câmbio seria a consequência mais onerosa, ainda que imperceptível. Assim, a "pequena e temporária redução de salários reais" decorrente da elevação da taxa de câmbio no nível de "equilíbrio industrial" – taxa que torna competitivas empresas que empregam tecnologia no estado da arte mundial – seria compensada pelo eventual fôlego conferido ao setor industrial, tratando-se, pois, de um sacrifício transitório para oferecer competitividade à manufatura nacional (Bresser-Pereira, 2012). Nesse sentido, Ciro sugere a adoção de um projeto concatenado que una medidas cambiais, industriais e regulatórias, para viabilizar, assim, uma nova rodada do processo de substituição de importações.

A principal novidade de seu projeto reforça a atualização daquele modelo para a realidade do século XXI. Se a industrialização brasileira a partir dos anos 1950 calcou-se fortemente no setor automobilístico e suas derivações, o mundo atual exige um novo paradigma produtivo e tecnológico para firmar-se como guia do desenvolvimento econômico. Assim, o projeto de industrialização preconizado por Ciro focaliza quatro setores específicos: agronegócio, defesa, saúde e óleo, gás e biocombustíveis.

Nesse sentido, Ciro Gomes defende uma política de reindustrialização centrada não apenas nos setores em que o país apresenta vantagens ricardianas, mas, sobretudo, naqueles que empregam tecnologia de ponta, utilizando-se, para tanto, de todos os instrumentos de que dispõe o Estado.

5 Os critérios metodológicos adotados para a comparação privilegiaram, basicamente, características socioeconômicas, tecnológicas e de dotação de fatores de produção.

> A estratégia segura e realista para começar é a eleição de setores sem grande sofisticação tecnológica e que agreguem valor a produtos que exportamos em estado bruto, em que dispomos de uma base primária sólida e vantagens comparativas. Também devemos levar em conta setores nos quais já possuímos plantas e tecnologias sofisticadas próprias, como é o caso do setor aeroespacial. A tratativa para a entrega da Embraer ao capital estrangeiro, além de ser um dos maiores crimes já cometidos contra nossa soberania, é um completo contrassenso comercial. (Gomes, 2020b, p.148)

O fomento à inteligência nacional via integração da academia com os setores produtivos também exige a atuação do ente estatal por meio de investimentos em pesquisa, sabidamente de longo prazo de maturação. Para ilustrar seu raciocínio, Ciro faz referência ao livro *Estado empreendedor*, da economista italiana Mariana Mazzucato. Na obra, a autora argumenta como as tecnologias militares desenvolvidas nos Estados Unidos, atividades imanentemente estatais, foram aplicadas em empreendimentos comerciais, sugerindo a criação de um órgão público para fomentar mecanismos de *venture capital* que incentive a geração de novas tecnologias (Ribeiro, 2020).

Ainda que nem todos esses elementos que viriam a compor seu arcabouço intelectual estivessem totalmente consolidados em setembro de 1994, o jovem político cearense não se furtou do desafio e da oportunidade que a vida lhe apresentou naquele momento. Antes mesmo de completar 37 anos de idade, tornou-se um dos mais novos ministros da Fazenda da história republicana do país, cargo a partir do qual pôde pavimentar o terreno para tornar-se, em definitivo, um nome de dimensão nacional.

A GESTÃO DE CIRO NO MINISTÉRIO DA FAZENDA (1994)

A preferência pelo nome de Ciro Gomes, então governador do Ceará, para substituir Rubens Ricupero no Ministério da Fazenda foi uma escolha pessoal do presidente Itamar Franco. Mesmo ciente do temperamento irascível do político, Itamar viu em Ciro um quadro popular e comunicativo, capaz de defender o plano de combate à inflação lançado havia pouco mais de dois meses.

Surpreendido pela deferência, uma vez que nomes de economistas mais experientes, como Pedro Malan e Edmar Bacha, já circulavam nos bastidores de Brasília, Ciro aceitou o convite e assumiu o primeiro cargo que lhe conferiria projeção para além da região Nordeste. O cartão de visitas do empossado já demonstraria o estilo do novo ministro. Questionado por jornalistas acerca de suas expectativas para a estabilização dos preços, respondeu: "Com umas quatro porradas a gente faz a inflação cair", sem detalhar a quais medidas se referia (Ciro quer..., 1994).

Além da consolidação do plano anti-inflacionário, os principais desafios com que se depararia o novo ministro estavam indiretamente relacionados às políticas instrumentais de sustentação do Real, da fiscal à monetária, da salarial à diplomática. Conquanto exígua, sua passagem pela Fazenda teve papel importante dado o momento nevrálgico pelo qual o plano e o país passavam: um delicado processo de estabilização em meio à eleição presidencial que selaria o destino da nova moeda.

Condizente com a perna ortodoxa do plano, a preocupação com o controle de demanda manteve-se no radar da equipe econômica formada pelo então ministro FHC[6] em 1993, cujo núcleo duro permaneceu no comando da economia até o final de 2002. A própria queda abrupta da inflação observada a partir de agosto de 1994 ensejaria, naturalmente, um *boom* de consumo reprimido havia anos pela remarcação diária dos preços. Tratava-se, esta, da situação no momento em que Ciro assumiu o cargo, quando um aumento no consumo de alimentos e roupas pelas camadas de menor poder aquisitivo poderia, eventualmente, ameaçar os intentos de estabilização. Coerente com sua visão progressista – e, indiretamente, desenvolvimentista –, o ministro não poderia responder de forma mais justa e

---

6 A equipe econômica gerida por Ciro Gomes na Fazenda havia sido formada ainda na gestão de FHC. Contava com nomes como o secretário-executivo, Clóvis Carvalho, o assessor especial, Edmar Bacha, e o secretário de política econômica, Winston Fritsch. No Banco Central, Pedro Malan (presidente) e Gustavo Franco (diretor para assuntos internacionais) também já haviam sido nomeados em 1993.

categórica: "Isso não faz mal nenhum. Pelo contrário, é muito bom e gostaríamos que comprassem mais ainda" (apud Xavier, 2018). A solução para tal descasamento entre oferta e demanda se conformaria com o que o novo desenvolvimentismo pregaria na década seguinte: a otimização do tecido produtivo nacional.

A eclosão de uma greve liderada pelo sindicato dos metalúrgicos do ABC, em setembro daquele ano, viria a demonstrar o compromisso do ministro com o rigor fiscal requerido pela equipe econômica. O abono postulado pelos trabalhadores (12%) deporia contra a dinâmica inflacionária daquele trimestre, uma vez que desencadearia uma série de novas negociações salariais entre sindicatos patronais e dos trabalhadores. Acusado de intromissão nas negociações, o ministro defendeu que deveriam ser conduzidas apenas entre as partes, numa clara defesa da neutralidade do Estado como ente regulatório. Declaradamente contrário à concessão do reajuste no valor reclamado, Ciro apenas apontou as consequências deletérias da reivindicação naquele momento.

Num segundo episódio em que se pôde observar um entendimento um tanto particular do processo inflacionário, o ministro da Fazenda reprovou o comportamento do consumidor que denunciava a prática de preços extorsivos. Em entrevista concedida à TV Globo por ocasião do aumento dos preços dos automóveis, Ciro afirmou que "o consumidor não deve aceitar ser tratado como otário. As pessoas dizem que às vezes eu uso palavras ásperas, mas é um otário quem compra um carro pagando de 70% a 100% de ágio. Isso é como se deixar roubar. Não há um governo que substitua um consumidor otário" (Gomes, 1994). Como solução para o problema, o ministro defendeu a intervenção na Câmara Setorial do automóvel, uma vez que, se o ágio era pago ao especulador, uma maneira de corrigir essa distorção seria por meio da cobrança de um tributo (IPI, por exemplo) sobre a transação. Mais sintoma do que causa de um mercado desajustado, o ágio foi um dos principais instrumentos de que se utilizavam os especuladores na época de inflação alta, motivo pelo qual, na opinião do ministro, a prática merecia "repúdio" (Reduções, 1994).

A esperada repercussão de sua fala inaugurou uma série de atritos do ministro com o empresariado nacional. Ciro Gomes já havia se referido a determinados industriais paulistas como "terroristas" em virtude das resistências que haviam oferecido a suas medidas iniciais. Semanas depois, voltou a declarar que havia "empresários patrióticos, que merecem o nosso respeito, e os que sonegam e elevam os preços abusivamente não merecem o respeito de ninguém" (apud Xavier, 2018). Eis um dos germens não apenas do seu desgaste com uma fração importante da elite econômica do país, mas também da dificuldade que FHC, uma vez eleito presidente, teria em mantê-lo no cargo a partir de janeiro de 1995.[7]

Já do ponto de vista da política monetária, as medidas sugeridas pelo ministro iam ao encontro do que ele consistentemente defendeu ao longo de sua trajetória. Em posição de difícil equilíbrio, afirmou que pretendia equacionar a questão dos juros de modo que se incentivasse a produção ao mesmo tempo que se evitasse um consumo desenfreado, condição exigida pelo plano de combate à inflação. Em sua opinião, o "melhor juro era o menor possível" (Novo ministro..., 1994). O retardo com que os efeitos da política monetária se fazem sentir, entretanto, acabou por escamotear os vícios e as virtudes de sua tentativa de controle da demanda agregada via calibragem da taxa de juros.

Uma das mais relevantes providências adotadas no campo monetário durante a sua gestão, porém, foi a criação de um mecanismo de financiamento de longo prazo do setor produtivo. Historicamente, o setor bancário privado nunca atendeu adequadamente a essa demanda dos empresários brasileiros, cabendo às instituições públicas satisfazer esse segmento de importância medular para a imobilização de ativos e a formação de capital em um país em desenvolvimento. Assim, em substituição à Taxa de Referência (TR), o governo brasileiro lançou, no último trimestre de 1994, a Taxa de Juros de Longo Prazo (TJLP), uma linha de crédito subsidiado oferecida pelo BNDES e que remuneraria o PIS/Pasep, o Fundo de Amparo

---

7 Conforme revelou o próprio ministro, Ciro foi convidado pelo presidente eleito FHC para assumir o Ministério da Saúde, contrariando sua expectativa de permanecer à frente da Fazenda.

ao Trabalhador (FAT) e o Fundo da Marinha Mercante.[8] Tratou-se do instrumento creditício responsável por edificar parte significativa do atual parque industrial brasileiro, ainda que eventuais distorções não possam ser desconsideradas na avaliação dessa política (Bolle, 2015).

Ainda assim, a necessidade de controlar a demanda, por um lado, e segurar a taxa de câmbio fixa, por outro, obrigava o governo a utilizar os meios de política monetária de forma parcimoniosa. Desse modo, diante da referida pressão de demanda, o ministro procurou acalmar o mercado demonstrando consciência da necessidade de operar uma política monetária contracionista: "Podemos aumentar o juro lá para o céu e impor restrições ao crediário, não quero fazer isso, mas faço se necessário para salvar o Plano Real" (Gomes, 1994). Questionado sobre qual o patamar condizente como o limite do firmamento, o ministro alegou não haver teto no céu.

Para isso se recorreria a duas medidas para conter eventuais excessos de demanda que depusessem contra a estabilidade da moeda. Além do choque de oferta instrumentalizado pela facilitação das importações,[9] o ministro chegou a admitir que, aliado ao aumento dos juros, o governo poderia limitar o prazo das vendas a crédito para sessenta dias, remédio por ele classificado como "amargo como o jiló" (ibidem). Apesar do apelo tradicional do plano, não deixava de ser uma medida um tanto exótica para uma equipe econômica ortodoxa.[10]

---

8 O episódio gerou atritos com outros membros da equipe econômica. Clóvis Carvalho, secretário-executivo da Fazenda, opunha-se à publicação da medida nos termos em que foi editada. Pérsio Arida, presidente do BNDES, também resistia ao lançamento naquele momento. Vencida a posição do ministro, os conflitos acirraram-se dali em diante, muito em virtude da disputa de espaço no próximo governo.

9 Após reunir-se com empresários do setor têxtil e com fabricantes de aparas de papelão para discutir as pressões por aumentos de preços nesses segmentos, o ministro ameaçou adotar medidas retaliatórias – como reduzir as alíquotas de importação ou introduzir um imposto sobre as exportações – caso o diálogo não surtisse efeito.

10 As medidas creditícias adotadas com vistas à manutenção dos preços naquele trimestre podem ser consideradas o primeiro grande ajuste do Plano Real. Composto por nove itens, o pacote apresentava claro contorno contracionista: (1) proibição para bancos emprestarem recursos para administradoras de cartão de crédito e empresas de compras de faturamento, (2) clientes de cartões de crédito não poderiam parcelar as compras, (3) bancos não poderiam conceder empréstimos com um prazo superior a três meses, (4) proibição para a formação de novos grupos de consórcio de

A política de modernização da estrutura produtiva brasileira remonta à controversa abertura comercial levada a cabo a partir de 1990. Foi no decorrer da década, contudo, que essa estratégia auferiu um caráter sistematizado, atuando como uma das engrenagens de um projeto mais amplo. Nesse sentido, coube a Ciro Gomes reduzir a alíquota máxima do Imposto de Importação (de 35% para 20%) de determinados produtos no âmbito do Mercosul, como a de automóveis novos, por exemplo. Com expectativa de atingir 13 mil produtos importados pelo país, eram dois os principais objetivos da medida: (1) aumentar o nível de concorrência, colaborando com os empresários brasileiros ao extinguir, por outro lado, a cobrança do PIS/Pasep e da Cofins sobre as exportações, e (2) elevar a oferta interna a fim de despressurizar a demanda.

Como esperado, a reação do empresariado nacional foi virulenta. Tratava-se de mais um episódio da coleção de conflitos que o ministro manteve com as entidades de classe, lideradas pela Fiesp, que o acusou de tomar as medidas sem sequer consultá-las. No início de novembro, as relações com os industriais paulistas estremeceram ainda mais. Em entrevista coletiva realizada em Brasília, Ciro declarou que "estava pouco ligando se a Fiesp o apoiava ou não", preferindo "ser apoiado pela população e por sua consciência". Sem especificar a quem se referia, afirmou que "durante muitos anos a Fazenda esteve ao lado dos interesses inflacionários, e agora estava contra ela" (Ciro afirma..., 1994). Não se tratava, como visto, da postura mais conciliadora esperada de um ministro da economia.

Apesar das objeções, o Ministério da Fazenda continuou reduzindo alíquotas de importação. Em 22 de setembro, Ciro publicou uma portaria incluindo 4 mil produtos de limpeza, bebidas e tecidos. Em 2 de outubro, ameaçou zerar as alíquotas para frear uma possível onda de aumentos especulativos de preços após o primeiro turno da

eletrodomésticos e aparelhos eletrônicos, (5) bens não mais poderiam ser arrematados por lances, apenas por sorteios, (6) suspensão da criação de novas administradoras de consórcios, (7) extinção dos limites para a remessa de recursos ao exterior, (8) redução de 180 para noventa dias no prazo máximo para pré-financiamento das exportações e (9) tributação de 9% (IOF) para aplicações de capital estrangeiro em fundos de renda fixa (Xavier, 2018).

eleição daquele ano. Em tom de ameaça, assim advertiu os empresários brasileiros: "Já aviso a todo mundo que pense duas vezes antes de especular com preços" (Gomes, 1994). Em sua opinião, um eventual aumento generalizado de preços após o pleito seria uma "canalhice" que indicaria o "nível de podridão de certas frações da elite brasileira" (apud Xavier, 2018).

Diante do esperado aumento do consumo após a desinflação, o governo optou por aumentar a oferta de importados, e não pela contenção da absorção interna. Para tanto, reduziram-se tarifas de importação – de bens de consumo não duráveis, como produtos de limpeza, relógios, bebidas, feijão, grão-de-bico e lentilha, e de maior valor agregado, como veículos e eletrodomésticos –, fazendo com que a alíquota média do Imposto de Importação caísse para 14% no final de 1994. Tais medidas contribuíram para desincentivar o ágio na venda de veículos novos, prática recorrentemente utilizada em situações de excesso de demanda e restrição de oferta.

O saneamento do setor bancário, aprofundado na segunda metade da década, também contou com a participação de Ciro Gomes. Ao final de sua gestão, o Governo Federal determinou a intervenção do Banco Central no Banco do Estado de São Paulo (Banespa) e no Banco do Estado do Rio de Janeiro (Banerj), cujas diretorias foram substituídas por técnicos do BC após não honrarem suas dívidas com os credores (de 6 bilhões e 515 milhões de reais, respectivamente). Ciro fez questão de frisar que o Banco Central havia apenas refinanciado Banespa e descartado a possibilidade de "quebra" da instituição: "Só vamos socorrer o banco provisoriamente" (Reduções..., 1994). Segundo o seu entendimento, a crise dos bancos estatais requeria uma solução estrutural, que deveria ser tomada no próximo governo.

Por fim, as privatizações. O projeto de liberalização econômica iniciado no governo Collor tinha na desestatização da economia nacional um elemento central. Trata-se de assunto sobre o qual o pensamento de Ciro também passou por algum amadurecimento. Nesse sentido, nota-se sua capacidade de aprendizado e atualização de suas ideias na moderação com que concede à iniciativa privada a prerrogativa de explorar setores relevantes da economia nacional, desde que sob regulação de uma instituição estatal forte e profissionalizada.

No que tange especificamente à atuação da iniciativa privada em setores antes controlados pelo poder público, o então jovem deputado e depois governador Ciro Gomes já aquiescia à desestatização de determinados ramos da economia nacional que não fossem considerados estratégicos. Em *O próximo passo* (1996), Ciro Gomes e Roberto Mangabeira Unger discorrem sobre a privatização de determinados setores econômicos, especialmente em países com dívida interna elevada, uma vez que os recursos angariados pelas vendas de estatais poderiam ser empregados no abatimento da dívida e na redução dos juros pagos pelo governo. Adaptação circunstancial, as privatizações deveriam ser realizadas de forma pragmática e desprovidas de preconceitos ideológicos. "Novas empresas públicas podem ser criadas amanhã, enquanto outras se privatizam hoje. Podemos usar as privatizações para fragmentar a propriedade e acentuar a concorrência, evitando a substituição de monopólios públicos por monopólios ou oligopólios privados" (Unger, 1997).

Em *No país dos conflitos*, publicado em 1994, Ciro ainda se declarava favorável a algumas privatizações (Vale do Rio Doce) e contrário a outras (Petrobras). Na última semana à frente da pasta, também defendeu a privatização da Telebras. Quatro anos depois, em meio à sua primeira campanha presidencial, o então candidato de oposição afirmou, com igual veemência, que "vender a Telebras é um crime contra o patrimônio público brasileiro. O governo Fernando Henrique está vendendo a principal riqueza nacional no menor valor patrimonial que essa riqueza assumiu em toda a sua história" (apud Xavier, 2018). Se habilidade adaptativa ou puro oportunismo, o veredicto depende da régua do julgador.

> Eu tenho um modo de ver a questão das privatizações como uma lógica de reforma patrimonial. É preciso desmobilizar alguns ativos e tapar buracos. É simples. Não amo a privatização como um fim em si mesmo. É um meio de se resolver problemas de passivo. Mas, você pode perguntar: para que serve o Estado na economia, como empresário? Serve para encabeçar iniciativas no setor privado, para criar uma concorrência, em função de eventual tentativa de manipular o mercado. Serve para ser pioneiro tecnologicamente. Uma vez atendidos esses objetivos, ele pode sair. (Gomes, 1994, p.114)

Breve, ainda que tumultuada, a experiência de Ciro Gomes à frente da economia do país mostrou-se exitosa no que concernia, principalmente, à condução do plano de estabilização monetária, a ponto de o ex-presidente Itamar Franco declarar que foi o seu governo o responsável pela criação e implementação do Plano Real, com Rubens Ricupero e Ciro Gomes como os dois principais nomes por trás da nova moeda (Itamar diz, 2009). Nas palavras de Itamar Franco:

> O grande ministro do Plano Real chama-se (Rubens) Ricupero e, em seguida, Ciro (Gomes). E depois houve Paulo Haddad, Eliseu Resende. O plano não é só de um ministro. E é preciso lembrar que o Plano Real foi assinado pelo presidente da República, não por uma ordem técnica. A parte política foi garantida pelo presidente da República. (apud Castro, 2019)

Do ponto de vista pessoal, além de catapultá-lo à condição de presidenciável na eleição vindoura, sua passagem pela Fazenda contribuiu para consolidar parte de seu conhecimento do assunto. Economista prático, Ciro Gomes discorre hoje com segurança acerca dos mais variados assuntos econômicos; a oportunidade de comandar os rumos da economia do país, ainda que por quatro meses, responde por parte significativa de sua aprendizagem empírica.

CONSIDERAÇÕES FINAIS

As principais polêmicas que circunscrevem a carreira meteórica de Ciro Gomes estão relacionadas à maneira incisiva com que o político se posiciona a respeito das distintas questões relacionadas à vida brasileira. Homem público dedicado a estudar os grandes temas nacionais, consolidou opinião marcada sobre os mais variados assuntos, não se furtando a assumir eventuais erros quando assim os fatos o exigem. Sua própria trajetória partidária reflete determinadas vicissitudes de suas ideias. Muito embora tenha passado por seis agremiações de diferentes colorações ideológicas, pode-se verificar a paulatina e linear consolidação de um claro veio norteador de seu projeto político: o combate ao neoliberalismo.

Em sua fase madura, Ciro Gomes vem aproximando sua visão de social-democracia, que já possuía desde a época de governador, do pensamento trabalhista e, mais recentemente, do novo desenvolvimentismo. Defensor de um Estado indutor, que não seja nem máximo nem mínimo, mas necessário para fomentar as forças produtivas do país, Ciro tem ressaltado os efeitos deletérios do processo de desindustrialização por que passa a economia brasileira há mais de três décadas.

Seu projeto de desenvolvimento econômico indica três principais molas indutoras do desenvolvimento. Em primeiro lugar, a recuperação do nível de poupança interna como meio financiador do investimento produtivo nacional. Contrariando a premissa liberal de que a poupança externa seria capaz de fazê-lo, Ciro aponta, baseado na teoria novo desenvolvimentista, a principal consequência onerosa dessa estratégia – a apreciação cambial que, por sua vez, incentiva as importações e depõe contra a viabilização da manufatura nacional.

A segunda delega ao Estado a incumbência de liderar tal projeto, regulando setores nos quais sua atuação direta não se faz necessária e empreendendo diretamente naqueles cujas atividades se mostrem natural e imanentemente estatais, como o financiamento de tecnologia de ponta. Por fim, e diretamente a ele relacionado, um esforço conjunto, público e privado, em investimento em capital humano capaz de viabilizar a potencialidade da inteligência nacional (Gomes, 2020a). Holístico e pragmático, seu modelo incentiva a atuação conjunta e harmoniosa do Estado com a iniciativa privada.

Trata-se, portanto, de um projeto, uma vez que se faz necessário estabelecer metas, prazos, objetivos, custos e tarefas – nacional, porque o ato de empreender é intrinsecamente nacional, congregando capital interno com o desenvolvimento de uma tecnologia eminentemente brasileira, e desenvolvimentista, pois cabe ao Estado o papel de induzir o processo de reindustrialização atualizada à luz da fronteira produtiva inserida na Quarta Revolução Industrial.

Coerente com uma agenda atualizada do desenvolvimentismo original, em especial na sua faceta nacionalista, o pensamento econômico de Ciro Gomes alia a tradição estruturalista que distinguiu pensadores brasileiros a partir dos anos 1950 à realidade material, ideológica e tecnológica do século XXI. Tecnicamente embasado e socialmente justificável, o projeto de Ciro Gomes tenta provar a viabilidade política de um país que reúne condições para tornar-se a fronteira do desenvolvimento global, mas que abdicou de sua grandeza em nome de uma submissão historicamente imposta.

REFERÊNCIAS

A EQUIPE de Dilma é de dar dó. *A Crítica*. Manaus, 2 ago. 2013. Disponível em: https://www.acritica.com/channels/cotidiano/news/a-equipe-de-dilma-e-de-dar-do-diz-ciro-gomes. Acesso em: 14 jan. 2022.

BOLLE, M. B. de. Do Public Development Banks Hurt Growth? Evidence from Brazil. *Policy Brief*, Peterson Institute for International Economics, Sept. 2015. Disponível em: https://piie.com/publications/pb/pb15-16.pdf.

BONELLI, R.; PESSÔA, S. de A. A desindustrialização brasileira em debate. *Carta do FGV-Ibre*, FGV, Rio de Janeiro, 2010a.

BONELLI, R.; PESSÔA, S. de A. Desindustrialização no Brasil: um resumo da evidência. *Texto para Discussão*, FGV-Ibre, Rio de Janeiro, 2010b.

BONELLI, R.; PESSÔA, S. de A.; MATOS, S. Desindustrialização no Brasil: fatos e interpretação. In: BACHA, E.; BOLLE, M. B. de (Orgs.). *O futuro da indústria no Brasil*. Desindustrialização em debate. Rio de Janeiro: Civilização Brasileira, 2013.

BRESSER-PEREIRA, L. C. Desprotecionismo e desindustrialização. *Valor Econômico*, São Paulo, 29 mar. 2012.

CASTRO, J. R. O que foi o Plano Real e como ele controlou a hiperinflação. *Nexo*, 30 jun. 2019. Disponível em: https://www.nexojornal.com.br/explicado/2019/06/30/O-que-foi-o-Plano-Real-e-como-ele-controlou-a-hiperinfla%C3%A7%C3%A3o. Acesso em: 18 jan. 2024.

CIRO AFIRMA que está pouco ligando para apoio da Fiesp. *Folha de S. Paulo*, 3 nov. 1994. Disponível em: https://www1.folha.uol.com.br/fsp/1994/11/03/brasil/4.html. Acesso em: 18 jan. 2024.

CIRO PREGA apoio a Dilma, mas diz que Mantega já deveria ter sido trocado. *O Globo*, 24 jun. 2014. Disponível em: http://g1.globo.com/distrito-federal/eleicoes/2014/noticia/2014/06/ciro-prega-apoio-dilma-mas-diz-que-mantega-ja-deveria-ter-sido-demitido.html.

CIRO QUER porrada na inflação. *Folha de S. Paulo*, 6 set. 1994. Disponível em: https://www1.folha.uol.com.br/fsp/1994/9/06/brasil/12.html.

GOMES, C. F. Ciro Gomes. *Roda Viva*, 1991. (82min28s). Disponível em: https://www.youtube.com/watch?v=QVC1vahiLVw. Acesso em: 23 mar. 2021.

GOMES, C. F. *No país dos conflitos*. Rio de Janeiro: Renavan, 1994.

GOMES, C. F. Ciro Gomes. *Roda Viva*, 1995. (87min22s). Disponível em: https://www.youtube.com/watch?v=YGIYnMabF-M&t. Acesso em: 25 mar. 2021.

GOMES, C. F. Ciro Gomes. *Roda Viva*, 1999. (85min55s). Disponível em: https://www.youtube.com/watch?v=By7dt-b5cQM. Acesso em: 12 mar. 2021.

GOMES, C. F. *Um desafio chamado Brasil*. Rio de Janeiro: Civilização Brasileira, 2002.

GOMES, C. F. Ciro Gomes. *Roda Viva*, 2013. (108min44s). Disponível em: https://www.youtube.com/watch?v=NNwflus2s_g. Acesso em: 23 nov. 2020.

GOMES, C. F. Ciro Gomes. *Casa do Saber*, 2020a. (98min40s). Disponível em: https://www.youtube.com/watch?v=26VTXXX1KsQ. Acesso em: 10 jan. 2021.

GOMES, C. F. *Projeto nacional:* o dever da esperança. São Paulo: LeYa, 2020b.

GOMES, C. F.; UNGER, R. M. *O próximo passo*: uma alternativa prática ao neoliberalismo. Rio de Janeiro: Topbooks, 1996.

ITAMAR DIZ que PSDB não é o 'pai' do Plano Real. *O Estado de S. Paulo*, 1º jul. 2009. Disponível em: https://politica.estadao.com.br/noticias/geral,itamar-diz-que-psdb-nao-e-o-pai-do-plano-real,396314. Acesso em: 18 jan. 2024.

NOVO MINISTRO define privatização e safra como prioridades de governo. *Folha de S. Paulo*, 7 set. 1994. Disponível em: https://www1.folha.uol.com.br/fsp/1994/9/07/brasil/5.html. Acesso em: 18 jan. 2024.

O BRIZOLISTA de cátedra. *Piauí*, n.144, set. 2018. Disponível em: https://piaui.folha.uol.com.br/materia/o-brizolista-de-catedra/. Acesso em: 15 jan. 2024.

PÊCHEUX, M. Análise automática do discurso. In: *Por uma análise automática do discurso*: uma introdução à obra de Michel Pêcheux. Campinas: Editora da Unicamp, 1969.

REDUÇÕES serão mantidas até julho de 95, diz Ciro. *Folha de S. Paulo*, 15 out. 1994. Disponível em: https://www1.folha.uol.com.br/fsp/1994/10/15/brasil/23.html. Acesso em: 18 jan. 2024.

RIBEIRO, J. A. O livro e as propostas de Ciro Gomes. *PDT*. Disponível em: https://www.pdt.org.br/index.php/o-livro-e-as-propostas-de-ciro/. Acesso em: 2 jul. 2020.

SOUZA, L. O. de; PINHEIRO, L. Ciro Gomes. Rio de Janeiro: CPDOC/FGV, 2009. Disponível em: https://www18.fgv.br/CPDOC/acervo/dicionarios/verbete-biografico/ciro-ferreira-gomes. Acesso em: 11 maio 2022.

UNGER, R. M. A nova alternativa latino-americana. *Folha de S. Paulo*, 4 maio 1997. Disponível em: https://www1.folha.uol.com.br/fsp/1997/5/04/mais!/12.html. Acesso em: 18 jan. 2024.

XAVIER, R. M. Turbulência econômica: os 116 dias de Ciro como ministro da Fazenda. *Metrópoles*, 4 ago. 2018. Disponível em: https://www.metropoles.com/brasil/politica-brasil/turbulencia-economica-os-116-dias-de-ciro-como-ministro-da-fazenda. Acesso em: 18 jan. 2024.

10

Pedro Malan

O GUARDIÃO DA ESTABILIDADE: TRAJETÓRIA INTELECTUAL E ATUAÇÃO POLÍTICA

Pedro Hoeper Dacanal e Ivan Colangelo Salomão

INTRODUÇÃO

País de representatividade mosaica, interesses incoadunáveis e tecido social fragilizado, o Brasil acostumou-se à sobreposição do personalismo de seus líderes ao primado das instituições. Uma das principais medidas de tal traço do subdesenvolvimento reside na alta rotatividade dos principais cargos do alto escalão de sua burocracia, sintoma que responde, por sua vez, à instabilidade política inerente a economias marcadas por conflito distributivo tão acentuado.

Raros foram os homens que lograram superar as vicissitudes da política brasileira para inscrever seus nomes na história do país. Um desses casos é Pedro Malan, cujos oito anos à frente do Ministério da Fazenda fazem dele o quarto ministro mais longevo a comandar a economia brasileira no período republicano.[1] Mais do que a duração de sua gestão, foram as transformações estruturais que se destacaram no período em que liderou a equipe econômica que distinguem

1 Os ministros que comandaram a economia brasileira por mais tempo que Malan foram, em ordem de longevidade, Antonio Delfim Netto (sete anos na Fazenda e cinco no Planejamento), Artur de Souza Costa (1934-1945) e Guido Mantega (2006-2014).

a sua passagem pelo Governo Federal. Não bastasse a implementação do Plano Real, reformas institucionais subjacentes à refundação do país estiveram sob a pena de Malan.

Pertencente a uma geração de intelectuais latino-americanos que participou das transformações políticas, econômicas e ideológicas que varreram o continente a partir dos anos 1980, Pedro Malan foi, no caso brasileiro, um dos principais responsáveis pela operacionalização desse processo no último lustro do século XX. Reunidos no Departamento de Economia da Pontifícia Universidade Católica do Rio de Janeiro (PUC-Rio) a partir da década de 1970, o grupo de economistas de que fazia parte analisou, pensou e transformou a economia brasileira no final dos anos 1990.

Nesse sentido, a análise de suas ideias e de sua trajetória profissional contribui para aprofundar o entendimento da própria história recente do país. Dos anos 1960, quando questões da modernidade e da modernização dominavam o debate público brasileiro, passando por sua profícua carreira acadêmica a partir da década seguinte, até sua participação no governo, este capítulo procura alargar a compreensão histórica do Brasil contemporâneo por meio de um de seus mais importantes e discretos atores.

Natural de Petrópolis, Pedro Sampaio Malan mudou-se para o Rio de Janeiro aos 15 anos de idade para concluir os estudos na capital do estado. Ali, aprovado no vestibular da PUC-Rio, iniciou o curso de Engenharia Elétrica em 1961, período em que começou a amizade com dois futuros economistas com os quais manteria produtiva relação acadêmica: Regis Bonelli e Marcelo de Paiva Abreu. Ao lado de outros colegas, o trio envolveu-se com o movimento estudantil, levado pelo interesse despertado pelo acirramento do debate político e econômico travado naquele momento no país. Ainda que não tenha se filiado a nenhuma corrente política, Malan manteve certa proximidade com a Juventude Universitária Católica (JUC) por influência de primos mais velhos que já atuavam na entidade (D'Araujo; Farias; Hippolito, 2005).

Das leituras de economia realizadas na época da graduação, Malan relata alguma ênfase em autores estruturalistas, como "o livro de Prebisch sobre Keynes, o do Alvin Hansen, Sunkel, Norberto

Gozalez...", pois "tinha interesse nesses textos da Cepal". Também leu Celso Furtado – *Formação econômica do Brasil* (1959) e *Desenvolvimento e subdesenvolvimento* (1961) –, assim como faziam os outros estudantes do seu círculo: "todos nós líamos Celso Furtado". Fora do âmbito da Cepal, uma obra que o "marcou muito" foi *A estratégia do desenvolvimento econômico*, de Albert Hirschman (Malan, 2019). Sob tais influências, o estudante de Engenharia decidiu seguir a carreira de economista, cuja era de ouro no Brasil se iniciava naquele período.

A decisão que mudaria os rumos de sua trajetória profissional teria sido tomada em 1964, quando participou de um programa de intercâmbio nos Estados Unidos. Direcionado a universitários envolvidos com política estudantil, em sua maioria com inclinações à esquerda, o programa da Associação Universitária Interamericana tinha como objetivo explícito aproximar os futuros líderes brasileiros da realidade norte-americana a fim de oferecer-lhes uma imagem menos negativa do país, e não aquela "falsa", depreciativa, geralmente cultivada nesses círculos (CPDOC, 1962). Algo similar a outras iniciativas da potência capitalista na América Latina, o programa oferecia palestras em universidades de prestígio e encontros com figuras públicas de relevo – como o economista Paul Rosenstein-Rodan, o diplomata Henry Kissinger e até mesmo o presidente John Kennedy. Mas como "ninguém era ingênuo", a admiração com o que se assistia vinha acompanhada de certo ceticismo.[2]

Concomitantemente ao último ano de Engenharia na PUC, Malan, Bonelli e Abreu iniciaram, em 1965, o curso de Economia na Universidade do Estado da Guanabara (atual UERJ) no período noturno. "Frustrados com as aulas", decidiram trancar a matrícula após alguns semestres (Klüger, 2017, p.409). Já formados engenheiros, Malan e Bonelli passaram a frequentar o Curso de Treinamento em Problemas do Desenvolvimento Econômico (CTPDE), promovido pelo Centro de Desenvolvimento Econômico em convênio estabelecido pela Cepal e o BNDE. Aconselhado por Aníbal Pinto – economista chileno integrante do primeiro grupo da Cepal e diretor do

---

2 O próprio Malan (2019), em seu relatório final, teria escrito que "Harvard não [era] os EUA em seu conjunto, Massachusetts também não".

Centro –, Malan matriculou-se na edição de 1966 em Vitória (ES), cidade-sede daquele ano.

No núcleo básico de disciplinas constavam Contabilidade Social, Programação do Desenvolvimento Econômico, Financiamento do Desenvolvimento Econômico, Elaboração e Avaliação de Projetos, as quais foram complementadas por outras matérias e palestras diversas. O corpo discente era composto por técnicos de formação heterogênea, e os docentes eram ligados à Cepal e às instituições anfitriãs em cada cidade. Na opinião de Malan, tratava-se de um corpo docente qualificado e competente,[3] com o qual manteve uma relação frutífera e positiva, além de ter tido ótimos cursos de estatística e de matriz insumo-produto (Malan, 2019).

O certificado do curso Cepal-BNDE foi o documento que viabilizou seu ingresso, como analista de planejamento e pesquisa, no recém-criado Instituto de Pesquisa Econômica Aplicada (Ipea).[4] Em setembro de 1966, juntou-se ao "grupo novo que estava se expandindo no Ipea, dentro do setor conhecido como indústria geral". Trabalharia com Arthur Candal – economista de inclinação desenvolvimentista que estudara com os cepalinos no Chile e com Kalecki e Lange em Varsóvia – na pesquisa que daria origem ao documento *Industrialização brasileira* (Ipea, 1968). A obra, que integrava o projeto do Plano Decenal, encomendado pelo ministro do Planejamento Roberto Campos, teve grande repercussão naquele ano de 1967, a partir do qual ficou conhecida como *Diagnóstico* (ibidem).

Se o *Diagnóstico* era um trabalho estruturalista produzida dentro do principal órgão de pesquisa econômica de um governo que, de alguma maneira, procurava se afastar de certas tendências estruturalistas – geralmente associadas ao espectro da esquerda –, é porque havia, no Ipea, um nível razoável de liberdade de pensamento.

---

3 Em Vitória, Malan assistiu aos cursos dos brasileiros Ferdinando Figueiredo e Antônio Barros de Castro, do argentino Norberto González e, possivelmente, dos uruguaios Enrique Iglesias, futuro presidente do Banco Central do Uruguai e secretário-executivo da Cepal, e Samuel Lichtensztejn, futuro reitor da Universidade da República e ministro da cultura no Uruguai.

4 A designação do então Escritório de Pesquisa Econômica Aplicada (Epea) foi alterada para Ipea em fevereiro de 1967.

O contato com o estruturalismo nunca foi abandonado na instituição, mas a aproximação com pesquisadores que atuavam nos Estados Unidos sinalizava a crescente influência da academia anglo-saxã no país. Por meio de convênio estabelecido com a Universidade da Califórnia (Berkeley), Malan teve contato com Joel Bergsman, um desses consultores americanos com quem veio a publicar seu primeiro artigo: "A estrutura de proteção industrial no Brasil" (1970). Com apoio de Bergsman e do Ipea, Malan apresentou o trabalho na sede do Banco Mundial, em Washington, no qual pôde colher a avaliação de vários participantes que trabalhavam com o mesmo tema em outros países. Eis a experiência que o convenceu a ingressar em um curso de doutorado em Economia. Aceito nas universidades de Oxford e Berkeley, optou pela segunda, mudando-se para a Califórnia em agosto de 1969 (Malan, 2019).

Os Estados Unidos que Malan conheceu *in loco* haviam vivido uma das mais expressivas ondas de prosperidade econômica nos dez anos anteriores e experimentado, concomitantemente, uma convulsão política, social e cultural disruptiva. Após as perseguições do macarthismo nos anos 1950, os direitos e as liberdades individuais e coletivas passaram a balizar o novo momento, fenômeno que se refletia no universo acadêmico, inclusive na área de economia (Lee, 2009).

Entre o *mainstream* neoclássico já estabelecido e o monetarismo em ascensão, abria-se espaço, naquele contexto, para o surgimento de perspectivas progressistas, como a da Union for Radical Political Economics.[5] A linha seguida por Malan em Berkeley estava institucionalmente ligada ao *mainstream*, mas sem se valer de teorizações excessivamente formalizadas do ponto de vista matemático. Como outros economistas estrangeiros que obtiveram o PhD nos Estados Unidos, sua tese versaria sobre seu país de origem – no seu caso, uma história econômica do Brasil bastante factual, voltada para as questões do desenvolvimento, objeto complexo e para o qual teorias prontas não entregavam respostas satisfatórias.

5 Formada em 1968, a associação se destacaria por suas causas políticas e questionamentos à produção do conhecimento econômico e à profissão do economista (Tinel, 2004).

Durante sua passagem pelo Ipea, Malan se aproximara de Albert Fishlow, economista com interesse em temas históricos que chegara de Berkeley em 1967 e que retornaria aos Estados Unidos após o decreto do Ato Institucional nº 5, em dezembro do ano seguinte (D'Araujo; Farias; Hippolito, 2005). Fishlow, que anos depois se tornaria seu orientador de doutorado, pertencia a uma esquerda moderada, que poderia mesmo parecer conservadora diante das revoluções sociopolíticas dos anos 1960 e 1970 – posicionamento próximo ao de Malan, com quem cerrou fileiras contra a ditadura militar-civil (1964-1985), tanto no campo político quanto na defesa de políticas de mitigação das desigualdades.

OS ANOS 1970

Após concluir as disciplinas em Berkeley, Malan retornou ao Brasil em 1971, em meio ao já percebido "milagre econômico", período em que publicou uma série de artigos que serviram como base para sua tese de doutorado, defendida em 1977. Nesse período, Malan também se tornou figura pública ao participar de forma mais ativa do debate econômico por meio de artigos publicados na imprensa. Essa liderança entre os economistas de oposição à ditadura o levaria a se tornar o primeiro presidente do Instituto dos Economistas do Rio de Janeiro (IERJ), criado em 1977.

Redigido enquanto ainda residia nos Estados Unidos, o artigo "A rentabilidade macroeconômica de projetos de investimento" (1972) criticava um manual da OCDE para o cálculo de avaliação de investimentos nacionais, pela falta de clareza nas hipóteses subjacentes e, sobretudo, pela excessiva simplificação da realidade inerente à racionalidade neoclássica: "'O economista profissional' está sempre sujeito a ficar 'exasperado' ao abordar problemas 'práticos' do desenvolvimento econômico valendo-se apenas das construções hipotético-dedutivas da teoria neoclássica." (Malan, 1972, p.299).

Conquanto a teoria pós-keynesiana ou radical não tivesse grande influência em Berkeley, Pedro Malan manteve algum contato com tais linhas de pensamento heterodoxo, como, por exemplo, a obra de

Nicholas Kaldor no início dos anos 1970, conhecimento que lhe permitiu, a convite de Maria da Conceição Tavares, ministrar um curso sobre os modelos de crescimento keynesianos na Universidade Federal do Rio de Janeiro em 1972 (idem, 2019). No ano seguinte, recebeu proposta ainda mais desafiadora: viajar semanalmente à capital do país durante um ano para integrar o novo programa de mestrado em Economia da Universidade de Brasília (UnB), prestando apoio a seu amigo Edmar Bacha, que havia assumido a chefia do departamento com o intuito de construir ali a "Cambridge do Planalto" – se a inglesa ou a americana (o MIT) não se sabe, pois o programa envolvia técnicas neoclássicas, temas latino-americanos, ideias da Cepal e mesmo teoria marxista. Tratava-se de uma proposta eclética e alternativa aos mestrados liderados por economistas governistas da FGV-Rio e da USP, além de crítica a certas políticas econômicas da ditadura.

Pelo mesmo motivo, o oposicionismo intelectual oferecido pelo Centro Brasileiro de Análise e Planejamento (Cebrap), em São Paulo, também atraiu o interesse de Pedro Malan e Edmar Bacha.[6] A dupla de amigos fez-se mais assídua, entretanto, nos foros realizados no Rio de Janeiro, como os organizados pela Sociedade Brasileira para o Progresso da Ciência (SBPC). Ali, já em 1973, estiveram ao lado de outros intelectuais de esquerda, como Francisco de Oliveira e Paul Singer, do Cebrap, Antonio Barros de Castro, da Cepal e Ignácio Rangel, do BNDE, com os quais debatiam temas como dependência tecnológica, multinacionais, imperialismo, conjuntura internacional e dívida externa.

Outro interlocutor com o qual Pedro Malan manteve importante relação intelectual e interlocução acadêmica foi o economista inglês John Wells, seu colega em Berkeley, com quem publicou em 1972 um artigo procurando formalizar as ideias que Furtado expusera no livro *Análise do modelo brasileiro* (1972). Segundo os autores, a análise de Furtado apresentava traços bem definidos de uma teoria do subconsumo, demostrando que um sistema capitalista com as características estruturais brasileiras não teria condições de "gerar de forma

6 Pedro Malan e Fernando Henrique Cardoso, um dos mais destacados membros do Cebrap, já se conheciam desde os anos 1960, quando passaram a se frequentar por meios e motivos pessoais antes dos acadêmicos (Malan, 2019).

espontânea o nível e a composição da demanda adequados para a utilização de sua capacidade produtiva potencial". A ênfase no papel da intervenção estatal para influenciar o nível e a composição do consumo seria a face original da interpretação furtadiana.

O trabalho de Malan mais importante dessa época também foi escrito em parceria com Wells. Trata-se da crítica à interpretação de Carlos Langoni (FGV-Rio) acerca da controvérsia da distribuição de renda durante o período do "milagre econômico" (Malan; Wells, 1973; Langoni, 1973). De acordo com os autores, Langoni ignorava "de forma deliberada" a existência de interpretações alternativas à sua, que enfatizava apenas a conhecida dinâmica de escassez da mão de obra qualificada em um cenário de crescimento mais que proporcional da sua demanda em relação à demanda da não qualificada. Daí o crescimento mais elevado das remunerações mais altas.

Na opinião de diversos economistas de oposição ao regime, incluindo Malan e Wells, o quadro de análise deveria ser mais amplo para que se pudesse captar outros elementos explicativos do fenômeno. Sugeria-se que Langoni havia desprezado "as relações entre distribuição de renda com as diferentes formas de condução da política econômica e com o peculiar padrão de desenvolvimento no Brasil ao longo da década de 1960". Ao ignorar a determinação arbitrária de certas remunerações e seu controle político pelo regime – especialmente do salário-mínimo –, a análise de Langoni se convertia "mais em uma *justificativa* para o que efetivamente ocorreu, do que em uma tentativa científica de explicar o porquê do ocorrido". Nos termos empregados pelos autores, as conclusões a que Langoni chegou não passavam de uma "visão de livro-texto de desenvolvimento econômico" (Malan; Wells, 1973, p.1108, 1120).

Após réplica de Langoni, em que os tachou de "radicais", Malan publicou mais uma tréplica[7] na qual insistiu que o trabalho do economista da FGV-Rio não prezava pela cientificidade, mas apenas reproduzia com "falsa objetividade" argumentos sobre demanda, oferta e diferenças nas taxas marginais de produtividade entre trabalhadores

7 Diante da recusa dos editores da revista *Pesquisa e Planejamento Econômico* em publicar a tréplica, o texto saiu no periódico publicado pela FGV de São Paulo.

para, ao fim, justificar a concentração de renda. Malan insinuava que Langoni fazia "ciência normal", conforme a conhecida definição de Thomas Kuhn, pois prendia-se não só a uma leitura paradigmática no campo científico, mas também às dominantes no campo político. Se "a verdade está no poder", no caso de Langoni, ela estaria em Chicago e em Brasília. Na visão de Malan, nem Chicago era "o centro do mundo acadêmico", nem o governo ditatorial era o "balizador das verdades, merecedor de reverências" (Malan, 1974, p.117-8). Novamente em coautoria com Wells, Malan retornou ao tema ao publicar outro artigo em 1973. Sem citar Langoni e escrito sob pseudônimo, para não reforçar a polêmica em que seu nome se envolvera, os autores argumentavam que o crescente influxo de empréstimos externos reforçava o modelo concentrador de renda e de ativos no setor industrial (Sampaio; Wells, 1973).

A carreira acadêmica de Malan não se fez apenas da elaboração de críticas, contudo. Um de seus mais conhecidos trabalhos, desenvolvido em parceria com colegas do Ipea, foi o livro *Política econômica externa e industrialização no Brasil*, publicado em 1977. Diante do histórico de "heterodoxias" na condução política econômica brasileira, os autores procuraram atenuar determinadas críticas direcionadas àquelas. Malan e coautores entendiam os anos do Estado Novo (1937-1945), de forte intervenção do Estado no domínio econômico, como um período muito mais importante do que o concebido pela literatura, pois ali se instalara "um certo estilo de intervenção governamental" que se projetou até os anos 1970 (Malan et al., 1977, p.17).

Para Malan, a industrialização e a modernização tardia eram fenômenos demasiadamente complexos para que se elegesse apenas um equívoco a justificar o seu fracasso. Em alguma medida, argumenta Malan, os países periféricos teriam sido submetidos a uma agenda praticamente inescapável – a industrialização – que, por sua vez, esbarrava em limites internos e externos. Nesse sentido, o autor delegava à "estrutura desequilibrada" do balanço de pagamentos a principal barreira limitadora para o desenvolvimento brasileiro, que veio a se tornar o tema de sua tese de doutorado – *Foreign-Exchange Constraint Growth in a Semi-Industrialized Economy* (Malan, 1977a, 1977b). Tanto na tese quanto em trabalhos dela derivados, Malan

(1977b, p.146) destacava a precariedade da abordagem "neomonetarista" que, embora pretensiosa, trataria de apenas "um caso particular de esquemas mais gerais de análise, mesmo no âmbito, ainda restrito, da teoria convencional".

Já no governo Geisel (1974-1979), a lenta, gradual e segura abertura do regime permitiu a organização e o estabelecimento de novos foros de análise crítica. O já referido Instituto dos Economistas do Rio de Janeiro (IERJ), entidade criada naquela época por "jovens economistas" preocupados em desfazer a imagem de tecnocrata apolítico do profissional da categoria, pretendia demonstrar que os economistas também poderiam ser democráticos. Assim, defendiam que "o IERJ fosse aberto" para os estudantes e a população em geral, afastando-se da imagem de uma torre de marfim. O *think tank* de oposição pretendia-se plural também nos temas debatidos, abrindo espaço para questões adjacentes à economia, como urbanismo, saúde, educação, distribuição de renda e manipulação de dados estatísticos que comprometessem indiretamente o padrão de vida do trabalhador brasileiro. Tal espírito permitiu, por exemplo, a contribuição direta do IERJ para a instalação do escritório regional do Departamento Intersindical de Estatística e Estudos Socioeconômicos (Dieese) no Rio de Janeiro (Dieese, s.d.).

Em 1979, o IERJ concedeu a Celso Furtado o título de "parceiro nº 1", entregue pelas mãos de seu primeiro presidente. Em seu discurso, Malan afirmou que o homenageado representava "toda uma geração de economistas", pois era "um grande intelectual e humanista que nunca perdeu sua capacidade de refletir sobre o mundo ao seu redor e por isso foi vítima da arrogância e arbitrariedade que marcou a sociedade brasileira" (Furtado quer..., 1979). Em seus agradecimentos, Furtado deixou uma provocação para a nova geração: "Nós, cientistas sociais, estamos muito próximos de uma transformação que deve se dar na sociedade brasileira. Temos, por isso, a responsabilidade histórica única de inventar uma história original" (ibidem).

Tal invenção não deveria ser imposta verticalmente, contudo. Conforme expressou o próprio Malan no início de 1978, "a solução não está na imaginação criadora da tecnocracia". Fazia-se necessário modificar o campo político para alcançar o econômico; para redistribuir a riqueza seria essencial distribuir o poder político, dar voz àqueles que deveriam se beneficiar de uma nova configuração social menos iníqua. Nos países que lograram desconcentrar renda e riqueza, o processo deu-se necessariamente associado à existência de sistemas políticos que não só "reconheciam explicitamente a legitimidade do conflito, como criaram canais institucionais para sua livre expressão" (O que é..., 1978).

Em diversos artigos publicados na mídia impressa, Malan apontava a importância de ampliar e amplificar os debates públicos de modo a permitir que grupos sociais historicamente vulneráveis participassem ativamente dos destinos do país. Ao reconhecer que esse objetivo poderia ser embaraçado pelo "nosso elitismo", Malan alertava para o risco de frustrar as esperanças caso houvesse um rearranjo conservador e reativo, aberto ou disfarçado: "O perigo [era] um novo pacto entre as elites". Promover liberdades de associação e expressão aliviaria o perigo de um "novo pacto", isto é, do reacionarismo institucional político (ibidem). Também implicaria, é verdade, o desmembramento e a diferenciação interna de grupos antes amalgamados pelas intransparências. Não obstante as consequências imediatas, o futuro do Brasil como sociedade razoavelmente pluralista e coesa dependia do sucesso da abertura política:

> Anos de retrocesso político tornaram extremamente opaco o processo de entendimento de algo que é corriqueiro em qualquer sociedade pluralista avançada: a identificação de quem é contra (a favor) de quê e em que termos. Só um processo político aberto permitiria que a esfinge começasse a ser decifrada – antes que nos devorasse. (A frente..., 1978, p.11)

Já contratado para lecionar no Departamento de Economia da PUC-Rio, em 1979, Pedro Malan retornaria ao tema da democracia em trabalho com tinturas mais acadêmicas. Em "Desenvolvimento econômico e democracia", Malan (1979) se valeria de referências diversas – de Oliveira Vianna a Raymundo Faoro, mas, sobretudo, de Antonio Gramsci[8] – para analisar as estruturas políticas da sociedade

8 Para Malan, Gramsci renovara a abordagem marxista, "reintroduzindo o especificamente político" em um campo intelectual dominado pela lógica do economicismo

brasileira moderna. Ele procurava evitar um "marxismo mal digerido" que via o Estado como um "comitê executivo da classe dominante", mas também não se deveria cair no ideal rousseauniano da "vontade do povo". O Estado seria um "pacto de poder", de "dominação", alicerçado nos vínculos entre grupos "subalternos" e "classes dominantes", conforme atestara Gramsci. E recorrendo a Fernando Henrique Cardoso, afirmava que esse mesmo Estado seria "permeável às contradições da sociedade civil", concluindo que, no momento histórico em que escrevia, existia "espaço aberto à ação política" dentro dele (ibidem).

Diferentemente de outros intelectuais de sua geração, Malan não se filiou a nenhum partido ou movimento político. Pouco tempo após assumir a presidência do IERJ, no qual julgava ter cumprido seu papel institucional, afastou-se do cargo após gestão descrita como "apartidária". Observador astuto e interlocutor transigente com ideias variadas, desde que no âmbito do espectro democrático, sua postura não agradava economistas mais radicais, que reclamariam de seu "cachimbar tranquilo" diante de discursos que "não engoliam" (Economistas..., 1980). Mesmo naquele momento de acirramento político e renascimento de esperanças, arroubos e voluntarismos não compunham o *modus operandi* de Malan. O desmembramento paulatino da esquerda contribuiu, de alguma maneira, para que os economistas ligados à PUC-Rio ganhassem destaque no debate econômico nacional. Alguns deles integrariam governos após a redemocratização na década de 1980, ao final da qual, após rios cruzados e cruzeiros, a desintegração do bloco de oposição ao regime militar revelaria a dinâmica futura da Nova República.

A DÉCADA DE 1980

Em movimento similar ao observado em outros países durante os anos 1980, os intelectuais brasileiros perderam a aura – difundida

---

vulgar, que explicava tudo pela "lógica do capital", pelas superdeterminações da infraestrutura etc.

pelo seu estrato social, a(s) elite(s) – de porta-vozes das expectativas de transformação da sociedade e se reposicionaram em relação a outros atores sociais emergentes (Pécaut, 1990). Restaram aos economistas a análise de problemas econômicos e a sugestão de medidas para solucioná-los, o que não deixava de ser um lugar ainda privilegiado. Questões de prazo mais alongado, que demandariam planos e projetos, se diluiriam na condução cotidiana da política econômica instrumental.

Tal desnorteameno refletia tanto o fim da luta pela democratização do país quanto um movimento, que extrapolava fronteiras nacionais, de encurtamento do horizonte de expectativas, causado por fatores variados e conjugados: a decadência de visões alternativas ao capitalismo, o surgimento dos pessimismos tecnológico e ambiental, e a necessidade de equacionar as graves crises inflacionária e da dívida externa. Muito embora o pós-Segunda Guerra tenha sido pródigo na criação de expectativas, os anos 1980 abalaram as certezas de que se gozou nas três décadas após o fim do conflito ao esgotarem as possibilidades de desenvolvimento à luz do modelo fordista-keynesiano.

Se as transformações se fizeram notar em todas as áreas do conhecimento e da materialidade humana, no terreno entre as ciências sociais e a política viu-se o definhamento do arcabouço que sustentava a percepção da existência de classes, compromissos, verdade, totalidade, transformação e nação, em benefício de outro em que sobressaíam indivíduos, liberdades, incertezas, fragmentação, precaução e globalização. No que tangia especificamente à economia, a inflação renitente, a vulnerabilidade externa e o baixo crescimento precipitaram a implementação de políticas e rearranjos institucionais de caráter liberal, em alguma medida consoantes com o que se adotara havia pouco tempo nos países desenvolvidos.

No Brasil, o Departamento de Economia da PUC-Rio, cuja identidade histórica se define a partir não de uma, mas de duas cisões, foi protagonista nessa transição. Na primeira cisão, um grupo de jovens economistas afastou-se, em 1977, da FGV-Rio e de seu "neomonetarismo", protegido institucionalmente (mas não adotado) pelo regime autoritário, e criou um programa de mestrado alternativo,[9] no qual se reuniram professores que defendiam teses econômicas mais à esquerda, aproximando-as do instrumental neoclássico e da academia anglo-americana.

A segunda divergência ocorreu cerca de uma década depois e esteve diretamente relacionada ao legado político, econômico e ideológico do desenvolvimentismo. Enquanto a maioria dos intelectuais de esquerda conservou elementos importantes do leque conceitual dos anos 1950 – tais como as técnicas de planejamento, da intervenção direta em preços e quantidades, do investimento público generalizado e da industrialização e modernização dirigidas –, os economistas da PUC-Rio encamparam ideias menos intervencionistas e de transformação gradual, focalizando a estabilidade e o progresso de longo prazo que sintonizasse a economia brasileira aos fluxos dos mercados estrangeiros. Nas lutas domésticas contra a inflação e a dívida externa, percorreram seu caminho de Damasco, atentos ao que o cenário internacional e a academia anglo-saxônica traziam de novo sobre tais fenômenos.

Mais uma vez, Pedro Malan se encontrava no centro desse processo. A convite de John Wells, Malan passara quatro meses de 1980 em Cambridge, reduto (pós-)keynesiano, como *visiting scholar* no Center of Latin American Studies (Malan, 2019). Nesse período, publicaram juntos um artigo sobre contenção da inflação e de déficits no balanço de pagamentos, análise feita por meio de "modelos estruturais, relacionados à tradição estruturalista latino-americana, à teorização para política econômica de Cambridge sobre o assunto (na linha [de] Kaldor) e, em menor medida, aos chamados modelos escandinavos de inflação nas economias abertas" (Malan; Wells, 1984, p.407). O artigo abordava a inflação como "espécie de mecanismo de defesa do sistema econômico" diante das inúmeras demandas conflitantes por moeda, orçamento e crédito. O "funcionamento normal do mecanismo de preços" por si só não eliminaria

9 O mestrado em Economia da PUC-Rio foi criado em 1977 por Dionísio Dias Carneiro, Francisco Lopes e Rogério Werneck.

os desequilíbrios causadores da inflação, e a "solução" geralmente envolvia (mais) déficits públicos e das contas externas.

A proposta de Malan e Wells para conter a inflação visava ao longo prazo e envolvia investimentos em três pontos cruciais: (1) aumentar a produtividade geral, principalmente no setor agrícola de bens *non-tradables* (maior parte da cesta básica da classe trabalhadora), (2) incrementar as exportações de *tradables*, sobretudo manufaturas, e (3) na clássica toada desenvolvimentista, corrigir os famigerados pontos de estrangulamento. Os "pacotes convencionais de estabilização", então "vendidos em todo o mundo", ignoravam tais medidas, de modo que o insucesso das estratégias tradicionais não mais surpreendia os economistas brasileiros (ibidem). Diante da expressiva queda do PIB e do ajuste recessionista implementado a partir de 1981, a crítica de Malan sugeria uma "miopia de curto prazo" na condução da política econômica e a "necessidade de reviver um mínimo de planejamento econômico" (Malan, 1982).

Em 1981, Pedro Malan prestara concurso para professor titular na UFRJ, apresentando tese que lhe daria o título de livre-docente pela universidade, mas não o cargo de professor. Em *Política econômica e teorias de balanço de pagamentos: relações internacionais do Brasil no período 1946-1979*, Malan teceu uma série de agradecimentos que, de alguma maneira, refletiam as escolhas e vicissitudes da sua trajetória até aquele momento. Dentre outros reconhecimentos, citou a criação dos novos mestrados em Economia sediados no Rio de Janeiro – o da PUC e o da UFRJ – e "suas respectivas propostas de pensar o Brasil com os pés na terra, o coração no social e a cabeça no mundo"; o aprendizado com os colegas Tavares, Bacha, Lessa, Dias Carneiro e outros; indicou o IERJ como "símbolo de serventia social" da "profissão para além do governo e da academia"; e, por fim, reafirmou a influência em sua formação profissional dos mestres Furtado, Fishlow e Hirschman.

No que tocava especificamente ao conteúdo, o trabalho resgatava diversos elementos de suas pesquisas anteriores. As novidades ficaram a cargo da análise da inserção internacional do Brasil e suas relações econômicas e geopolíticas entre 1940 e 1960. Além disso, Malan já notava certo desgaste da teoria keynesiana, sugerindo que o fomento da demanda agregada *per se* deixara de ser garantia de crescimento econômico. Caberia ao Estado planejar e agir, mas por meio de instrumentos modernos de política econômica, sobretudo no que dizia respeito à distribuição de renda. É nesse sentido que Malan entendia como ultrapassada a dicotomia "Estado x mercado": no aforismo atribuído a Marx, de cada qual, segundo sua capacidade; a cada qual, segundo suas necessidades (idem, 1981).

Outra etapa importante de sua carreira começou com um telefonema recebido ao final de 1982 em sua sala na PUC. O convite para integrar o setor de análise econômica do secretariado da ONU lhe renderia uma experiência de dez anos nos Estados Unidos, nos quais trabalhou no Banco Mundial, no Banco Interamericano de Desenvolvimento (BID) e como negociador da dívida externa brasileira. Promovido pela ONU, Malan coordenou a preparação do *World Economic Survey*[10] de 1986. Com dados até março daquele ano, a obra analisava o recém-lançado Plano Cruzado, elaborado por alguns colegas de Malan da PUC-Rio,[11] e o homólogo argentino Austral, reformas monetárias aparentemente bem-sucedidas em conter "expectativas inflacionárias". Indicado pelo governo ao final de 1986 para a diretoria regional no Banco Mundial e, depois, no BID, Malan acompanhou de longe o colapso do plano e a consequente decretação da moratória da dívida externa em fevereiro do ano seguinte.

O fracasso do Cruzado e de outros planos de estabilização monetária adotados após a queda do regime militar (1964-1985) serviu como aprendizado teórico e institucional aos atores, políticos e técnicos, envolvidos no assunto. Além disso, permitiu encontros e contatos com economistas, políticos, banqueiros e técnicos das agências internacionais sediadas nos Estados Unidos que viabilizaram um alinhamento mais claro de perspectivas e, sobretudo, de expectativas – por exemplo, o seminário organizado pelo Banco Mundial e pelo FMI, em fevereiro de 1987, cujo principal objetivo era debater políticas de ajuste promovidas por ambas as instituições em diversos

---

10 O relatório recomendava medidas para a melhoria dos índices de endividamento, inflação e desemprego, principalmente nos países pobres e em desenvolvimento.

11 Tais como André Lara Resende, Persio Arida, Francisco Lopes e Edmar Bacha.

países. Enquanto o Cruzado ouvia seu réquiem e os colegas da PUC desembarcavam do governo, Malan debatia com o liberal clássico Jagdish Bhagwati e com Jeffrey Sachs, liberal mais keynesiano, sobre políticas de comércio e de câmbio para países em desenvolvimento. Malan concordava com Bhagwati acerca da relevância do setor exportador, ainda que subscrevesse a restrição colocada por Sachs no que tocava à parcimônia no ritmo de liberalização do balanço de pagamentos. Em sua visão, condições adversas exigiam pragmatismo, e não posições doutrinárias na condução da política econômica (idem, 1987).

Em outra sessão, John Williamson e Michael Bruno, com quem Malan mantinha afinidades intelectuais e travou convivência amistosa em diferentes épocas (idem, 2019), também convergiam para tal linha "liberal reformista": as adversidades, reais, não seriam solucionadas pelo radicalismo liberal *à la* Chicago. Os exemplos mais destacados de liberalização gradual, organização fiscal e desenvolvimento dinamicamente sustentado foram os da Coreia do Sul e do Japão, exatamente os mesmos casos a que Malan se referiria anos depois, no Fórum Nacional realizado no Rio de Janeiro em novembro de 1990. Nesse momento, Malan já havia se convencido da inevitabilidade do ajuste fiscal, uma das "prioridades absolutas" para a superação tanto da inflação quanto do impasse externo (idem, 1990). As experiências da segunda metade dos anos 1980 haviam transformado em definitivo o jovem economista que flertara com a heterodoxia da macroeconomia estruturalista.

Eis a base do pensamento de Malan no final da década que varreu convicções e inaugurou uma nova era da teoria – e da ideologia – econômica. Nem ortodoxo nem heterodoxo, o Pedro Malan que se apresentou na conferência em homenagem a Albert Hirschman, realizada na Argentina em novembro de 1989, já não lembrava o mesmo economista que, anos antes, defendia "estabilização e gradual redução da taxa de inflação" sem estabelecer relação direta nem normatividade clara sobre moeda, déficits fiscais e credibilidade externa (idem, 1982, p.111-6). Em Buenos Aires, argumentou que "para readquirir credibilidade, a política econômica no Brasil" deveria "focar, no curto prazo, a redução da inflação e a retomada do controle sobre as políticas monetária e fiscal" e, paralelamente, redimensionar o Estado e renovar a relação do setor público com o privado (Malan; Bonelli, 1990, p.4, 63). Novos ventos sopravam no Sul, mas também varriam o Norte: ali, em solo argentino, Malan soube que, em Berlim, o muro ruía (Teitel, 1992).

Além da apresentação principal, Malan teve direito ainda a uma fala secundária ao final da conferência, publicada em 1991 sob o título "Uma crítica ao Consenso de Washington". Afora as menções ao próprio Albert Hirschman e a John Williamson – que sumarizou e batizou o "consenso" –, o cerne de seu pronunciamento remetia à naturalização da hegemonia de determinadas ideias universais. Ao abordar as agendas que Washington procurava impor a economias latino-americanas, Malan ressaltou que um ajuste daquela natureza visava à restruturação macroeconômica dos países no que dizia respeito à higidez fiscal, às contas externas e à sincronização entre movimentos de câmbio, salários e juros.

Já na agenda micro, cujo foco era a elevação da eficiência do sistema de preços e da alocação de recursos, ele previa dificuldades no enfrentamento com instituições, regulações e incentivos. Ainda assim, reconhecia que crescimento e desenvolvimento não viriam "naturalmente, como cogumelos selvagens em solo fértil umedecido por uma chuva de primavera" tal qual o "consenso" supunha (Malan, 1991). Ao setor público caberia "assegurar crescimento, desenvolvimento e mudança tecnológica de longo termo"; em outros termos, coordenar a "programação de investimentos" que ativassem o *animal spirit* de investidores e revertessem a tendência de espera dos agentes econômicos – ou, em linguagem keynesiana, de preferência pela liquidez (ibidem, p.10-1).

Foi a esse Pedro Malan, economista maduro intelectualmente e com larga experiência política, que coube a tarefa de administrar o último e mais bem-sucedido plano de estabilização monetária lançado no Brasil quando de sua nomeação para o Ministério da Fazenda, em janeiro de 1995.

A GESTÃO DE MALAN NO MINISTÉRIO DA FAZENDA (1995-2002)

Meses após a implementação do Plano Real e da criação da nova moeda, Pedro Malan deixou a presidência do Banco Central e assumiu o Ministério da Fazenda no início do primeiro mandato de Fernando Henrique Cardoso. Se o jovem economista passara as duas décadas anteriores debatendo propostas para controlar a inflação, o agora ministro Malan teria, ele próprio, que zelar pela estabilidade de preços recém-conquistada.

De "mecanismo de defesa" no início dos anos 1980, a inflação passara ao *status* de doença autoimune, a acometer o próprio corpo da economia nacional uma década depois. Nesse sentido, mudar-se-iam os próprios objetivos da política econômica, agora focada em consolidar o controle de preços por meio das duas principais âncoras de que dispunham o Ministério da Fazenda e o Banco Central: monetária e, sobretudo, cambial.

Por um lado, o regime de bandas cambiais implementado no primeiro semestre de 1995 mostrou-se eficaz para ancorar expectativas e, especialmente, conter custos de bens e serviços nacionais e importados. Por outro lado, a estratégia dependeu fundamentalmente do financiamento externo da conta de capitais do balanço de pagamentos, fortemente calcado em capitais de curto prazo atraídos pelo expressivo diferencial de juros. Assim, o governo viu-se obrigado a submeter a política monetária à manutenção do câmbio semifixo e sobrevalorizado. Em certa medida, pode-se afirmar que o Plano Real trocou a estabilidade de preços por uma excessiva vulnerabilidade externa, dada a total rendição da sorte cambial às condições no mercado financeiro internacional.

Uma segunda consequência deletéria da estabilização deu-se sobre a atividade econômica e, consequentemente, a geração de empregos. A política monetária constantemente reativa – e contracionista – e o ajuste fiscal implementado após a flutuação do câmbio, no início do segundo mandato FHC, depuseram contra o fomento à demanda agregada no curto prazo, o que se refletiu no baixo crescimento do PIB nos oito anos em que Malan esteve à frente da Fazenda (média de 2,4% a.a.).

Mas para além da condução da política econômica de curto prazo com foco na estabilização da moeda, o plano de governo implementado por Malan abarcava objetivos estruturantes de longo prazo. A agenda da produtividade apenas começava com o controle da inflação e com a redução dos custos resultante da apreciação cambial. O aumento da competitividade responderia ainda às duas reformas institucionais mais relevantes aprofundadas sob a sua gestão: a abertura comercial e a significativa ampliação do processo de desestatização de uma série de setores da economia brasileira. Indo além, a aprovação da Lei de Responsabilidade Fiscal (2000), o primeiro arcabouço fiscal do Brasil pós-Real, representou um marco por incluir a questão no debate público e elevar uma das mais importantes disfuncionalidades da política econômica brasileira a outro patamar qualitativo. Por fim, um aspecto geralmente negligenciado pela historiografia recente: a introdução de políticas sociais de Estado, como Bolsa Escola, Bolsa Alimentação, Auxílio Gás e Programa de Erradicação do Trabalho Infantil (Peti).

Ao final de oito anos, a economia brasileira havia passado, de fato, por transformações estruturais, mas não sem consequências onerosas relevantes, o que obriga o analista que se pretende imparcial a ressaltar os avanços promovidos pelas reformas, mas também as fragilidades que elas legaram ao país. Uma das principais conquistas, ainda que menos celebrada, desse importante impulso de modernização capitalista provavelmente tenha sido o arranjo político que a viabilizou. Acostumado a reformas "pelo alto" – tal qual as implementadas na era Vargas (1930-1945) e na ditadura militar (1964-1985) –, o Brasil assistia à primeira refundação de suas estruturas econômicas ancorada no voto popular. Talvez uma das mais adequadas réguas para conferir a homens públicos a hoje vulgarizada distinção de estadista seja guiar a sociedade rumo ao desenvolvimento com base em consensos democraticamente estabelecidos.

CONSIDERAÇÕES FINAIS

Assim como outros jovens latino-americanos que viveram a intensa modernização do continente na era de ouro do capitalismo pós-Segunda Guerra, Pedro Malan formou-se, homem e economista, em ambiente político-cultural fértil e efervescente, permeado de nacionalismos e socialismos de diversos matizes e atravessado pela influência multifacetada dos Estados Unidos no contexto da Guerra Fria. Suas ideias e ideais foram diretamente influenciados pela interação de tais elementos, dos quais pôde extrair ensinamentos que se lhe fizeram úteis ao longo de sua trajetória.

Durante a sua formação, Malan transitou entre diferentes vertentes, travando contato com teorias estruturalistas, keynesianas e neoclássicas, as quais se entrecruzavam em muitos aspectos. Ainda assim, guardava postura epistemológica cautelosa, envolta a um ceticismo em relação a modelos rígidos, teorias definitivas e afirmações peremptórias. Isso explica ou contextualiza sua inclinação a investigações de viés mais histórico.

A parcimônia, porém, não o impedia de adotar posicionamentos progressistas, a começar pela firme presença na trincheira de oposição à ditadura militar, ou mesmo no campo econômico, em que criticava ideias (neo)monetaristas, populares entre alguns economistas ligados ao governo militar. Com a queda do regime de exceção, Malan entendia ser preciso definir posições a fim de alcançar uma verdadeira dinâmica democrática.

Do Ipea à ONU, passando pelo IERJ e pela PUC-Rio, sua trajetória intelectual passou por linhas cepalinas, pós-keynesianas, sem dispensar elementos importantes do *mainstream* neoclássico, hegemônico na academia norte-americana. O fracasso dos planos de estabilização nos anos 1980 contribuiu para a consolidação de suas ideias pró-mercado condizentes com o *Zeitgeist* daquele momento histórico por que passavam o Brasil e o mundo. Condenadas pelo eleitor em um primeiro momento, o fato é que, mais de duas décadas após sua passagem pela Fazenda, o país ainda colhe frutos das reformas por ele implementadas.

Retirado da vida pública, Pedro Malan mantem a aura de líder intelectual de uma geração dourada de economistas brasileiros. Observador atento da cena do país, mantem-se ativo no debate público por meio de entrevistas, palestras e de sua coluna semanal no

Estado de S. Paulo, do qual retirou material para a publicação de seu último livro, *Uma certa ideia de Brasil* (Malan, 2018).

Nele, Malan publicizou com humildade uma história tão curiosa quanto reveladora. Uma citação imprecisa do historiador britânico Edward Carr, intelectual de tendências sabidamente à esquerda, o acompanhava havia tempo: "A história é um eterno diálogo entre passado e futuro". A referência exata, no entanto, é "entre passado e *presente*". No prefácio da referida coletânea, Malan providenciou a correção do adágio, acompanhada de uma explicação elegante e espirituosa: referia-se, na verdade, ao livro homônimo de Hannah Arendt. A troca de Carr pela filósofa alemã poderia passar despercebida, mas ilustra subliminarmente a própria trajetória de Malan, que de jovem economista heterodoxo encontrou-se confortável, décadas mais tarde, na roupagem de social-democrata reformista.

REFERÊNCIAS

A FRENTE democrática, quem a constitui? *Movimento – cena brasileira*, Rio de Janeiro, 22 maio 1978.

CPDOC (Centro de Pesquisa e Documentação de História Contemporânea do Brasil). AT c 1962.09.17/1. Microfilmagem: rolo 40 fot. 202 – Documento da Associação Universitária Interamericana sobre o Seminário sobre o modo de viver americano para líderes estudantis brasileiros. São Paulo.

D'ARAUJO, M. C.; FARIAS, I. C.; HIPPOLITO, L. (Orgs.). *Ipea 40 anos*: uma trajetória voltada para o desenvolvimento. Rio de Janeiro: Ipea, 2005.

DIEESE (Departamento Intersindical de Estatística e Estudos Socioeconômicos). *Escritório Regional do Rio de Janeiro*. [s.d.]. Disponível em: http://memoria.dieese.org.br/museu/escritorios_regionais/rj. Acesso em: 2 maio 2019.

ECONOMISTAS se dividem no IERJ. *Jornal do Brasil*, Rio de Janeiro, 7 set. 1980.

FURTADO QUER doutrina sem molde alheio. *Jornal do Commercio*, Rio de Janeiro, 20 ago. 1979.

IPEA (Instituto de Pesquisa Econômica Aplicada). *A industrialização brasileira*: diagnóstico e perspectivas. Rio de Janeiro: Ipea, 1968.

KLÜGER, E. *Meritocracia de laços*: gênese e reconfigurações do espaço dos economistas no Brasil. São Paulo, 2017. Tese (Doutorado em História Econômica) – Universidade de São Paulo.

LANGONI, C. G. *Distribuição da renda e desenvolvimento econômico do Brasil*. Rio de Janeiro: Expressão e Cultura, 1973.

LEE, F. *A History of Heterodox Economics*: Challenging the Mainstream in the Twentieth Century. Nova York: Routledge, 2009.

MALAN, P. S. A rentabilidade macroeconômica de projetos de investimento. *Pesquisa e Planejamento Econômico*, v.2, n.2, 1972.

MALAN, P. S. Ainda sobre a distribuição da renda. *Revista de Administração de Empresas*, 1974.

MALAN, P. S. *Foreign-Exchange Constraint Growth in a Semi-Industrialized Economy*: Aspects of the Brazilian Experience, 1946-1976. Berkeley, 1977a. Tese (Doutorado em Economia) – University of California/Berkeley.

MALAN, P. S. Teorias de balanço de pagamentos: uma crítica à abordagem neo-monetarista. *Pesquisa e Planejamento Econômico*, v.7, n.1, 1977b.

MALAN, P. S. Desenvolvimento econômico e democracia: a problemática mediação do estado. *Texto para Discussão*, Departamento de Economia da PUC-Rio, n.2, 1979.

MALAN, P. S. *Política econômica e teorias de balanço de pagamentos: relações internacionais do Brasil no período 1946-1979*. 1981. 253 f. Tese (Professor titular) – Faculdade de Economia e Administração, Universidade Federal do Rio de Janeiro.

MALAN, P. S. Recessão e renegociação. In: ARIDA, P. (Org.). *Dívida externa, recessão e ajuste estrutural*: o Brasil diante da crise. Rio de Janeiro: Paz e Terra, 1982.

MALAN, P. S. Comment. In: CORBO, V.; GOLDESTEIN, M.; KHAN, M. (Eds). *Growth-Oriented Adjustment Programs*. Washington: International Monetary Fund/The World Bank, 1987.

MALAN, P. S. Crise de estabilização e retomada do desenvolvimento: a necessidade de uma nova estratégia industrial para os anos 90. In: VELLOSO, J. P. dos R. (Coord.). *As perspectivas do Brasil e o novo governo*. São Paulo: Nobel, 1990

MALAN, P. S. Uma crítica ao consenso de Washington. *Revista de Economia Política*, v.11, n.3, 1991.

MALAN, P. S. *Uma certa ideia de Brasil*: entre passado e futuro. Rio de Janeiro: Intrínseca, 2018.

MALAN, P. S. *Entrevista*. Entrevistador: Pedro Hoeper Dacanal. Rio de Janeiro, 24 abr. 2019.

MALAN, P. S.; BERGSMAN, J. A estrutura de proteção industrial no Brasil. *Revista Brasileira de Economia*, v.24, n.2, 1970.

MALAN, P. S.; BONELLI, R. Brazil 1950-1980: Three Decades of Growth-Oriented Economic Policies. *Texto para discussão*, Ipea, Brasília, n.187, 1990.

MALAN, P. S.; BONELLI, R.; ABREU, M. de P.; PEREIRA, J. E. de C. *Política econômica externa e industrialização no Brasil* (1939/52). Rio de Janeiro: Ipea, 1977.

MALAN, P. S.; WELLS, J. Análise do modelo brasileiro. *Pesquisa e Planejamento Econômico*, v.2, n.2, 1972.

MALAN, P. S.; WELLS, J. Distribuição da renda e desenvolvimento econômico do Brasil. *Pesquisa e Planejamento Econômico*, v.3, n.4, 1973.

MALAN, P. S.; WELLS, J. 'Structural' Models of Inflation and Balance of Payments Disequilibria in Semi-industrialized Economies-Some Implications for Stabilization and Growth Policies. In: CSIKÓS-NAGY, B.; HAGUE, D.; HALL, G. (Eds.). *The Economics of Relative Prices*. Londres: Palgrave Macmillan, 1984.

O QUE É necessário fazer para efetivamente distribuir a renda no país? *Movimento – cena brasileira*, Rio de Janeiro, 27 fev. 1978.

PÉCAUT, D. *Os intelectuais e a política no Brasil*: entre o povo e a nação. São Paulo: Ática, 1990.

SAMPAIO, J.; WELLS, J. Endividamento externo, etc. – uma nota para discussão. *Estudos CEBRAP*, n.6, 1973.

TEITEL, S. (Ed.). *Towards a New Development Strategy for Latin America*: Pathways from Hirschman's Thought. Baltimore: John Hopkins University Press, 1992.

TINEL, B. *A quoi servent les patrons: Marglin et les radicaux américains*. Lyon: ENS Éditions, 2004.

11

Antônio Palocci Filho

METAMORFOSES DE UM MILITANTE DA ORTODOXIA*

Fágner João Maia Medeiros, Marcos Taroco Resende e Ivan Colangelo Salomão

INTRODUÇÃO

Se a história não mostrou complacência com o suposto pedido de um então ministro da Fazenda (e futuro presidente da República) para que olvidassem o que ele escrevera enquanto professor universitário,[1] seria ainda menos provável que, dez anos depois, ela perdoasse o que outro chefe da economia defendera nas duas décadas anteriores à sua ascensão ao cargo. Mas o fato é que, contrariando todas as expectativas, ele não precisou da sua condescendência. Em alguma medida, não seria descabido afirmar que, resignada, foi a história que condecorou um dos mais habilidosos homens públicos que já passaram pelo Ministério da Fazenda.

* Agradecemos a gentileza de Antônio Palocci Filho pela entrevista concedida aos autores deste capítulo no dia 28 de fevereiro de 2023 (Palocci Filho, 2023a). Barbosa (2015) também facilitou o nosso trabalho ao redigir uma série de documentos utilizados neste capítulo (Palocci Filho, 2003a, 2003c, 2003d, 2003e, 2003f, 2004b, 2004c, 2004d, 2005a, 2005b).

1 Supostamente proferido pelo então ministro da Fazenda Fernando Henrique Cardoso, o pedido teria sido realizado em almoço fechado com empresários no restaurante Rubayat, na zona sul de São Paulo (Esqueçam..., 1996).

Personagem de trajetória meteórica, o jovem médico que saiu do interior de São Paulo para coordenar a quarta campanha presidencial de Luiz Inácio Lula da Silva à Presidência da República, em 2002, tornou-se um dos mais influentes e poderosos políticos da primeira década do século XXI. Da militância trotskista na universidade à adoção de uma política econômica ortodoxa no Governo Federal, o itinerário desse improvável ministro da Fazenda é tão atípico quanto notável.

Antônio Palocci Filho nasceu em Ribeirão Preto, interior de São Paulo, em 1960. Filho da costureira Antônia de Castro e do artista plástico e professor Antônio Palocci, Palocci Filho teve no berço familiar seu primeiro ponto de contato com a política. Ainda que não tenha se envolvido diretamente com política partidária, seu pai trabalhou por muitos anos na Secretaria de Cultura de Ribeirão Preto, experiência que o aproximou da administração pública e do universo que a circunscreve.

Se a influência paterna não determinou os rumos de sua carreira, a convivência com assuntos do cotidiano político local plantou alguma dúvida quando da escolha pela profissão no vestibular.[2] Decidido pela área da saúde, Palocci ingressou na Faculdade de Medicina de Ribeirão Preto (FMRP) da Universidade de São Paulo em 1978. Não obstante a carreira de perfil técnico, foi nos bancos escolares que o estudante de medicina fez suas primeiras incursões na militância política. Eleito presidente do Centro Acadêmico da FMRP em 1981, tornou-se diretor regional do Diretório Central dos Estudantes da USP no ano seguinte. Entre 1979 e 1987, participou da Organização Socialista Internacionalista (OSI), em particular do grupo Liberdade e Luta (Libelu), uma organização de extrema esquerda de orientação trotskista, liderada, em Ribeirão Preto, pelo professor de fisiologia médica Luiz Carlos Schenberg. Nessa época, posicionava-se contrariamente aos planos de ajuste estrutural da economia brasileira, tendo participado de "passeatas onde gritávamos, a todo pulmão,

2 Os assuntos econômicos sempre estiveram, de alguma maneira, inseridos em seu cotidiano familiar. Antes de prestar vestibular para a carreira médica, Palocci relata ter ficado indeciso em relação à Economia: "Eu lembro que eu colecionava matérias econômicas de todos os jornais, [...] mas [...] na minha época de faculdade, as faculdades de economia não tinham muita tradição, eram poucas" (Palocci Filho, 2023a).

'fora daqui, o FMI'" (Palocci Filho, 2007, p.119). Também foi nesse momento que Palocci manteve os primeiros contatos com assuntos econômicos, em especial com as obras de Karl Marx, Leon Trotsky, Vladimir Lenin e John Maynard Keynes (Palocci Filho, 2023a).

Em alguma medida, a experiência na militância estudantil contribuiu para a imersão de Palocci, então médico recém-formado, no universo da política de saúde. Entre 1984 e 1985, Palocci foi presidente da Associação dos Médicos Residentes de Ribeirão Preto; nesse ano assumiu outras três diretorias regionais: do Sindicato dos Médicos do Estado de São Paulo (Simesp), do Serviço de Vigilância Sanitária de São Paulo (1985-1988) e do Hemocentro de Ribeirão Preto (Bastos; Sato; Hippolito, 2010).

Após anos de exercício profissional na área da saúde coletiva, fez-se natural a incursão na política partidária e eleitoral. Fundador do Partido dos Trabalhadores em sua cidade,[3] Palocci tornou-se, em 1988, o primeiro vereador eleito pelo PT em Ribeirão Preto. Em 1990, elegeu-se deputado estadual e, no pleito seguinte (1992), concorreu e venceu a corrida para a prefeitura municipal, cargo ao qual retornaria em uma segunda oportunidade, oito anos depois.

A primeira experiência de Palocci pela prefeitura de Ribeirão Preto marcou uma inflexão em suas concepções políticas e econômicas. Em nome do pragmatismo imanente às gestões municipais, o jovem alcaide viu-se obrigado a se afastar de posições empunhadas até a década anterior para render-se à concretude da administração pública. Não sem a resistência de alas de seu próprio partido, Palocci promoveu parcerias com o setor privado por meio de concessões de diversos serviços públicos. Essa experiência acabou por aproximá-lo de elementos caros ao liberalismo que se mostraram fundamentais quando de sua passagem pelo Ministério da Fazenda.

Aprovada pela população, a gestão de um dos mais importantes municípios do interior de São Paulo projetou sua carreira política

---

3 Segundo Antônio Palocci, a Libelu de Ribeirão Preto foi a única corrente a participar da fundação do PT em 1980 (Palocci Filho, 2023b). Em 1987, Palocci entrou para a tendência Articulação. Conforme destaca Silva (2003), o surgimento desse grupo organizado e heterogêneo, em 1983, tinha como elemento aglutinador a defesa do PT como principal partido de oposição à ditadura e de representação da classe trabalhadora.

para além do executivo local. Eleito deputado federal em duas ocasiões – 1998 e 2006, nesta já depois da passagem pelo Governo Federal –, Palocci tornou-se o principal interlocutor do PT com o empresariado e ao mercado financeiro ainda durante a campanha presidencial de 2002 (ibidem). Foi o pragmatismo desse jovem médico que pavimentou as pontes do PT com setores econômicos outrora refratários ao partido.

Tal aproximação deu-lhe cacife para assumir o mais importante cargo público no momento mais nevrálgico da história do Partido dos Trabalhadores. Após décadas de experiência na oposição, a expectativa em relação ao que seria a gestão econômica do primeiro partido de esquerda a assumir o Governo Federal só não superava a pressão sobre aquele a quem fosse delegada a delicada tarefa de operacionalizá-la.

Posteriormente reconhecido como um dos mais ortodoxos e poderosos ministros a comandar a economia brasileira, Palocci patrocinou um ajuste das contas públicas e defendeu, até as últimas consequências, a validade do tripé macroeconômico herdado do governo FHC. Ciente das profundas transformações por que passaram suas ideias em mais de duas décadas de atuação política, o então ministro reconheceu com humildade e em tom espirituoso a nova militância nas fileiras da ortodoxia: "Bom, para quem já foi trotskista... o mundo dá voltas e a gente aprende" (Palocci Filho, 2004b).

A FORMAÇÃO E A MATURAÇÃO DAS IDEIAS ECONÔMICAS DE ANTÔNIO PALOCCI

O pensamento econômico de Antônio Palocci foi formado e condicionado pelas diversas experiências profissionais por que passou. Aluno de tino prático, Palocci se embrenhou em assuntos econômicos, no cotidiano da administração pública e nas passagens pelos cargos legislativos, sem o filtro de livros e manuais. Ainda assim, não deixa de ser notável a quantidade de obras por ele publicadas, a partir das quais se pode resgatar uma série de informações que contribuem para um enquadramento geral de suas ideias sociais, políticas e econômicas.

Um médico sanitarista e sua visão social da economia

A despeito das especificidades inerentes a uma profissão eminentemente técnica, a trajetória laboral de Antônio Palocci concorreu para a formação de sua visão acerca das possibilidades de atuação do Estado e, de forma específica, da formulação e administração de políticas públicas. Sua atuação à frente de diversos cargos na área da saúde na região de Ribeirão Preto durante os anos 1980 contribuiu decisivamente para uma visão mais coletivista das políticas de saúde.

No final da década de 1980, Palocci se envolveu diretamente em trabalho conjunto entre o Departamento de Medicina Social da FMRP-USP, a Secretaria de Saúde do Estado de São Paulo e sindicatos dos trabalhadores. O objetivo do consórcio era criar uma institucionalidade ancorada ao Sistema Único de Saúde (SUS) que fosse capaz de intervir de forma mais efetiva na relação entre saúde e trabalho. Tratava-se das origens do que se tornaria o Programa de Saúde do Trabalhador (PST).

Supervisionados por Palocci, os técnicos do Escritório Regional de Saúde compartilhavam a insatisfação com a concepção reducionista de doença entendida como manifestação biológica.[4] Em alternativa, o binômio saúde-doença deveria ser compreendido pelas vias da medicina social latino-americana e da epidemiologia social; em outros termos, da "maneira como o homem produz, reproduz e transforma a vida social é que derivam as explicações de ele ser ou não acometidos por certas enfermidades." (Alessi et al., 1994, p.14-5). Dado que tais manifestações passavam inevitavelmente pelas relações de trabalho, far-se-ia necessário levar determinadas práticas de saúde ao ambiente de trabalho.

4 Paralelamente, Palocci se tornou supervisor do Programa de Vigilância Epidemiológica e Sanitária em Agrotóxicos (Provesa), cujas primeiras atividades na área de Saúde do Trabalho se iniciaram em 1986. A primeira pesquisa consistiu em um estudo epidemiológico de exposição a agrotóxicos com dois projetos-pilotos na região de Ribeirão Preto. De posse de exames médicos e laboratoriais dos trabalhadores, constatou-se que a maioria apresentava atividade enzimática compatível com intoxicação por agrotóxicos, provocada, entre outros motivos, pelas condições ambientais a que eram expostos, sobretudo aqueles que não tinham vínculos empregatícios (Palocci Filho, 1994).

Outra intervenção em que Palocci esteve envolvido, no primeiro semestre de 1988, dizia respeito às condições de moradias de trabalhadores do complexo agroindustrial canavieiro. No período de safra, Ribeirão Preto tornava-se um polo de atração de fluxos migratórios sazonais de trabalhadores que viviam em hospedarias, alojamentos e pensões com condições subumanas. Com base no pressuposto saúde-doença como processo social, Palocci defendia que as condições de moradia às quais os trabalhadores eram submetidos resultavam em problemas de saúde coletiva, como surtos de caxumba, hepatite e sarampo. De forma secundária, a iniciativa também buscou sensibilizar a opinião pública e a administração municipal para a gravidade do problema, bem como organizar esses trabalhadores em sindicatos rurais (Alessi et al., 1989).

Tais experiências resultaram na criação do Grupo de Saúde do Trabalhador (GST), cujo principal objetivo era concatenar atividades de ensino e pesquisa de processos de trabalho com base na chave saúde-doença e no PST. O projeto previa se utilizar da ampla teia institucional (universidade, estado e sindicatos) para reformular a compreensão das referidas doenças como mera manifestação biológica, contando com programas de atendimento, fiscalização e formação para novos servidores da área da saúde a fim de consolidar a área da Vigilância Sanitária e Epidemiológica (Alessi et al., 1994). A descontinuidade da política impediu, no entanto, que o programa atingisse os objetivos a que havia se proposto.

A despeito dos objetivos específicos voltados para a área da saúde dos trabalhadores, tais iniciativas refletem a preocupação que Palocci demonstrava em relação a questões sociais, trabalhistas e do bem-estar coletivo, especialmente das classes mais vulneráveis. Tais interesses acompanharam as ações não apenas do médico, mas também do prefeito, do deputado e do futuro ministro Antônio Palocci.

Palocci na prefeitura de Ribeirão Preto (1993-1996)

Tal qual o conhecimento adquirido durante o exercício da medicina, a experiência administrativa conquistada na passagem pela

Prefeitura de Ribeirão Preto concorreu diretamente para a formatação de suas ideias econômicas. Eleito pela Frente Popular Democrática – uma ampla coligação composta por PT, PSDB, PSB, PPS, PV e PCdoB –, Palocci foi o primeiro prefeito de esquerda a governar, aos 32 anos de idade, um dos mais importantes e prósperos municípios do interior de SP em quase 150 anos da existência da cidade.[5] Com o lema "uma mudança com segurança", por meio do qual buscava expressar a importância da "ordem, a propriedade e contratos" (Nather, 2007, p.137), Palocci tratou, ainda que indiretamente, de grandes temas econômicos, como orçamento público, crise e reforma do Estado, industrialização e desigualdades sociais.

A despeito das resistências que seu partido oferecia a inovações na gestão pública, mormente às privatizações, Palocci realizou diversas parcerias com o setor privado. A mais emblemática de sua administração foi a abertura de capital, no valor de aproximadamente R$ 60 milhões, das Centrais Telefônicas de Ribeirão Preto (Ceterp), cujo controle acionário, porém, foi mantido pela prefeitura (Palocci Filho, 1996, p.48). A concessão do terreno para construção do Distrito Industrial e para o tratamento do esgoto urbano, no qual foi realizado um investimento de US$ 30 milhões em dois anos (ibidem, p.132), foi realizada nos mesmos moldes.

Simultaneamente, a prefeitura patrocinou a aprovação de projetos com vistas ao combate da desigualdade social. Elemento central para o êxito de sua política, a criação do Conselho Municipal do Orçamento Participativo, órgão com poder deliberativo, encontrou resistência da Câmara dos Vereadores, que temia ficar alijada das decisões de alocação de recursos. Também foi estabelecido o Programa de Garantia de Renda Mínima, que atrelava o recebimento do benefício à obrigatoriedade da matrícula escolar das crianças. Resultado

5 Sua eleição havia gerado algum temor em setores do empresariado local quanto à generalização de greves, paralisações de obras públicas e excesso de gastos em programas sociais. Apesar do estranhamento inicial, a criação do Fórum da Cidade viabilizou o apoio empresarial e criou um espaço de negociações entre sindicatos patronais e dos trabalhadores, cabendo ao prefeito a incumbência de intermediar eventuais conflitos: "O papel do prefeito não pode ser nem de gasolina nem de bombeiro [...]. Não pode alimentar o conflito, também não deve procurar impedir a todo custo que ele surja" (Palocci Filho, 1996, p.53-4).

indireto desse esforço, o Programa Ribeirão Criança, que envolvia os alunos das escolas públicas em atividades culturais, recebeu o Prêmio Criança em Paz, oferecido pelo Unicef, em 1995 (ibidem; idem, 1998).

Não por acaso, tais experiências vieram a embasar dois dos principais vértices de sua concepção econômica ainda em evolução: o livre exercício de uma economia de mercado aliado à preocupação com o desenvolvimento social. Para Palocci (1996), o dilema entre demandas sociais crescentes e a escassez de recursos públicos poderia ser sobrepujado por meio de parcerias bem calibradas com as forças da iniciativa privada: "Os Estados acumularam pesados déficits nas últimas décadas e vivem uma situação muito próxima da falência" (ibidem, p.112). Nesse sentido, entendia ser "fundamental ampliar a relação com o setor privado e buscar recursos externos e internos para financiar o desenvolvimento social" (idem, 1998, p.97). Os resultados orçamentários de sua gestão corroborariam a possibilidade de superação desse óbice se a gestão se despisse de preconceitos ideológicos. O orçamento municipal saltou de R$ 80 milhões em 1993 para R$ 230 milhões em 1996, e os investimentos na área social aumentaram de R$ 27 milhões em 1993 para R$ 97 milhões em 1996 (idem, 1996, p.96).

A partir da sua experiência local, Palocci extrapolou o raciocínio para uma visão geral dessa polarização, a seu ver, inócua. De um lado, postavam-se os "neoliberais, que defendem e justificam a ausência crescente do Estado como algo necessário e inevitável"; de outro, "os estatizantes, desde aqueles que consideram que nada pode ser privatizado, até os que defendem que alguns setores da economia – como petróleo, as telecomunicações e a extração de minérios – são estratégicos, e, portanto, intocáveis" (ibidem, p.85). A intermediação do politicamente possível com o socialmente defensável caberia, naturalmente, ao poder público. Tratou-se do caso da concessão do tratamento de esgoto em Ribeirão Preto. Contrariando o interesse de empresários locais, o setor de água não entrou na concessão municipal: "O que era a referência para eles, liberais? [...] Eles queriam abocanhar a água. [...] Já estava tudo pronto, eles só iam ficar arrecadando. Aí não dá" (idem, 2023a).

Sua visão alternativa, que procurava encontrar um equilíbrio entre dogmas da esquerda tradicional e as proposições do chamado

Consenso de Washington, ia ao encontro do impasse que a queda do Muro de Berlim impusera às esquerdas em todo o mundo. A partir de uma mirada retrospectiva, Palocci reconhece que tanto ele quanto o próprio PT tiveram que se renovar diante do novo contexto internacional que surgia nos anos 1990. Tal amadurecimento não representaria transigência com os pilares do pensamento de esquerda, mas uma evolução natural de adaptação ao contexto histórico. "Não eram as esquerdas que estavam em crise, mas um modelo político que parte delas sustentou durante um determinado período" (idem, 1996, p.38).

No que concernia a reformas do Estado em sentido mais amplo, Palocci se aproximava do que poderia ser caracterizado como o pensamento fundante da social-democracia. Nesse sentido, Nather (2007) aponta as diversas similaridades entre a reforma do Estado levada a cabo em Ribeirão Preto e a patrocinada pelo governo FHC em âmbito federal.[6] Era esse o caminho que Palocci defendia para a esquerda moderna, representada no Brasil pelo Partido dos Trabalhadores.

A alternativa entre os neoliberais e a "esquerda tradicional com seus dogmas" (Palocci Filho, 1996, p.42) afastava o Estado da execução e o aproximava da ideia de regulação. Segundo Palocci (ibidem, p.49), antes da sua gestão, "os prefeitos se limitavam simplesmente a contemplar o que as forças econômicas da cidade realizavam sem interferir de forma nenhuma no processo". Dentre as diversas possibilidades de ação de que dispunha o governo local, a política tributária e a melhoria da infraestrutura seriam das mais importantes.

A experiência de Ribeirão Preto também concorreu para fortalecer uma das principais características que catapultaram o nome de Palocci para o Ministério da Fazenda: a capacidade de atuação política, entendida aqui como a habilidade de articulação e mediação de

6 Se a "exportação" da experiência de Ribeirão Preto contribuiu para a renovação do PT, ela também ajudou a criar canais de debate com o PSDB. Em 1995, Palocci participou do "Seminário Parcerias para o Futuro" por ocasião do lançamento do "Programa de Concessões e Parcerias do Governo do Estado do Rio Grande do Sul". O evento contou com a participação de representantes do alto escalão do governo FHC, como os ministros Pedro Malan (Fazenda), Clóvis Carvalho (Casa Civil), José Serra (Planejamento) e o presidente do Banco Central, Gustavo Loyola (Dia 20 vá..., 1995).

divergências tanto internas quanto no âmbito do conflito de interesses entre empresários e trabalhadores. Diante da amplitude da coligação política que o elegeu, Palocci reconhece que o crescimento da participação de partidos sem ligação histórica com a esquerda, em particular do PSDB, gerou desgaste com o PSB e parte do PT. Em sua visão, a governabilidade exigia o entendimento de que "a dinâmica de um governo é muito diferente da dinâmica partidária" (ibidem, p.43) – ainda mais em uma gestão municipal, em que a realidade concreta da cidade impõe limites ainda mais severos a elucubrações ideológicas.

O conhecimento prático adquirido na administração de Ribeirão Preto reforçou seu interesse em temas econômicos e, consequentemente, ensejou a paulatina aproximação a ideias caras ao liberalismo. Moroso, sinuoso e não exatamente linear, esse processo adquiriu forma, ainda, pela passagem pela Câmara dos Deputados (1999-2000), sua primeira experiência política em nível nacional.

A ascensão no PT e a atividade parlamentar em Brasília

Conforme salientado anteriormente, a gestão modernizante que Antônio Palocci levou a cabo em Ribeirão Preto desagradou setores importantes de seu campo político. As concessões ao setor privado, em especial, causaram polêmicas no PT, pois eram entendidas como sinônimo de privatização, "um tabu para o partido" (Palocci Filho, 1996, p.85).[7] Apesar das dificuldades, Palocci atuou como difusor da "experiência de Ribeirão Preto", participando de debates em diversas capitais administradas pelo PT, como Porto Alegre, Goiânia, Fortaleza e Campo Grande.

Sua ascensão nas fileiras do partido podia ser aferida pelo prestígio que um jovem prefeito do interior granjeou da principal liderança da esquerda brasileira. Muito antes de assumir a Presidência da República, o então candidato Lula o convidara para trabalhar no Instituto

7 Em encontro no Diretório Regional do PT, em São Paulo, a Libelu, tendência na qual Palocci iniciara sua militância no partido, apresentou uma moção de repúdio tachando de "neoliberais" tais ações de parceria (Palocci Filho, 1996, p.88).

Cidadania, *think tank* ligado ao PT no qual Palocci poderia oferecer seus serviços "a toda a nação". Sua administração bem-sucedida ia ao encontro do conhecido pragmatismo do futuro presidente, que, segundo Palocci, "não se nega a uma experiência pragmática, se ele vir que a coisa funciona. Está pouco se lixando se tem banqueiro no meio, se tem empresário, se é do partido" (idem, 2023a).

Já tido como um quadro partidário em ascensão, Palocci foi eleito presidente estadual do PT em 1997, tendo seu nome ventilado para concorrer ao governo de São Paulo no ano seguinte (PT discute..., 1998). Sua vitória no pleito interno do PT-SP já sinalizava o início da estratégia que levaria Lula ao Palácio do Planalto em 2002, quando o partido ampliou o arco de alianças e abandonou a ideia de caminhar para uma "disputa presidencial só com os pequenos partidos de esquerda" (Santana sai..., 1997).

As vicissitudes por que passaram o Brasil e o mundo a partir dos anos 1990 ensejaram – ou impuseram – moderação ao discurso do PT também em âmbito nacional.[8] Diferentemente do que se defendia na eleição de 1989, como a suspensão do pagamento da dívida externa, a "Revolução Democrática", de 1994, já pregava respeito ao ordenamento jurídico brasileiro e delineava reformas sociais com o objetivo de melhorar a distribuição de renda no país (Amaral, 2003, p.123). Na campanha de 1998, tal comedimento fez-se ainda mais claro, quando, em conjunto com partidos aliados, retirou-se o termo "socialismo" do programa de governo, buscando ressaltar a capacidade administrativa observada nas administrações petistas, dentre as quais, a "experiência de Ribeirão Preto". Era a *Realpolitik* modulando e formatando a transformação do que se tornaria o mais importante partido político brasileiro a partir dos anos 2000.

---

8 Apesar das diversas divisões internas, as alas moderadas dominaram o PT no decorrer dos anos 1990, processo que contou com a participação direta de Antônio Palocci. A fim de tornar-se uma opção viável do ponto de vista eleitoral, Palocci defendia até mesmo a alteração do seu estatuto: "O mundo mudou, o socialismo de 1980, quando foi feito o estatuto, não é o mesmo de hoje" (Partido petista..., 1997). Para mais informações a respeito da história do partido, ver Silva (2003), Amaral (2003), Garcia (2008), Ribeiro (2008), Secco (2011), Barbosa (2015) e, sobretudo, Barros (2022).

Diversos autores destacam a importância da ênfase à capacidade administrativa, o chamado "modo petista de governar" – conceito genérico que procurava expressar algumas características heterogêneas das prefeituras governadas pelo partido, tais como aumento da participação social nas decisões, reformas administrativas etc. (Bittar, 1992; Palocci Filho, 1997). Em 1997, Palocci participou da publicação da segunda edição de *Modo petista de governar*. No capítulo "Quatro pontos sobre a imagem do governo", o então deputado arrolou diversas condutas por ele consideradas fundamentais a um gestor público local, tais como manter um diálogo solidário com todos os setores da cidade, investir na paisagem urbana, responder cartas e telefonemas, além de estabelecer contato pessoal com os cidadãos e visitar constantemente bairros, escolas, postos de saúde e obras etc. (ibidem).

Ainda que fugaz, sua primeira experiência parlamentar em Brasília também contribuiu diretamente para a consolidação de seu entendimento sobre matérias econômicas. Eleito segundo vice-presidente da Comissão Especial sobre a Reforma Tributária em 1999, Palocci tornou-se um assíduo debatedor sobre o tema no Congresso Nacional.

O governo FHC havia apresentado uma proposta de reforma tributária em outubro de 1995 (PEC 175/95), que propunha a simplificação do sistema tributário, o combate à sonegação fiscal e a desoneração das exportações. A ideia central seria substituir o ICMS, tributo estadual, por um novo imposto que absorveria o ISS, imposto municipal. Para além da proposta sobre tributação indireta, o PT aproveitou o ensejo para debater instrumentos que contribuíssem para uma melhor distribuição de renda. Nesse sentido, Palocci defendeu a expansão das faixas de incidência do imposto de renda, de modo a desonerar a população com renda mensal inferior a três salários-mínimos (Comissão analisa..., 1999), bem como endossou a proposta do partido sobre o imposto sobre grandes fortunas – o "imposto da solidariedade" (PT propõe..., 1999). Além disso, apresentou a proposta para que o Governo Federal pagasse 100% do programa de renda mínima para os municípios mais pobres (Pouco, 1999).

Como era de se esperar, a trajetória como prefeito influenciara sua concepção municipalista também no quesito tributário. Diante da estratégia do governo de retirar da PEC o detalhamento sobre a distribuição do Imposto sobre Valor Agregado (IVA), cuja criação era debatida na comissão, Palocci criticou a tentativa de "passar um batom na reforma e fazer mudanças cosméticas" (Debate com estados..., 1999). A fim de superar o impasse, o então secretário executivo da Receita Federal, Everardo Maciel, propôs tornar permanente a Contribuição Provisória sobre Movimentações Financeiras (CPMF) e alargar a base de incidência do Imposto sobre Produtos Industrializados (IPI). Coerente com sua concepção tributária progressiva – e, portanto, focada em tributos diretos –, Palocci articulou contra a medida por entender que o aumento de impostos indiretos depunha diretamente contra a distribuição de renda: "O IPI é o dinossauro da política tributária" (Reforma tributária..., 1999). Aprovada na comissão especial em 2002, a proposta de reforma tributária não chegou a ser levada a plenário (Palocci Filho, 2007, p.157).

Seu posicionamento na comissão da reforma tributária sumariza, em certa medida, sua concepção fiscal. Para além da oportuna e necessária parceria com a iniciativa privada, Palocci defendia que a higidez do tesouro público deveria repousar sobre a progressividade e a descentralização da arrecadação pública. Tal entendimento, que não se coadunava exatamente com a pregação histórica do PT, refletia o longo processo de amadurecimento e moderação que, combinados a outros elementos, se mostraram decisivos para levar o partido à Presidência da República em 2002.

UM MÉDICO NA ECONOMIA E UM PAÍS NA UTI: A GESTÃO DE PALOCCI NO MINISTÉRIO DA FAZENDA (2003-2006)

A marcha eleitoral e a filiação ao mercado

À medida em que o candidato do Partido dos Trabalhadores subia nas pesquisas eleitorais, os indicadores macroeconômicos se deterioravam. Entre dezembro de 2001 e agosto de 2002, o dólar se elevou de R$ 2,32 para R$ 3,90, enquanto o risco-país saltou de 1.460 pontos-base para 2.400 no mesmo período. Temia-se que a moderação no discurso econômico do partido fosse apenas um engodo para vencer eventuais resistências eleitorais (Werneck, 2014).

O tempo de heterodoxia, porém, parecia ter ficado no passado. Propostas como moratória da dívida externa e o discurso ambíguo em relação às contas públicas haviam sumido do programa eleitoral do partido. Essa guinada foi capitaneada pelo próprio candidato, mas teve nas digitais de Antônio Palocci uma de suas principais marcas. Tratava-se do homem que se tornaria o porta-voz do partido e intermediaria as relações do PT com o mercado financeiro e o empresariado industrial.

Palocci esteve por trás da articulação para a redação da conhecida *Carta ao povo brasileiro*, publicada em 22 de junho de 2002.[9] Em linhas gerais, o documento indicava a necessidade de alterações na condução da política econômica ("O Brasil quer mudança"), sugerindo a retomada do "crescimento econômico com estabilidade e responsabilidade social". Nesse sentido, o partido procurava enfatizar as mudanças demandadas pela sociedade após mais uma década de baixo crescimento ao mesmo tempo que se comprometia a manter o tripé macroeconômico estabelecido no segundo mandato de FHC: o superávit primário seria preservado "o quanto for necessário", não haveria "populismo cambial" e o combate à inflação, por seu turno, seria parte de um "compromisso histórico" (Partido dos Trabalhadores, 2002a).

Se a carta encontrou resistência em determinados setores da esquerda, para os quais se tratava de uma exagerada concessão ao mercado, do ponto de vista eleitoral sua publicação parece ter surtido o efeito esperado.[10] De acordo com o próprio Palocci (2007, p.36), "o

9 Muito embora a carta tenha passado pelas mãos de vários assessores do partido, sofrendo diversos ajustes de conteúdo e linguagem, o ex-ministro Delfim Netto a alcunhou de "Carta de Ribeirão Preto" (Palocci Filho, 2007, p.25). Palocci contou, inicialmente, com o apoio de Glauco Arbix, professor do Departamento de Sociologia da USP, e Edmundo Oliveira, jornalista. Logo depois, juntaram-se ao grupo Luis Favre, da Secretaria de Relações Internacionais do PT, Luiz Gushiken, do setor de comunicação do PT, André Singer, jornalista, e Luiz Dulci, secretário-geral do PT (ibidem).

10 A repercussão positiva do documento contribuiu para que diversos de seus elementos passassem a constar no plano de governo, divulgado no mês subsequente (Partido dos Trabalhadores, 2002b). Para Palocci, os documentos publicados anteriormente pelo

debate econômico começou a fluir com mais tranquilidade", uma vez que "o PT assumiu uma posição" que era produto de um debate que vinha sendo realizado pelo partido "de forma truncada" (idem, 2003b).

A vitória no segundo turno – quando Lula amealhou mais de 60% dos votos válidos, contra 39% de José Serra (PSDB) – mostrou-se histórica tanto para o PT quanto para parcela da população historicamente marginalizada; do ponto de vista pessoal, promoveu o jovem médico ribeirão-pretano ao seu próximo desafio: coordenar a equipe de transição.

Originalmente com cerca de trinta integrantes de perfil técnico, o grupo da área econômica passou a trabalhar, sob sua coordenação, "quase colado à equipe econômica que estava de saída" (idem, 2007, p.39).[11] Palocci reconhece que as diversas reuniões com o ministro da Fazenda, Pedro Malan, e o presidente do Banco Central, Armínio Fraga, se mostraram fundamentais para que o governo eleito tomasse conhecimento da real situação econômica do país e, assim, preparar "as primeiras providências para enfrentar os problemas" (ibidem, p.43).

Para além do ajuste fiscal e da estabilização cambial, os principais obstáculos diagnosticados pela equipe de Palocci diziam respeito ao déficit estrutural da Previdência Social, à exiguidade de recursos para o funcionamento do BNDES e a determinados problemas setoriais, como a questão energética (ibidem). Diante dos desafios, a redação do relatório final publicado pela equipe de transição deveria modular o tom a fim de não ampliar ainda mais a instabilidade. Implícita à parcimônia estava a ideia de que o ajuste macroeconômico exigiria uma boa dose de ortodoxia. Palocci estava ciente de que caberia a ele "estancar a sangria para então, assim que o novo governo fosse empossado, aplicar os remédios amargos, porém inadiáveis, para tratar o paciente pra valer" (ibidem, p.43).

PT eram "programas de oposição" que dificilmente poderiam ser aplicados. O verdadeiro êxito da carta e do plano de 2002 foi contribuir para a redação de um "programa para governar" (Palocci Filho, 2023a).

11 Na área econômica, Palocci afirma ter escalado os economistas Bernard Appy, Arno Augustin e José Sergio Gabrielli, professor da Universidade Federal da Bahia (Palocci Filho, 2007). Para descrição completa da composição e das tarefas da equipe de transição, ver Costa e Andrade (2003).

A cinco dias da posse, o relatório de transição foi lido pelo coordenador da transição diante do futuro presidente da República e de parte de seu gabinete. O documento não poupou críticas ao governo anterior ao mesmo tempo que assegurava o compromisso com a manutenção do tripé de política macroeconômica e o afastamento de quaisquer "medidas exóticas" que resultassem em "bolhas de crescimento" com base em pressão inflacionária (ibidem, p.46). A responsabilidade que se depositava sobre os ombros daquele jovem médico de 42 anos era proporcional às expectativas da sociedade brasileira com o novo governo que tomaria posse em 1º de janeiro de 2003.

A chegada ao ministério e a escolha da medicação ortodoxa

A conjuntura econômica em que Lula da Silva tomou posse, no início de 2003, mostrava-se menos conturbada do que nos meses anteriores graças, em grande medida, à nomeação da nova equipe econômica. Para o Banco Central, Palocci havia articulado o nome de Henrique Meirelles, ex-funcionário do BankBoston e deputado federal eleito pelo PSDB de Goiás, cuja indicação foi anunciada no mesmo dia – 10 de dezembro de 2002 –, durante viagem do presidente eleito aos Estados Unidos:[12] "Meirelles e eu aplicamos, ali, a primeira dose oficial de maracujina para aplacar os ânimos do mercado" (Palocci Filho, 2007, p.24).

Em movimento similar ao realizado na construção da ampla coalizão que sustentou sua gestão na Prefeitura de Ribeirão Preto, Palocci escalou seus assessores com base em critérios eminentemente técnicos, tendo "decidido formar uma equipe de bons técnicos, com visão moderna de economia e que quisessem fazer as coisas

---

12 De acordo com Palocci, entre a vitória na eleição e a posse, o presidente Lula já havia decidido que os ministérios da Fazenda e da Casa Civil seriam distribuídos entre José Dirceu, Aloizio Mercadante e ele próprio, Palocci. Um dos dois primeiros, porém, teria que permanecer no Congresso a fim de reforçar a base parlamentar do governo. Em reunião do partido ocorrida no início de dezembro de 2002, Mercadante optou por permanecer no Senado, facilitando a divisão do poder entre Dirceu na Casa Civil e Palocci na Fazenda (Palocci Filho, 2007).

que o bom senso mandava e fugissem das mágicas dos projetos mirabolantes" (ibidem, p.57). Alguns dos nomes vieram da própria equipe de transição, como os de Bernard Appy e Arno Augustin, recrutados como secretários executivos.

Ainda durante a transição, Armínio Fraga havia sugerido a Palocci a leitura de *A agenda perdida* (Lisboa, 2002), um diagnóstico dos problemas brasileiros com ênfase no debate sobre reformas microeconômicas. Por meio desse contato, Palocci convidou o economista Marcos Lisboa, principal elaborador do documento, para assumir a Secretaria de Política Econômica, a mais importante da Fazenda. Por fim, a escolha de Joaquim Levy para chefiar o Tesouro Nacional levou em consideração sua formação ortodoxa na Universidade de Chicago, tido por Palocci como um "bom pré-requisito para guardar os cofres públicos" (Palocci Filho, 2007, p.59).[13]

A escolha de Meirelles para o Banco Central exigiu negociação mais complexa por causa da condição imposta pelo ex-banqueiro: a plena autonomia operacional para condução das políticas monetária e cambial.[14] Palocci também assegurou a permanência de toda a diretoria da gestão de Armínio Fraga, sinalizando uma transição mais longa e, consequentemente, a continuidade de um viés mais conservador na cúpula da autoridade monetária (ibidem). Formava-se, assim, a nova equipe econômica do governo petista: um grupo técnico e diverso, ainda que predominantemente ortodoxo.

Em 2 de janeiro de 2003, dia de sua posse na Fazenda, Palocci discorreu sobre a gravidade do quadro econômico marcado pelo crescimento insustentável da relação dívida/PIB. Coerente com o que defendia desde o período eleitoral, o ministro garantiu que o "compromisso inegociável com a retomada do crescimento" passaria, impreterivelmente, pela conquista da estabilidade econômica. Nesse

---

13 O restante da equipe inicial foi composto por José Tavares, Octaviano Canuto e Jorge Rachid, este último escalado para dirigir a Receita Federal (Palocci Filho, 2007).

14 Em entrevista concedida na primeira semana de governo, Palocci afirmou já ter iniciado a discussão com o Congresso Nacional sobre a independência do Banco Central, reivindicando mandatos fixos e uma série de metas a serem cumpridas pelo presidente do BC (Palocci Filho, 2003b). Diante da resistência à proposta e de seu elevado custo político, a Fazenda optou por oferecer uma "independência informal", ratificada e cumprida pelo presidente Lula (idem, 2007).

sentido, afirmou que não iria "reinventar princípios básicos de política econômica" e negou peremptoriamente qualquer especulação sobre o fim do tripé macroeconômico, que foi tratado pelo ministro como "uma herança inegável da condução da política econômica do ministro Pedro Malan" (idem, 2003a). Além disso, indicou que seria "preciso trilhar o caminho das reformas", priorizando a mãe de todas elas, a do sistema previdenciário (ibidem). A guinada explícita e definitiva rumo à ortodoxia procurava repetir a fórmula e os contornos de "mudança com segurança" consagrada em Ribeirão Preto doze anos antes.

Logo no início de sua gestão, Palocci elaborou uma estratégia a ser implementada em duas fases. A primeira, com início imediato, consistia em um duro ajuste contracionista com vistas a controlar a inflação – que, àquela altura, rodava acima de 12% ao ano. Para tanto, o Banco Central aprofundou a política monetária herdada do segundo semestre de 2002 (elevando a taxa básica de juros para 26% ao ano), enquanto a Fazenda ampliou a meta de superávit de 3,75% para 4,25% do PIB. Nas palavras de Palocci (2007, p.97), "não foi tomada nenhuma medida heterodoxa, tão comum na história recente do Brasil – ao contrário, a opção era por um processo clássico de combate à inflação e equilíbrio de contas públicas".

Se por um lado as medidas adotadas encantavam o mercado, por outro, setores do seu próprio partido e do governo não se furtaram a criticar o excesso de conservadorismo da política econômica. Uma das principais vozes a censurar a política monetária era a do vice-presidente da República, José de Alencar, que se tornou um adversário permanente de Meirelles. Em suas memórias, Palocci revelou que o mês de maio de 2003 teria sido o momento mais crítico, quando ele e sua equipe passaram a sofrer uma "pressão brutal, vinda de todos os lados, para que o Banco Central baixasse os juros" (ibidem, p.94). A resposta do ministro veio à altura: "A política econômica tem um rumo definido, e não vamos abrir mão desse rumo. Quem duvidar pode pagar para ver" (idem, 2003d). No mesmo mês, o ministro publicou um artigo de título tão sugestivo quanto provocador. Em *Também quero crescer* (idem, 2003e), Palocci defendia que a estabilização era condição necessária para o tão reclamado crescimento sustentável.

Para além do ajuste fiscal, a estratégia traçada pela equipe econômica passava pela aprovação de uma série de reformas microeconômicas que foram apresentadas no documento do Ministério da Fazenda *Política econômica e reformas estruturais* (Brasil, 2003a). Em pronunciamento oficial no dia 26 de junho, Palocci anunciou um pacote de medidas voltadas à inclusão financeira, com foco na ampliação do acesso a serviços bancários e na abertura de linhas de crédito populares. O principal resultado dessa agenda foi a criação do crédito consignado, serviço por meio do qual o trabalhador pode utilizar o salário como garantia para obter crédito em condições mais vantajosas em termos de juros e prazo (Palocci Filho, 2003f). Tratou-se de uma das principais medidas de estímulo ao consumo das famílias e, consequentemente, de crescimento da absorção interna observada a partir de 2006.

O segundo pacote de reformas voltou-se ao aprimoramento do ambiente de negócios, tais como a aprovação da nova Lei de Falências e a simplificação da legislação que regia o funcionamento das microempresas. Além disso, a reforma do setor da construção civil promoveu um esforço considerável para formalizar e regular a atuação das empreiteiras, cujas atividades fiscais encontravam-se à margem do poder fiscalizatório da Receita Federal. Nesse sentido, Palocci sublinha que "não há crescimento só com macroeconomia. Você tem que ficar desenhando reformas o tempo todo" (idem, 2023a).

Como se sabe, a gestão da política econômica extrapola a operacionalização dos instrumentos de curto prazo. A necessidade de articular-se com as demais forças políticas, sobretudo o Congresso Nacional, exige habilidades que vão além do conhecimento técnico. No campo político, Palocci mostrou dominar a arte de negociação não apenas para aprovar as reformas necessárias, mas também para conter as constantes investidas do Parlamento e dos próprios ministérios sobre o Tesouro Nacional.

O baixo crescimento econômico registrado em 2003 (1,1%) reforçou ainda mais a pressão sobre o Ministério da Fazenda. Em março do ano subsequente, a cúpula do PT lançou o documento *Em defesa do patrimônio ético do PT* (Partido dos Trabalhadores, 2004), por meio do qual manifestava cobranças na condução da política econômica.

Para além do "fogo amigo", instituições patronais, como a Fiesp, criticavam o ainda elevado patamar da taxa básica de juros – de 16,5% no decorrer daquele semestre. O próprio presidente da Fiesp, Horácio Lafer Paiva, associou a lenta recuperação econômica aos apertos fiscal e monetário por ele considerados exagerados (Carvalho, 2018). Apesar da pressão, o ministro reiterou que não havia plano B, de modo que "os pilares da política econômica não pode[riam] ser alterados" (Palocci Filho, 2004a). Para Palocci, o ajuste contracionista tradicional, embora lento e penoso, era a única estratégia que garantiria resultados consistentes.

Tais tensões só passaram a ser paulatinamente atenuadas com a melhora dos indicadores econômicos. Precipitado pelo expressivo crescimento da demanda asiática pelos *tradables* brasileiros – mormente petróleo, minério de ferro e soja –, o déficit em conta-corrente foi convertido em um superávit de quase 2% do PIB ainda em 2004. O cenário internacional manteve-se benfazejo até pelo menos a eclosão da crise de 2008, levando à geração de superávits significativos no balanço de pagamentos em transações correntes.

Equacionado o problema externo,[15] chegava o momento de encetar a segunda fase de seu plano, a era do "crescimento, do desenvolvimento, da geração de empregos, do aumento da renda" (idem, 2003d). Não se tratava de abandonar os pilares da ortodoxia, uma vez que a Fazenda sinalizava a manutenção dos robustos superávits primários gerados desde 2003 e da elevada taxa de juros real. Não obstante os ventos de bonança, Palocci fez questão de frisar: "a cada ano, a restrição será menor, mas vai continuar forte. Não dá pra relaxar e fazer déficit fiscal" – pois creditava às políticas de arrocho a queda dos preços: "Afrouxa os controles, aí a inflação volta" (idem, 2004d). Sua política de crescimento baseava-se, sobretudo, no fomento aos investimentos privados, e não exatamente ao estímulo curtoprazista calcado em dispêndios públicos.

---

15 A estabilização do balanço de pagamentos reduziu a pressão sobre a equipe econômica. A publicação do texto *A rota do desenvolvimento está dada*, assinado por Palocci e Dirceu (2004), sugeria que o ajuste externo teria recolocado o Brasil no caminho do crescimento econômico.

Ciente das dificuldades de elevar a taxa de formação de capital do empresariado brasileiro, o governo lançou um programa que, entre outros objetivos, abarcava essa questão: Política Industrial e de Comércio Exterior (PITCE) (Brasil, 2003b). De modo geral, a estratégia incluía investimentos em infraestrutura e o fortalecimento de políticas e instituições orientadas para estimular o investimento privado. Além disso, o documento oficial de lançamento do plano enfatizava a importância do setor industrial na retomada do crescimento econômico, propondo medidas para elevar a competitividade da estrutura produtiva brasileira.

Esse tipo de "concessão" à manufatura nacional sugeria, na opinião de Barbosa (2015), que, apesar do apego a ideias caras à ortodoxia, Palocci aceitava circunstancialmente a adoção de determinadas políticas pontuais de viés desenvolvimentista. É o que se pode notar, por exemplo, no pronunciamento oficial realizado no Instituto Nacional de Altos Estudos (Inae) em maio de 2003, quando o ministro defendeu a importância de adotar "políticas industriais orientadas para impulsionar exportação" e uma "cuidadosa substituição competitiva de importações" (Palocci Filho, 2003c). Nesse sentido, justificava a coerência na condução da política econômica ao relacionar o comedimento dos instrumentos de curto prazo à necessidade de viabilizar a competitividade do setor produtivo: "Políticas monetárias e de desenvolvimento estão sendo feitas em conjunto", garantia o ministro (idem, 2004d).

Suas extravagâncias heterodoxas, no entanto, paravam por aí. Para além da defesa do tripé macroeconômico, sua concepção econômica revelava genuína ênfase nos mecanismos inerentes às economias de mercado. Em seu entendimento, o papel do Estado no processo de desenvolvimento deveria se restringir à garantia da estabilidade, à validade dos contratos e ao estabelecimento de um marco institucional favorável à atuação da iniciativa privada. Nas palavras do ministro, "um governo não faz crescimento econômico; às vezes atrapalha. O melhor que faz é propor reformas, melhorar o ambiente de negócio e dar mais segurança à economia" (idem, 2004c).

Para tanto, Palocci considerava o equilíbrio fiscal condição *sine qua non* para a efetividade das políticas sociais, visão que "no ambiente do PT era [considerada] uma heresia" (idem, 2023a), não apenas por causa da disputa pelo orçamento público e do efeito *crowding out* – quando a expansão dos gastos públicos inibe o crescimento pela inevitável reação contracionista da política monetária e pela consequente queda dos investimentos privados –, mas também pelo efeito deletério que a inflação causa no salário real das classes menos favorecidas. Em discurso proferido no Seminário Internacional Bolsa Família, em outubro de 2005, o ministro associou os logros da agenda social[16] à estabilidade gerada por sua sólida agenda macroeconômica (idem, 2005b).

No que tangia à inserção externa da economia brasileira, Palocci discordava de um elemento basilar da teoria desenvolvimentista ao negar a intervenção no câmbio para elevar artificialmente a competitividade da indústria nacional. Nesse sentido, via "com muita suspeita a capacidade de o governo controlar preços" (idem, 2007, p.177), incluindo a cotação do dólar, expediente utilizado por meio da intervenção do Banco Central no mercado de divisas. Em contraste, apostava na recomposição das reservas cambiais e na abertura comercial no âmbito das negociações com a Organização Mundial do Comércio (OMC).

A notícia do vigoroso crescimento em 2004 (5,76%) aliado à redução da inflação (de 9,3% no ano anterior para 7,6%) contagiou a equipe da Fazenda. Palocci prontamente utilizou esses resultados para defender sua agenda no Congresso, argumentando que "o tempo mostrou que as iniciativas do Copom se mostraram acertadas". Antes disso, o ministro já havia celebrado as cifras "recordistas" para o ano de 2004, oportunidade em que anunciou o fim da dívida externa com o FMI, êxito por ele atribuído ao esforço de responsabilidade fiscal empreendido no início da sua gestão (idem, 2005a). Diferentemente da visão passiva (e crítica) que associava tais feitos exclusivamente ao "efeito China", Palocci delegou a própria

---

16 Dentre as políticas que compunham a "agenda social" do governo naquele momento estavam o Programa Bolsa Família, a desoneração de impostos (PIS e Cofins) de produtos da cesta básica, a ampliação do Programa Nacional de Fortalecimento da Agricultura Familiar (Pronaf) e outros benefícios assistenciais vinculados ao salário-mínimo (Palocci Filho, 2005b, 2007).

superação do estrangulamento externo à estabilidade macroeconômica operacionalizada por meio do câmbio flutuante e do conservadorismo das políticas econômicas instrumentais (idem, 2007, p.174).

Diante dos elementos apresentados é que se pode entender o amadurecimento intelectual do antes médico de Ribeirão Preto a um dos mais poderosos ministros da Fazenda da Nova República. Palocci não abraçou dogmas da ortodoxia econômica por oportunismo ou conveniência; ele realmente considerava o debate brasileiro "pré-histórico", tendo sido superado na maioria dos países (idem, 2003d). Nesse sentido, defendeu sua conversão ao espírito dos novos tempos: "Se olharmos as duzentas heterodoxias mundiais, talvez 180 sejam brasileiras. O que estamos fazendo é clássico: cuidando da inflação, das contas externas, deixando o câmbio flutuar" (idem, 2004c).

Ainda assim, em que pese a filiação tardia ao *mainstream*, o pensamento de Antônio Palocci Filho não poderia ser considerado eminentemente conservador. Ortodoxo na economia, liberal nas idiossincrasias, Palocci preserva ideais construídos desde a formação médica nos anos 1980: "Eu me mantenho um cara de esquerda com aquilo que diz respeito aos costumes, ao programa social e naquilo que diz respeito à construção do país e da sociedade. Mas eu acho que a esquerda não sabe fazer plano econômico" (idem, 2023a).

Um de seus últimos atos à frente da Fazenda foi a antecipação um tanto visionária de um assunto que dominaria o debate econômico brasileiro a partir de 2016. Em conjunto com o ministro do Planejamento, Paulo Bernardo, Palocci organizou um projeto de contenção permanente da taxa de crescimento do gasto público inferior ao do PIB. Apoiada por economistas tradicionais, como Delfim Netto e Fabio Giambiagi (idem, 2007), o projeto foi abandonado após a eclosão da crise política do "mensalão", que acometeu o governo a partir do segundo semestre de 2005. A reorganização das forças políticas exigida pelo episódio minou as bases de apoio a uma política econômica ortodoxa.[17] A instalação de uma Comissão Parlamentar de

17 Dentre essas mudanças, a nomeação de Dilma Rousseff para a Casa Civil representou um óbice importante, uma vez que colocou Palocci em nova rota de colisão com integrantes do governo e do partido. Isso porque a ministra mostrou-se crítica ferrenha

Inquérito (CPI) no Congresso Nacional fragilizou ainda mais o posicionamento de Palocci, que acabou sendo exonerado do Ministério da Fazenda em março de 2006.

CONSIDERAÇÕES FINAIS

Considerado um dos mais importantes e poderosos atores do primeiro governo do Partido dos Trabalhadores (2003-2006), Antônio Palocci Filho personificou o processo de renovação pelo qual o PT passou a partir dos anos 1990. Antes mesmo de assumir o Ministério da Fazenda, em meio à grave crise cambial e a incertezas políticas que pairavam sobre a eleição presidencial, Palocci transformou a linguagem econômica do PT e inclinou o equilíbrio de forças do partido em direção à ortodoxia. Contrariando setores influentes do partido, defendeu a manutenção do tripé macroeconômico herdado da gestão FHC até as últimas consequências, prometendo ao presidente da República que, em pouco tempo, o ajuste entregaria resultados positivos – como, de fato, entregou.

O caminho de moderação da plataforma do partido representou, em alguma medida, seu próprio amadurecimento intelectual. Médico sem iniciação formal em assuntos econômicos, Palocci se apropriou de conceitos, categorias e experiências com perspicácia e humildade. Ao cercar-se de técnicos competentes e comprometidos, o ainda jovem político do interior demonstrou a prudência e, sobretudo, a resiliência que caracteriza os grandes homens públicos.

Do ponto de vista de sua trajetória pessoal, a ligação histórica com causas sociais caras à esquerda permeou o exercício de suas atividades político-profissionais. Da experiência na medicina social, passando pela gestão considerada bem-sucedida de um dos mais prósperos e conservadores municípios do interior de São Paulo, seu trabalho em Brasília lapidou sua concepção acerca do universo econômico: primeiro, como deputado federal que debateu temas

---

do ajuste fiscal de longo prazo, considerando-o uma proposta "rudimentar" (Palocci Filho, 2007).

diretamente concernentes ao assunto no Parlamento; a partir de 2003, como o ministro da Fazenda responsável pela promoção do mais contracionista ajuste já implementado na história estatisticamente documentada do Brasil – em 2005, sua equipe entregou um superávit primário de aproximadamente 4,74% do PIB (Brasil, 2015).

Processo imanente à história de políticos, burocratas e estadistas, o amadurecimento intelectual por que passou Antônio Palocci revela o próprio desenvolvimento institucional do país desde a constituição vertebral do Estado brasileiro nos anos 1930. Contrariando previsões do mercado e interesses de seu partido, um dos mais importantes fenômenos políticos brasileiros das duas primeiras décadas do século XXI pode ser delegado ao discernimento com que o jovem médico de trato lhano e fala pausada captou o espírito de seu tempo. A transformação do PT no mais fidedigno representante da social-democracia brasileira levou o outrora partido de origem socialista à mais poderosa agremiação política do país. Não por acaso, foi nesse período que se assistiu às mais disruptivas transformações sociais e humanitárias de que se tem notícia em cinco séculos de sua história.

REFERÊNCIAS

ALESSI, N. P.; BIONDI, T. M. S.; PINHEIRO, S. A.; PALOCCI FILHO, A.; FRANCO, A. R. Vigilância sanitária e as condições de moradia de trabalhadores do complexo agroindustrial canavieiro. *Saúde em Debate*, n.24, p.52-6, 1989.

ALESSI, N. P.; PALOCCI FILHO, A.; BIONDI, T. M. S.; PINHEIRO, S. de A. Proposta de Programa de Saúde do Trabalhador no Sistema Único de Saúde na região de Ribeirão Preto. In: ALESSI, N. P.; PALOCCI FILHO, A.; PINHEIRO, S. de A.; SCOPINHO, R. A.; SILVA, G. B. da. (Orgs.). *Saúde e trabalho no Sistema Único de Saúde*. São Paulo: Hucitec, 1994.

AMARAL, O. E. *A estrela não é mais vermelha*: as mudanças do programa petista nos anos 90. São Paulo: Garçoni, 2003.

BARBOSA, L. G. C. *Antônio Palocci e a retórica da ruptura* – o mercado da linguagem do Partido dos Trabalhadores. Santa Maria, 2015. 147f. Dissertação (Mestrado em Ciências Sociais) – Centro de Ciências Sociais e Humanas, Universidade Federal de Santa Maria.

BARROS, C. R. de. *PT, uma história*. São Paulo: Companhia das Letras, 2022.

BASTOS, M. D.; SATO, L.; HIPPOLITO, R. Antônio Palocci Filho. In: ABREU, A. A. de et al. (Coords.). *Dicionário histórico-biográfico brasileiro* – pós-1930. Rio de Janeiro: CPDOC, 2010.

BITTAR, J. (Org.). *O modo petista de governar*. Caderno Especial de Teoria & Debate, v.2. São Paulo: Partidos dos Trabalhadores, 1992.

BRASIL. Ministério da Fazenda. *Política econômica e reformas estruturais*. Brasília: Ministério da Fazenda, 2003a.

BRASIL. Governo Federal. *Diretrizes de política industrial e de comércio exterior*. 23 nov. 2003b.

BRASIL. Banco Central/Senado Federal. *Superávit primário*. Brasília, DF: Senado Federal, 2015. Disponível em: https://www12.senado.leg.br/noticias/entenda-o-assunto/superavit. Acesso em: 15 out. 2023.

CARVALHO, L. B. *Valsa brasileira*: do *boom* ao caos econômico. São Paulo: Todavia, 2018.

COMISSÃO ANALISA emenda de ponte. *Jornal do Brasil*, 4 abr. 1999. Acervo digital da Hemeroteca Digital da Biblioteca Nacional. Acesso em: 15 jul. 2023.

COSTA, C. C.; ANDRADE, H. Governo de transição FHC-Lula: constituição, funcionamento e resultado dos trabalhos realizados pela equipe do governo de transição. *Observatório Universitário*, n.10, jun. 2003. (Série Estudos de Políticas Públicas).

DEBATE COM ESTADOS continua. *Jornal do Brasil*, 29 nov. 1999. Acervo digital da Hemeroteca Digital da Biblioteca Nacional. Acesso em: 15 jul. 2023.

DIA 20 VÁ a Porto Alegre. E torne-se sócio do Rio Grande. *Jornal do Brasil*, 13 nov. 1995. Acervo digital da Hemeroteca Digital da Biblioteca Nacional. Acesso em: 15 jul. 2023.

ESQUEÇAM o que escrevi é polêmica até hoje. *Folha de S. Paulo*, 13 out. 1996. Disponível em: https://www1.folha.uol.com.br/fsp/1996/10/13/mais!/7.html. Acesso em: 13 nov. 2023.

GARCIA, C. *Partido dos Trabalhadores*: da ruptura com a lógica da diferença à sustentação da ordem. Niterói, 2008. 197f. Tese (Doutorado em História) – Instituto de Ciências Humanas e Filosofia, Universidade Federal Fluminense.

LISBOA, M. de B. *A agenda perdida*: diagnósticos e propostas para a retomada do crescimento com maior justiça social. Rio de Janeiro, 2002. Disponível em: http://www.columbia.edu/~js3317/JASfiles/AgendaPerdida.pdf. Acesso em: 18 jan. 2023.

NATHER, M. *A reforma do Estado e as cidades*: a experiência de Ribeirão Preto (SP) nos anos de 1990/2000. 2007. 165f. Tese (Doutorado em Serviço Social). Faculdade de História, Direito e Serviço Social, Universidade Estadual Paulista.

PALOCCI FILHO, A. *Dando a volta por cima.* Como fazer um governo popular em tempos de crise e neoliberalismo: a experiência de Ribeirão Preto. São Paulo: Página Aberta, 1996.

PALOCCI FILHO, A. Quatro pontos sobre a imagem do governo. In: GENRO, T.; PALOCCI FILHO, A.; BUARQUE, C.; PONT, R.; DANIEL, C. *Desafios do governo local*: o modo petista de governar. São Paulo: Editora Fundação Perseu Abramo, 1997.

PALOCCI FILHO, A. *A reforma do Estado e os municípios*: a experiência de Ribeirão Preto. São Paulo: Makron Books, 1998.

PALOCCI FILHO, A. Pronunciamento do Ministro da Fazenda, Antônio Palocci, na cerimônia de transmissão do cargo. 2 jan. 2003a.

PALOCCI FILHO, A. *Roda Viva*, 2003b. (1h25min35s). Disponível em: https://www.youtube.com/watch?v=_cbNGnvmlCs. Acesso em: 10 dez. 2022.

PALOCCI FILHO, A. *Discurso do ministro da Fazenda Antônio Palocci Filho no XV Fórum Nacional.* O novo governo, novas prioridades e crescimento sustentado. Brasília: Inae, 2003c.

PALOCCI FILHO, A. Histeria não baixa os juros. Entrevista concedida a Eurípedes Alcântara e André Petry. *Veja*, 26 maio 2003d.

PALOCCI FILHO, A. As condições para baixar os juros estão sendo criadas. Entrevista. *Época*, 26 maio 2003e.

PALOCCI FILHO, A. *Pronunciamento do Ministro Antônio Palocci em cadeia de rádio e TV.* 26 jun. 2003f.

PALOCCI FILHO, A. Os pilares não podem mudar. Entrevista concedida a André Lahóz, Cláudia Vassallo e Eduardo Onieque. *Exame*. 25 mar. 2004a.

PALOCCI FILHO, A. O desabafo de Palocci. Entrevista concedida a Gustavo Krieger e Ricardo Grinbaum. *Época,* 2 jul. 2004b.

PALOCCI FILHO, A. Reformas para consolidar o rumo. Entrevista concedida a Míriam Leitão. *O Globo*, 22 dez. 2004c.

PALOCCI FILHO, A. Não vai ter moleza. Entrevista. *Correio Braziliense*. 24 dez. 2004d.

PALOCCI FILHO, A. *Pronunciamento do ministro Antônio Palocci em cadeia de rádio e TV.* 28 fev. 2005a.

PALOCCI FILHO, A. *Discurso do Ministro da Fazenda, Antônio Palocci, no Seminário Internacional "Bolsa Família: 2 anos superando a fome e a pobreza no Brasil".* 21 out. 2005b.

PALOCCI FILHO, A. *Sobre formigas e cigarras.* Rio de Janeiro: Objetiva, 2007.

PALOCCI FILHO, A. *Entrevista* [virtual]. Entrevista concedida a Fágner Maia Medeiros, Ivan Colangelo Salomão e Marcos Taroco Resende. Arquivo de áudio, 55 min. 10 fev. 2023a.

PALOCCI FILHO, A. Mensagem recebida por fagnerjmaia@gmail.com [mensagem pessoal]. 27 mar. 2023b.

PALOCCI FILHO, A.; DIRCEU, J. A rota do desenvolvimento está dada. *Folha de S. Paulo*, 23 jul. 2004. Disponível em: https://www1.folha.uol.com.br/fsp/opiniao/fz2307200409.htm. Acesso em: 18 jan. 2023.

PALOCCI, M. R. S.; PALOCCI FILHO, A. Estudo epidemiológico da exposição a agrotóxicos. In: ALESSI, N. P.; PALOCCI FILHO, A.; PINHEIRO, S. de A.; SCOPINHO, R. A.; SILVA, G. B. da. *Saúde e trabalho no sistema único de saúde*. São Paulo: Hucitec, 1994.

PARTIDO DOS TRABALHADORES. *Carta ao povo brasileiro*. 22 jun. 2002a.

PARTIDO DOS TRABALHADORES. *Programa de Governo 2002*. jul. 2002b.

PARTIDO DOS TRABALHADORES. *Em defesa do patrimônio ético do PT*. 5 mar. 2004.

PARTIDO PETISTA, cansado de guerra. *Jornal do Brasil*, 1º ago. 1997. Acervo digital da Hemeroteca Digital da Biblioteca Nacional. Acesso em: 15 jul. 2023.

POUCO. *Jornal do Brasil*, 3 nov. 1999. Acervo digital da Hemeroteca Digital da Biblioteca Nacional. Acesso em: 15 jul. 2023.

PT DISCUTE hoje "pró-tucanos". *Jornal do Brasil*, 17 jan. 1998. Acervo digital da Hemeroteca Digital da Biblioteca Nacional. Acesso em: 15 jul. 2023.

PT PROPÕE a taxação de fortuna. *Jornal do Brasil*, 16 abr. 1999. Acervo digital da Hemeroteca Digital da Biblioteca Nacional. Acesso em: 15 jul. 2023.

REFORMA TRIBUTÁRIA marca passo. *Jornal do Brasil*, 12 dez. 1999. Acervo digital da Hemeroteca Digital da Biblioteca Nacional. Acesso em: 15 jul. 2023.

RIBEIRO, P. J. F. *Dos sindicatos ao governo*: a organização nacional do PT de 1980 a 2005. São Carlos, 2008. 307f. Tese (Doutorando em Ciência Política) – Centro de Educação e Ciências Humanas, Universidade Federal de São Carlos.

SANTANA SAI vitorioso no PT do Rio. *Jornal do Brasil*, 28 jul. 1997. Acervo digital da Hemeroteca Digital da Biblioteca Nacional. Acesso em: 15 jul. 2023.

SECCO, L. *História do PT*. Cotia: Ateliê, 2011.

SILVA, A. O. da. Ruptura e tradição na organização política dos trabalhadores: uma análise das origens e evolução da tendência Articulação-PT. *Revista Espaço Acadêmico*, 2003.

WERNECK, R. L. F. Alternância política, redistribuição e crescimento, 2003-2010. In: ABREU, M. de P. (Org.). *A ordem do progresso*: dois séculos de política econômica no Brasil. Rio de Janeiro: Elsevier, 2014.

12

Guido Mantega

QUANDO CHEGA O LONGO PRAZO

Marcelo Milan e Ivan Colangelo Salomão

INTRODUÇÃO

O Brasil ostenta o pouco honroso cacoete de lançar no ostracismo personagens que foram silenciosamente relevantes para sua história. No campo econômico, figuras ordinárias foram elevadas ao panteão da pátria enquanto alguns dos reais protagonistas pelo desenvolvimento do país são condenados por infortúnios pelos quais jamais poderiam ser responsabilizados. Trata-se do caso de um dos mais vilipendiados ministros da Fazenda da história do Brasil contemporâneo.

Se aferida de forma contínua, a gestão de Guido Mantega à frente do Ministério da Fazenda foi a segunda mais longeva da história do Brasil independente. No período em que comandou a economia do país (2006-2014),[1] o PIB *per capita* brasileiro apresentou, segundo dados do IBGE, um crescimento acumulado, em volume, acima de 25%.

1 Mantega assumiu o cargo em 27 de março de 2006 e foi exonerado em 1º de janeiro de 2015. Portanto, os resultados econômicos que possivelmente contaram com a contribuição das ações do ministério no primeiro trimestre de 2006 devem ser atribuídas à gestão de Antônio Palocci.

Tal resultado foi alcançado não obstante a eclosão, dois anos após a nomeação de Mantega para a pasta, da pior crise do capitalismo mundial desde a Grande Depressão do século XX. Já em 2009, o Brasil, tradicionalmente um devedor externo, emprestava, pela primeira vez em sua história, recursos ao Fundo Monetário Internacional (FMI) (Brasil anuncia..., 2009).

Trata-se de apenas dois fatos relevantes observados naquele período. Em que medida as ações de Mantega na Fazenda contribuíram, mesmo que parcialmente, para aquele desempenho é uma questão que pode e deve ser debatida. A associação pessoa-função-decisão-desempenho, contudo, é geralmente assumida de forma mecânica, principalmente nas análises apressadas, sem qualificações macroeconômicas sobre as outras causas que naturalmente concorrem para os resultados, quando na verdade deveria ser estudada em profundidade. Torna-se importante, assim, conhecer um pouco mais do pensamento do ministro e de suas ações ou decisões enquanto ministro da Fazenda para, assim, esquadrinhar as possíveis contribuições diretas e indiretas aos resultados observados, a serem mais bem precisadas em estudos futuros.

Guido Mantega nasceu em Gênova, moderna República da Itália, em 1949, filho de Giuseppe Mantega, um ex-militar, e Anna Mantega.[2] Sua família migrou para o Brasil em 1952, estabelecendo domicílio da cidade de São Paulo, onde seu pai se tornou empresário do ramo moveleiro (Pinheiro, s.d.).

Influenciado por amigos mais velhos do colégio Santa Cruz, instituição de elite em que estudou na adolescência, Mantega ingressou

---

2 Para o levantamento dos dados biográficos do ministro, de forma a diversificar as fontes de informação e assim verificar a consistência delas, foram pesquisados o resumo do perfil docente de Mantega na página da Escola de Administração de Empresas de São Paulo da Fundação Getúlio Vargas (EAESP/FGV), na qual ele mantém vínculo como professor desde 1981, além do verbete biográfico do ministro no Centro de Pesquisa e Documentação de História Contemporânea do Brasil (CPDOC/FGV), a página dedicada ao ministro da Fazenda do Departamento Intersindical de Assessoria Parlamentar (Diap) e as informações a seu respeito na página da Secretaria Especial de Fazenda do então Ministério da Economia (SEF-ME). Por fim, agradecemos ao ministro pela entrevista concedida a um dos autores deste capítulo (Mantega, 2023).

na Faculdade de Economia da Universidade de São Paulo[3] (FEA/USP) em 1968. Em 1973, dois anos após se formar, dois fatos relevantes marcaram sua trajetória intelectual: o ingresso no mestrado em Sociologia (FFLCH/USP) e a contratação para trabalhar no Centro Brasileiro de Análise e Planejamento (Cebrap), o mais importante *think tank* do país naquele momento. Nos quase dez anos em que atuou como pesquisador do Cebrap (1973-1982), manteve contato com alguns dos mais destacados intelectuais brasileiros, como Paul Singer, Francisco de Oliveira e Fernando Henrique Cardoso.

Mantega não chegou a redigir a dissertação exigida para a obtenção do título de mestre, pois foi convidado a se matricular no doutorado enquanto ainda assistia às aulas de mestrado. Sua tese de doutorado, defendida em 1982 no curso de Sociologia do Desenvolvimento da FFCLH/USP foi orientada por Gabriel Cohn.[4] O trabalho, cujo título original é *Raízes e formação da economia brasileira*, serviu de material para a publicação de seu mais conhecido livro acadêmico, *A economia política brasileira*, lançado em 1985.

A defesa de sua tese proporciona elementos que sugerem a existência de uma comunidade epistêmica, uma elite intelectual que domina as indicações para cargos de formulação de política no aparelho de Estado, em seus diferentes níveis, há muitas décadas. Fernando Henrique Cardoso fez parte da comissão examinadora da tese

---

3 Em 1973, Mantega se matriculou em Ciências Sociais na Faculdade de Filosofia, Letras e Ciências Humanas (FFLCH/USP), curso abandonado antes de se diplomar.

4 De acordo com o CPDOC/FGV, o ministro doutorou-se em Sociologia do Desenvolvimento pela FFLCH da USP em 1977. Na página do Centro, menciona-se a defesa de uma dissertação intitulada *Raízes e formação da economia brasileira* e uma especialização no Institute of Development Studies (IDS) da Universidade de Sussex, Inglaterra, em 1977, mesmo ano em que teria defendido sua tese doutoral, segundo a EAESP/FGV. A especialização em Sussex, que também aparece nos sítios da SEF-ME, do Diap, e na contracapa de Mantega (1985), não consta na página da EAESP/FGV. O próprio CPDOC/FGV, por sua vez, indica a data de 1982 para o término do doutorado, com uma tese intitulada *A economia política brasileira*, trabalho que teria sido orientado por Fernando Henrique Cardoso. Eis os equívocos subjacentes a essas informações: em Mantega (1985, p.18), menciona-se o ano de 1981 para a defesa da tese, cujo título é *Raízes e formação da economia **política** brasileira*, e que foi orientada por Gabriel Cohn. E *A economia política brasileira* é, na realidade, o título do livro originado da tese. Tais informações foram confirmadas pelo ministro em entrevista concedida a um dos autores deste capítulo (idem, 2023).

de Mantega, assim como outro futuro ministro da Fazenda, Luiz Carlos Bresser-Pereira. Nos agradecimentos à banca, Mantega (1985) externa seu reconhecimento aos futuros ocupantes do cargo. E como ele mesmo, precedido por Antônio Palocci, nascido em Ribeirão Preto e formado (em Medicina) pela USP, ser paulista – mesmo que apenas radicados, como Mantega e Cardoso – e ter estudado da USP parecem se constituir em bons previsores para a nomeação para o cargo de ministro da Fazenda no Brasil.[5]

Tais elementos permitem identificar algumas possíveis fontes de influência intelectual sobre Mantega. Embora muitos professores de esquerda tenham sido assassinados ou exilados como Florestan Fernandes, no período da ditadura civil e militar, outros acadêmicos seguiram atuando no Brasil ou assumiram o risco de abreviar o exílio. Paul Singer é assim reconhecido na nota de agradecimento em Mantega (1985), tendo também participado da sua banca de doutorado. Jacob Gorender e Armando Boito Junior, outros dois baluartes do pensamento marxista brasileiro, foram igualmente saudados. Por fim, Mantega menciona Francisco de Oliveira, com quem trabalhara no Cebrap. Portanto, presume-se que havia colaboração e trocas de saberes entre esse grupo de intelectuais, de modo que não é surpreendente que seus escritos iniciais tenham adotado uma orientação marxista. O ministro navega com segurança, porém, em outras abordagens econômicas, principalmente as análises sobre economia brasileira. Em certo ponto, Mantega abandona o marxismo e adota uma visão eclética – ou mesmo conflitiva –, indo de Marx a Bresser-Pereira.

Independentemente das vicissitudes pelas quais passaram seu pensamento e ação, Guido Mantega ostenta uma trajetória singular de sucesso, tanto na academia quanto na política, tendo atuado em

5 Observa-se um aparente deslocamento, dentro do eixo uspiano, das nomeações para ministro da Fazenda: as arcadas do Largo São Francisco, que dominaram as indicações por muito tempo, e cujos últimos representantes na pasta foram Bresser-Pereira (embora ele tenha se doutorado na FEA no ano em que Mantega se graduou) e Rubens Ricupero, perdem espaço para a avenida Prof. Luciano Gualberto, na Cidade Universitária, com Zélia Cardoso de Mello (FEA), Fernando Henrique Cardoso (FFLCH), Guido Mantega (FEA e FFLCH), Henrique Meirelles (Escola Politécnica), Eduardo Guardia (FEA) e Fernando Haddad (FFLCH, mas com mestrado na FEA). Mantega e Moraes (1980), de forma presciente, consideram a FEA uma incubadora de ministros.

algumas das principais instituições brasileiras. Sua carreira docente teve início nas Faculdades Metropolitanas Unidas (FMU): começou a lecionar em 1978. No ano seguinte, também foi contratado para trabalhar na Escola de Sociologia e Política de São Paulo. Em 1980, tornou-se professor da Fundação Getúlio Vargas (FGV-SP), instituição em que trabalhou por mais de quarenta anos. Por fim, também foi professor, entre 1982 e 1988, da Pontifícia Universidade Católica de São Paulo (PUC-SP), na qual também atuou como vice-reitor adjunto entre 1984 e 1987 (Mantega, 2023).

No papel de autor, coautor ou organizador, Mantega publicou cinco livros sobre economia e um sobre sexo e poder, um capítulo de livro e sete artigos acadêmicos, e também escreveu peças menores para outros meios de comunicação e fez apresentações temáticas enquanto presidente do BNDES.[6] Além disso, constam na página da EAESP/FGV sete relatórios de pesquisa produzidos entre 1997 e 2001, tratando da economia brasileira (Mantega, 1997a; 2001b; 2001c), pensamento econômico (Mantega, 2001a; 1999), desenvolvimento (Mantega, 1998) e da teoria da dependência (Mantega, 1997b). Apesar de ter abandonado o marxismo, Mantega consta atualmente como membro do conselho editorial da *Revista da Sociedade Brasileira de Economia Política*, periódico que publica a produção intelectual nacional dedicada principalmente à economia política radical ou marxista. Talvez isso indique certa continuidade, se não em termos de produção e filiação intelectual, pelo menos de interesses difusos nessa linha de pesquisa – ou, mais provavelmente, apenas uma possível inércia dos editores da revista.

Com relação à sua atuação política, segundo as páginas da SEF-ME e do Diap, Mantega atuou, de 1989 a 1992, como diretor de orçamento e como chefe de gabinete da Secretaria Municipal de Planejamento de São Paulo.[7] Participou da coordenação do programa

6 Na página da biblioteca do BNDES há referências a seis apresentações. Contudo, três delas têm o mesmo título e foram realizadas em meses (setembro, outubro e novembro) e locais (Rio de Janeiro, Paris e Madrid) diferentes no ano de 2005. Para este capítulo foi utilizada a apresentação mais extensa, feita em Paris (Mantega, 2005b).

7 Mantega (1996) apresenta uma resenha de um livro escrito por Paul Singer sobre a administração municipal de Luiza Erundina em São Paulo.

econômico do Partido dos Trabalhadores (PT) nos pleitos presidenciais de 1989 e 1998. Ele também foi assessor econômico de Luiz Inácio Lula da Silva no período de 1993 a 2002, tendo coordenado o programa econômico do PT na campanha eleitoral de 2002. Após a eleição de Lula, Mantega foi nomeado ministro de Estado do Planejamento, Orçamento e Gestão (MPOG), de janeiro de 2003 até novembro de 2004. Em seguida, assumiu a presidência do Banco Nacional de Desenvolvimento Econômico e Social (BNDES), cargo que ocupou até março de 2006, quando foi designado ministro da Fazenda.

AS IDEIAS ECONÔMICAS DE GUIDO MANTEGA

O longo intervalo entre seus primeiros escritos marxistas, em meados dos anos 1970, e sua nomeação para o MPOG, um terço de século depois, fez com que as preocupações e a abordagem de Mantega mudassem conforme a distância temporal entre esses trabalhos e o início das ações no governo central diminuísse. A maior parte da produção intelectual do ministro deu-se entre a metade da década de 1970 e meados dos anos 1980, período em que sua carreira política institucional ainda não havia começado. Uma apresentação em ordem mais ou menos cronológica de sua produção mostra-se, portanto, pertinente e adequada.[8]

---

8 Para este capítulo, por uma questão de espaço, optou-se por retratar o pensamento econômico de Mantega com base, sempre que possível, em seus próprios escritos sobre economia (exceto os sete relatórios de pesquisa na FGV) ou em entrevistas do ministro, evitando interpretações de terceiros. Por esse critério, a obra *Sexo e poder* (que, se entendidos como conjuntos independentes, em união com o do dinheiro, cobrem quase 100% dos desejos da humanidade) não foi consultada. Foram encontradas referências a uma obra de 1978, editada pelo Círculo do Livro, com o título *Sexo e poder*, e outra obra de 1979, volume 3 da coleção Cadernos do Presente, editada pela Brasiliense, com título *Sexo & poder*. O capítulo de Mantega trata da face erótica da dominação nas sociedades autoritárias. Finalmente, não foi possível ter acesso ao livro coordenado por Mantega e Moraes, *A economia política brasileira em questão: 1964-1975*, primeiro volume da coleção Cadernos do Presente, publicado em São Paulo em 1978 pela Editora Aparte.

As influências marxistas: Mantega nas décadas de 1970 e 1980

Mantega (1976a) fez uma incursão teórica nos debates sobre a queda tendencial da taxa de lucro. O ministro posiciona-se de forma favorável aos defensores do tratamento dado por Marx à questão, rejeitando as abordagens que ele classifica como "reformuladoras". Essa discussão teórica serve como marco referencial para as interpretações sobre a evolução da economia brasileira nos anos seguintes, às quais Mantega e Moraes (1979, 1980) aplicam o referido argumento. O trabalho de 1979, que retoma discussões realizadas nos artigos anteriormente publicados sobre o Brasil, foi prefaciado por Fernando Henrique Cardoso, que assumiria a função de ministro da Fazenda 15 anos depois. O tom do prefácio é elogioso, aprovando a análise marxista da queda da taxa de lucro como explicação para a desaceleração da economia brasileira observada entre 1974 e 1978.

A obra está organizada em três capítulos e uma introdução, sendo o primeiro escrito por Moraes, o segundo por Mantega e o terceiro por ambos. Há quadros com estatísticas descritivas para ilustrar os argumentos. Na introdução, os autores defendem a tese de que a crise, marcada pela desaceleração da acumulação de capital, estava relacionada com a consolidação do capitalismo monopolista no Brasil. O autoritarismo foi a forma encontrada para alijar os assalariados do pacto populista e acelerar os lucros e a acumulação. Com o milagre econômico (1968-1973), a capacidade de acumulação foi endogeneizada, e a crise explica-se pelas remessas e saídas de divisas do país ou, nos termos dos autores, pelo vazamento do excedente controlado pelas multinacionais monopolistas.

No segundo capítulo, Mantega avalia de forma detalhada a evolução da conjuntura subjacente aos períodos que vão da crise à expansão (milagre) e de novo à crise, enfatizando no último caso as pressões sobre os lucros (salários e custos de capital), aperto de crédito, endividamento público e, principalmente, os déficits externos. Trata-se dos mesmos elementos que já haviam sido analisados anteriormente por Mantega (1977). Os pré-requisitos para a segunda desaceleração formaram-se no período expansionista, com o afluxo de recursos estrangeiros no setor de bens de consumo duráveis, cabendo ao governo estimular as exportações para compensar as remessas e as importações de bens de capital.

O setor estatal tinha um papel central, com o Finame (hoje, Agência Especial de Financiamento Industrial), os incentivos fiscais, as obras de infraestrutura e o crédito bancário para o financiamento do consumo (que se expandiu até 1974, quando foi desacelerado). Com a estabilização dos salários e o aumento dos investimentos, os custos de produção aumentaram, e o balanço de pagamentos viu-se estrangulado, levando a um maior endividamento, externo e interno. Por fim, Mantega aborda as explicações alternativas para a crise, rejeitando a anarquia da produção (desproporção entre bens de capital e bens de consumo) e o subconsumo (falta de demanda efetiva) em favor da queda na lucratividade.

No terceiro capítulo, os autores tratam das tendências do capitalismo brasileiro naquele período. A acumulação monopolista na indústria teve início com a substituição de importações durante o Plano de Metas, contando tanto com o capital estrangeiro (que domina os setores dinâmicos, como o automobilístico, e que fora favorecido pela instrução 113 da Sumoc) quanto com o capital nacional (privado e estatal). Esses capitais disputam o excedente, parte do qual é remetido ao exterior. A autonomia, em termos da produção doméstica de máquinas e equipamentos e de insumos, aumentou. A forma de inserção externa modificara-se, com a gestação de uma nova dependência de capitais e empréstimos para financiar os déficits externos causados pelas remessas ao estrangeiro. O então BNDE mantinha a acumulação ao financiar os monopólios.[9] A fração da burguesia nacional associada aos bens de capital questionava o autoritarismo e a exploração do trabalho sob condições repressivas da ditadura, ignorando, contudo, o estatismo ou intervencionismo, diferentemente de outras frações do capital.

A questão da formação dos monopólios pelos capitais estrangeiros na produção de bens de consumo duráveis e seus insumos, com a alavanca do Estado capitalista brasileiro (financiamento, incentivos via transferências fiscais, produção monopolista de insumos básicos,

9 Na p.96, Mantega critica os lucros exorbitantes dos bancos. *Brazil non mutat*.

investimento, gastos públicos, repressão salarial e infraestrutura), e o problema das remessas já haviam sido abordados por Mantega (1976b). Em particular, ele destaca as relações entre as empresas estatais e as privadas, em sua maioria pequenas ou médias, com as primeiras fornecendo valores de uso para as últimas, e as mudanças na orientação das estatais a partir do golpe de 1964, reduzindo os subsídios embutidos nos preços praticados.

A existência de monopólios também é utilizada por Mantega para explicar a inflação do período, dada a atuação limitada da Superintendência Nacional de Abastecimento (Sunab) e da Comissão Interministerial de Preços (CIP). Por fim, Mantega faz apontamentos interessantes sobre a relação entre o Estado, as classes e as frações de classes. Essa leitura dificilmente poderia ser mantida ao ser nomeado para funções no aparelho de Estado, a não ser que o ministro se entendesse como um dirigente compartilhando, mesmo com alguma autonomia operacional, os pontos de vista da burguesia nacional.

Mantega e Moraes (1980) apresentam a visão das principais correntes econômicas brasileiras desde os anos 1960, criticando, a partir da tendência declinante da taxa de lucro, as interpretações estagnacionistas, e mostrando as revisões ocorridas após o milagre econômico, que passaram a enfatizar a distribuição de renda. Ele avalia também a perspectiva dos ministros do regime ditatorial, como Delfim Netto e Mario Henrique Simonsen.

Muitas dessas discussões são retomadas na obra de maior fôlego do ministro (Mantega, 1985). Nele, seu livro mais conhecido, Mantega faz referência a quatro abordagens interpretativas da economia política doméstica, avaliando apenas três modelos ou esquemas teóricos de perfil progressista para pensar a economia e a sociedade brasileiras. O primeiro referencial tratado é o nacional-desenvolvimentismo, versão brasileira das formulações da Cepal, que sustenta teoricamente o primeiro modelo apresentado, o de substituição de importações. Os principais teóricos associados a esse modelo são Furtado, Rangel, Tavares, Singer e Bresser-Pereira. A segunda referência teórica, ou as raízes do pensamento econômico marxista brasileiro nas internacionais comunistas, fundamenta o modelo democrático-burguês trabalhado por Nelson Werneck Sodré, e o modelo de subdesenvolvimento capitalista, cujos principais autores seriam André Gunder Frank, Caio Prado Junior e Rui Mauro Marini, todos criticados em Mantega e Moraes (1980).

Já em texto de 1986, Mantega apresenta comentários atinentes ao livro *A fantasia organizada*, de Celso Furtado. Não chega a ser uma resenha, resumindo a questão do intervencionismo estruturalista no pensamento dos principais intelectuais latino-americanos, em contraposição ao liberalismo. Mantega argumenta que Furtado resume esquematicamente a trajetória da ação estatal na economia, partindo da Europa pós-Segunda Guerra e chegando até a Cepal. Naquele primeiro momento, caberia ao Estado keynesiano prevenir crises, estabilizar as economias e contrabalançar o crescente poder econômico das grandes corporações. Na perspectiva da segunda, o Estado deveria liderar o processo de desenvolvimento econômico na América Latina, guiando a industrialização, mesmo com a oposição dos Estados Unidos e da Inglaterra. Nesse aspecto, Mantega critica a visão de que o Estado seria neutro, que a indústria poderia, por si só, superar o atraso e que só o programa desenvolvimentista conseguiria elevar o padrão de vida dos trabalhadores. Ele enfatiza, ainda, a discussão sobre a Comissão Mista Brasil-Estados Unidos (CMBEU), cujo projeto estatizante e intervencionista foi defendido por Roberto Campos. Por fim, analisa o papel do capital estrangeiro e seu avanço no Brasil depois dos anos 1950, um dos fenômenos a que Mantega dedicou maior atenção.

O pensamento de Celso Furtado é retomado por Mantega (1989a), enfatizando o modelo analítico seminal da economia política brasileira descrito na *Formação econômica do Brasil* (1959). A obra, escrita em Cambridge no final dos anos 1950, teve clara influência de Joan Robinson e se baseou em outro livro relevante, *História econômica do Brasil* (1937), de Roberto Simonsen. Furtado mostra como a economia cafeeira, por meio da intervenção estatal e das próprias crises ou "choques adversos" do setor, gestou o processo de industrialização.

Para Mantega, além da capacidade analítica, Furtado fora, assim como Simonsen também o seria, um observador privilegiado dos fenômenos econômicos, fazendo parte das instituições centrais para o programa desenvolvimentista no Brasil, como a Cepal, o BNDE (por meio da comissão mista Cepal-BNDE que influenciou o Plano de Metas de JK) e a Superintendência do Desenvolvimento do Nordeste (Sudene). A abordagem de Furtado, argumenta, sempre fora histórica, afastando-o dos modelos de equilíbrio, mas igualmente rejeitando a economia marxista.[10] Na Cepal, Furtado teve contato com o trabalho pioneiro de Prebisch sobre o desenvolvimento latino-americano a partir da rejeição da teoria das vantagens comparativas e da necessidade de industrialização liderada pelo Estado. Contrapunham-se, assim, o liberalismo defensor do modelo agroexportador e o intervencionismo planificador em favor da indústria manufatureira, entendida como solução para o subdesenvolvimento e as desigualdades em suas diferentes dimensões.

Mantega (1989b) apresenta a primeira incursão no campo dos planos de estabilização monetária dos anos 1980. Ele elabora uma crítica ao Plano Verão, considerado um instrumento político-eleitoral para a manutenção do neoliberalismo contraditório da burguesia brasileira. Liberal no discurso, protecionista na prática – seguindo uma trajetória típica no Brasil, como mostra o segundo volume desta trilogia –, a política "feijão com arroz" do ministro Maílson da Nóbrega gerou um cenário de forte instabilidade e incertezas, sem superar, porém, a hiperinflação e a estagnação.

Ele avalia que o plano continha elementos heterodoxos conservadores (controle de preços) e ortodoxos, tais como a contenção fiscal e salarial, privatização, recessão induzida, desindexação, o fim da Unidade de Referência de Preços (URP) e, sobretudo, a abertura econômica com vistas a aumentar a concorrência e a retomar a credibilidade com os investidores estrangeiros. Mantega argumenta que o Plano Verão seria menos adequado que o Plano Econômico de Emergência do PT, apresentado na mesma época.[11] O choque do início de

10 Mantega (1985, p.13) argumenta que Furtado, assim como Rangel, promoveu uma síntese com elementos neoclássicos e keinesianos (sic).

11 Não foi possível localizar o plano. Embora Mantega estivesse na administração municipal de São Paulo, ele colaborou na elaboração do plano econômico do PT para a disputa presidencial de 1989. Este material permitiria aprofundar o pensamento econômico de Mantega em termos operacionais para a contenção da inflação e retomada do crescimento. De qualquer forma, Mantega (1989b) menciona a suspensão do pagamento da dívida externa e sua renegociação, a eliminação de subsídios às empresas,

1989 é explicado por Mantega como resposta ao fracasso do plano antecedente, principalmente no seu intuito de atrair capitais externos. O diagnóstico para a inflação remete a seus textos da década anterior, identificando nas elevadas remessas ao exterior, na dívida pública interna e nos subsídios aos empresários os principais elementos do aumento generalizado dos preços.

Um mundo em transformação: a década de 1990

Dando continuidade às reflexões sobre a formulação de políticas macroeconômicas, passo importante para assumir uma função econômica no governo central, Mantega (1994a) argumenta que programas de estabilização são difíceis de implementar. Na sua visão, mais que medidas técnicas "corretas" como as defendidas nos países pouco organizados politicamente, tais programas envolvem decisões políticas sobre ganhadores e perdedores a partir de um leque de alternativas a serem avaliadas democraticamente, como ocorre nas nações desenvolvidas. A organização política da sociedade é que, a rigor, define como os conflitos distributivos são tratados. Os fracassos dos planos de contenção inflacionária no Brasil nos anos 1980 e início dos 1990 são assim explicados por Mantega pela incapacidade de explicitar e administrar os conflitos, sendo os primeiros mistificados como solução técnica universal.

Assumindo que a inflação é inercial e resulta de conflito distributivo, tema retomado em Mantega (1994b), e não dos déficits fiscais, como viria a defender em textos futuros, o ministro propõe uma solução pactuada para a inflação, com políticas de rendas e diálogo, além da negociação entre as classes sociais para coordenar as expectativas. No caso brasileiro, o conflito seria administrado provisoriamente por meio de câmaras setoriais a serem incrementadas e melhoradas na forma de mecanismos de arbitragem, envolvendo sindicatos de

---

o estímulo à continuidade dos investimentos, fortalecimento do bem-estar social, reforma fiscal e tributária para desestimular a especulação e até mesmo privatizações seletivas. Muitas dessas medidas foram adotadas por ele no governo federal.

trabalhadores e associações patronais, como feito em Israel, Espanha e Itália, por exemplo. As negociações interclassistas seriam mediadas pelo governo, a partir de um Estado dotado de credibilidade. Mantega aceita, assim, o conceito ortodoxo de "credibilidade" para contrapor-se às políticas fiscais e monetárias recessivas, igualmente de corte ortodoxo, que ignorariam os sistemas de representação e promoveriam interesses particulares. O acordo precário da câmara setorial da indústria automobilística, uma das cinquenta câmaras existentes no Brasil à época, é utilizado para ilustrar o elevado potencial do arranjo estabilizador de preços e de manutenção do nível de emprego por meio da negociação.

Assim como no caso das privatizações seletivas, nota-se nesse trabalho uma mudança na postura diante da burguesia, indicando uma reorientação teórica. Enquanto nos anos 1970 Mantega nutria uma visão mais crítica, agora ele passa a elogiar e valorizar os capitalistas nacionais, mesmo reconhecendo a permanência do poder econômico dos oligopólios. Na verdade, a própria categoria "burguesia" cede espaço para o termo "empresariado", eufemismo que se repete nessa obra (ibidem).

O artigo aborda as eleições de 1994, indicando dois projetos que disputavam a Presidência da República: de um lado uma falsa social-democracia capitaneada por Cardoso, do outro uma candidatura democrática e progressista, liderada por Lula. O primeiro programa alinhava-se ao Consenso de Washington e tinha sua espinha dorsal no Plano FHC ou Real (cuja implementação é detalhada no texto), com propostas de uma tímida reforma fiscal, abertura financeira, austeridade dos gastos públicos, taxas de juros elevadas e desregulamentação de setores estratégicos. Mantega defende um ajuste fiscal e o equilíbrio das contas públicas, mas com diferenças importantes em termos de quais gastos cortar e quais seriam as fontes de tributação. Os indícios já se constituíam, naquele momento, em evidência: sai Marx, assume Bresser-Pereira.

Em 1995, retomando ideias desenvolvidas em sua obra com Moraes (1980) e em seu livro de 1985, Mantega escreve sua última publicação acadêmica de conteúdo marxista. Trata-se de um capítulo sobre a história do pensamento econômico marxista no Brasil, que começa com o que ele denomina "materialismo primitivo", com a difusão, pelo PCB, das ideias da III Internacional Comunista sobre os países atrasados (ou semifeudais) e o "etapismo", e encerra com a obra de Caio Prado Junior sobre o capitalismo colonial. O "materialismo funcionalista" surge com Nelson Werneck Sodré e a tese do feudalismo plasmado no latifúndio – trabalho maduro de Prado Junior sobre a questão agrária e a superexploração do trabalho rural –, bem como as contribuições de Rangel e Furtado sobre as economias subdesenvolvidas (ou duais) ao mesclar Marx e Keynes. Por fim, a consolidação do pensamento marxista no Brasil ou "materialismo dialético" viria com o Seminário de Marx, organizado na USP, abordando a especificidade do capitalismo brasileiro, já com relativa autonomia da dinâmica externa, exceto na visão da dependência de Cardoso. Para o marxismo dar conta de uma realidade histórica para a qual não fora pensado – o modo de produção capitalista, mas retardatário, ou mesmo um modo de produção pré-capitalista típico do Brasil –, foi preciso adaptar as categorias desenvolvidas por Marx com relação ao capitalismo avançado europeu, amalgamando-as com outras contribuições teóricas.

O livro coordenado pelo ex-presidente Luiz Inácio Lula da Silva (1997) e organizado por Guido Mantega e Paulo Vanuchi versa sobre um dos grandes elementos convergentes das posições políticas liberais e empresariais no Brasil: o assim chamado "custo Brasil". A obra reproduz conteúdo de evento ocorrido na cidade de São Paulo em 1996, organizado em quatro mesas: (1) política econômica e custo Brasil, (2) custo tributário, (3) custo do transporte e da infraestrutura e (4) custo do trabalho. O debate incluiu jornalistas, consultores, empresários, políticos e acadêmicos. Mantega participou da organização da mesa sobre tributação, ainda que não tenha abordado o tema diretamente. Ele também escreveu a introdução, na qual apresentou uma visão completamente diferente da esposada em seus escritos de duas décadas antes, o que corrobora a ideia de uma transição já avançada em seu pensamento em relação aos indícios do final dos anos 1980 e às evidências de meados dos anos 1990. O elemento de poder do capital desaparece completamente, e, em interpretação que pouco difere da liberal, os problemas da economia brasileira resumem-se a equívocos de política econômica. Ele elenca falhas como a abertura comercial de Collor de Mello ou as elevadas taxas de juros do governo Cardoso, sem enfatizar o papel dos bancos, como antes.

Essa contribuição marca, assim, um possível divisor de águas, com o abandono definitivo do pensamento marxista ou mesmo furtadiano, possivelmente para uma visão mais próxima da de Bresser-Pereira (2009). Conquanto não demonstre a mesma obsessão com a taxa de câmbio, Mantega enfatiza a necessidade de garantir a competitividade dos supostos capitais nacionais na era da mundialização, fenômeno que, em si, representa uma perda importante na capacidade de identificar o elemento nacional como um fundamento estratégico de organização do espaço econômico territorial demarcado pelas fronteiras dos países.

Já o livro de Mantega e Rego (1999) compila entrevistas com reconhecidos economistas brasileiros. A lista de nomes mostra uma grande pluralidade de abordagens teóricas, como os marxistas Paul Singer, Francisco de Oliveira e João Manuel Cardoso de Mello, os estruturalistas keynesianos Antônio Barros de Castro, José Serra, João Sayad, Yoshiaki Nakano e Aloízio Mercadante, e os ortodoxos radicais de mercado José Alexandre Scheinkman, Fernando de Holanda Barbosa e Gustavo Franco. Para um futuro formulador de políticas econômicas, faz-se importante entender as diferentes visões sobre os problemas do Brasil, ou até mesmo o que constitui um problema de fato dentro de cada abordagem, assim como as propostas alternativas de resolução. Assim como duas obras anteriores (Mantega, 1985, Mantega; Moraes, 1980) abordaram trabalhos desenvolvidos no bojo das grandes discussões dos anos 1950 e 1960 e que proporcionavam uma radiografia de um Brasil já distante no tempo (em comparação com o período em que Mantega foi nomeado para a Fazenda), aquele tipo de interação com as preocupações e abordagens econômicas mais recentes se mostram fundamentais para evitar um estreitamento da visão ou mesmo a miopia típica da ortodoxia.

Ainda que se trate de obra organizada coletivamente, Mantega et al. (2000) apresentam elementos importantes para avaliar a sua coerência uma vez no governo. O texto discute alguns dos principais problemas da economia brasileira no final dos anos 1990, como estagnação e desemprego, além de analisar a globalização e a adoção de políticas liberalizantes nas esferas comercial e financeira pelos países menos desenvolvidos. No caso brasileiro, a elevação da taxa de juros e a apreciação da moeda doméstica criaram ou agravaram problemas econômicos, como a desindustrialização (também motivada pelo processo de fusões e aquisições via Investimento Estrangeiro Direto (IED), que desestruturou cadeias produtivas), o estrangulamento externo e o aumento do endividamento.

Os autores defendem um novo projeto estratégico nacional, centrado em políticas comercial e industrial e na reversão das políticas de liberalização. As medidas incluiriam o controle de capitais (ou centralização cambial), renegociação da dívida externa (alongamento dos prazos, não descartando uma moratória em determinados casos), redistribuição de renda via elevações do salário-mínimo e um projeto de transferências que antecipava o Bolsa-Família. Além disso, apontavam a importância de ações estruturais, como reforma agrária, cooperativismo, reforma financeira (redução do poder oligopólico dos bancos) para ampliar o crédito, livre e direcionado, redução da taxa de juros, desoneração da folha de pagamentos e, finalmente, uma reforma tributária com impostos sobre altas rendas e propriedades para financiar as ações estatais.

A controvérsia sobre a autonomia do Banco Central na campanha presidencial em 2002 é retomada em entrevista concedida a Azevedo (Mantega, 2003). Mantega defende apenas a autonomia operacional, isto é, a liberdade para escolher os instrumentos necessários para alcançar as metas intermediárias e os objetivos finais fixados pelo Conselho Monetário Nacional (CMN). Rejeita, portanto, a independência formal. A liderança política máxima do país poderia demitir o presidente do Banco Central em caso de descumprimento das metas que, na opinião do ministro, deveriam incluir inflação, crescimento e pleno emprego, além de supervisionar o sistema bancário. Cabe notar que, nessa entrevista, ele aceita a interpretação de que a inflação depende de um equilíbrio monetário, o qual responde, por sua vez, aos níveis das taxas de juros, ao contrário do que defendia alguns anos antes. Da mesma forma, aceita que a autonomia melhora as expectativas inflacionárias e os próprios índices de inflação entregues. Assim, pode-se assumir a consolidação da transformação no pensamento de Mantega nesse período, quando demonstra ter abandonado o marxismo mas sem indicar com clareza o arcabouço pelo qual ele teria sido substituído.

Mantega no governo: os anos 2000

A entrevista realizada enquanto ainda ocupava o Ministério do Planejamento revela o objetivo de estimular o crescimento econômico por meio da recuperação da capacidade de planejamento do Estado (com o plano plurianual – PPA, formulado com participação social) e de correção das desigualdades social e regional, já que "achamos que o mercado não leva ao desenvolvimento econômico, leva à concentração de renda, distorções e desequilíbrios" (Mantega, 2004). Na entrevista concedida a Pereira, Mantega já sugere a necessidade de um novo projeto de desenvolvimento liderado pelo Estado. O ministro aponta que os objetivos do governo seriam eliminar a fome (por meio de transferências diretas), o analfabetismo e a dependência de capitais externos voláteis por meio de maior agressividade comercial e políticas Sul-Sul, incluindo a integração infraestrutural da América do Sul (já proposta por Prebisch nos anos 1940), embora rejeitasse, em contraste com o texto de quatro anos antes, os controles de capitais.

Mantega (2005d) enfatiza a questão da integração regional, remetendo ao objetivo do governo brasileiro de mudar a geopolítica no sentido dos interesses comuns dos países emergentes, reduzindo as vulnerabilidades, ampliando a autonomia e promovendo o diálogo entre nações em desenvolvimento. A integração da América do Sul, com investimentos em infraestrutura financiados pelo BNDES, passaria pelo fortalecimento do Mercosul e sua relação com outros blocos, como a Comunidade Andina. Ele menciona dois projetos específicos: a Iniciativa para a Integração da Infraestrutura Regional Sulamericana (Iirsa) e o Programa de Financiamento às Exportações (Proex), que contariam com financiamento e garantias do BNDES (créditos recíprocos, seguros e aval).[12] O fortalecimento comercial elevaria a competitividade das empresas nacionais, aumentando as economias de escala e de escopo. Mantega defende a formação de um bloco político para dialogar com outros atores multilaterais de forma a, assim, melhorar as condições de negociação do comércio inter-regional, de natureza complementar em vários setores. Outros objetivos secundários incluíam a cooperação tecnológica e a promoção do turismo e da cultura.

Ainda na entrevista, Pereira formula uma pergunta essencial ao questionar se poderia haver crescimento com a política macroeconômica vigente. Mantega tergiversa, argumentando que a política havia mudado: se no início do governo era imprescindível evitar uma moratória iminente por meio de contenção fiscal, também foi possível garantir a expansão do crédito para segmentos como a agricultura familiar, as pequenas e médias empresas (PMEs) e os cidadãos mais pobres. Mantega afirma que a taxa de juros deveria cair para incentivar os investimentos em infraestrutura (com recursos próprios, das estatais e de parceiras público-privadas – PPPs) e a concessão de crédito do BNDES para uma política industrial e tecnológica (idem, 2004).

Mantega (2005a) apresenta elementos que apontam para uma confirmação da mudança em seu pensamento identificada anteriormente. Com base em Keynes e Schumpeter, ele enfatiza o papel dos financiamentos de longo prazo e do BNDES – presidido por ele à época – na função de coordenador de blocos de investimento, no que ele caracterizou como um novo ciclo de desenvolvimento da economia brasileira.[13] Esse ciclo teria iniciado em 2004 e se caracterizava por um círculo virtuoso de crescimento da renda, do investimento e da produtividade, induzindo inovação e ganhos de escala, configurando, assim, uma mudança estrutural voltada para a integração internacional competitiva, com aumento das exportações, equilíbrio externo e melhorias sociais. Em seu entendimento, haveria um

12 A carteira de projetos contratados com o banco incluía usinas hidrelétricas, gasodutos, rodovias e metrôs, no valor de aproximadamente US$ 1 bilhão.

13 Esse mesmo termo foi empregado também por Luciano Coutinho, na condição de presidente do BNDES, em 2011.

efeito de retroalimentação entre financiamento e crescimento. Mantega defende a política industrial, na qual inclui o financiamento de setores dependentes de crédito, para estimular as vantagens comparativas das firmas brasileiras (evidenciadas pelo aumento no saldo comercial). Ele também ressalta a estabilidade fiscal e monetária como característica do novo ciclo, principalmente com os superávits orçamentários primários diminuindo a vulnerabilidade externa.

Mantega (2005b, 2005c) proporciona ilustrações das conjunturas macroeconômicas interna e externa daquele período. O autor ressalta a importância do crédito, o crescimento recente da relação crédito/PIB e o papel das operações do BNDES para o setor privado. Ele enfatiza o papel das micro, pequenas e médias empresas (MPM) para a geração de emprego e renda, e arrola os instrumentos de apoio do BNDES a essas organizações, como financiamento direto e indireto (com maior percentual de participação no valor total do projeto), suporte, apoio técnico e compartilhamento de riscos, além dos programas e produtos, tais como linhas automáticas de crédito e fundos específicos, setoriais e regionais. Os dados apresentados mostram, todavia, que a maior parte do financiamento era canalizado para as grandes empresas,[14] os mesmos grupos poderosos que ele criticara nos anos 1970 pela acumulação monopolista. A transformação em sua narrativa e, talvez, em suas convicções faz-se clara.

Mantega (2005b) fornece outras informações, como a acumulação de reservas, projeções de crescimento e aumento do investimento, que lastreiam a ideia de um novo ciclo, e a grande participação do financiamento do BNDES para a indústria (sobretudo nos setores de material de transporte e mecânica) e para a infraestrutura (principalmente transporte terrestre e energia elétrica). Ele contrasta o papel do BNDES no estado desenvolvimentista (fomento) e no estado liberal (privatizações), mostrando sua importância no financiamento ao setor privado em vários setores importantes, além de mencionar o papel do mercado de capitais. Ainda mais interessante é a defesa

14 Mantega (2005a, p.13) argumenta que "os diversos programas de financiamento e apoio do BNDES têm sido direcionados para o aumento do tamanho das empresas brasileiras".

das reformas institucionais, como a da previdência e a tributária, e a inclusão do aumento das margens de lucro simultaneamente à queda do custo com mão de obra como partes de um cenário externo favorável. Favorável para quem, nesse caso?

Depois, Mantega (2005e) retoma, de forma pontual, alguns dos elementos do novo ciclo. O ministro faz referência a uma mudança na forma de inserção externa em um quadro de concorrência baseada no conhecimento, na inovação e principalmente nos serviços, cujo dinamismo se concentra em poucos países e setores, como os de construção, engenharia e *software*. Argumenta que a inserção seria mais ativa, agora, em função da competitividade das empresas brasileiras, as quais deveriam se internacionalizar com apoio do banco, do avanço tecnológico, da ampliação da escala e da sofisticação comercial. Ele defende a necessidade de apoiar as exportações de serviços, em particular os setores com vantagens comparativas – como os de engenharia e construção –, para fomentar a infraestrutura de integração na América do Sul.

Com relação à política fiscal no novo modelo de desenvolvimento, Mantega (2005a) defende a importância do ajuste fiscal, da queda do endividamento público e da geração de superávits primários para reduzir as taxas de juros de longo prazo, ao mesmo tempo que defende a importância da ação estatal para o investimento.[15] Não é surpreendente, assim, que ele postule a existência de um produto potencial e passe a se utilizar da expressão “capital humano”, conceito caro à teoria neoclássica do desenvolvimento. A avaliação de Mantega, contudo, não encontra respaldo em boa parte da literatura listada no artigo, ainda mais quando ele assume contraditoriamente que, na presença de um sistema bancário que cria dinheiro, a poupança prévia não é uma restrição necessária ao financiamento dos blocos coordenados de investimento de longo prazo, indivisíveis, geradores de externalidades (como em P&D) e, logo, arriscados – ou

15 Mantega (2005a, p.14) explicita: “[...] devemos nos adaptar à realidade atual. Hoje o Estado precisa atuar mais na coordenação e no incentivo às decisões de mercado do que na intervenção direta na economia. Não se trata de voltar ao período em que o desenvolvimento econômico era capitaneado por empresas estatais [...]”.

que o investimento responde ao grau de ociosidade da capacidade produtiva. Apesar de autores ortodoxos como Rajan, Zingales e Levine serem citados, as referências são majoritariamente não convencionais, como Rodrik, Amsden, Ocampo e Hirschman, ou mesmo heterodoxas, no caso de Chang, Keynes, Wade e Arestis.

Em entrevista concedida a Spina em 2007, Mantega não deixa dúvidas sobre sua mudança de perspectiva. A novidade do novo modelo "social-desenvolvimentista" seria o crescimento elevado, mas equilibrado, somado à inclusão social via distribuição de renda. Adiciona-se, assim, uma variável distributiva a um modelo de busca pelo equilíbrio fiscal (assumido como pouco provável no texto de 1994a), manutenção de baixas taxas de inflação e reduzida vulnerabilidade externa. Ele menciona uma proposta de reforma tributária, iniciada com a lei das micro e pequenas empresas, que simplificou a tributação, e que deveria seguir com a renovação da CPMF para financiar a saúde e liberar outros recursos para os gastos sociais e investimentos em infraestrutura. O projeto também incluía a criação de um fundo de desenvolvimento regional. É interessante observar que Mantega aceita o diagnóstico de que a queda na taxa de juros depende de austeridade fiscal, em contraste com a interpretação do conflito distributivo dos anos 1990. Ao mesmo tempo, mostra paradoxalmente a evolução favorável do crédito (volumes e prazos) e da redução do custo financeiro observado à época. Por fim, Mantega trata da redefinição do regime de concessão da prospecção e exploração de petróleo com a descoberta do pré-sal.[16]

A crise de 2007-2008 e seus desdobramentos deram a Mantega notoriedade internacional. O ministro cunhara a expressão "guerra monetária" (ou cambial) para referir-se às políticas de facilitação quantitativa (*quantitative easing*) que depreciavam as moedas de alguns dos países mais desenvolvidos e pioravam, portanto, os preços relativos das exportações dos países em desenvolvimento (Blanchard, 2017). Em artigo publicado em 2012, o ministro defendeu a reforma do FMI, de modo a alterar a governança da instituição ao dar maior

16 Na década de 1970 o autor já mencionava a exploração privada de petróleo por meio dos contratos de risco (Mantega, 1976b).

importância àqueles países, considerando que a reforma proposta em 2010 não seria suficiente. O critério para atribuição de poder na instituição deveria, a seu ver, responder à participação no PIB global (Mantega, 2012).

Diante das considerações apresentadas, surge uma questão final. Como o marxismo não se propõe a gerir o capitalismo por meio do Estado, essa fonte de influência não tem desdobramento operacional sobre a formulação de políticas do Ministério da Fazenda. Na medida em que não é possível ser puramente pragmático – já que, como Keynes externava na última página da *Teoria geral*, os homens práticos que se acreditam isentos de qualquer influência intelectual são geralmente escravos de algum economista –, quais as outras possíveis influências de Mantega a balizar suas atividades no primeiro escalão do Governo Federal? As melhores opções incluem Furtado e, principalmente, Bresser-Pereira, conforme se argumenta a seguir.

A GESTÃO DE MANTEGA NO MINISTÉRIO DA FAZENDA (2006-2014)

Dificilmente se pode argumentar, com algum grau de razoabilidade, que o desempenho econômico de um país depende exclusiva ou majoritariamente da gestão do ministro da Fazenda (ou do presidente do Banco Central) e das suas escolhas de política econômica – mesmo assumindo que elas sejam de fato decididas de forma autônoma e independente das múltiplas pressões particularistas, em especial aquelas dotadas de ampla repercussão nos meios de comunicação. Isso está relacionado com a dinâmica das economias capitalistas que, se por um lado historicamente não puderam prescindir de uma significativa participação do setor estatal na economia, apresentam, por outro, complexidade própria no âmbito privado, no qual a constelação de capitais motivados pelo lucro é a mais relevante para o desempenho econômico nos diferentes espaços nacionais e internacionais.

Ainda assim, mostrou-se inegável a excepcionalidade da economia brasileira durante o período em que Mantega esteve à frente da Fazenda, com vários indicadores alcançando seu pico cíclico naquele intervalo. Essa avaliação do desempenho macroeconômico é obtida principalmente por contraste com o período da longa estagnação que se inicia nos anos 1980 e segue, aparentemente, até os dias atuais. Resta conjecturar como a sua atuação pode ter contribuído para esse quadro.

Nas seções anteriores, a articulação "pessoa-função-decisão--desempenho" foi abordada no plano pessoal (influências e ideias). A nomeação para uma função pública é uma decisão política e pode ser considerada dada, ainda que deva existir concordância substantiva entre a liderança política, o programa eleito nas urnas e a capacidade da pessoa nomeada para implementá-lo. Nesse sentido, a trajetória de Mantega não é atípica: inicia-se na academia e então assume o governo, contribuindo para a formulação dos programas econômicos. Faz-se importante avaliar como as ideias desenvolvidas na academia ou, no caso de Mantega, apresentadas na imprensa influenciam suas decisões funcionais na implementação do programa de governo – ou mesmo se estabelecem balizas e limites para o que é aceito como ideológica e politicamente viável, sendo necessário então investigar como elas podem contribuir para o desempenho econômico. Um fato singular no caso de Mantega é sua longevidade em uma função marcada pela efemeridade. Dos 21 ministros da Fazenda ou equivalentes da chamada Nova República (1985-2018), ficaram à frente do ministério por mais de três anos apenas Pedro Malan, Antônio Palocci e Guido Mantega. Apenas para o primeiro e o último o longo prazo cronológico (e não lógico, como nos manuais ortodoxos de economia, ou indefinido, como na visão keynesiana) chegou com o titular ainda no cargo.

Como mencionado na introdução, antes de assumir a Fazenda em 2006, Mantega acumulou experiências relevantes na administração federal. Foi ministro do Planejamento, Orçamento e Gestão (MPOG) entre 2003 e novembro de 2004, e presidente do BNDES de novembro de 2004 a março de 2006. Esse conhecimento sobre a política e a programação do orçamento e das ações do governo central, bem como as operações de financiamento, amplia enormemente a capacidade de atuação e decisão na Fazenda. Isso porque existe uma máquina burocrática com inércia e vida própria nos aparelhos do Estado, com a qual se deve aprender a trabalhar. De qualquer forma, a análise a seguir enfatiza algumas das ações mais importantes, sem ser exaustiva, ressaltando que não se sabe o quanto se pode atribuir do desempenho observado às ações de Mantega no cargo, dado que a coordenação das ações executivas, se houve uma, cabe, geralmente, à Casa Civil.

O quadro econômico positivo pode ser aferido a partir de vários indicadores, sendo a gestão da dívida pública um dos mais salientes. Um importante resultado externo alcançado em sua gestão foi a elevação da classificação de risco da dívida soberana brasileira, atingindo o nível de investimento entre 2008 e 2009. No caso das agências Fitch e S&P, essa classificação foi mantida de 2008 até 2014; na Moody's, entre 2009 e 2015.[17] Quando Mantega assumiu a Fazenda a nota estava dois níveis abaixo do grau de investimento, sendo elevada nos dois anos iniciais até alcançar tal classificação (Milan, 2020).

Ainda no âmbito externo, a política de acumulação de reservas cabe ao Banco Central, que se subordina ao Conselho Monetário Nacional, no qual o ministro da Fazenda tem um dos assentos. Em 2007, as reservas líquidas saltaram para mais de US$ 180 bilhões (de US$ 86 bilhões no ano anterior), alcançando US$ 364 bilhões em 2014. Mantega defendia a criação de um fundo soberano com parte das reservas e das receitas de exportação em moeda estrangeira, por meio da emissão de títulos no exterior pelo BNDES e pela Petrobras. Além de aplicação financeira para acomodar uma demanda precaucional, o ministro via o fundo como mecanismo para alavancar a economia brasileira (Mantega, 2007). O fundo foi criado no final do ano seguinte, sob responsabilidade do Tesouro Nacional. Singer (2015) menciona o controle de capitais, por meio do Imposto sobre Operações Financeiras (IOF) no mercado à vista e no de derivativos, bem como a regulação prudencial para evitar a apreciação do real, o que denota clara aproximação com o pensamento de Bresser-Pereira.

No mesmo período, o IED total aumentou de US$ 19 bilhões para cerca de US$ 64 bilhões, tendo alcançado o pico histórico de US$ 98 bilhões em 2011. As exportações aumentaram de US$ 138 bilhões em 2006 para US$ 225 bilhões em 2014. É interessante notar que a maior

17 Com a ressalva de que as classificações não são sempre confiáveis, como visto na crise das hipotecas norte-americanas.

parte das vendas para o exterior era de produtos agropecuários de baixo valor agregado, em um cenário que agravava a desindustrialização que acometia a economia brasileira há décadas. Com efeito, não se empreendeu uma mudança estrutural, embora Singer (ibidem) mencione a reindustrialização por meio do Plano Brasil Maior como uma das nove medidas de política econômica adotadas por Mantega, já no primeiro governo Rousseff (2011-2014), para estimular o crescimento. Além disso, Singer (ibidem) faz referência à proteção ao produto nacional por meio de Imposto sobre Produtos Industrializados (IPI) e do Imposto de Importações (II) sobre bens importados, política de conteúdo local por parte da Petrobras e o programa de compras governamentais para alguns setores. Em contrapartida, o saldo em transações correntes estava atipicamente positivo em 2006, retornando aos déficits crônicos já em 2008 (Gomes; Cruz, 2021).

Considerando a economia doméstica, Mantega faz referência à lei geral da micro e pequena empresa como medida de simplificação e redução tributárias e desburocratização o que seria, a seu ver, modelo para uma reforma tributária mais ampla, objetivando "facilitar a vida do empresário" e evitar a guerra fiscal pela criação de um fundo de desenvolvimento regional (Mantega, 2007). A lei geral pode até ter promovido uma maior formalização de pequenos capitalistas, mas, em geral, havia em 2006 pouco mais de 5,1 milhões de empresas de todos os portes no Brasil, e em 2014 o número caiu para 4,5 milhões (IBGE, [s.d.]).

Com relação ao emprego e ao rendimento do trabalho, o ministro apresenta números de rápida evolução do emprego e da massa salarial até aquele período. Olhando para seu mandato como um todo, a taxa de desemprego aberto (PME) caiu de 8,4% em 2006 para 4,7% em 2011, subindo para 6,5% em 2014. A massa salarial real apresentou crescimento acima de 2,5% em todos os anos do intervalo. Já a política de elevação do salário-mínimo, sob responsabilidade do Ministério do Trabalho e Emprego, que foi de R$ 300 em 2006 para R$ 724 em 2014, contribuiu para reduzir significativamente a desigualdade – o coeficiente de Gini vai de cerca de 0,56 para 0,51 – e, logo, a taxa de pobreza caiu de 19,1% da população para 8,4% no mesmo intervalo (Gomes; Cruz, 2021).

Mantega também menciona o crédito consignado (cuja lei é de 2003) como forma de redução dos juros para pessoas físicas. Durante seu termo à frente da Fazenda, o estoque de crédito como proporção do PIB foi de 31% em 2006 para mais de 52% em 2014, com elevação da participação dos bancos públicos. A taxa básica de juros, sob controle do Banco Central, caiu significativamente quando Mantega estava na Fazenda. De pouco mais de 13% em média ao ano no início de 2006, caiu para 7,1%, em média, em 2012, subindo para acima de 11% em 2014, em um dos períodos mais conturbados da economia brasileira da última década, quando se exigiram, inclusive, mudanças nas regras de remuneração da poupança.

Singer (2015) avalia a queda na taxa de juros como a primeira e mais importante medida das nove contempladas pela chamada Nova Matriz Econômica (NME), seguida pela depreciação deliberada do real. Já a inflação oscilou com leve tendência de alta entre 2006 e 2014, indo do valor mínimo de pouco mais de 3% em 2006 ao valor máximo de 6,5% em 2011 e 6,4% em 2014 (Gomes; Cruz, 2021). É interessante notar que Mantega estimulou a reativação das câmeras setoriais para implementar políticas de rendas, e que a inflação subiu paralelamente à geração de superávit primário durante vários anos seguidos.

Com relação especificamente às ações de Mantega, como desdobramento da Política Industrial, Tecnológica e de Comércio Exterior (PITCE) de 2003, o BNDES elencou, sob sua gestão, quatro setores prioritários a fomentar: semicondutores, *software*, bens de capital e fármacos e medicamentos. Mantega (2005e) apresenta dados que demonstram um robusto crescimento dos recursos do banco para o setor de engenharia e construção. No caso do setor de *software*, a meta seria multiplicar as exportações por um fator de 20 em um período de quatro anos, objetivo baseado em incentivos tributários, como a liberação do pagamento de PIS e Cofins pela MP 255/05, financeiros (Prosoft do BNDES e fundos setoriais) e de programas de qualidade.

Singer (2015) argumenta que o uso intensivo do BNDES, por meio de aportes do Tesouro Nacional (R$ 100 bilhões em 2009 e R$ 400 bilhões em 2011), foi outra das nove medidas implementadas por meio da NME para estimular o investimento pelo Programa de Sustentação do Investimento (2009-2015). O ministro de fato menciona importantes obras de infraestrutura para diminuir as desigualdades regionais, como os projetos da ferrovia Norte-Sul, a Transnordestina, a transposição do Rio São Francisco e a rodovia BR-101 norte, além de projetos de saneamento e de habitação popular por meio do PAC 1 (2007-2010), com R$ 500 bilhões de recursos orçamentários, do BNDES e das estatais. Já o PAC 2 (2011-2014) reforçou a centralidade do investimento em infraestrutura para dinamizar a economia, com orçamento quase três vezes maior. Ainda assim, a taxa de investimento aumentou de pouco mais de 17% do PIB em 2006 para um pico de quase 21% em 2013 e 20% em 2014 (Gomes; Cruz, 2021). Além da PITCE, outras medidas importantes para operacionalizar a nova capacidade de planejamento do Estado foram a Política de Desenvolvimento Produtivo (PDP) de 2008, com Mantega já na Fazenda, e o Programa de Investimentos em Logística (PIL) de 2012, orçado em R$ 133 bilhões. Singer (2015) elenca esse programa como a quinta medida para impulsionar a economia.

O resultado fiscal é, sem dúvida, aquele que está mais diretamente articulado com as ações da Fazenda. O orçamento federal passou de um superávit primário de mais de 3% do PIB para déficit primário de 0,6% respectivamente no início e no fim de sua gestão. Tais resultados remetem ao episódio das assim chamadas "pedaladas fiscais", uma defasagem prolongada no pagamento de recursos aos bancos públicos para o financiamento de programas sociais. Nesse âmbito, Singer (ibidem) apresenta outra medida; a desoneração da folha de pagamentos, por meio da qual 42 setores deixaram de recolher R$ 25 bilhões em impostos em 2014. O autor também cita a "desoneração do IPI e do PIS/Cofins sobre bens de investimento, o Reintegra (Regime Especial de Reintegração dos Valores Tributários para as Empresas Exportadoras) e o estabelecimento de novo regime tributário para a cadeia automotiva" (ibidem, p.44). Como atesta o próprio ministro, Mantega utilizou o Estado para alavancar a acumulação, monopolista ou não, como faziam os governos civis e militares por ele criticados nos anos 1970.

Em entrevista concedida aos economistas Paulo Gala, José Márcio Rego e Gabriel Galípolo (atual diretor de política monetária do Banco Central do Brasil) em 2021, Mantega defendeu seu legado à frente da Fazenda. Em particular, considera que, durante sua passagem pela pasta, o Brasil conheceu o único período ou longo ciclo de crescimento nos últimos quarenta anos, rejeitando a interpretação de "milagrinho" para contrapor-se ao "milagrão" da ditadura militar. Sobre a malfadada NME, Mantega (2021) afirma se tratar de expressão retórica, uma anedota com o tripé macroeconômico. Corroborando Singer (2015), ele afirma que o objetivo era mudar a relação juro-câmbio com o emprego dos bancos públicos e da redução dos *spreads*. Para Mantega, taxas elevadas de juros aliadas a câmbio apreciado prejudicavam a indústria, em particular, e a economia, em geral. Ao cutucar as onças com vara curta, a pressão sobre o ministro – e sobre a presidente –tornou-se insuportável. Mantega foi demitido durante a campanha presidencial de 2014. Estava perdida a batalha desenvolvimentista contra o neoliberalismo (ibidem).

CONSIDERAÇÕES FINAIS

A trajetória intelectual e política de Mantega nas quase quatro décadas compreendidas entre a sua primeira publicação e a demissão do Ministério da Fazenda é inevitavelmente caracterizada por mudanças e continuidades. Mantega iniciou sua carreira como jovem acadêmico, fazendo pesquisas econômicas de filiação marxista até meados da década de 1980. Nesse período, voltou-se, por um lado, para a tradição brasileira de economia política, com ênfase nos trabalhos de Furtado e, por outro, para os problemas da economia brasileira, em particular o papel dos planos e das políticas macroeconômicas. Durante a década de 1990, poucos anos antes de assumir funções no Estado, faz-se notável a mudança na perspectiva temática e metodológica do futuro ministro. Essa transmutação reflete-se nos temas e nas abordagens dos seus trabalhos – e toda transição é necessariamente eivada de ambiguidades. Mantega não é um ortodoxo, mas há traços evidentes de ortodoxia em suas análises recentes, tanto nas imediatamente anteriores às nomeações quanto, principalmente, naquelas conduzidas após assumir os cargos no Governo Federal.

Observando essa transformação com o benefício do tempo histórico, ela se encaixou bem com as decisões futuras em termos profissionais, e vai da academia para formulador e executor de políticas. Isso porque o marxismo não se propõe a formular políticas de crescimento ou de estabilização macroeconômica, mas a implementação de medidas econômicas não exige um único perfil ideológico para efetivar-se, como mostram as políticas keynesianas do pós-Segunda Guerra. Desse modo, assim como outros ministros não afeitos à ortodoxia econômica *tout court*, Mantega teve necessariamente de adotar uma abordagem pragmática na Fazenda, alimentada pelas passagens pela Prefeitura de São Paulo, pelo BNDES e pelo então Ministério do Planejamento. Mas o pragmatismo nunca é totalmente puro, e sempre carrega algum elemento de elaboração intelectual, como lembra Keynes.

À exceção do primeiro trabalho publicado, qualquer que fosse a orientação teórica ou o tema tratado, porém, Mantega manteria uma dedicação aos problemas econômicos do Brasil. A economia brasileira representa um dos poucos traços de continuidade em seu pensamento, e não está claro se, como ministro, ele teve a oportunidade de colocar algumas de suas ideias em prática. Em uma linha próxima ao que defende o ex-ministro Bresser-Pereira, Mantega adotou medidas que induziram o fortalecimento da acumulação monopolista, buscando sustentar e fazer crescer as empresas brasileiras, mas dentro de um marco caracterizado pelo planejamento. A alavancagem do Estado deu-se pelo financiamento do BNDES com recursos do Tesouro e por muitas medidas de incentivo fiscal, apesar da defesa da austeridade, quando não de protecionismo via impostos e políticas de conteúdo local. A taxa de câmbio deveria subir para aumentar a lucratividade das empresas exportadoras, assim como se deveria conceder benefícios fiscais para as importadoras. A defesa da queda da taxa de juros no governo Rousseff representa uma política em tese amigável ao capital industrial; sob condições de financeirização, entretanto, mostrou-se confrontativa. Por outro lado, a acumulação de reservas desde o início de seu mandato possibilitou reduzir a vulnerabilidade externa e melhorou a classificação de risco da dívida soberana do Brasil.

Porém, quando chega o verdadeiro longo prazo, as tendências estruturais históricas e os elementos da conjuntura econômica e política se combinam. Se no período em que Mantega esteve na Fazenda o Brasil experimentou um desempenho atípico do ponto de vista da estagnação secular que o acomete desde os anos 1980, se considerado um ciclo um pouco mais longo de crescimento, ele não poderia perdurar, pelo fato de ser singular. As forças estagnacionistas, por ele outrora criticadas, voltaram a se manifestar. Ainda que as medidas favoráveis ao capital implementadas por Mantega não possam ser consideradas inovadoras ou mesmo incorretas em comparação com o que fora feito de forma frequente no passado (e no presente) e possam até mesmo ter proporcionado algum efeito positivo, elas são insuficientes. As políticas foram rapidamente revertidas após sua demissão, com algumas mudanças corroborando seus diagnósticos de cunho mais ortodoxo, como a austeridade fiscal, reforçando a tendência estrutural à estagnação. O arcaísmo, a desigualdade e a pobreza estruturais, como projetos de longo prazo, mostraram-se incompatíveis mesmo com as parcas concessões aos trabalhadores e aos pobres durante o período Mantega. No Brasil, o poder, que se sustenta em um arranjo econômico arcaico, tem poucos donos, parafraseando Raymundo Faoro. Mas essa é a forma como o capitalismo se desenvolveu historicamente no Brasil, como bem sabia o jovem Mantega.

REFERÊNCIAS

BLANCHARD, O. Currency Wars, Coordination, and Capital Controls. *International Journal of Central Banking*, v.13, n.2, p.283-308, 2017.

BRASIL. SEF-ME. (Secretaria Especial de Fazenda. Ministério da Economia). *Guido Mantega*. 24 abr. 2015. Disponível em: https://www.gov.br/fazenda/pt-br/acesso-a-informacao/institucional/galeria-de-ministros/pasta-republica/pasta-republica-ministros/guido-mantega. Acesso em: 18 fev. 2021.

BRASIL. Diap (Departamento Intersindical de Assessoria Parlamentar). *Ministro da Fazenda*. [s.d.]. Disponível em: https://www.diap.org.br/images/stories/ministro_da_fazenda.pdf. Acesso em: 18 fev. 2021.

BRASIL ANUNCIA empréstimo de US$ 10 bilhões ao FMI. *BBC News*. 10 jun. 2009. Disponível em: https://www.bbc.com/portuguese/noticias/2009/06/090610_brasilfmi_ac. Acesso em: 17 jan. 2021.

BRESSER-PEREIRA, L. C. *Globalização e competição*. Rio de Janeiro: Elsevier, 2009.EAESP/FGV. Guido Mantega. *EAESP/FGV Pesquisa e Publicações*. [s.d.]. Disponível em: https://pesquisa-eaesp.fgv.br/professor/guido-mantega. Acesso em: 18 fev. 2021.

GOMES, G.; CRUZ, C. A. S. *Vinte e cinco anos de economia brasileira*. Brasília: Centro de Altos Estudos Brasil Século XXI, 2021.

IBGE (Instituto Brasileiro de Geografia e Estatística). Contas Nacionais. Rio de Janeiro: IBGE, [s.d.]. Disponível em: https://www.ibge.gov.br/estatisticas/economicas/contas-nacionais. Acesso em: 18 fev. 2021.

MANTEGA, G. A lei da taxa de lucro: a tendência da queda ou a queda da tendência? *Estudos Cebrap*, n.16, 1976a.

MANTEGA, G. O Estado e o capital estrangeiro no Brasil: a crise dos anos 70. *Revista Mexicana de Sociología*, v.38, n.4, p.879-901, 1976b.

MANTEGA, G. Expansão e crise na economia brasileira: o papel do capital estrangeiro. *Caderno Cebrap*, n.28, 1977.

MANTEGA, G. *A economia política brasileira*. Petrópolis: Vozes, 1985.

MANTEGA, G. A fantasia organizada: uma crônica do intervencionismo. *Revista Brasileira de Economia Política*, v.6, n.1, p.142-4, 1986.

MANTEGA, G. Celso Furtado e o pensamento econômico brasileiro. *Revista Brasileira de Economia Política*, v.9, n.4, p.29-37, 1989a.

MANTEGA, G. Ideologia – Plano Verão e neoliberalismo. *Teoria e Debate*, n.6, 1989b. Disponível em: https://dev.teoriaedebate.org.br/1989/04/12/plano-verao-e-neoliberalismo/. Acesso em: 8 dez. 2020.

MANTEGA, G. Programas de estabilização, mistificação tecnocrática e câmaras setoriais. *Revista de Economia Política*, v.14, n.2, p.24-39, 1994a.

MANTEGA, G. As eleições e o plano FHC. *Teoria e Debate*, n.25, 1994b. Disponível em: https://dev.teoriaedebate.org.br/1994/06/01/as-eleicoes-e-o-plano-fhc/. Acesso em: 08 dez. 2020.

MANTEGA, G. Marxismo na economia brasileira. In: MORAES, J. Q. de (Org.). *História do marxismo no Brasil*. v.2: Influxos teóricos. Campinas: Editora da Unicamp, 1995.

MANTEGA, G. A experiência do poder. *Teoria e Debate*, n.33, 1996. Disponível em: https://dev.teoriaedebate.org.br/estante/um-governo-de-esquerda-para-todos-luiza-erundina-na-prefeitura-de-sao-paulo-1989-1992/. Acesso em: 9 dez. 2020.

MANTEGA, G. O governo Geisel, o II PND e os economistas. Relatório de Pesquisa, n.3 (não consultado). *Núcleo de Pesquisas e Publicações*, EAESP/FGV, São Paulo, 1997a.

MANTEGA, G. A teoria da dependência revisitada – um balanço crítico. Relatório de Pesquisa, n.27 (não consultado). *Núcleo de Pesquisas e Publicações*, EAESP/FGV, São Paulo, 1997b.

MANTEGA, G. Modelos de crescimento econômico e a teoria do desenvolvimento econômico. Relatório de Pesquisa, n.3 (não consultado). *Núcleo de Pesquisas e Publicações*, EAESP/FGV, São Paulo, 1998.

MANTEGA, G. Trajetória das ideias econômicas no Brasil. Relatório de Pesquisa, n.24 (não consultado). *Núcleo de Pesquisas e Publicações*, EAESP/FGV, São Paulo, 1999.

MANTEGA, G. O pensamento dos economistas Brasileiros na atualidade. Relatório de Pesquisa, n.8 (não consultado). *Núcleo de Pesquisas e Publicações*, EAESP/FGV, São Paulo, 2001a.

MANTEGA, G. O modelo econômico brasileiro dos anos 1990. Relatório de Pesquisa, n.11 (não consultado). *Núcleo de Pesquisas e Publicações*, EAESP/FGV, São Paulo, 2001b.

MANTEGA, G. O programa de privatizações brasileiro e a sua repercussão na dinâmica econômica. Relatório de Pesquisa, n.53 (não consultado). *Núcleo de Pesquisas e Publicações*, EAESP/FGV, São Paulo, 2001c.

MANTEGA, G. Debate Banco Central: autonomia não é independência. Entrevista concedida a Ricardo de Azevedo. *Teoria e Debate*, n.53, 2003. Disponível em: https://dev.teoriaedebate.org.br/2003/04/10/debate-banco-central-autonomia-nao-e-independencia/. Acesso em: 10 dez. 2020.

MANTEGA, G. Dossiê retomada do crescimento: o Estado como indutor do crescimento. Entrevista concedida a Hamilton Pereira. *Teoria e Debate*, n.56, 2004. Disponível em: https://dev.teoriaedebate.org.br/2004/01/08/dossie-retomada-do-crescimento-o-estado-como-indutor-do-crescimento/. Acesso em: 10 dez. 2020.

MANTEGA, G. O BNDES e o novo ciclo de desenvolvimento. *Revista do BNDES*, v.12, n.23, p.3-16, 2005a.

MANTEGA, G. *Rumo a um novo ciclo de desenvolvimento*. Paris, 2005b. Disponível em: http://web.bndes.gov.br/bib/jspui/handle/1408/6881. Acesso em: 19 fev. 2021.

MANTEGA, G. *BNDES and the financing of MSMEs in Brazil*. [s. l.], 2005c. Disponível em: http://web.bndes.gov.br/bib/jspui/handle/1408/6924. Acesso em: 19 fev. 2021.

MANTEGA, G. Integração da infraestrutura na América do Sul. *Primeira rodada de consultas para a construção da visão estratégica sul-americana no Brasil*. Rio de Janeiro, 23 nov. 2005d. Disponível em: http://web.bndes.gov.br/bib/jspui/handle/1408/6923. Acesso em: 19 fev. 2021.

MANTEGA, G. A importância das exportações de serviços e da internacionalização das empresas brasileiras. *ENAEX*, n.25, 2005e. Disponível em: http://web.bndes.gov.br/bib/jspui/handle/1408/6927. Acesso em: 19 fev. 2021.

MANTEGA, G. Novidade é crescer com inclusão social. Entrevista concedida a Rose Spina. *Teoria e Debate*, n.74, 2007. Disponível em: https://dev.teoriaedebate.org.br/2007/12/11/novidade-e-crescer-com-inclusao-social/. Acesso em: 10 dez. 2020.

MANTEGA, G. The IMF Must Reform or Run the Risk of Irrelevance. *The Banker*, n.3, 2012.

MANTEGA, G. Conversas com economistas recebe Guido Mantega. *Paulo Gala/Economia & Finanças*. 2021. (2h03min). Disponível em: https://www.youtube.com/watch?v=WwStcUieSWU. Acesso em: 14 jun. 2021.

MANTEGA, G. *Entrevista*. Entrevista concedida a Ivan Colangelo Salomão. (virtual, arquivo de áudio, 1h06min.). 29 out. 2023.

MANTEGA, G.; MORAES, M. *Acumulação monopolista e crises no Brasil*. São Paulo: Paz e Terra, 1979.

MANTEGA, G.; MORAES, M. A Critique of Brazilian Political Economy, *Capital & Class*, v.4, n.1, p.125-54, 1980.

MANTEGA, G.; REGO, J. M. *Conversas com economistas brasileiros II*. São Paulo: Editora 34, 1999.

MANTEGA, G. et al. A reconstrução da nação. *Teoria e Debate*, n.43, 2000. Disponível em: https://dev.teoriaedebate.org.br/2000/01/01/a-reconstrucao-da-nacao/. Acesso em: 9 dez. 2020.

MILAN, M. Os antecedentes políticos e econômicos da Grande Recessão Brasileira e o papel da política macroeconômica. In: TERRA, F. H. B.; PRATES, D. M. (Orgs.). *O Brasil pós-recessão*: das origens da crise às perspectivas e desafios futuros. Santo André: Editora UFABC, 2020.

PINHEIRO, L. *Guido Mantega*. Rio de Janeiro: CPDOC/FGV, s.d. Disponível em: https://www18.fgv.br/cpdoc/acervo/dicionarios/verbete-biografico/mantega-guido. Acesso em: 17 mar. 2023.SILVA, L. I. L. da (Coord.); MANTEGA, G.; VANUCHI, P. (Orgs.). *Custo Brasil* – mitos e realidade. São Paulo: Vozes, 1997.

SINGER, A. Cutucando onças com varas curtas: o ensaio desenvolvimentista no primeiro mandato de Dilma Rousseff (2011-2014). *Novos estudos Cebrap*, n.102, p.39-67, 2015.

13

Joaquim Levy

ROBUSTEZ FISCAL COMO FUNDAMENTO PARA O CRESCIMENTO ECONÔMICO

Lucas Rodrigues, Dyeggo Rocha Guedes e Ivan Colangelo Salomão

INTRODUÇÃO

A arte da política exige habilidades intrínsecas de seus operadores, especialmente o concerto entre os diferentes em benefício da coletividade em situações de risco iminente. Eis a tônica das diversas ocasiões em que a união de antigos adversários se tornou fundamental para a superação de crises institucionais. No caso brasileiro, a crise político-econômica observada desde meados dos anos 2010 pode ser considerada a origem do recuo do governo reeleito em 2014, sobretudo no que diz respeito à política econômica. Tratou-se de uma tentativa de angariar apoio social de setores antipáticos à presidente, de modo a compor uma nova aliança de sustentação política que viabilizasse a aprovação de reformas econômicas que se mostravam inadiáveis.

Deriva dessa tentativa de conciliação a nomeação de Joaquim Levy para o Ministério da Fazenda, economista com visão diametralmente oposta à da incumbente reeleita. Quando de sua posse, o país já se encontrava tecnicamente em recessão, agravada por um choque negativo no preço das *commodities* e pela queda da confiança diante da deterioração das contas públicas. No cenário político, as repercussões dos protestos de 2013 ainda se faziam presentes, somando-se ao rescaldo de uma campanha eleitoral belicosa, à expansão das investigações da chamada operação Lava Jato e a um Congresso Nacional pouco alinhado às pautas do governo. Diferentemente do cenário de maré mansa que geralmente se observa após a reeleição de um presidente, o início do segundo governo Rousseff começou em meio a um mar revolto e turbulento.

A escolha de Levy para o Ministério da Fazenda baseava-se na expectativa de que o economista, de reputação fiscalista e defensor da livre iniciativa como motor do desenvolvimento, atuasse como uma espécie de "boia de salvamento" do governo – ao menos diante da parcela da sociedade conhecida como "mercado". Esperava-se trazer de volta para o navio uma tripulação que havia abandonado a nau governista desde pelo menos 2006. O rumo do Brasil, no entanto, já não era o de uma embarcação com propulsão própria para conduzir o pacto social anteriormente erigido.

De toda maneira, Levy parecia cumprir os requisitos para tal missão. Mantinha amplo prestígio diante daqueles setores sociais desgarrados, de modo que a sua nomeação foi aprovada mesmo por opositores do governo. Ainda assim, as evidentes diferenças entre as concepções do novo ministro em relação e as da equipe econômica anterior geravam dúvidas quanto à autonomia de que gozaria o novo timoneiro. Nas palavras de Armínio Fraga, trazer Levy era como colocar um quadro da Central Intelligence Agency (CIA) para dirigir o Comitê de Segurança do Estado da antiga União das Repúblicas Socialistas Soviéticas (URSS), a KGB.[1]

Nascido no Rio de Janeiro em 1961, Joaquim Vieira Ferreira Levy foi criado no seio de uma família de classe média, amiga da cultura e do mar. Formado em Engenharia Naval pela Universidade Federal do Rio de Janeiro (UFRJ) em 1984, acumulou o trabalho no Departamento de Engenharia e na Diretoria de Operações da empresa Flumar Navegação com o curso de mestrado em Economia na Escola de Pós-Graduação em Economia da Fundação Getúlio Vargas do Rio de

---

1 Na opinião de Armínio Fraga: "Não é que eles pensem diferente (sic). Eles são diferentes. É outra turma. Levy não tem nada a ver com esse governo" (apud Gaspar, 2015).

Janeiro (EPGE/FGV). Sob orientação do professor Sérgio Ribeiro da Costa Werlang, defendeu a dissertação de mestrado intitulada *Congelamento parcial, aumento de salários e efeitos na demanda por mão de obra* (1987), de cuja banca participaram nomes de peso do pensamento econômico brasileiro, como o ex-ministro da Fazenda Mário Henrique Simonsen e os professores Rubens Penha Cysne e Carlos Ivan Simonsen Leal.

A sequência de sua trajetória acadêmica deu-se com o ingresso no doutorado, em 1987, na escola de Economia de Chicago, expoente do pensamento liberal e *alma mater* de vários agraciados com o Prêmio Nobel desde os anos 1970.[2] Não por acaso, algumas de suas principais referências são professores da universidade ou que com ela mantiveram alguma relação, como Kenneth Arrow, James Heckman, Lars Peter Hansen e Raghuram Rajan.[3] Suas influências intelectuais não se restringem a economistas desse espectro – em parte pelo interesse pessoal por outras disciplinas, mas também pelo ecletismo que o pensamento de Mario Henrique Simonsen proporcionava a seus alunos –, como indica a sua pouco intuitiva menção ao pensamento keynesiano, especialmente a James Tobin.

Apesar das experiências como docente no curso de pós-graduação da FGV-Rio e da pesquisa desenvolvida para a elaboração de sua tese de doutorado, a carreira acadêmica de Levy não foi exatamente longa, uma vez que, ao final do doutorado, passou a integrar a equipe do Fundo Monetário Internacional (FMI), no qual trabalhou por sete

2 A ascensão do pensamento da escola de Chicago a partir de meados dos anos 1970 é apresentada no livro *The Commanding Heights.* Segundo seus autores, "os economistas de Chicago acreditavam, na prática, em um número muito pequeno de teoremas sobre a maneira como os tomadores de decisão alocavam recursos e como essas alocações levavam aos preços. Eles confiavam nos mercados e na eficácia da concorrência. Deixados por sua própria conta, os mercados produziam os melhores resultados. Os preços eram os melhores alocadores de recursos [...]. Sempre que possível, a atividade privada deve substituir a atividade pública. Quanto menos o governo fizesse, melhor" (Yergin; Stanislaw, 2002, p.128).

3 Arrow, Heckman e Hansen receberam o Prêmio de Ciências Econômicas em memória de Alfred Nobel, respectivamente, em 1972, 2000 e 2013. Enquanto Arrow e Hansen ofereceram suas principais contribuições no campo da macroeconomia – sendo o primeiro considerado um dos fundadores da moderna economia neoclássica –, Heckman desenvolveu seus estudos na área da microeconomia empírica, com a aplicação de modelos estatísticos para a solução de problemas sociais.

anos (1992-1999). Os estudos realizados durante suas atividades no órgão, focalizados em países europeus e no Japão, contribuíram para aprofundar seu conhecimento sobre questões previdenciárias, creditícias e financeiras. Antes de retornar ao Brasil, Levy também atuou como economista visitante no Banco Central Europeu entre 1999 e 2000.

De volta ao país, no final de 2000, Levy integrou a equipe do segundo governo de Fernando Henrique Cardoso, com passagem pelos ministérios da Fazenda e do Planejamento, Orçamento e Gestão, tendo participado ativamente da Câmara de Gestão da Crise de Energia (2001-2002) e de instâncias que promoviam a convergência econômica no seio do Mercosul. Durante o primeiro mandato de Lula da Silva, foi secretário do Tesouro Nacional entre 2003 e 2006. Nesse período, compunha a chamada "equipe de falcões" (Traumann, 2018), encabeçada por Antônio Palocci na Fazenda e Henrique Meirelles no Banco Central (BC). A substituição de Antônio Palocci por Guido Mantega na Fazenda selou a sua saída do Governo Federal, em março de 2006.

Logo depois, Levy trabalhou por um breve período no Banco Interamericano de Desenvolvimento (BID), tendo retornado à burocracia pública como secretário da Fazenda do Rio de Janeiro, em 2007. O regresso à cidade natal envolveu uma engenhosa articulação política, revelando a boa reputação de que gozava na alta cúpula política brasileira. Descreve Cerqueira (2006):

> Uma megaoperação movimentou os bastidores do alto escalão da política nacional. Envolveu o presidente Lula, os ex-ministros da Fazenda Pedro Malan e Antônio Palocci, o ministro do Planejamento, Paulo Bernardo, e o governador de Minas, Aécio Neves. Todos, depois de contatos com o governador eleito do Rio, Sérgio Cabral, fizeram duas ligações para Washington, nos Estados Unidos. Uma para o presidente do Banco Interamericano de Desenvolvimento (BID), Luiz Alberto Moreno, num esforço de convencê-lo a liberar um de seus mais importantes colaboradores. E a outra para o economista Joaquim Vieira Ferreira Levy, 45 anos, o "funcionário em questão", no intuito de persuadi-lo a deixar um cargo de projeção internacional – a vice-presidência do BID –, abandonar a vida confortável em um subúrbio da capital americana e assumir as finanças de um estado endividado e corroído economicamente. Funcionou.

A situação das contas públicas do estado fluminense era, com efeito, pouco alvissareira. Os restos a pagar no ano alcançavam a cifra de R$ 2 bilhões, e a dívida com a União chegava a cerca de R$ 40 bilhões. Os problemas de caixa colocavam em risco a capacidade de cobrir a folha de pagamentos (ibidem). Ao adotar medidas que conferissem maior previsibilidade e transparência à tributação e às despesas – normalizando os pagamentos aos fornecedores e ampliando a concessão de pensões aos familiares dos funcionários do estado –, Levy contribuiu para que o estado do Rio de Janeiro viesse a conquistar o grau de investimento, concedido pela agência de classificação de risco Standard & Poor's em 2010.

A ênfase de Levy no equilíbrio das contas públicas inspira-se no trabalho de gestores públicos destacados, ainda que pouco conhecidos do grande público, que atuaram ainda na Primeira República. A referência ao também engenheiro João Pandiá Calógeras, político e ministro da Fazenda (1915-1917) durante o governo Venceslau Brás, reflete a centralidade oferecida ao controle fiscal ainda que em situações hostis, como foi a Primeira Guerra (1914-1918). Tal qual observado em 2015, Calógeras também assumiu o cargo em um cenário adverso de piora nos termos de troca internacionais. Emparedado pelos impactos da Primeira Guerra, promoveu o saneamento das contas públicas, com cortes de gastos, suspensão de obras públicas e redução do funcionalismo (Aidar, 2021).

Outro gestor do mesmo período citado por Levy é David Morethson Campista, ministro da Fazenda (1906-1909) do governo Afonso Pena. Político de larga cultura, Campista também imprimiu estilo tecnocrático à sua gestão ao consolidar as contas públicas e, assim, viabilizar o financiamento das ações estipuladas pelo Convênio de Taubaté, em 1906 (Viscardi, 2010). Ainda no campo da administração pública, Levy cita o político mineiro João Pinheiro da Silva e os economistas Celso Furtado e Carlos Geraldo Langoni como influências importantes. Se a incursão no mundo das ciências sociais e da administração pública não respondeu a incentivos familiares, "o interesse pela coisa pública e pela gestão revelam influências profundas" (Levy, 2021a) que marcaram a sua trajetória profissional.

Antes de assumir a Fazenda, Levy também atuou como estrategista-chefe e diretor superintendente da Bradesco Asset Management. Sua experiência no mercado financeiro contribuiu para granjear o amplo respaldo desse setor quando de sua nomeação para o Ministério. Após sua saída da pasta, em dezembro de 2015, foi convidado para integrar a alta direção do Banco Mundial como chefe da área de finanças (CFO), quando participou, em 2018, da maior capitalização da história da instituição. Retornou ao país em 2019 para presidir o Banco Nacional de Desenvolvimento Econômico e Social (BNDES), cargo que ocupou por poucos meses por causa de desentendimentos com o então presidente da República. Atualmente, trabalha como diretor de estratégia econômica e relações com mercados do Banco Safra.

Desde então, sua participação no debate público tem enfocado principalmente a agenda da sustentabilidade e questões energéticas, assunto ao qual já havia se dedicado quando das tratativas que resultaram em um *debt-swap* da dívida externa do Tesouro Nacional em favor das florestas tropicais no início dos anos 2000. Na mesma linha, já havia participado da criação do "ICMS verde" quando esteve à frente da Secretaria da Fazenda do Rio de Janeiro, bem como da elaboração – em parceria com o Ministério do Meio Ambiente e a Empresa de Planejamento Energético – do documento que embasou a contribuição brasileira ao Acordo de Paris sobre o clima (2015).

A partir dessa breve introdução, este capítulo apresenta os elementos basilares da formação do pensamento econômico de Joaquim Levy, em especial aqueles diretamente relacionados à sua atuação como ministro. Para tanto, analisaram-se alguns de seus escritos técnicos, elaborados sobretudo no início de sua carreira como burocrata no exterior. Em seguida, reconstituem-se sua atuação como ministro e os desafios encontrados durante sua gestão. Apesar de o ajuste fiscal proposto no período ter encontrado inúmeras barreiras, a agenda defendida por Levy tem pautado a gestão da economia brasileira até os dias de hoje. Trata-se, possivelmente, do principal legado do engenheiro naval fiscalista ao debate econômico brasileiro contemporâneo.

A ECONOMIA PELO LADO FISCAL: NOTAS SOBRE O PENSAMENTO ECONÔMICO DE JOAQUIM LEVY

A chegada de Joaquim Levy ao Ministério da Fazenda, em janeiro de 2015, deu-se em meio a discordâncias não apenas no governo que havia sido reeleito, mas também nos campos político, acadêmico, financeiro e empresarial. Para determinados agentes econômicos e atores sociais, sua nomeação soava, ao mesmo tempo, como uma retomada do bom senso econômico e uma confissão de fracasso da aventura do primeiro mandato (Barros, 2015). Se na visão de alguns círculos de apoio ao governo seu nome extrapolava o limite do aceitável,[4] para a oposição tratava-se da senha para classificar a reeleição da presidente como um estelionato eleitoral (Coelho, 2014).

Os conflitos que circunscreveram a recepção a seu nome expressavam determinado consenso acerca do pensamento econômico de Levy. Segundo Edmar Bacha, à exceção de Henrique Meirelles, o governo havia optado pelo mais ortodoxo dos economistas brasileiros (Jurgenfeld, 2015). Formado pela Universidade de Chicago, com passagem pelo FMI e vindo diretamente do setor financeiro, Joaquim Levy era visto por muitos como a personificação da política econômica liberal. Sua experiência anterior no primeiro governo Lula lhe havia rendido a alcunha de "mãos de tesoura", graças ao protagonismo assumido no ajuste fiscal levado a cabo no período (Leonel; Cintra, 2015).

Tal caracterização expõe a faceta mais explorada de suas ideias econômicas, sobretudo por seus críticos. Revela pouco, porém, sobre seu pensamento, seus diagnósticos e propostas de ação para combater os principais problemas econômicos e sociais do país. Foi de Levy, por exemplo, a ideia de proteger parte do orçamento de investimentos contra cortes decorrentes da necessidade de contingenciamentos de despesas impostos pela Lei de Responsabilidade Fiscal (LRF). Ainda no início de 2003, o então secretário do Tesouro Nacional

4 A manifestação direta dessa discordância foi publicada na forma do abaixo-assinado "Em defesa do programa vitorioso nas urnas", subscrito por acadêmicos e movimentos sociais que apoiaram a candidatura de Dilma Rousseff.

iniciou um movimento para identificar os investimentos-chave que deveriam ser preservados de cortes orçamentários, blindando um total de aproximadamente R$ 3 bilhões para esse fim.

Levy também esteve diretamente envolvido na expansão do Tesouro Direto, programa que permite ao pequeno investidor ter acesso aos títulos do Tesouro Nacional. Diante do clamor de determinados setores da sociedade pela suspensão do pagamento da dívida interna, o Tesouro Direto teve importante papel pedagógico em demonstrar que a dívida pública, além de financiar os programas do governo, é um importante instrumento de poupança pessoal quando os títulos são sólidos e confiáveis. Esse entendimento, vislumbrado há dois séculos por Alexander Hamilton (1755-1804), primeiro secretário do Tesouro norte-americano, é, segundo Levy, essencial para a consolidação dos mercados de capital e, em última análise, para o desenvolvimento econômico.[5]

Apesar de não ter seguido carreira especificamente acadêmica, Levy produziu uma série de trabalhos durante sua passagem pelo FMI, nos quais revela uma abordagem mais analítica e de avaliação de políticas públicas do que de perfil teórico. Ainda assim, trata-se de material a partir do qual se pode extrair elementos relevantes acerca de suas concepções econômicas – das políticas fiscal e monetária, passando pelos papéis da concorrência de livre mercado e do Estado na economia.

Em sua dissertação de mestrado na FGV-Rio, Levy foi além do embasamento teórico de viés neoclássico ao investigar a hipótese de um congelamento de preços associado a aumento dos salários resultar em expansão – em vez de retração – da produção e da demanda por mão de obra. A pesquisa procurou alargar o entendimento "dos eventos verificados no Brasil durante o primeiro semestre de 1986" (Levy, 1987, p.3), quando o Plano Cruzado desafiou economistas brasileiros a explicar o surto de crescimento observado logo após o lançamento do plano – posteriormente identificado como consequência das expansões fiscal e monetária.

5 No início de 2023, o programa contava com mais de 26 milhões de investidores cadastrados.

O trabalho incluiu abordagens micro e macroeconômica, assim como elementos da teoria do economista heterodoxo Michal Kalecki, para a análise do fenômeno. Conquanto a abordagem kaleckiana tenha corroborado o entendimento ortodoxo do episódio, Levy justifica sua opção teórico-metodológica "não só pela popularidade que ela encontra[va] entre os que foram responsáveis pela condução do Plano Cruzado, mas para que se diferenci[ass]em os aspectos e implicações das três abordagens" (ibidem, p.23). Na seção kaleckiana, o trabalho aborda de maneira simplificada as implicações de políticas públicas, inclusive monetárias, para uma economia com mais de um tipo de agente, princípio que havia sido algo abandonado pela academia no pós-Segunda Guerra, mas que tem voltado ao debate por meio de trabalhos de autores como Adrian Auclert, professor da Universidade Stanford.

Já no FMI, Levy (2021a) "atuou principalmente na área analítica, supervisionando economias avançadas e explorando uma variedade de temas, inclusive de arquitetura financeira, monetários, fiscais e especificamente previdenciários". Apesar de focadas em avaliações de políticas públicas, as publicações daquela época permitem inferir algo de suas concepções relativas às políticas fiscal e monetária, bem como aos papéis da concorrência, do livre mercado e da intervenção do Estado. Segundo Levy, "a experiência [...] adquiri[da] no FMI trabalhando principalmente com Europa e Japão foi bastante útil na primeira década dos anos 2000 quando [estive] em Brasília" (ibidem).

O conhecimento obtido por meio da pesquisa do sistema previdenciário francês, por exemplo, mostrou-se importante no momento em que se fez oportuna – ou necessária – a elaboração de uma proposta de reforma da previdência brasileira, uma vez que o país europeu também apresentava um modelo de repartição (*unfunded schemes*) (idem, 1995). Além disso, mudanças demográficas e sociais – como o aumento na expectativa de vida e a cobertura previdenciária e de benefícios – colocavam em questão a manutenção desse sistema.

Nesse sentido, Levy apontava para a necessidade imediata de aumento nas contribuições ou redução nos benefícios. Mesmo com as reformas instituídas no país em 1993 – como a expansão do período de contribuição, do cômputo dos benefícios e mudanças no indexador dos reajustes –, previam-se déficits financeiros em menos de duas décadas se outras medidas não fossem tomadas. Diante de tal perspectiva, Levy avaliou as implicações de uma reforma que promovesse a expansão dos fundos privados de pensão para o pagamento das aposentadorias. O economista argumentava que a adoção de um regime previdenciário de capitalização não apenas melhoraria o cenário fiscal, mas teria efeito positivo também sobre o mercado de capitais e o financiamento da dívida pública (ibidem). A expansão dos instrumentos de pensão capitalizados ajudaria ainda a elevar a taxa de poupança do país, impactando positivamente o nível de investimento.

Joaquim Levy destrinchou a questão previdenciária francesa também pela ótica da contabilidade geracional (idem, 1998). Nessa perspectiva, analisou os efeitos que a manutenção das regras de aposentadoria e demais gastos sociais teriam na carga tributária sobre as gerações futuras. Se, por um lado, a ausência de reformas legais garantiria o mesmo patamar de benefícios para a geração atual, por outro, imporia fardos tributários para as seguintes, o que acabaria por desmantelar a equidade geracional. Segundo Levy (ibidem, p.4, tradução nossa),

> estimativas para a França indicam que, se todas as gerações atuais continuarem a se beneficiar do sistema corrente de impostos e transferências, as gerações futuras – a fim de garantir a solvência do governo – suportarão uma carga fiscal líquida que será mais de 50% maior do que a das gerações recém-nascidas.[6]

No Brasil, apesar de a reforma da Previdência Social não ter avançado como se pretendia durante a sua gestão na Fazenda, "algumas sementes [foram lançadas] em 2015" (idem, 2021a), inclusive com mudanças no cálculo das pensões por viuvez, uma atualização do

6 *"estimates for France indicate that if all current generations continue to benefit from the present system of tax and transfers, future generations – in order to guarantee the solvency of the government – will shoulder a net tax burden that is more than 1 ½ times as large as that confronting newborn generations."*

"fator previdenciário" e a criação, no segundo semestre, de um grupo no Planalto para discutir mudanças mais robustas, como a da idade de aposentadoria.

Ainda assim, reconhece-se que durante o período em que esteve à frente da economia brasileira, o ajuste fiscal de curto prazo e a agenda de outras reformas institucionais deram a tônica das medidas propostas e, em algum grau, aplicadas. A prioridade em relação a essas políticas pode ser explicada pela própria relação, por ele sugerida, entre estrutura fiscal e capacidade de investimento. Segundo o então ministro, as mudanças na previdência faziam-se necessárias "para evitar que o dinheiro [ficasse] bloqueado e o Estado enforcado por despesas obrigatórias, sem recursos suficientes para investimento" (idem, 2021a). Além disso, o espaço fiscal obtido por tais alterações nas regras de aposentadoria diminuiria o risco de solvência do Estado, aplainando o caminho para o investimento privado e, consequentemente, estimulando a economia. Trata-se, no linguajar técnico, do chamado efeito *crowding out*.

Em audiência pública na Comissão de Finanças e Tributação da Câmara dos Deputados, em 29 de abril de 2015, ele elaborou esse raciocínio nos seguintes termos:

> Devemos deixar de ser um modelo de apenas tentar estimular a demanda, para ser um modelo que facilite a oferta. Para isso, o primeiro passo é recuperar a confiança, *porque o risco fiscal [no Brasil] é um risco maior do que todos os outros riscos.* Vou fazer uma ilustração que talvez não pegue com total precisão, mas acho que dá uma ideia: o risco fiscal é como se alguém estivesse fazendo um castelo na praia – um castelo de areia ou de qualquer outra coisa –, ali construindo com todo o cuidado. Se nós tivermos um desequilíbrio fiscal, é como aquela onda que passa e leva tudo. A consequência disso é que o investidor se retrai e as pessoas também começam a tomar menos riscos. As pessoas ficam mais temerosas e não fazem compras, porque sabem que poderemos ter uma dificuldade à frente. É o que falamos da confiança: quando a *confiança* diminui porque há uma perspectiva de um desequilíbrio fiscal, todo mundo se retrai e o PIB se retrai. [...] Portanto, é muito importante entender que o PIB não vai cair por ajuste fiscal. Nós temos de fazer o ajuste fiscal e concluir rapidamente pelo menos o que

está aqui em discussão, para o PIB poder voltar a crescer. *A ordem dos fatores é muito importante.* (idem, 2015b, grifos nossos)

O ministro alçava, assim, a questão fiscal à variável-chave para o crescimento econômico sustentado, não pelo seu papel de impulso à demanda efetiva, mas como elemento central para a confiança dos agentes – argumento claramente alinhado ao arcabouço ortodoxo. Em artigo publicado em 2015 – "Rumos para a economia brasileira no pós-*boom* de *commodities*" –, Levy defendia que, na ausência de um setor externo capaz de puxar o crescimento econômico, a inversão privada deveria assumir essa posição. Esse investimento, no entanto, arrefeceria diante do "risco agregado relativo à percepção da capacidade de pagamento do setor público e à latência de pressões inflacionárias" (idem, 2015a, p.2). Tratava-se, conforme explicitado na Câmara, do óbice imposto pela "desgovernança" fiscal ao cálculo de investimento dos empresários e de consumo das famílias.

Um ajuste fiscal bem-sucedido, no entanto, deveria vir acompanhado de uma série de mudanças na transparência e na publicização das contas públicas. Somente assim poder-se-ia reduzir o risco agregado, promovendo a segurança requerida para a formação de expectativas dos agentes econômicos que os estimule à tomada de "risco idiossincrático, aquele que se traduz pelo investimento, especialmente de recursos próprios, pelas famílias e empresas" (ibidem, p.2). Nesse sentido, Levy aponta a necessidade de criar indicadores de política fiscal que explicitem os objetivos, os resultados e os custos de oportunidade do gasto envolvido, bem como o estabelecimento de regras para o patamar da dívida pública e o foco na dívida bruta (e não líquida) em relação ao PIB. Além disso, definições claras sobre "as fontes de receitas para novas propostas de gastos, ou compensações de cortes de outras despesas" revitalizariam "o processo orçamentário [como] local de explicitação de escolhas" por parte do governo (idem, 2014, p.59).

Em sua concepção, a união entre as medidas de controle fiscal, transparência e previsibilidade na política orçamentária compõe a tríade fundamental para a retomada da confiança requerida pela imobilização de capital. Isso porque apenas em um ambiente estável os indivíduos se dispõem ao risco e ao esforço, entendimento mais bem explicado pelo próprio autor (idem, 2015a, p.2): "Tanto a compra de máquinas, quanto as horas de estudo, respondem à expectativa de um ambiente econômico estável que vá premiar o esforço dos que investem no aprimoramento de suas atividades".

Caberia ao Estado, portanto, a garantia do cumprimento dos contratos legais e sociais, bem como a responsabilidade por determinados programas sociais e investimentos em educação. A visão de Levy sobre as regras do seguro-desemprego, que foram em parte reformadas no começo de 2015, é um exemplo sobre como a ação estatal deve estar atenta à efetividade e à eficiência das políticas públicas. A necessidade de avaliar o desenho do programa manifestou-se quando se observou que, apesar da forte queda na taxa de desemprego na primeira metade dos anos 2010, as despesas com o seguro-desemprego haviam disparado, com grande rotatividade de mão de obra e possível alternância na força de trabalho formal e informal durante o período de recebimento do benefício. Segundo Levy, a reformulação do programa traria um benefício não apenas pelo lado fiscal, mas de estímulo à permanência no emprego, o que geralmente é considerado como um elemento favorável ao desenvolvimento técnico e à produtividade do empregado. Não se trata exatamente do Estado mínimo, mas de uma política pública bem calibrada e focada com objetivo último de elevar a sua efetividade.

A ideia de agentes racionais que agem por meio de um cálculo de risco e retorno associa-se aos fundamentos teóricos que caracterizam a ortodoxia da escola de Chicago. Uma ilustração dessa abordagem revela-se na interpretação de Levy acerca da incumbência do Estado na economia. Para ele, "o principal papel do governo é criar o ambiente, o palco, para que a sociedade, o setor privado, desempenhe seu papel. Não cabe ao governo em geral escrever o libreto ou selecionar o tenor. Mas o governo deve garantir a iluminação e que o teatro abra no horário" (ibidem, p.2).

Faz-se claro em seu pensamento que o mecanismo de retomada do crescimento não se daria pela via estímulos à demanda, especialmente diante do quadro fiscal deteriorado. O fomento à demanda agregada, quando necessário, deve ser pontual e limitado no tempo.

Medidas anticíclicas devem ser tomadas para enfrentar uma crise; tratar-se-ia, afinal, de momentos de exceção, não de política econômica permanente. Em sua avaliação, o fomento à demanda faz-se adequado em situações em que se observa capacidade ociosa, mas, isoladamente, não atua para elevar a oferta potencial da economia. Essa percepção evidencia-se nas diferenças de diagnósticos sobre o relativo sucesso da ação estatal necessária durante a recessão de 2009, o que não evitou a queda do dinamismo econômico a partir de 2012 e a recessão do biênio 2015-2016.

Levy (ibidem) avalia que as medidas anticíclicas adotadas após o estouro da crise financeira em 2008 mostraram-se eficazes por uma conjunção de eventos: em primeiro lugar, por causa da reação dos bancos centrais das nações avançadas, que injetaram liquidez no mercado com a política de *quantitative easing*, refreando a dinâmica habitual de venda de ativos por parte de investidores estrangeiros em mercados emergentes em resposta à crise nas economias centrais. No caso brasileiro, tal injeção de liquidez resultou na entrada de capitais, guiados, também, pelo momento de expansão por que passava o país. Tal otimismo respondia, em parte, ao aumento da demanda por minério e outras *commodities* na esteira do surto de investimentos chineses (na China) em resposta à crise de 2008, o que reforçou o estoque de reservas internacionais que o Brasil já havia acumulado. Além disso, a prévia geração de robustos superávits primários na fase de crescimento da economia criou espaço para uma política fiscal anticíclica hígida e responsável. Para Levy (2021a), esses fatores fizeram com que a crise de 2009 não se refletisse nos clássicos problemas no balanço de pagamentos descritos por Celso Furtado em seu "extraordinário" *Formação econômica do Brasil*. Nesse sentido, assim se referiu ao uso aparentemente pioneiro de políticas anticíclicas em 2009: "Não que se tenha descoberto o remédio apenas em 2009, mas antes não se tinha condição de tomá-lo" (Levy, 2021a).

Se adotadas de forma pouco parcimoniosa, porém, medidas fiscais expansionistas poderiam levar a resultados contraproducentes sobre o investimento. Para Levy (2014, p.53), "tal resposta a uma situação de curto prazo se distingue do uso agressivo de recursos fiscais para enfrentar de maneira tópica problemas estruturais. Usar ferramentas fiscais para aumentar a competitividade de alguns setores da economia ou no combate à inflação tende a criar custos permanentes para ganhos fugazes". Eis o gérmen da crise que coube a ele administrar em 2015.

Sua abordagem sobre a questão fiscal brasileira enfatiza mais o zelo com o dispêndio público do que exatamente com a engenharia arrecadatória. Ainda assim, Levy não minimiza as distorções existentes nessa segunda esfera. O elevado nível da carga tributária para um país em desenvolvimento, por exemplo, implicaria perda de competitividade para as empresas nacionais. Além disso, a concentração em tributos indiretos sobre consumo reflete-se em "efeitos negativos sobre a distribuição de renda" (ibidem, p.59). Por fim, a chamada tributação na origem do ICMS, principal fonte de receita de muitos estados, fomenta uma guerra fiscal com efeitos deletérios sobre a alocação eficiente do capital, a diversificação produtiva e a balança comercial (ibidem).

Em sua visão, o aumento da arrecadação via taxação da renda e poupança apresenta mérito imanente, mas pode resultar em distorções relevantes se não for conduzido com apuro técnico. Por um lado, a base tributária para pagamento de impostos de renda no Brasil é limitada, pois apenas 25% da população estaria sujeita a esse pagamento. Por outro, tributar ganhos de capital e poupança teria efeitos contraproducentes, dado o baixo nível dessas bases no Brasil e seu consequente desestímulo ao investimento e à redução nos juros (ibidem). Ainda assim, em 2015 o ministro Joaquim Levy não hesitou em aumentar a tributação dos ganhos de capital em vendas superiores a R$ 1 milhão, proporcionando um mínimo de progressividade a esse imposto.

Suas ideias econômicas não se restringem, porém, a questões fiscais. No que tange ao desenvolvimento sustentado de longo prazo, Levy delega um "novo caminho do crescimento" ao bom funcionamento dos mercados de capital e à consequente diminuição da dualidade na concessão de crédito no país – isto é, altas taxas de juros nos empréstimos "livres" para pequenas e médias empresas e baixas para grandes companhias que, não raro, contam com subsídio por parte de bancos públicos ou acesso ao mercado internacional (idem,

2015a, p.3). A crescente demanda de investidores por ativos de renda fixa de baixo risco já apontava para a possibilidade de maior engajamento dos mercados de capital no financiamento do investimento, inclusive em infraestrutura, historicamente prejudicada pela obstrução institucional dos canais creditícios. Trata-se de agenda casada com a sanidade fiscal, na medida em que essa melhoria depende da estabilidade econômica e do realismo de preços, condições reforçadas por um quadro fiscal sob controle.

Levy também condiciona esse "novo caminho do crescimento" à abertura da economia brasileira e à sua consequente exposição à concorrência externa. Tais medidas "não só descerram novas perspectivas e oportunidades, mas criam uma disciplina, nem sempre confortável, mas tipicamente eficaz" (ibidem, p.4). A abertura não traria efeitos apenas sobre a competitividade das empresas, mas imporia maior disciplina, também, para o governo. Se na década de 1990 a abertura foi um expediente importante para o combate à inflação, nos anos 2000 se transformou em um mecanismo de aumento da eficiência – tanto dos gastos públicos quanto do sistema produtivo como um todo. Esse novo modelo de inserção internacional ensejou novas oportunidades de investimento, livres dos "entraves burocráticos", especialmente em setores de ponta liderados pela iniciativa privada (ibidem, p.4).

Seu arcabouço econômico extrapola, naturalmente, a genuína preocupação com a saúde fiscal das contas públicas. Recentemente, Levy passou a se dedicar a temas ligados à sustentabilidade ambiental e aos caminhos para atingir uma economia com emissões líquidas zero de carbono. Seu interesse no assunto já se manifestava durante sua gestão no Tesouro, quando promoveu a conversão de parcela da dívida externa em investimentos na floresta tropical. Também estava presente quando coordenou a criação do ICMS verde no Rio de Janeiro, levando à distribuição de bilhões de reais a municípios que atendiam critérios técnicos definidos. Em sua visão, as vantagens comparativas de que goza o Brasil na seara ambiental permitiriam avanços significativos nessa direção a um custo fiscal relativamente pequeno. Tal vanguardismo ecológico contribuiria, por sua vez, para atrair investimentos privados de alto conteúdo tecnológico sem a necessidade de subsídios significativos do ponto de vista fiscal.

O potencial das energias renováveis no Brasil é, segundo Levy, superior à demanda prevista para 2050, mesmo com ampla eletrificação do transporte e outras atividades. Nesse ambiente, as hidrelétricas, cujo potencial de expansão está quase exaurido, teriam um novo papel de "baterias" para as fontes renováveis, adequando-se também à menor disponibilidade de água para geração elétrica, face aos crescentes usos múltiplos desse recurso precioso (idem, 2021b). Por fim, Levy (2021c) acredita que é possível "reduzir nossas emissões de carbono pela metade sem diminuir o PIB em um real, apenas parando o desmatamento". Essas ações passam, em grande medida, por políticas de desenvolvimento sustentável da região amazônica, as quais requereriam, por sua vez, mudanças no "tripé econômico adotado na região há cinquenta anos, composto por grandes projetos agroflorestais, mineração e a zona franca de Manaus" (ibidem).

É nesse sentido que se provaria profícua e funcional a complementaridade de ações da iniciativa privada com medidas dos entes públicos em seu referido modelo de desenvolvimento. No novo paradigma, além das ações de repressão ao desmatamento, seria necessário precificar as emissões de gases do efeito estufa e fortalecer o desenvolvimento do mercado de créditos de carbono: "Como toda solução de mercado, o equilíbrio alcançado pela precificação das emissões de carbono tem chance de exigir menos investimentos, criar mais empregos, e estimular mais a atividade econômica do que a imposição de programas setoriais restritivos" (ibidem).

As ações de sustentabilidade também apresentariam potenciais benefícios arrecadatórios. A legalização da extração de madeira e a rastreabilidade do gado bovino, por exemplo, trariam impactos positivos na arrecadação de ICMS (Levy, 2021a). Em paralelo, a busca por um desenvolvimento ambientalmente responsável demandaria uma série de inovações e tecnologias nas quais o país apresenta atestada capacidade criativa, como o exitoso caso do etanol e agora na multitude de *startups* voltadas à medição e ao manejo de emissões e captura de carbono.

Tais inciativas propostas por Levy não se apresentam descasadas do principal fio condutor de seu pensamento, qual seja, a higidez fiscal. Mesmo as estratégias para uma economia com emissões líquidas zero de carbono pressupõem escolhas focadas na eficiência, gestão de risco e alinhamento de incentivos privados, em vez da concessão de subsídios ou de gastos públicos em larga escala. Se as contas públicas auferiam maior destaque durante sua passagem pela Fazenda, é possível afirmar que o leque de questões que se faziam presentes nas ideias do jovem analista econômico do FMI já abarcava diferentes dimensões da realidade econômica. Em seu entendimento, a sustentabilidade fiscal é parceira do crescimento econômico, do desenvolvimento social e da preservação ambiental. Ainda que de forma oblíqua, tratou-se do tripé sobre o qual Joaquim Levy procurou repousar a condução da política econômica enquanto esteve à testa da economia brasileira.

A GESTÃO DE LEVY NO MINISTÉRIO DA FAZENDA (2015)

O segundo mandato da presidente Dilma Rousseff, já com Levy à frente do Ministério da Fazenda, começou marcado pela fratura política criada durante a campanha presidencial de 2014. Antes mesmo da posse, o resultado das urnas já havia sido contestado pelo adversário derrotado por uma margem estreita – 3 milhões de votos –, ainda que insuficiente para questionar a lisura do pleito. A hesitação em reconhecer o resultado da eleição e o questionamento sem provas acerca da falibilidade das urnas foram o gérmen da crise política que desembocaria no controverso processo de *impeachment*[7] de que a presidente foi alvo.

Rachado ou não,[8] o fato é que o resultado da eleição se refletiu diretamente na pulverização de aliados do governo. Fenômeno

7 Na entrevista concedida aos autores deste capítulo, Levy (2021a) destaca que um dos fatores que contribuíram para impedir o avanço da agenda econômica do governo foi "a percepção de alguns na oposição de que não nos apoiar a arrumar a economia favorecia o que alguns quadros chamavam à época de seu 'projeto de poder'". Indo além, Levy aponta: "Esse equívoco, combinado, obviamente, à agenda do presidente da Câmara, que acabou desaguando no *impeachment*".

8 Como lembra Rodrigo de Almeida (2016) em *À sombra do poder*, a soma dos votos em Dilma Rousseff e Aécio Neves era de aproximadamente 106 milhões de eleitores, cerca da metade da população brasileira. Apesar de os votos estarem divididos entre os dois

cujas raízes remontam ao já distante processo de redemocratização, a crescente segmentação partidária impôs desafios ainda mais complexos à administração política do chamado presidencialismo de coalizão.[9] Em que pese a ampliação da aliança política no governo, que passou a contar com nove partidos em 2014, contra seis em 2010, houve diminuição do número de deputados na base governista – de 339 em 2010 para 304 em 2014, além do enxugamento da representação petista na Câmara dos Deputados – de 88 parlamentares em 2010 para 70 em 2014 (Começar..., 2015). Cabe destacar que essa fragmentação política pode ser percebida, de modo estrutural, pela queda percentual de representação dos cinco maiores partidos desde o final da década de 1990. Segundo Abranches (2018), essas agremiações controlavam 79% das cadeiras em 1998, enquanto essa representação caiu para 51% em 2014. O tamanho médio dos cinco maiores partidos representados na Câmara caiu de 81 deputados em 1998 para 53 em 2014.[10]

Em síntese, os resultados eleitorais proporcionados, em grande medida, pelo arranjo político-institucional brasileiro erigido ao longo da Nova República refletiam os desafios impostos ao poder Executivo pela realidade de um parlamento cada vez menos funcional. Tais óbices tornam-se ainda mais relevantes quando se procura implementar uma agenda legislativa que vise ao ajustamento das contas públicas em um período de frágil dinamismo econômico.

---

candidatos, cada um representava em torno de ¼ da população, sem contar os cerca de 30 milhões de eleitores que se ausentaram, os 5 milhões que anularam o voto e os quase 2 milhões que votaram em branco.

9 Trata-se da conhecida expressão cunhada pelo cientista político Sérgio Abranches (1988, p.15) em artigo do final da década de 1980: "[...] o Brasil é o único país que, além de combinar a proporcionalidade, o multipartidarismo e o 'presidencialismo imperial', organiza o Executivo com base em grandes coalizões. A esse traço peculiar da institucionalidade concreta brasileira chamarei, à falta de melhor nome, 'presidencialismo de coalizão' [...]".

10 Segundo Nicolau (2021), durante as três décadas de regime democrático no Brasil, o sistema partidário vem se pulverizando de maneira constante. Nas primeiras eleições para a Câmara dos Deputados, em 1990, os três maiores partidos (PMDB, PFL e PDS) somavam 45% do total de cadeiras (233 deputados). Em 2018, as maiores bancadas (PSL, PT e PP) somaram apenas 28% do total (144 deputados).

Os sinais emitidos pela conjuntura econômica naquele momento ainda não se faziam exatamente claros, mas indicavam riscos importantes. A economia brasileira já havia entrado em recessão desde o segundo trimestre de 2014, segundo o Comitê de Datação de Ciclos Econômicos (Codace/FGV), apesar de o crescimento anual alcançar 0,1%, puxado, sobretudo, pelo consumo das famílias (1,3%) e pelos gastos do governo (1,2%). O setor externo registrou efeito nulo sobre o PIB naquele ano, sendo que a formação bruta de capital fixo havia recuado em 4,5%.[11]

Já se observava tal tendência de queda desse indicador, que representa os investimentos sem considerar as variações de estoques, desde 2010, com repique positivo da variação real apenas em 2013 (5,8%), promovido pela conclusão das obras para a Copa do mundo de futebol. O mercado de trabalho ainda se mostrava aquecido, de modo que a Pesquisa Nacional por Amostra de Domicílios Contínua (PNADC) do IBGE registrou queda anual de 0,4 pontos percentuais na taxa de desemprego: de 7,2% para 6,8% entre 2013 e 2014. Nas contas públicas, o déficit acumulado do governo central entre janeiro e dezembro de 2014 foi de 0,34% do PIB, ante superávit de 1,59% do PIB no ano anterior. Com a mudança de preços relativos no cenário internacional, o déficit em conta corrente também se deteriorou e alcançou 4,17% do PIB em 2014 – equivalente a mais de US$ 90 bilhões, o pior já registrado na história do Brasil.

Talvez os sinais da recessão que se avizinhava ainda não estivessem totalmente claros, mas ao encontrar-se com a presidente reeleita, Joaquim Levy não se furtou a apresentar com transparência a dificuldade de equacionar a situação fiscal da qual dependia a retomada do crescimento.[12] Ciente do prognóstico a ser implementado

11 Esses dados apresentam uma leve diferença em relação à série atualizada do IBGE (1º trimestre de 2021), muito embora os números indiquem a mesma composição e tendência.

12 Para autores de formação ortodoxa, o retorno do dinamismo econômico (1) estava condicionado à recuperação da credibilidade institucional da política econômica (Gleizer, 2014; Mesquita, 2014) ou (2) exigiria repensar o contrato social brasileiro, que produziria efeitos deletérios de longo prazo para as finanças públicas (Barbosa Filho; Pessoa, 2014). Para uma discussão envolvendo mais interpretações para o período, ver Lima e Fonseca (2021).

pelo candidato a ministro, Dilma Rousseff parecia ter entendido que o país teria que se dobrar à dramaticidade do quadro nacional ao chancelar o nome de Levy para a Fazenda (Almeida, 2016).

Diante das repercussões antecipadas, a presidente tentou acomodar os conflitos políticos decorrentes da agenda macroeconômica que seria implementada no início de seu segundo mandato. Nesse sentido, já em seu discurso de posse, a presidente sinalizou que o governo estaria inaugurando "uma nova etapa neste processo histórico de mudanças sociais do Brasil", destacando a necessidade de prosseguir com "novos objetivos", buscando "melhorar o que está [estava] bom, corrigir o que é [era] preciso e fazer o que o povo espera[va] [...]" (Rousseff, 2015).

Desnudavam-se, assim, contradições entre o discurso apresentado na campanha eleitoral e a realidade do novo mandato. Na tentativa de estabelecer pontes com setores que a apoiavam – movimentos sociais, sindicatos e militantes do próprio partido –, Dilma expôs textualmente o que esperava de seus aliados: "paciência, coragem, persistência, equilíbrio e humildade para vencer os obstáculos". Em suas palavras, o governo teria que "fazer ajustes na economia sem revogar direitos conquistados ou trair compromissos sociais assumidos". A ênfase colocada sobre "o valor da estabilidade econômica, a centralidade do controle da inflação, o imperativo da disciplina fiscal e a necessidade de conquistar e merecer a confiança dos trabalhadores e empresários" sinalizava a tentativa de recomposição com setores da elite financeira (ibidem).

O diagnóstico da nova equipe econômica era conhecido. A expansão dos gastos públicos primários apresentava tendência ascendente havia alguns anos, impulsionada historicamente por despesas previdenciárias e de programas sociais (Levy, 2014). Em adição, a resposta anticíclica à crise de 2008, notadamente por meio de renúncia fiscal e concessão de subsídios, havia se tornado uma estratégia permanente que, segundo Levy (2021a), se transformara em

> um programa descolado da realidade nos anos seguintes, que deixou [o país] extremamente vulnerável quando os preços das *commodities* caiu e o vento mudou e boa parte do "investimento" feito na primeira metade da década de

2010 se mostrou improdutivo ou pior. Não ter sabido parar, e ter lido errado o mundo em 2011-13 nos custou muito caro.

Condizente com o que pregara durante toda sua trajetória profissional, o ministro procurou implementar um ajuste fiscal com vistas à recuperação da credibilidade do governo e à retomada da confiança dos agentes econômicos. Ciente de que um corte de gastos e a liberação nos preços regulados – defasados nos casos da gasolina e da energia elétrica – afetaria negativamente a demanda, Levy procurou avançar também com uma pauta de flexibilização da oferta e melhora do ambiente de negócios. Para tanto, trabalhou pela reforma tributária e assinou compromissos com a Organização para a Cooperação e Desenvolvimento Econômico (OCDE), os quais estabeleceram as condições para o aprimoramento da relação verificada nos anos seguintes.

As principais propostas apresentadas pela sua equipe de fato apontavam para uma reorientação geral da política fiscal – ou um "cavalo de pau", na pena de seus críticos. Do lado das despesas, o ministro implementou uma série de ajustes, como as mudanças nas regras de concessão do seguro-desemprego, abono salarial e auxílio-doença, além do corte de despesas discricionárias e a tentativa de limitar o programa Seguro Defeso, política que alcançava mais de um milhão de pescadores artesanais, mas que, em sua avaliação, não contava com controles efetivos e se afastava do seu objetivo original de proteger espécies de peixe sob risco ambiental. Levy também influenciou os vetos da presidente Dilma Rousseff a diversas medidas contidas nas chamadas "pautas-bomba", especialmente aqueles relacionados aos aumentos para algumas categorias do funcionalismo público.[13]

Entre as medidas do lado da receita, a Fazenda elevou as alíquotas de alguns impostos indiretos incidentes sobre alguns produtos como cosméticos, assim como da Contribuição de Intervenção no

13 A articulação com o senador Renan Calheiros (PMDB-AL) ajudou a manter os vetos ao reajuste dos servidores do Judiciário, bem como os que estendiam para todos os aposentados e pensionistas as regras de reajuste anual do salário-mínimo.

Domínio Econômico (Cide-Combustíveis) sobre gasolina e diesel, e do Imposto sobre Operações Financeiras (IOF) sobre operações de crédito (de 1,5% para 3,0%). A despeito do sucesso dessas medidas, típicas de um ajuste ortodoxo, Levy não conseguiu aprovar a maior parte da sua agenda do "lado da oferta". Foi o caso da mudança do ICMS para o destino, derrotada no plenário do Congresso, ou a ampla reforma do PIS e da Cofins com convergência de alíquotas, engavetada no Planalto. Aprovou-se, por fim, a "lei de repatriação", que permitia a regularização de recursos no exterior mediante multa de 30% do valor enviado irregularmente e não derivados de ação ilegal. Essa mudança, que veio a dar fôlego para os governos subnacionais no auge da recessão de 2016, foi viabilizada por uma mudança no cenário internacional que passou a exigir mais transparência em depósitos de estrangeiros em bancos em jurisdições internacionais, como a Suíça.

O ministro também diminuiu os repasses do Tesouro Nacional para o Banco Nacional de Desenvolvimento Econômico e Social (BNDES), elevou a Taxa de Juros de Longo Prazo (TJLP) que parametrizava a linha de empréstimos do banco (de 5% para 7%) e estimulou o financiamento a partir da emissão de títulos pelo setor privado. Essa medida foi implementada por meio de acesso condicionado a crédito referenciado pela TJLP à emissão de um valor mínimo de debêntures, reforçando a importância de engajar os mercados de capital no financiamento do investimento. Além disso, ele honrou a dívida do governo com o BNDES, Banco do Brasil e Caixa Econômica decorrentes de programas de crédito subsidiado, cujo ressarcimento havia sido postergado nos anos anteriores. Essa regularização, negociada com o Congresso Nacional a fim de evitar maior exposição do Executivo a sanções do Tribunal de Contas da União, resultou no aumento de mais de 0,5% do PIB de despesas extraordinárias.

Do lado do realinhamento de preços, além do ajuste tributário no preço da gasolina e da devolução à Petrobras do controle da política de preços, Levy promoveu a introdução das bandeiras amarela e vermelha na definição dos preços das tarifas de luz. Tal medida recuperou parte da saúde financeira das distribuidoras de eletricidade, permitindo-lhes refinanciar as dívidas acumuladas nos anos anteriores, quando as receitas não haviam sido compensadas pelo aumento do custo de aquisição de energia provocado pela escassez hídrica. A mudança na governança da petrolífera mostrou-se essencial para estabilizar as finanças da empresa, dado o receio da antecipação do vencimento de sua dívida, agravado pela descoberta de graves problemas de governança da empresa, que ameaçavam a publicação de seus balanços.

Por fim, o ministro buscou atenuar outras distorções que, direta ou indiretamente, pressionavam a política fiscal do Governo Federal, como, por exemplo, o caso do Conselho Administrativo de Recursos Fiscais (Carf). Em entrevista concedida aos autores deste capítulo, Levy (2021a) ressalta:

> O conselho decide sobre ações dos contribuintes e [nós o] reorganizamos, acabando com problemas que se acumulavam há décadas. Algumas dessas mudanças rendem fruto até hoje. Também conseguimos implementar a regularização dos capitais no exterior ("repatriação"), um tema complexo e que conseguimos resolver com a ajuda de um grupo de juristas notáveis. Essa lei, além de ter rendido R$ 50 bilhões para o Governo Federal e os estados no auge da recessão de 2016, liberou quase R$ 200 bilhões de capital para vir a ser reinvestido no Brasil. Como foi bem desenhada e era focada em recursos de origem lícita, ela também tem ajudado a pegar pessoas ou empresas cujos recursos eram de origem ilícita e que tentaram pegar carona na lei.

De acordo com o ministro, parte significativa do êxito de suas políticas deve ser delegada "ao cuidado com que se desenhou e discutiu as medidas, o entendimento dentro do grupo governante de que era urgente ajustar a economia, e o apoio de partidos [de oposição] como o DEM e de vários grupos na sociedade" (ibidem). Ainda assim, duas barreiras mostraram-se praticamente intransponíveis para o progresso de determinadas medidas. Em primeiro lugar, a excessiva fragmentação político-partidária exigiu habilidade política de que a presidente não dispunha. Por fim, a incapacidade de convencer a população da necessidade do ajuste contracionista selou de morte os planos do governo.[14]

14 Traumann (2018, p.384) lembra que, mesmo antes da posse, Levy já buscara informar a população a respeito do problema fiscal em programa da maior rede de televisão do

No entanto, o ambiente de crescente polarização política, os conflitos de interesses nas casas legislativas, a insatisfação popular e a incoerência entre o programa econômico apresentado durante as eleições e a agenda adotada no início do governo contribuíram para enfraquecer o consenso político necessário à implementação desse tipo de ajuste. Nos termos empregados pelo próprio ministro, na inexistência de "risco de desastre iminente é sempre mais difícil mobilizar o Congresso e a sociedade para reformas que envolvam sacrifícios, ainda que transitórios" (ibidem).[15] Assim, diferentemente do que ocorria no passado, a acumulação de reservas internacionais atenuou o receio dos agentes econômicos, que não atuaram contra as propostas de saneamento.[16]

O acirramento das tensões internas ao próprio governo refletiu-se no cálculo da meta fiscal para o ano de 2016, o que ampliou o já conhecido racha na equipe econômica. De um lado, a Fazenda sustentava a manutenção de um ajuste fiscal mais rigoroso, com aumento de receita e eventual corte de despesas, propondo inclusive uma auditoria de programas como o auxílio-doença e aposentadoria por invalidez os quais, segundo se avaliava à época, apresentava despesas muito acima da média internacional. De outro, o ministro do Planejamento, Nelson Barbosa, sugeria um relaxamento do ajuste

---

país: "O mais importante é explicar por que a gente vai tomar as medidas [de ajustes das contas públicas]. Desde meados do ano passado, todas as pesquisas diziam que as pessoas queriam mudanças, e parte da mudança é exatamente essa reorientação da economia para muita realidade, muita aderência a tudo que está acontecendo e um fortalecimento na parte fiscal".

15 Limongi (2023) aponta que o elemento central da perda de capacidade de Dilma em articular demandas de seu programa tem origem na sua adesão a uma agenda de combate à corrupção desde o seu primeiro mandato. A perda de sua coalizão política, portanto, poderia ser compreendida como um dos elementos desencadeadores do que Levy destaca nessa citação.

16 Tal percepção do ministro mantém-se em linha com o que ele apresentou em entrevista para Traumann (2018, p.405): "Ouvi de muitos parlamentares da oposição que, ao contrário do que supõe o *conventional wisdom*, em uma crise todo mundo apoia reformas; neste caso, apesar de concordarem com as reformas, não podiam apoiar o governo de jeito algum. Como o Brasil tinha reservas cambiais e não ia virar, no caos geral, uma Argentina de 2001, a oposição pensava que se ajudasse nas reformas, legitimaria o PT. Esse raciocínio foi decisivo para bloquear as reformas que poderiam ter ajudado o Brasil naquele momento".

fiscal e a elevação do déficit primário. Vencido em sua posição, Levy argumentou que a perda do grau de investimento do país, dez dias após anunciado o novo orçamento, foi consequência direta da hesitação do governo em consolidar as contas públicas.[17]

Não obstante as vitórias e as derrotas colecionadas na passagem pela Fazenda, a agenda colocada por Joaquim Levy em 2015 pauta o debate econômico até os dias de hoje, especialmente no que tange à reforma tributária e à governança das empresas estatais. A sobrevida de suas ideias reforça a plausibilidade de suas causas, sugerindo que o problema era menos econômico do que de funcionalidade do arranjo político. A oposição ao governo e o senso de oportunidade de alguns partidos contribuíram para dificultar a implementação das medidas e reformas durante a sua gestão, sobretudo às relacionadas ao lado da oferta.

CONSIDERAÇÕES FINAIS

Ainda que não tenha se baseado em um caso específico, a hipérbole empregada por Thomas Traumann no título de seu livro[18] seria igualmente oportuna caso tivesse sido aplicada à experiência de Levy no Ministério da Fazenda. Alçado a salvador das contas públicas, o já experimentado economista encontrou barreiras das mais distintas naturezas ao tentar implementar um ajuste fiscal ortodoxo no primeiro ano do segundo e breve mandato de Dilma Rousseff.

Sua trajetória acadêmica e profissional e sua visão do funcionamento de uma economia de mercado são mais ricas e complexas do que a imagem caricatural do burocrata insensível, justa ou injustificadamente alcunhado como "mãos de tesoura". Sua atuação pública

17 Conforme Levy fez questão de destacar na entrevista concedida aos autores deste capítulo, apesar dessas dificuldades e dos revezes que a ela se sucederam, "ele não deixou o governo enquanto não resolveu os problemas que poderiam trazer mais riscos à presidente [entre eles]: o pagamento de todos os subsídios ao BNDES e Banco do Brasil atrasados desde 2013, que órgãos do TCU qualificavam como indícios de 'pedaladas', e a votação do orçamento de 2016. O pagamento dos atrasados custou mais de R$ 50 bilhões, incluindo ainda recursos para a Caixa Econômica Federal e o FGTS".

18 Trata-se do anteriormente citado *O pior emprego do mundo* (Traumann, 2018).

em diversos cargos-chave da condução da política econômica e em organizações internacionais corrobora seu entendimento multifacetado da realidade social, ainda que claramente marcado pela teoria *mainstream*. Economista com sólida formação acadêmica, o humanismo moldado pelo olhar de engenheiro sobre os problemas contribuiu para que Joaquim Levy também se mostrasse um formulador de política com capacidade de diálogo e de implementação de ações que se sobrepõe à tecnicalidade de suas posições, tanto no campo ideológico quanto no econômico.

Nesse sentido, a atuação de Levy na Fazenda contribui para aprofundar o entendimento acerca do sucesso na implementação de uma agenda considerada necessária, ainda que impopular. Além da correção e da precisão do diagnóstico, a política deve ser acompanhada de uma estratégia holística que inclua da comunicação oficial à articulação parlamentar.

Independentemente dos rumos que se pretenda oferecer à economia brasileira, o desapego com que Levy aceitou o mais alto cargo econômico da Esplanada em um governo com o qual não tinha alinhamento político demonstra a possibilidade de criar pontes de confiança e civilidade para superar os principais desafios do país. Mais do que nunca desde a redemocratização, o Brasil do século XXI precisará desse tipo de desprendimento cívico e preparo técnico para superar os óbices ao crescimento econômico e fortalecer as instituições políticas das quais dependem o futuro da economia e, em alguma medida, da própria democracia brasileira.

REFERÊNCIAS

ABRANCHES, S. Presidencialismo de coalizão: o dilema institucional brasileiro. *Dados*, v.31, n.1, p.5-34, 1988.

ABRANCHES, S. *Presidencialismo de coalizão*. Raízes e evolução do modelo político brasileiro. São Paulo: Companhia das Letras, 2018.AIDAR, B. Um liberal na crise da *Belle Époque*: João Pandiá Calógeras. In: SALOMÃO, I. C. (Org.). *Os homens do cofre*: o que pensavam os ministros da Fazenda do Brasil republicano (1889-1985). São Paulo: Editora Unesp, 2021.

ALMEIDA, R. *À sombra do poder*: bastidores da crise que derrubou Dilma Rousseff. São Paulo: Leya, 2016.

BARBOSA FILHO, F. H; PESSOA, S. Desaceleração recente da economia. In: CDPP (Centro de Debate de Políticas Públicas) (Org.). *Sob a luz do Sol*: uma agenda para o Brasil. São Paulo: CDPP, 2014. p.15-30. Disponível em: https://cdpp.org.br/wp-content/uploads/2017/02/CAPITULO-2.pdf. Acesso em: 3 jun. 2021.

BARROS, M. *"Levy é um 'diabo' mais inteligente."* O ministro da Fazenda, segundo Mendonça de Barros. São Leopoldo: Instituto Humanitas Unisinos, 12 jan. 2015. Disponível em: http://www.ihu.unisinos.br/noticias/538869-joaquim-levy-segundo-mendonca-de-barros. Acesso em: 10 de abril de 2021.

CERQUEIRA, S. *O porquê do sucesso da arrecadação de ICMS do Rio de Janeiro*. Salvador: Instituto dos auditores fiscais da Bahia, 21 maio 2006. Disponível em: https://iaf.org.br/o-porque-do-sucesso-da-arrecadacao-de-icms-do-rio-de-janeiro/. Acesso em: 25 de abril de 2021.

COELHO, M. Aliados defendem Levy e oposição critica "estelionato eleitoral". *Congresso em foco*. São Paulo, 27 nov. 2014. Disponível em: https://congressoemfoco.uol.com.br/projeto-bula/reportagem/aliados-defendem-levy-e-oposicao-critica-estelionato-eleitoral/. Acesso em: 15 mar. 2021.

COMEÇAR de novo. *Folha de S. Paulo*, 1º jan. 2015. Acesso em: 30 mar. 2021.

GASPAR, M. A morte e a morte de Joaquim Levy. *Piauí*, dez. 2015. Disponível em: https://piaui.folha.uol.com.br/materia/morte-e-morte-de-joaquim-levy/. Acesso em: 30 de março de 2021

GLEIZER, D. L. Aprimorando a política econômica. In: CDPP (Org.). *Sob a luz do Sol*: uma agenda para o Brasil. São Paulo: CDPP, 2014. p.31-40. Disponível em: https://cdpp.org.br/wp-content/uploads/2017/02/CAPITULO-3.pdf. Acesso em: 3 jun. 2021.

JURGENFELD, V. F. Para Bacha, ninguém é mais ortodoxo que Levy. *Valor Econômico*, 14 jan. 2015. Disponível em: https://valor.globo.com/brasil/noticia/2015/01/14/para-bacha-ninguem-e-mais-ortodoxo-que-levy.ghtml. Acesso em: 20 abr. 2021.

LEONEL, C.; CINTRA, R. Levy, o "mãos-de-tesoura" que não consegue cortar. *Bloomberg*, 31 ago. 2015. Disponível em: https://www.bloomberg.com.br/blog/levy-o-maos-de-tesoura-que-nao-consegue-cortar/. Acesso em: 10 mar. 2021.

LEVY, J. V. F. *Congelamento parcial, aumento de salários e efeitos na demanda por mão de obra*. Rio de Janeiro, 1987. 152 f. Dissertação (Mestrado em Economia) – Fundação Getúlio Vargas.

LEVY, J. V. F. Some Considerations Relevant to Prefunded Pensions in France. *IMF Working Paper*, Wp/95/64, p.1-36, jun. 1995. Disponível em: https://www.imf.

org/en/Publications/WP/Issues/2016/12/30/Some-Considerations-Relevant-to-Prefunded-Pensions-in-France-1878. Acesso em: 13 ago. 2021.

LEVY, J. V. F. Generational Accounting for France. *IMF Working Paper*, Wp/98/14, p.1-50, fev. 1998. Disponível em: https://papers.ssrn.com/sol3/papers.cfm?abstract_id=882236. Acesso em: 13 ago. 2021.

LEVY, J. V. F. Robustez fiscal e qualidade do gasto como ferramentas para o crescimento. In: CDPP (Org.). *Sob a luz do Sol*: uma agenda para o Brasil: São Paulo: CDPP, 2014. p.51-65. Disponível em: https://cdpp.org.br/wp-content/uploads/2017/02/CAPITULO-5.pdf. Acesso em: 3 jun. 2021.

LEVY, J. V. F. Rumos para a economia brasileira no pós-*boom* de *commodities*. *Estudos e Pesquisas*, n.2015a.

LEVY, J. V. F. Audiência Pública. Reunião n.0429/15. Brasília: Câmara dos Deputados, 29 abr. 2015b.

LEVY, J. V. F. *Entrevista*. Entrevista concedida aos autores deste capítulo (Escrita). 2021a.

LEVY, J. V. F. A transposição do São Francisco pelo prisma fiscal. *Valor Econômico*, 26 fev. 2021b. Disponível em: https://valor.globo.com/opiniao/coluna/a-transposicao-do-sao-francisco-pelo-prisma-fiscal.ghtml. Acesso em: 15 ago. 2022.

LEVY, J. V. F. E Agora? *Valor Econômico*, 29 abr. 2021c. Disponível em: https://valor.globo.com/opiniao/coluna/e-agora.ghtml. Acesso em: 29 abr. 2021.

LIMA, L. G.; FONSECA, P. C. D. Interpretações da política econômica nos governos Lula e Rousseff. *Análise Econômica*, v.39, n.79, p.1-25, jun. 2021.

LIMONGI, F. *Operação impeachment*: Dilma Rousseff e o Brasil da Lava Jato. São Paulo: Todavia, 2023.

MESQUITA, M. M. de C. A política econômica do governo Dilma: a volta do experimentalismo. In: CDPP (Org.). *Sob a luz do Sol*: uma agenda para o Brasil: São Paulo: CDPP, 2014. p.3-14. Disponível em: https://cdpp.org.br/wp-content/uploads/2017/02/CAPITULO-1.pdf. Acesso em: 3 jun. 2021.

NICOLAU, J. A eterna tentação da reforma. *Folha de S. Paulo*, 14 mar. 2021. Disponível em: https://www1.folha.uol.com.br/ilustrissima/2021/03/camara-deveria-deixar-debate-equivocado-sobre-reforma-politica-morrer.shtml. Acesso em: 14 mar. 2021.

ROUSSEFF, D. V. Discurso de posse no Congresso Nacional. Brasília: Câmara dos Deputados, 1º jan. 2015. Disponível em: https://www.camara.leg.br/noticias/448217-integra-do-discurso-de-posse-da-presidente-dilma-rousseff-no-congresso/#:~:text=O%20povo%20brasileiro%20quer%20mudan%C3%A7as,reafirma%C3%A7%C3%A3o%20e%20amplia%C3%A7%C3%A3o%20de%20compromissos. Acesso em: 14 jan. 2024.

TRAUMANN, T. *O pior emprego do mundo*: 14 ministros da Fazenda contam como tomaram as decisões que mudaram o Brasil e mexeram no seu bolso. São Paulo: Planeta, 2018.

VISCARDI, C. M. R. David Moretzsohn Campista. In: PAULA, C. J.; LATTMAN-WELTMAN, F. (Orgs.). *Dicionário histórico-biográfico brasileiro pós-1930*. Rio de Janeiro: CPDOC/FGV, 2010. Disponível em: https://bit.ly/2R7H59L. Acesso em: 13 ago. 2021.

YERGIN, D.; STANISLAW, J. *The Commanding Heights*: The Battle for the World Economy. Nova York: Touchstone, 2002.

14

Nelson Barbosa

A QUEDA DO PROGRESSISMO SOCIAL-ECONÔMICO

Jonattan Rodriguez Castelli, Laís Fernanda de Azevedo e Ivan Colangelo Salomão

INTRODUÇÃO

Se Deus dormia na noite de 15 de abril de 1912, um *iceberg* fez o que nem Ele parecia ser capaz, pondo fim à vida de 1.514 passageiros de um dos maiores engenhos já construídos pela mão humana até então. A tragédia do Titanic atrai interesse e curiosidade até a atualidade, mas um de seus mais controversos mistérios diz respeito aos motivos pelos quais a orquestra do navio continuou em atividade enquanto a embarcação já afundava. De acordo com Dibben (2012), a música exerce um relevante papel na redução da percepção de dor, de modo que os acordes de *Nearer My God to Thee* – um hino protestante tradicional do século XIX – podem ter atenuado o caos que naturalmente se instalou no navio.

A comparação é absolutamente indevida, mas se o Brasil fosse um transatlântico em 2016, dificilmente aportaria em seu destino conforme o plano democraticamente traçado pelas urnas em 2014. Isso porque parte de sua tripulação achou por bem trabalhar para afundá-lo supondo ter garantida sua boia de salvação. Dentre os bravos músicos que empunharam seus instrumentos até o fim, o ministro da Fazenda Nelson Barbosa se destaca pela ingratidão de sua tarefa:

defender a legalidade e a lisura, juridicamente comprovada, da política econômica levada a cabo no segundo mandato da presidente Dilma Rousseff (2015-2016).

Acadêmico por vocação, burocrata por acaso, Nelson Barbosa se tornou um dos principais interlocutores do debate econômico brasileiro da última década. Responsável pela arquitetura de uma série de projetos dos governos do Partido dos Trabalhadores (2003-2016), Barbosa conheceu a máquina federal como poucos economistas de sua geração. Homem por cuja mesa passaram algumas das principais medidas de política econômica adotadas durante esses treze anos, Barbosa ostenta trajetória profissional que extrapola as passagens por diversos gabinetes de Brasília.

Nelson Henrique Barbosa Filho nasceu na capital do Rio de Janeiro, em 1969, no seio de uma típica família de classe média urbana. Filho de pai engenheiro e mãe dona de casa, cresceu no bairro carioca de Botafogo. Interessado por assuntos do cotidiano político e social do país, ingressou no curso de Economia da Universidade Federal do Rio de Janeiro (UFRJ) em 1988, mesma instituição em que concluiu o mestrado (1995) sob orientação de Maria da Conceição Tavares, ícone do pensamento econômico estruturalista latino-americano.

Sua carreira docente teve início enquanto ainda cursava o mestrado ao ser contratado como professor substituto na Universidade Federal Fluminense (UFF), na qual lecionou entre 1993 e 1994. Nesse ano, foi aprovado em concurso público para o cargo de analista do Banco Central do Brasil, órgão em que trabalhou por quatro anos (1994-1997). Por algum tempo, ainda manteve vínculo com a academia, integrando o corpo docente do Instituto dos Economistas do Rio de Janeiro (IERJ) até 1997, ano que ingressou no doutorado na New School for Social Research (NSSR), prestigiada escola de linha progressista sediada em Nova Iorque.

Na pesquisa realizada para a elaboração de sua dissertação de mestrado – *Os desequilíbrios externos da economia norte-americana nos anos 80* –, Barbosa utilizou-se de elementos da teoria econômica heterodoxa para analisar a instabilidade do balanço de pagamentos norte-americano, país que gozava de uma prerrogativa única no sistema econômico mundial: a cunhagem de moeda empregada como meio de troca internacional. Foi no doutorado, sob a orientação de Lance Taylor, que Nelson se aproximou da macroeconomia estruturalista, defendendo, em 2001, a tese intitulada *Essays on Structuralist Macroeconomics*.[1]

Ainda que seus orientadores sejam nomes emblemáticos da economia heterodoxa, sua formação intelectual foi essencialmente eclética. Na graduação na UFRJ, por exemplo, foi aluno de Fabio Giambiagi, mas também assistiu aos cursos de Fernando Cardim de Carvalho e Mario Luiz Possas. No mestrado, Maria da Conceição Tavares e Franklin Serrano foram os principais professores a influenciar tanto suas ideias quanto seu método de pesquisa (Barbosa Filho, 2020b). Na experiência de cursar o doutorado no exterior, incorporou instrumentos de modelagem matemática e econométrica, consolidando o arcabouço teórico-metodológico com o qual viria a desenvolver suas atividades letivas e de pesquisa.

De volta ao Brasil em 2002, Nelson Barbosa retornou à UFRJ, agora como membro efetivo do corpo docente, exonerando-se do cargo que ocupava no Banco Central. Durante aproximadamente um ano, lecionou as disciplinas de Econometria, Macroeconomia e Economia Internacional. Já em 2003, foi convidado pelo professor da UFRJ José Carlos Miranda para assumir o cargo de chefe-adjunto da Assessoria Econômica do Ministério do Planejamento, Orçamento e Gestão, àquele momento sob o comando de Guido Mantega. Dentre outras atividades desenvolvidas, estavam a formulação, o acompanhamento e a avaliação de diferentes elementos da política econômica do governo brasileiro.

Ao assumir a presidência do Banco Nacional de Desenvolvimento Social (BNDES), em 2005, Mantega o convidou para trabalhar na

---

1 No primeiro capítulo da tese, Barbosa apresenta um modelo *demand-led growth*, hoje destacado pelos autores sraffianos como "supermultiplicador". O segundo capítulo do trabalho atualiza a aplicação do modelo de Goodwin, servindo de base para a produção de uma vasta literatura subsequente. No último, Barbosa reformulou a restrição de balança de pagamentos como uma restrição de reservas, não necessariamente de conta-corrente, constatação que antecipou o movimento de muitos países em acumular reservas.

assessoria da presidência do órgão, cargo que exerceu por cerca de um ano. Nomeado ministro da Fazenda em março de 2006, Mantega novamente o convidou para Brasília, onde ocuparia diversas funções. Paralelamente às atividades desempenhadas na Fazenda, entre 2007 e 2013, Nelson Barbosa tornou-se membro do Conselho de Administração da Empresa de Pesquisa Energética (2007-2010), da Vale (2011-2013) e do Banco de Brasília (2013-2014). Entre 2006 e 2007, exerceu o cargo de secretário-adjunto de Política Econômica; de 2007 a 2008, o de secretário de Acompanhamento Econômico; de 2008 a 2010, secretário de Política Econômica; já na gestão Dilma Rousseff, assumiu a Secretaria Executiva do Ministério da Fazenda entre 2011 e 2013.

Foi no segundo governo Lula (2007-2010), porém, que a sua atuação na burocracia do Ministério da Fazenda auferiu maior destaque. As políticas de combate à crise financeira internacional de 2008 e de formulação do Programa de Aceleração do Crescimento (PAC) e Minha Casa, Minha Vida (MCMV) carregavam as digitais de Barbosa. A desenvoltura com que desempenhou as diferentes funções a ele delegadas cativou a então ministra-chefe da Casa Civil e futura presidente da República, Dilma Rousseff, que o convidou para assumir o Ministério do Planejamento, Orçamento e Gestão (MPOG) no início de seu segundo mandato, em 2015.[2] Após a experiência de um ano à frente do Planejamento, finalmente se tornou ministro da Fazenda em dezembro de 2015, cargo que ocupou até o impedimento da presidente, em maio do ano subsequente.

Não apenas pelo destaque do cargo, mas sobretudo pela envergadura dos desafios com que se depararia à frente da Fazenda, Barbosa comprometeu-se desde o início de sua breve gestão com a promoção de um ajuste fiscal que se mostrava inadiável havia algum tempo. Em paralelo, atentava para a necessidade de recuperação da capacidade de investimento do Estado e da elevação sistêmica da produtividade para a recuperação do ciclo econômico (Barbosa Filho, 2020b). Uma

2 No interregno em que esteve afastado da gestão pública, entre 2013 e 2015, Barbosa desenvolveu atividades técnicas no Instituto do ex-presidente Luiz Inácio Lula da Silva. Além disso, retomou a atividade docente, agora na Universidade de Brasília (UnB) e na Escola de Economia da Fundação Getúlio Vargas (EESP/FGV), e, como pesquisador, no Instituto Brasileiro de Economia (FGV-Ibre).

das principais medidas elaboradas por sua equipe foi a proposta de reforma da Previdência, jamais debatida com o Congresso Nacional em virtude das vicissitudes políticas por que passou o país naquele conturbado ano de 2016.

Não obstante a atuação quase ininterrupta como *policymaker* desde 2003, Nelson Barbosa manteve proximidade com a academia. Parecerista e revisor de periódicos científicos importantes, compõe atualmente o corpo docente do Programa de Pós-graduação em Economia da UnB, no qual orienta trabalhos de mestrado e doutorado, e da Escola de Política Públicas e Governo da FGV em Brasília. Recentemente organizou duas obras: *Política de salário-mínimo para o Brasil (2015-2018)*, publicada em 2015, em parceria com os economistas Samuel Pessôa e Rodrigo Leandro de Moura, e *Bidenomics nos trópicos*, lançada em 2021 em coautoria com André Roncaglia de Carvalho.

Desde o início de 2023, Nelson Barbosa atua como Diretor de Planejamento e Estruturação de Projetos do BNDES, órgão reabilitado pelo governo eleito no ano anterior e alçado à proa do projeto de desenvolvimento econômico autônomo e nacional.

HETERODOXIA NO SÉCULO XXI: AS IDEIAS ECONÔMICAS DE NELSON BARBOSA

Conquanto plural, a formação acadêmica de Nelson Barbosa aproximou-o desde cedo da teoria econômica heterodoxa. Os cursos ministrados pelos já citados professores Fernando Cardim de Carvalho e Mario Luiz Possas foram determinantes para sua trajetória intelectual (Barbosa Filho, 2020b). O primeiro introduziu-o à teoria keynesiana, enquanto o segundo, assentado em um tratamento conceitual rigoroso, apresentou-o ao universo marxista. Além de Cardim e Possas, os também já referidos docentes Maria da Conceição Tavares e Franklin Serrano, seus orientadores no mestrado, contribuíram para seu melhor entendimento dos problemas reais da economia brasileira, o que o incentivou a unir a aplicabilidade empírica com o conhecimento teórico adquirido nos bancos escolares.

A primeira e mais importante influência teórica de Barbosa foi a obra de John Maynard Keynes. Marcado por uma posição crítica em relação aos dogmas da teoria neoclássica, o keynesianismo questionou, nas mais diferentes dimensões, a validade universal das chamadas Lei de Say e teoria quantitativa da moeda (TQM), pedras-angulares da ortodoxia econômica. A revolução keynesiana lançou luz sobre o princípio da demanda efetiva, partindo do entendimento de que o sistema econômico é inerentemente instável e propenso à ocorrência de crises cíclicas. Não por acaso, a força da teoria keynesiana respondeu ao contexto em que foi gestada – a crise dos anos 1930 –, quando a necessidade de atuação estatal com vistas a atenuar os efeitos deletérios da mais profunda recessão econômica já vivenciada pelo capitalismo contemporâneo mostrou-se imperiosa.

A teoria neoclássica recomendava, por sua vez, a não intervenção estatal, quando muito a redução de tributação, na expectativa de que o mercado se reequilibrasse à medida que as empresas ineficientes fossem eliminadas. Porém, Keynes (1985) indicava o caminho oposto. Em sua visão, a causa da depressão não seria solucionada pelo lado da oferta, mas pelo estímulo à demanda agregada, isto é, pelo fomento ao crescimento da renda e do consumo da população.

Naquele momento histórico, as economias capitalistas desenvolvidas encontravam-se em um cenário denominado "armadilha de liquidez", no qual os efeitos da crise e do elevado desemprego deprimem as expectativas dos agentes econômicos acerca das possibilidades futuras. Tal pessimismo colocava-os em uma posição conservadora em relação a dispêndios e inversões correntes, optando pela retenção de liquidez em detrimento das decisões de gasto ou investimento produtivo. Como corolário, mostravam-se ineficazes os estímulos monetários e fiscais operacionalizados por meio da queda da taxa de juros e de impostos; inertes, os empresários não investiam por causa de expectativas negativas sobre a retomada da atividade econômica e, consequentemente, sobre o retorno de seus investimentos (ibidem).

Nesse sentido, Keynes preconizou uma atuação ativa do ente público por meio de uma política fiscal baseada em gastos autônomos, como investimentos públicos geradores de novos empregos, renda e consumo, bem como uma possível melhoria das expectativas dos empresários acerca da oportunidade de investimento produtivo, ou seja, uma política fiscal anticíclica que estimulasse a demanda agregada em momentos de recessão, da mesma forma que se buscaria a geração de superávits em períodos de aquecimento econômico. Eis a base da política econômica adotada pelo governo brasileiro na crise financeira de 2008, de cuja formulação Nelson Barbosa participou ativamente.

Nota-se a centralidade da teoria keynesiana nas ideias de Barbosa em grande parte de seus escritos, como, por exemplo, na resposta endereçada a Marcos Lisboa e Samuel Pessôa, que lhe cobravam a indicação de um artigo acadêmico que corroborasse a causalidade entre a expansão fiscal e o crescimento econômico observado no segundo lustro dos anos 2000. Nelson Barbosa refutou a premissa subjacente à pergunta enviesada, uma vez os dispêndios públicos responderiam por apenas um dos diversos elementos a explicar o chamado “milagrinho”. Em sua resposta, Barbosa (2018b) ratifica, à luz dos preceitos keynesianos, o papel ativo que se conferiu à política fiscal naquele momento:

> Quando há capacidade ociosa, como havia no Brasil de 2005, a expansão conjunta de receita e despesa primárias pode aumentar o PIB sem afetar significativamente o resultado do governo e a dívida pública com base no que nós economistas chamamos de Multiplicador do Orçamento Equilibrado. [...] Proponho, apenas, a preservação de investimento e gastos correntes que aumentem a produtividade da economia devido ao quadro atual de dívida pública. Ao mesmo tempo, sou favorável a reformas graduais do gasto obrigatório, tal como já fiz enquanto estive no governo e defendi recentemente para Previdência social e a remuneração de servidores.

Indo além, utilizou-se do mesmo raciocínio anticíclico para refutar a falaciosa analogia entre a sacralidade do superávit fiscal moto-contínuo e a parcimônia com que uma família deve, de fato, administrar suas receitas e despesas domésticas. Nesse sentido, procurou desmistificar a necessidade da atuação fiscal do ente estatal em determinadas situações de insuficiência de demanda efetiva. Nos termos empregados por Barbosa (2018a), "ao contrário de uma dona de casa, o governo é um agente de grande impacto macroeconômico. Suas receitas e despesas correspondem a uma parcela considerável da renda do país. Assim, toda vez que o Estado altera uma dessas variáveis, isso tem impacto importante sobre o resto da economia, o que por sua vez, afeta o próprio resultado fiscal".

O mesmo silogismo embasa sua defesa de estímulos fiscais empregados pelo Governo Federal para que fossem minimizados os efeitos recessivos decorrentes da pandemia do covid-19. Em seu entendimento, a expansão dos investimentos públicos poderia mitigar as consequências do ciclo no curto-prazo, bem como colaborar com a elevação do produto no momento subsequente, intento que barraria, entretanto, na institucionalidade fiscal vigente no país desde 2017:

> [...] O ideal seria que tal impulso fiscal fosse direcionado totalmente para o investimento público, de modo a aumentar a renda e o emprego mais rapidamente agora, e elevar a produtividade da economia mais à frente. Porém, devido à lógica equivocada do atual teto dos gastos que leva o governo a reduzir seu investimento, o efeito mais provável do "impulso fiscal envergonhado" do governo será o aumento do consumo público e privado (idem, 2020c).

A segunda influência mais relevante no pensamento de Nelson Barbosa foi do economista polonês Michal Kalecki. Segundo Cardoso (2018), Kalecki é considerado, ao lado de Keynes, o precursor de uma abordagem crítica à teoria neoclássica que, por sua vez, serviu de base fundadora da macroeconomia heterodoxa desenvolvida ao longo do século XX. Assim como o economista inglês, Kalecki (1985) também se dedicou à conceituação do princípio da demanda efetiva, com uma diferença conceitual relevante, porém: a incorporação, em seu modelo, da divisão da sociedade em classes (capitalistas e trabalhadores), condição que traz implicações específicas aos resultados assinalados por sua teoria no que diz respeito à formação de preços, distribuição de renda e à dinâmica do capitalismo.

A influência de Kalecki fez-se presente desde sua época de estudante na New School. Em coautoria com seu orientador de doutorado, Barbosa aplicou o modelo de Goodwin à economia norte-americana, pesquisa da qual resultou uma série de artigos publicados sobre modelos de crescimento de *wage-led* e *profit-led* nos últimos vinte anos (Barbosa-Filho; Taylor, 2006).

Uma consequência direta dessa abordagem é a percepção de que as políticas econômicas expansionistas, tais quais defendidas por Keynes em momentos de crise, têm efeito distinto a depender da distribuição da renda nacional. Isso porque a propensão marginal a consumir da classe trabalhadora é significativamente superior à da capitalista, que, por motivos óbvios, se mostra mais propensa a poupar. Assim, a teoria da demanda efetiva kaleckiana procura enfocar, ainda que implicitamente, os problemas decorrentes da concentração funcional da renda.

Tal preocupação mostra-se presente em suas análises e sugestões de política econômica. Em artigo publicado em 2021, no qual cita *ipsis litteris* trechos do artigo *Aspectos políticos do pleno emprego* de Kalecki, Barbosa conjectura as possíveis limitações que o plano de emprego criado pelo governo norte-americano poderia encontrar:

> Em um texto clássico dos anos 1940, Kalecki apontou que, apesar de a política fiscal poder estabilizar a economia e promover o desenvolvimento, há limites políticos para atuação do Estado. A restrição do grande capital ao papel mais ativo do governo é uma barreira importante que pode impedir o sucesso de políticas públicas, mesmo que elas funcionem na "planilha". (Barbosa Filho, 2021)

Nesse sentido, vale ressaltar que Nelson Barbosa defende políticas econômicas de natureza distributiva não apenas por motivos sociais, mas também pelos efeitos multiplicadores sobre renda e emprego, entendimento de clara inspiração tanto keynesiana quanto kaleckiana. Era exatamente esse seu argumento no debate que circunscreveu a aprovação da emenda constitucional conhecida como "teto de gastos" (2016). Ao sugerir que o necessário ajuste fiscal deveria passar tanto por uma redução do crescimento dos gastos públicos quanto pela recuperação da receita tributária, arrecadada preferencialmente de forma progressiva e sobre imposto de renda, Barbosa Filho (2017) argumenta que a melhor estratégia de recuperação da arrecadação é aumentar a progressividade da tributação direta e simplificar a tributação indireta. Se almejamos ser desenvolvidos em algum momento, essa é uma realidade que a sociedade brasileira terá que enfrentar. Há várias formas de aumentar a progressividade da nossa tributação direta, como um ajuste do imposto de renda sobre pessoas físicas (IRPF), a criação de um imposto federal progressivo sobre grandes heranças e a elevação da tributação direta na fonte sobre rendimentos financeiros dos agentes residentes no Brasil – pessoas e empresas.

A terceira, mas não menos importante influência teórica de Nelson Barbosa, é a chamada macroeconomia estruturalista, que conjuga diversos preceitos e fundamentos teóricos de Keynes e Kalecki na construção de modelos matemáticos. Conforme já assinalado, Barbosa teve contato direto com a referida corrente no curso de doutorado nos Estados Unidos sob a orientação de Lance Taylor, uma das principais referências desse grupo de economistas.

De acordo com Missio, Jayme Junior e Oreiro (2013), o que se convencionou denominar macroeconomia estruturalista refere-se a uma variedade de modelos macroeconômicos cujas versões mais simples são apresentadas a partir de dois setores, e as mais complexas, de forma multissetorial. Neles se destacam a distribuição funcional da renda entre as classes sociais e os setores produtivos, bem como o papel das instituições para o fenômeno do desenvolvimento. Do ponto de vista metodológico e de sua aplicabilidade, a macroeconomia estruturalista caracteriza-se pela aplicação do instrumental matemático aos temas econômicos inerentes aos países subdesenvolvidos.

Em grande medida, a macroeconomia estruturalista representa a tradução matemática formalizada do estruturalismo originalmente desenvolvido no âmbito da Cepal por autores como Raúl Prebisch e Celso Furtado, o que facilita o diálogo e a conexão com outras abordagens econômicas. O estruturalismo cepalino buscava explicar o atraso relativo das economias latino-americanas com base na desigualdade de acesso à tecnologia, expondo as implicações decorrentes dessa condição na produtividade do trabalho e no comércio exterior. Tais economias encontravam-se em posição desfavorável na medida em que os preços de seus produtos exportados (bens de menor intensidade tecnológica e, frequentemente, *commodities* agrícolas e minérios) tenderiam a se desvalorizar ao longo do tempo em relação aos produtos que importam das economias desenvolvidas (bens industrializados de maior intensidade tecnológica), fenômeno conhecido como "tendência de deterioração dos termos de troca" (ou hipótese Prebisch-Singer).

Um ponto relevante a ser destacado é que, fora o instrumental matemático, a macroeconomia estruturalista desenvolveu-se também a partir da caracterização das especificidades típicas do subdesenvolvimento. Taylor (1979 apud Missio; Jayme Junior; Oreiro, 2013, p.10) define quatro fatos estilizados que caracterizariam essa condição:

1. Diferenças setoriais: podem ser incorporadas na distinção entre setores *tradables* e domésticos, sendo que ambos dependem (altamente) de produtos intermediários importados, ou ainda, entre o setor industrial e agrícola, tanto em razão da tecnologia como dos diferentes padrões de demanda.
2. Conflito distributivo: mudanças na renda real dos diferentes grupos econômicos assumem importância fundamental. Em particular, o equilíbrio entre investimento e poupança ocorre frequentemente através da "poupança forçada" induzida pela inflação.
3. Para muitos países em desenvolvimento, a moeda é o único ativo financeiro doméstico que se deseja manter em substancial quantidade. Não existe mercado de títulos. Isso dificulta a distinção entre a política fiscal e monetária. Ademais, a disponibilidade de crédito entra como restrição nas decisões econômicas.
4. A ausência e a (má) qualidade dos dados estatísticos fazem com que a economia seja mais bem representada por identidades contábeis, fatos estilizados e pela intuição.

Posteriormente, Taylor (1983) aprofundou algumas dessas questões e introduziu novos fatos estilizados de modo que os modelos macroeconômicos estruturalistas satisfizessem suas equações de equilíbrio de curto prazo por meio da forma como o produto e a distribuição de renda variam a partir incorporação de técnicas e relações comportamentais, de tal maneira que o desenvolvimento de longo prazo dependeria da reação entre os "perdedores" e "ganhadores" decorrente dos ajustes iniciais; em outros termos, do conflito distributivo.

Por fim, a quarta e última influência teórica de Nelson Barbosa a ser destacada é o neoestruturalismo, corrente que emergiu na década de 1980 em resposta às políticas neoliberais estabelecidas pelo chamado Consenso de Washington por meio do resgate de elementos teóricos do estruturalismo original e dos modelos matemáticos da macroeconomia estruturalista. Assim, os principais autores da corrente buscam questionar os resultados insuficientes da onda neoliberal que varreu o subcontinente a partir daquele momento, sobretudo em termos de crescimento econômico e mitigação das desigualdades sociais.

A teoria neoestruturalista propõe que os países subdesenvolvidos adotem um novo modelo econômico baseado na "competitividade sistêmica impulsionada pela concorrência intercapitalista e mediada gerencialmente pelo Estado, em um contexto de estabilidade macroeconômica, abertura comercial e desregulamentação financeira" (Missio; Jayme Junior; Oreiro, 2013). Em grande medida, a síntese neoestruturalista recupera o legado de parte do estruturalismo cepalino, conferindo maior ênfase, porém, à composição setorial das respectivas economias.

Muito embora determinadas economias latino-americanas tenham alcançado algum nível de industrialização, a heterogeneidade estrutural que as distingue e que também se manifesta intrassetorialmente se tornou o principal questionamento que essa corrente procura responder. Nota-se, assim, o resgate da dualidade característica do modelo analítico cepalino baseado num setor industrial produtor de bens intensivos em tecnologia e de alto valor agregado, e outro de menor intensidade tecnológica e baixa agregação de valor. O caminho para o desenvolvimento desses países extrapolaria, pois, a mera industrialização – condição que se supunha necessária, mas ainda assim, insuficiente. Para tanto, seria fundamental que se adotasse um modelo específico de industrialização no qual se priorizassem setores de maior intensidade tecnológica.

A confluência de elementos pertencentes a todas essas correntes teóricas citadas pode ser observada no artigo "*Effective Demand and Growth*", publicado por Barbosa em 2001. Nele, o autor apresenta um modelo de um único setor, no qual o investimento e os gastos autônomos determinam a taxa de crescimento da renda. A dinâmica do crescimento é explicada pela demanda (*demand-led growth*), e as interações entre investimento e gastos autônomos indicam de que maneira a força de trabalho endógena e a produtividade de multifatores podem relaxar parcialmente as restrições do lado da oferta. Nesse sentido, o trabalho busca demonstrar as possibilidades de atingir determinada rota de crescimento baseada no estímulo à demanda agregada via política fiscal, de modo a superar os entraves da estrutura produtiva. Nota-se, desse modo, a relevância que Barbosa oferece à política fiscal e aos estímulos à demanda para a determinação do nível de renda agregada.

Apesar de tais modelos macroeconômicos enfatizarem o lado da demanda, Barbosa entende que esse estímulo, *per se*, não soluciona os problemas de baixo crescimento da economia brasileira. Nesse sentido, aponta a diferença significativa entre a taxa de juros no início dos anos 2000 e a praticada em meados de 2021, quando se registrou o nível mais baixo da história da Selic. Ainda assim, os problemas reais da estrutura produtiva brasileira não foram, nem de longe, sanados. Em suas palavras:[3]

> Quando a gente entrou no governo, por exemplo, a taxa de juros real era 18%, hoje ela está próxima de 0%... Então é uma prova de que só baixar juros não resolve [...], tem questões aí institucionais, questões de composição,

3 Na mesma oportunidade, ele ilustrou a dificuldade de fazer valer o prescrito nos manuais de economia: "Acho que o governo para mim, eu falo assim [...] é como se fosse meu pós-doc. Um pós-doc em economia real, por dez anos de governo, e você aprende muito, não é? Você vai aprender na prática. Não é um programa institucional, que é uma variável que você coloca numa regressão de contabilidade de crescimento para ver a quantidade total de fatores. É o empresário tal dizendo para você como é uma loucura do imposto que ele tem que pagar: se ele esmagar a soja ele paga um imposto, se não esmaga, ele paga outro, se a mercadoria entrar por Vitória é de um jeito, se entrar por Santa Catarina é de outro. O Estado tem que atuar, mas não pode fazer tudo, e a passagem pelo governo só reforçou isso" (Barbosa Filho, 2020b, p.7).

> todas essas que alguns economistas até mais ortodoxos enfatizam, é importante, não tem um monopólio sobre isso. Nossa produtividade, por exemplo, grande parte da falha de elevar a produtividade é o nosso sistema tributário, não tem nada a ver que você é ortodoxo ou heterodoxo, o sistema tributário que é anacrônico. (Barbosa Filho, 2020b)

Ainda que por demais esquemática, pode-se encontrar uma sumarização de suas ideias econômicas no artigo "O desafio macroeconômico de 2015-2018", publicado em 2015 na *Brazilian Journal of Political Economy*. Ao apontar os principais óbices a serem enfrentados pelo segundo governo Rousseff, Barbosa destaca os problemas nas áreas cambial e fiscal. Na primeira, aponta a intrincada relação entre juros, crescimento econômico e a taxa de câmbio real. Nesse sentido, caberia ao governo reduzir a dependência do regime de metas para a inflação da apreciação cambial, pois tal estratégia criaria embaraços ainda maiores para o setor produtivo e, consequentemente, para a geração de empregos no médio prazo.

Nesse aspecto em particular, verifica-se um dos principais fundamentos tanto do neoestruturalismo quanto da macroeconomia estruturalista para o caso brasileiro: o enfrentamento da desindustrialização, fenômeno agravado pela doença holandesa não neutralizada, tese cara à teoria novo desenvolvimentista, conforme visto no capítulo sobre Bresser-Pereira. Em que pese sua discordância com aspectos basilares do novo desenvolvimentismo – como a centralidade do superávit do balanço de pagamentos em transações correntes para a sustentabilidade do crescimento econômico –, Barbosa também vê no setor industrial um motor relevante para o desenvolvimento econômico.

Já no espectro fiscal, o artigo aborda os múltiplos problemas que acometem o Brasil desde meados dos anos 2010. Naquele momento, o principal objetivo macroeconômico teria sido aumentar o resultado primário do setor público, ao mesmo tempo que se fazia necessário o atendimento das demandas crescentes da população sobre o Estado, sem elevar a carga tributária, porém. De acordo com Barbosa, a superação desses dois desafios passaria pela maior liberalização dos preços relativos da economia – como a própria taxa de câmbio – a fim de elevar a competitividade das empresas e facilitar a atração dos investimentos privados. No entanto, destaca que a responsabilidade social requereria direcionar o espaço fiscal do governo de modo a possibilitar a continuidade do processo de inclusão social, fosse por meio das medidas de transferência de renda ou da ampliação da oferta de serviços públicos universais, como saúde e educação.

Diante dos elementos apresentados, entende-se que o ecletismo de sua formação teórica não eclipsou a clara proximidade com a economia heterodoxa, mormente em relação aos autores ligados às escolas keynesiana e estruturalista. Assim, observa-se coerência entre o que Nelson Barbosa aprendeu nos bancos escolares e as medidas que buscou adotar na sua curta passagem pela Fazenda. Deve-se reconhecer, entretanto, a dificuldade por ele encontrada a fim de transpor os conhecimentos adquiridos na academia para o intrincado universo da *práxis* humana – a controversa fundamentação econômica subjacente ao *impeachment* que o diga.

A GESTÃO DE BARBOSA NO MINISTÉRIO DA FAZENDA (2016)

A passagem de Nelson Barbosa à frente do Ministério da Fazenda foi de apenas de cinco meses, entre dezembro de 2015 e maio de 2016, quando do impedimento da presidente Dilma Rousseff. Integrante do Governo Federal desde o primeiro mandato de Lula da Silva, Barbosa aproximou-se da então ministra-chefe da Casa Civil antes mesmo de sua eleição, o que lhe deu cacife para assumir cargos no primeiro escalão de sua administração, como os ministérios do Planejamento e da Fazenda.

O cenário econômico quando Barbosa assumiu a economia era, de fato, conturbado. Além da instabilidade política por que passava o país, a recessão que já se anunciava desde 2014, a pressão inflacionária e a debilidade fiscal emolduravam a conjuntura naquele final de 2015. No discurso de posse, o novo ministro reconhecia que a economia brasileira atravessava um momento de transição, assumindo o compromisso de ao menos endereçar um programa de reequilíbrio fiscal, condição *sine qua non* para a retomada dos investimentos públicos. Nesse sentido, destacou o esforço da equipe econômica anterior, responsável pela adoção de medidas de controle da despesa, como as reformas no seguro-desemprego, no abono salarial e na pensão por morte.

O contexto internacional também se mostrava adverso. A queda dos preços das *commodities* exportadas pelo Brasil (*valorem*), somada a um *soft landing* das maiores economias asiáticas (*quantum*), atuaram diretamente contra a agricultura exportadora, centro dinâmico da economia brasileira, sobretudo no que tange à atração de divisas. Em adição, a crise do euro e a frágil recuperação norte-americana completavam o quadro externo pouco alvissareiro àquele momento.

Internamente, o país assistia às consequências econômicas da operação Lava Jato, que turvou as expectativas do empresariado e derrubou a taxa de investimento. Paralelamente, o desrepresamento de preços administrados levou a inflação a 10,7% em 2015, ao mesmo tempo que o PIB se retraía em 3,8% (IBGE, 2016a). Tratava-se do início da maior recessão já observada na história estatisticamente documentada do país. Diante de tais desafios, a nova equipe econômica incumbiu-se de três tarefas paralelas: flexibilizar a política fiscal no curto prazo, apresentar reformas estruturais que viabilizassem o controle sustentável dos gastos a médio prazo e fomentar a elevação da taxa de formação de capital.

Sobre a primeira tarefa, pretendia-se reduzir a meta do resultado primário, que passaria a um de déficit substancial em 2016, para absorver o impacto da queda do PIB sem necessidade de aumento abrupto de tributos nem de corte drástico de despesas. A lógica por trás da estratégia era tipicamente keynesiana: o caráter pró-cíclico de um ajuste fiscal durante uma recessão apenas agravaria a já combalida atividade econômica. Antes, fazia-se necessário reativar o crescimento da economia para, em um segundo momento, reequilibrar gradualmente as contas públicas.

Em relação à segunda tarefa, priorizou-se a reforma da Previdência Social, cujos dispêndios, somados aos benefícios assistenciais, correspondiam a cerca de 47% de todo o gasto primário do Governo Federal (ibidem, 2016b). Em um segundo momento, a equipe de Barbosa se debruçou sobre um projeto de reforma tributária com o objetivo de atenuar o problema da cumulatividade de tributos como PIS e Cofins. A proposta não visava à redução da carga tributária exatamente, mas à simplificação do sistema tributário brasileiro de modo a viabilizar ganhos sistêmicos de produtividade.

A meta estipulada para o superávit fiscal de 2016 era de 0,5% do PIB, cerca de R$ 30 bilhões para o setor público consolidado – R$ 24 bilhões para a União e R$ 6 bilhões para os estados, conforme estipulado na Lei de Diretrizes Orçamentárias (LDO). Em fevereiro de 2016, os ministérios da Fazenda e do Planejamento, Orçamento e Gestão, liderado por Valdir Simão, apresentaram a nova Programação Orçamentária e Financeira, com contingenciamento na ordem de R$ 23 bilhões nas despesas do Executivo, sendo R$ 4,2 bilhões no Programa de Aceleração do Crescimento (PAC), R$ 8,1 bilhões nas emendas parlamentares e R$ 11 bilhões nas demais despesas. Tratava-se de uma proposta temporária, enquanto o governo preparava sua nova estratégia fiscal, com aumento do déficit no curto prazo e reformas de longo prazo, anunciadas logo no mês de março.

Para garantir a elevação da taxa de formação de capital, foram preservados recursos para projetos de investimentos em infraestrutura e obras do PAC em fase de conclusão, assim como a continuidade dos ajustes dos programas sociais. As prioridades arroladas foram o Minha Casa, Minha Vida, as obras de Transposição do São Francisco, rodovias e ferrovias estruturantes, as obras das Olimpíadas e Paraolimpíadas e o Satélite Geostacionário de Defesa e Comunicação. Na área de saúde, foram garantidos recursos para ações relacionadas ao combate ao zika vírus, ao Sistema Único de Saúde (SUS) e ao programa Mais Médicos; na área social, ao Bolsa Família e demais programas do plano Brasil sem Miséria (Brasil, 2016d).

Buscando angariar potenciais parceiros interessados em financiar as políticas de desenvolvimento no Brasil, Nelson Barbosa viajou para a China, ainda em fevereiro de 2016, para a reunião de ministros do G20, onde apresentou as reformas que integravam a pauta de trabalho do governo brasileiro. Naquele ano, o primeiro do gigante asiático à frente da presidência do grupo, o foco do ministro era a discussão de políticas reformistas que visassem ao crescimento econômico. Acompanhado do ministro de Finanças chinês, Lou Jiwei,

Barbosa participou de reuniões com investidores ligados a projetos de infraestrutura, além de visitar a sede do Novo Banco de Desenvolvimento (Brics), órgão que poderia financiar obras de investimento direto no país. De volta ao Brasil, reuniu-se com empresários dos setores de alimentos, têxtil, construção civil, tecnologia da informação e cosméticos. No cardápio, a apresentação da estratégia para a reforma fiscal e de simplificação do financiamento do investimento (idem, 2016a).

No entendimento do ministro, o enfrentamento da crise brasileira requeria medidas de curto prazo combinadas com reformas estruturais de longo prazo, principalmente no âmbito fiscal: "Uma coisa não funciona sem a outra. Adotar somente medidas de estímulo no curto prazo não será suficiente para resolver os nossos problemas, pois a recuperação tende a ser curta ou mesmo não ocorrer, diante dos desequilíbrios atuais e das incertezas sobre o futuro" (idem, 2016b) – daí a estratégia holística de combater a crise econômica tanto por meio de medidas emergenciais – como os referidos incentivos à demanda agregada – quanto de reformas institucionais.

A proposta Reforma Fiscal de Longo Prazo (ibidem) entregue pelo Ministério da Fazenda ao Congresso Nacional, em março do mesmo ano, refletia o esforço fiscal do governo no contingenciamento dos gastos realizado no ano anterior, ao mesmo tempo que reforçava o compromisso com a manutenção do empenho para os próximos anos. Justificava a parcimônia do governo a impossibilidade de geração de resultado primário positivo até então, que decorria do baixo nível de atividade econômica e da elevada rigidez do gasto público. Reforçava-se, assim, a premência de flexibilização fiscal de curto prazo (incluindo uma meta de déficit de R$ 96 bilhões) e reformas fiscais e de longo prazo, dentre as quais se destacavam a já citada previdenciária e de controle quantitativo global para o gasto primário da União – o futuro teto de gastos apresentado no último capítulo deste livro (ibidem).

Apesar de concluída pelo governo subsequente, a proposta que instituía um limite global para o gasto público já havia sido apresentada pelo então ministro Nelson Barbosa. A começar pelo horizonte temporal mais curto – quatro, em vez de vinte anos –, o projeto de reforma fiscal desenhado pela equipe de Barbosa era naturalmente distinto do aprovado pela gestão Temer, buscando focalizar três aspectos centrais: (1) a composição das despesas públicas; (2) a necessidade de contornar eventuais pressões de aumento da carga tributária; (3) a flexibilização da rigidez do gasto público quando se fizesse necessária a adoção de medidas de estabilização. O principal diferencial de sua proposta, porém, repousava sobre a possibilidade de crescimento real da despesa e no tratamento diferenciado oferecido aos investimentos. Por fim, mas não menos importante, propunha-se uma redistribuição de carga tributária por meio de uma estrutura mais progressiva que contasse com a tributação sobre lucros e dividendos, e grandes fortunas.

A reforma sugeria a manutenção das grandes linhas do arcabouço fiscal brasileiro, sugerindo, contudo, alterações relevantes em seu funcionamento. A Lei de Responsabilidade Fiscal (LRF) estabeleceria um limite plurianual para a expansão das despesas em percentual do PIB. A Lei de Diretrizes Orçamentárias (LDO), por sua vez, fixaria o valor nominal do limite do gasto para cada ano; por fim, a Lei Orçamentária Anual (LOA) observaria a sua execução. Em caso de previsão de descumprimento dos dispêndios, mecanismos automáticos de controle de despesas seriam acionados em três estágios escalonados.

O primeiro concentrava-se nas despesas com pessoal e custeio, suspendendo a concessão de novas desonerações, o aumento real das despesas de custeio e demais despesas discricionárias, a realização de concursos, a contratação e criação de cargos e o aumento real de salários dos servidores públicos. Os demais estágios só seriam acionados caso o primeiro não se mostrasse suficientemente eficaz. Nesse caso, o segundo previa a suspensão da ampliação de subsídios, do aumento nominal das despesas de custeio, das despesas discricionárias e de reajustes nominais de salários dos servidores públicos. Por fim, o terceiro determinaria a redução da despesa de benefícios aos servidores, a contenção da despesa com servidores não estáveis e a suspensão de aumento real do salário-mínimo (ibidem).

Outra importante proposta entregue pelo Ministério da Fazenda nesse período foi o Plano de Auxílio aos Estados e ao Distrito Federal, uma vez que o descumprimento das obrigações dos entes federados com a União havia se tornado corriqueiro por causa, sobretudo, da desaceleração econômica. O diagnóstico repousava muito mais sobre o fluxo de recursos do que sobre a sustentabilidade da dívida, de modo que a proposta inicial sugeria um alongamento do prazo de pagamento da dívida dos estados com a União (Lei nº 9.496, de 1997) em vinte anos. Adicionalmente, propôs-se a autorização da renegociação das operações de crédito contratadas até 31 de dezembro de 2015 no BNDES, promovendo acréscimo de até dez anos aos prazos contratuais originais, com carência do principal nos quatro primeiros anos.

Estimava-se que as medidas proporcionassem, no curto prazo, um alívio para os estados e Distrito Federal na ordem de quase R$ 37 bilhões. Em contrapartida, governadores se comprometeriam a aprimorar as políticas institucionais de controle fiscal, dispensando concessões de vantagens e novos subsídios fiscais, bem como a reduzir despesas com cargos de livre nomeação. Para tanto, sugeria-se a criação de uma Lei de Responsabilidade Fiscal Estadual (LRFE) (idem, 2016c).

As vicissitudes a que estava exposta a economia brasileira naquele momento impediram o prosseguimento das medidas, contudo. Os ajustes de curto prazo de contingenciamento de gastos foram atenuados, mas a aprovação das reformas estruturais viu-se inviabilizada pela crise política que assolava o país – o PIB até voltou a crescer no 2º trimestre de 2016, mas depois voltou a cair logo após o *impeachment*. Paralelamente, a deterioração econômica que se anunciava desde 2013 fazia-se sentir no cotidiano da população. Se o cenário externo de fato contribuiu para o agravamento da crise, foram o esgotamento das medidas de estímulo e a incorreção de projetos vultosos os principais elementos da recessão que chegaria a seu ponto mais dramático no decorrer de 2016 (Dweck; Teixeira, 2017). Conforme viria a reconhecer o próprio ministro Nelson Barbosa (2018c), a manutenção das políticas de incentivo deteriorava ainda mais as expectativas dos agentes econômicos acerca da verdadeira situação fiscal do governo.

Em artigo publicado no final de 2020 – "*De Dilma a Bolsonaro*" (2020a) –, Nelson Barbosa reconhece que, apesar das políticas de ajuste e de operações contábeis de curto prazo, a demanda agregada não reagiu. Em seu entendimento, a economia brasileira atravessou no período um caso clássico de estagflação, cujo resultado imediato foi a deterioração do capital político do partido que governava o país havia mais de uma década.

A confluência de uma profunda fratura política e uma recessão igualmente dramática desaguou na cassação do mandato da presidente Dilma Rousseff. Acusada de valer-se da abertura de crédito suplementar sem a devida autorização do Congresso Nacional e de adiar despesas primárias visando ao cumprimento artificial das metas fiscais, as chamadas "pedaladas" eram prática comum em todos os governos que a precederam (e a sucederam). Convocado a prestar esclarecimentos ao Tribunal de Contas da União (TCU), Nelson Barbosa foi inocentado pela adoção de tais operações contábeis, argumento frágil e controverso para determinar o impedimento de um mandatário.

Apesar da passagem fugaz pelo Ministério da Fazenda, cargo em que não pôde colher os resultados de sua própria gestão, Nelson Barbosa ostenta longa participação na elaboração e implementação de políticas públicas responsáveis pelo resgate da dignidade de milhões de brasileiros historicamente subalternizados. Acadêmico alçado à burocracia por mérito, mas também por obra do acaso, logrou escrever seu nome e imprimir suas digitais em parte relevante da história econômica brasileira do início do século XXI.

CONSIDERAÇÕES FINAIS

Da graduação na UFRJ ao doutorado na New School, Nelson Barbosa teve acesso a formação acadêmica de alto nível. Eclético, ainda que heterodoxo, encontrou nas teorias keynesiana e estruturalista suas mais importantes influências. Sua produção científica, de alguma maneira embaraçada pela longa atuação na máquina estatal, tem como foco as políticas fiscais de estímulo à demanda agregada e suas repercussões no crescimento e ciclos econômicos.

Com efeito, sua atuação como burocrata guarda coerência com seu repertório intelectual. Ainda assim, diversos elementos de sua visão de mundo foram naturalmente tolhidos pela imposição da realidade material e política durante o breve período em que esteve à frente da Fazenda. A crise fiscal que se fazia notar desde pelo menos 2014, aliada à ebulição política decorrente da reeleição da presidente Rousseff manietaram a condução da política econômica em níveis inéditos na história contemporânea do país.

Em entrevista concedida aos autores deste capítulo, Nelson Barbosa (2020b) argumentou que a crise econômica e a consequente queda do governo Dilma resultaram de quatro fatores principais: (1) a deterioração da conjuntura internacional, representada pela queda dos preços das *commodities* desde 2011, os quais colapsaram em 2014 e explicariam em torno de 40% da crise econômica brasileira; (2) o desequilíbrio e incerteza fiscal derivados da incorreção da política econômica praticada no primeiro governo Rousseff; (3) as consequências econômicas da Operação Lava Jato, como a derrubada dos investimentos em infraestrutura e no setor de petróleo e gás; (4) a crise política, que dificultou a correção de rumo por meio das chamadas "pautas-bomba", que iam de encontro às medidas de saneamento fiscal adotadas desde 2015. Além disso, Barbosa (2020a) ressalta que além da crise política no Congresso Nacional, a perda de apoio popular manifestava a contradição entre as promessas da campanha eleitoral e a nova política econômica pós-2015.

Não obstante uma série de equívocos cometidos no período, o pecado capital de que é acusada Dilma Rousseff pode ser deveras atenuado se analisado com a devida detença. Sabe-se que o déficit primário registrado no período respondeu mais pela frustração de receitas do que pelo aumento imoderado de gastos primários. De resto, a taxa média de crescimento dos gastos primários mostrou-se próxima à de governos anteriores. De tal forma que a evolução da dívida (bruta e líquida) como percentual do PIB se associa diretamente ao comportamento das despesas com juros – inclusive os *swaps* cambiais – e à desaceleração da taxa de crescimento do PIB. Assim, o remédio prescrito para reverter esse cenário, o corte de despesas primárias, parece ter contribuído ainda mais com a desaceleração cíclica.

Se a ascensão do conservadorismo (i)liberal respondeu a uma confluência de fatores, a derrocada econômica certamente contribuiu para a formação da tempestade perfeita que assola o país desde 2019 – pecado, esse, pelo qual Nelson Barbosa não pode ser punido, uma vez que preferiu se afastar do governo a subscrever a aposta (dobrada) na política que, dentre outros fatores, contribuiria para a segunda pior recessão, em termos de PIB *per capita*, da história econômica do Brasil.

REFERÊNCIAS

BARBOSA FILHO, N. H. *Os desequilíbrios externos da economia norte-americana nos anos 80*: uma crítica à interpretação convencional. Rio de Janeiro, 1995. Dissertação (Mestrado em Economia) – Universidade Federal do Rio de Janeiro.

BARBOSA FILHO, N. H. *Essays on Structuralist Macroeconomics*. Nova York, 2001. Tese (Doutorado em Economia) – The New School for Social Research.

BARBOSA FILHO, N. H. *Effective Demand and Growth*: An Analysis of the Alternative Clousures of Keynesian Models. *CEPA Working Paper* 2001.05, Center for Economic Policy Analysis (CEPA), New School University, dez. 2001.

BARBOSA FILHO, N. H. O desafio macroeconômico de 2015-2018. *Revista de Economia Política*, v.35, n.3 (140), p.403-25, 2015.

BARBOSA FILHO, N. H. Carga tributária dividendos e amnésia coletiva. *Blog do FGV-Ibre*, 13 set. 2017. Disponível em: https://blogdoibre.fgv.br/posts/carga-tributaria-dividendos-e-amnesia-seletiva. Acesso em: 19 dez. 2021.

BARBOSA FILHO, N. H. Comparar o governo com uma dona de casa leva a considerações simplistas. *Folha de S. Paulo*, 27 abr. 2018a. Disponível em: https://www1.folha.uol.com.br/colunas/nelson-barbosa/2018/04/comparar-o-governo-com-uma-dona-de-casa-leva-a-consideracoes-simplistas.shtml?utm_source=folha&utm_medium=site&utm_campaign=topicos. Acesso em: 19 dez. 2021.

BARBOSA FILHO, N. H. Política fiscal, em resposta a Lisboa e Pessôa. *Folha de S. Paulo*, 17 abr. 2018b. Disponível: https://www1.folha.uol.com.br/opiniao/2018/04/nelson-barbosa-politica-fiscal-em-resposta a lisboa-e-pessoa.shtml. Acesso em: 19 dez. 2021.

BARBOSA FILHO, N. H. Revisionismo histórico e ideologia: as diferentes fases da política econômica dos governos do PT. *Brazilian Keynesian Review*, v.4, n.1, p.102-15, 2018c.

BARBOSA FILHO, N. H. De Dilma a Bolsonaro: la política económica de Brasil de 2011 a 2019. *El Trimestre Económico*, v.LXXXVII (3), n.347, p.597-634, 2020a.

BARBOSA FILHO, N. H. *Entrevista*. Entrevista concedida a Ivan Colangelo Salomão, Jonattan Rodriguez Castelli e Laís Fernanda de Azevedo. Brasília, 9 maio 2020b.

BARBOSA FILHO, N. H. Keynesianismo envergonhado, versão 2020. *Blog do FGV-Ibre*, 11 out. 2020c. Disponível em: https://blogdoibre.fgv.br/posts/keynesianismo-envergonhado-versao-2020. Acesso em: 19 dez. 2021.

BARBOSA FILHO, N. H. Quatro restrições ao Plano Biden de emprego. *Blog do FGV-Ibre*, 9 abr. 2021. Disponível em: https://blogdoibre.fgv.br/posts/quatro-restricoes-ao-plano-biden-de-emprego. Acesso em: 19 dez. 2021.

BARBOSA FILHO, N. H.; TAYLOR, L. Distributive and Demand Cycles in the US Economy – a Structuralist Goodwin Model. *Metronomica*, v.57, n.3, p.389-411, 2006.

BRASIL. Ministério da Fazenda. Proposta de Readequação Fiscal. Brasília, 2016a.

BRASIL. Ministério da Fazenda. Reforma Fiscal de Longo Prazo. Brasília, 2016b.

BRASIL. Ministério da Fazenda. Plano de Auxílio aos Estados e ao Distrito Federal. Brasília, 2016c.

BRASIL. Presidência da República. Decreto n.8.670, de 12 de fevereiro de 2016. *Diário Oficial da União*. Brasília, DF, 12 fev. 2016d.

CARDOSO, F. *Nove clássicos do desenvolvimento econômico*. Jundiaí: Paco, 2018.

DIBBEN, N. Could Music Have Calmed Passengers as the Titanic Sank? *BBC News*, 2012. Disponível em: https://www.bbc.com/news/uk-england-17667577.

DWECK, E.; TEIXEIRA, R. A. A política fiscal do governo Dilma e a crise econômica. *Texto para Discussão*, n.303. Campinas: Instituto de Economia da Unicamp, 2017.

IBGE (Instituto Brasileiro de Geografia e Estatística). *Sistema gerenciador de séries temporais*. Brasília, 2016a.

IBGE. *Sistema de contas nacionais*. Brasília, 2016b.

KALECKI, M. *Teoria da dinâmica econômica*: ensaio sobre as mudanças cíclicas e a longo prazo da economia capitalista. São Paulo: Nova Cultural, [1954] 1985.

KEYNES, J. M. *A teoria geral do emprego, do juro e da moeda*. São Paulo: Nova Cultural, [1936] 1985.

MISSIO, F. J.; JAYME JUNIOR, F. G; OREIRO, J. L. da C. Resgatando a tradição estruturalista na economia. In: ENCONTRO NACIONAL DE ECONOMIA DA ANPEC, 41, 2013, Foz do Iguaçu. *Anais...* Foz do Iguaçu: Anpec, 2013.

TAYLOR, L. *Macro Models for Developing Countries*. Nova York: McGraw-Hill, 1979.

TAYLOR, L. *Structarlist Macroeconomics*. Nova York: Basic Books, 1983.

15
Henrique de Campos Meirelles
UM ENGENHEIRO DO EDIFÍCIO LIBERAL

Marcos Taroco Resende, Fágner João Maia Medeiros e Ivan Colangelo Salomão

INTRODUÇÃO

Era uma casa, não muito engraçada, que até tinha teto, mas não tinha mais nada. Não tinha parede, não tinha chão, de modo que ninguém poderia responder pela garantia de sua funcionalidade. A rigor, não tinha nada além de um objetivo aparentemente legítimo – zelar pelo equilíbrio das despesas de seus moradores –, mas que foi solapado pela imperícia da obra. Varrida pela realidade, a casa não durou sequer um lustro. Festejado como o mais confiável dos mestres de obra, o construtor responsável pelo empreendimento viu-se obrigado a explicar durante anos por que a estrutura por ele arquitetada não resistiu à primeira garoa.

Foi após a conclusão do controverso processo de impedimento da presidente Dilma Rousseff, em 2016, que o engenheiro de formação e economista por prestígio Henrique Meirelles assumiu o Ministério da Fazenda com a missão de enfrentar a grave crise econômica por que passava o país. Considerado pelo universo financeiro como um dos mais respeitados economistas do mercado, Meirelles executou na sua relativamente curta passagem pela Fazenda uma política econômica condizente com o que fizera durante toda a sua carreira no sistema financeiro: um "exercício missionário" em prol da ortodoxia e do liberalismo (Klüger, 2017). Trata-se, com efeito, de uma vida inteira dedicada à defesa de uma causa.

Henrique de Campos Meirelles nasceu no dia 31 de agosto de 1945 na cidade de Anápolis, Goiás, a aproximadamente 60 km da capital do estado. Filho de Diva Silva de Campos, estilista, e Hegesipo de Campos Meireles, advogado, Henrique foi criado no seio de uma família tradicional ligada à política e à estrutura burocrática goiana. Seu avô materno, Graciano Antônio da Silva,[1] foi membro fundador da Associação Comercial e Industrial de Anápolis (Acia) e prefeito do município por quatro vezes na primeira metade do século XX. Seu pai foi diretor da penitenciária do estado (Fundada..., 1944), interventor federal interino em Goiás (1946-1947) e o primeiro procurador-geral de contas do Tribunal de Contas do estado durante as décadas de 1950 e 1960 (Conferência..., 1952; Atuação..., 1969). Além disso, foi um dos fundadores e docente da Faculdade de Ciências Econômicas – incorporada em 1959 à Universidade Católica de Goiás (UCG) – por quinze anos (1950-1965), cujas primeiras aulas teriam sido realizadas em sua própria residência (Santos, 2003).

A influência da família contribuiu para que Meirelles estreasse no mundo político aos 17 anos de idade. Em 1962, ainda no ensino médio, foi eleito presidente do grêmio acadêmico do Colégio Liceu de Goiânia, onde liderou as greves estudantis contra o aumento das tarifas de ônibus da cidade. Logo depois, mudou-se para São Paulo para cursar Engenharia Civil na Escola Politécnica da Universidade de São Paulo (USP), pela qual se formou em 1972 (Banco Central do Brasil, 2019, p.13). Inspirado pelo espírito ideológico de sua época, optou pela carreira que lhe poderia realizar o "desejo de projetar obras e vê-las transformarem-se em realidade" (ibidem, p.14). Talvez tenha sido esse tipo de memória afetiva que o levou, em entrevista, a escolher Juscelino Kubitschek como um ídolo de infância; instado a citar um lema, não titubeou: "Cinquenta anos em cinco" (Meirelles, 2018).

---

1 Descrito como uma "figura democrática-progressista", sua gestão ficou conhecida pela ênfase na construção de obras públicas e "modernização" da cidade (A obra..., 1945).

Difícil seria imaginar personagens de ideias e trajetórias mais díspares quanto o médico de Diamantina e o engenheiro de Anápolis.

Se o *Zeitgeist* dos grandes projetos de engenharia da década de 1950 circunscreveu seu universo intelectual a partir da adolescência, uma experiência decisiva na conformação de seu pensamento foi a mudança para o Rio de Janeiro, em 1973, para cursar o mestrado em Administração na Universidade Federal do Rio de Janeiro (Coppead/UFRJ) (Acontece, 2001). Defendida em 1978, a dissertação de Meirelles já sinalizava seu interesse por assuntos econômicos, selando a guinada profissional que o então engenheiro daria rumo ao mercado financeiro.

O ambiente acadêmico que Meirelles encontrou na especialização da UFRJ contribuiu diretamente para a formatação de suas ideias. Emulando as *business schools* norte-americanas, a defesa do livre mercado e da iniciativa empresarial ensinada no Coppead aproximou-o do mundo empresarial, contribuindo para a formação de sua visão internacionalizada e liberal do universo econômico. Em 1984, ingressou no Advanced Management Program da Havard Business School, na qual frequentou o tradicional curso de formação de altos executivos em busca de qualificação para a gestão de grandes corporações globais. No mesmo ano, tornou-se presidente da filial brasileira do BankBoston, cargo exercido até 1996 (Banco Central do Brasil, 2019, p.15).

Para além da formação acadêmica, a experiência adquirida na longa carreira no banco, uma das maiores e mais importantes instituições financeiras do mundo, também concorreu para a consolidação de seu ideário econômico. Sua trajetória no BankBoston começara em 1974, quando o jovem engenheiro foi contratado para atuar com o segmento de *leasing*. Em 1978, Meirelles tornou-se diretor-superintendente da área; pouco tempo depois, foi nomeado vice-presidente do banco, cargo que ocupou por três anos, entre 1981 e 1984 (Souza; Pinheiro, 2010).

A partir dos anos 1990, Meirelles passou a desempenhar papel de relevo na defesa dos interesses dos bancos estrangeiros com filiais no Brasil, acumulando cargos em diversas entidades de representação classista: presidente da Associação Brasileira das Empresas de Leasing (Abel, 1981-1984); diretor-executivo da Federação Brasileira de Bancos (Febraban, 1989-1996); presidente da Associação Brasileira de Bancos Internacionais (Abbi, 1989-1996); presidente da Câmara Americana de Comércio (Amcham, 1995-1996) (ibidem; Abbi, 1996; Malan diz..., 1995; Voando..., 1996). Tratar-se-ia da porta de entrada para o universo da política anos depois.

Em 4 de outubro de 1996, Henrique Meirelles finalmente assumiu o cargo de presidente mundial do BankBoston,[2] tendo sido o primeiro executivo nascido fora dos Estados Unidos a alcançar tal posição, por ele ocupada até o fim de 2001. Em Boston, Meirelles estreitou laços com a comunidade acadêmica norte-americana, atuando como conselheiro de diversas universidades, como a Escola de Administração Pública da Universidade Harvard, a Escola de Administração do Instituto de Tecnologia de Massachussets (MIT) e o Boston College, pelo qual recebeu o título de doutor *honoris causa* em Administração (Banco Central do Brasil, 2019; Souza; Pinheiro, 2010).

Seu retorno ao Brasil coincidiu com o pleito de 2002, quando se elegeu deputado federal em Goiás pelo Partido da Social-Democracia Brasileira (PSDB). Apesar da votação expressiva (183 mil votos), Meirelles não chegou a tomar posse do cargo, pois, convidado por Luiz Inácio Lula da Silva, assumiu o comando do Banco Central, em um dos mais inesperados movimentos políticos realizados pelo Partido dos Trabalhadores. À frente da autoridade monetária por oito anos, Meirelles se tornou o mais longevo presidente do BC desde a sua criação, em 1964.

Em itinerário típico de economistas que exercem cargos públicos de alto escalão e grande poder de decisão (Loureiro, 1997), Meirelles retornou ao setor privado ao final do segundo mandato de Lula, em 2010. Desde então, atuou, por ordem cronológica, nas seguintes instituições: presidente do banco franco-americano Lazard Americas e do conselho consultivo da J&F Holding; membro do Conselho de Administração da Azul Linhas Aéreas e do Lloyd's of London; *senior advisor* da Kohlberg Kravis and Roberts (KKR), além de colaborar na montagem da plataforma digital do Banco Original (Banco Central do Brasil, 2019).

---

2 Em março de 1999, a fusão entre o BankBoston e o Fleet Financial Group deu origem ao Fleet Boston Financial, cujas operações globais exclusive as norte-americanas seguiram sendo presididas por Henrique Meirelles (Fusão..., 1999). Em 2004, o Fleet Boston foi comprado pelo Bank of America, e em 2006, o banco Itaú adquiriu as operações do BankBoston no Brasil, no Chile e no Uruguai (Itaú compra..., 2006).

Além disso, foi presidente do Conselho Público Olímpico (CPO), órgão incumbido de organizar as Olimpíadas do Rio de Janeiro, em 2016.

Desde o final de sua gestão à frente do BCB, Meirelles também esteve envolvido com diferentes atividades no setor público. Em 2011, foi um dos membros fundadores do Partido Social Democrático (PSD). Em maio de 2016, foi nomeado por Michel Temer para o Ministério da Fazenda, permanecendo no cargo até abril de 2018, quando se descompatibilizou para candidatar-se à Presidência da República pelo Movimento Democrático Brasileiro (MDB) em outubro daquele ano.[3] Sua última passagem pela gestão pública deu-se na Secretaria da Fazenda e Planejamento do Estado de São Paulo, entre janeiro de 2019 e abril de 2022, no governo João Dória (PSDB).

Personagem central da política e da economia no Brasil nas últimas duas décadas, Henrique Meirelles se tornou objeto de análise em suas mais variadas dimensões.[4] As ideias econômicas do banqueiro que ajudou a dar forma ao Brasil do século XXI, porém, não foram devidamente perscrutadas, especialmente na fase anterior à sua atuação política, entre as décadas de 1970 e 1990. Assim, este capítulo procura preencher essa lacuna ao organizar, sistematizar e analisar o pensamento econômico de um dos mais relevantes atores públicos brasileiros da atualidade.

AS IDEIAS ECONÔMICAS DE HENRIQUE MEIRELLES

Formação acadêmica e atuação profissional na década de 1970

Conquanto Henrique Meirelles não tenha trilhado carreira acadêmica, sua concepção do universo econômico foi diretamente balizada pelos cursos de pós-graduação em Administração e negócios

3 Meirelles terminou o pleito em sétimo lugar, com 1.288.950 votos (1,2% dos votos válidos) (Brasil, 2018).

4 Entre novembro de 2021 e maio de 2022, foram diversas as tentativas frustradas de contato com a assessoria de Henrique Meirelles para averiguar a possibilidade de realização de uma entrevista. Por esse motivo, eventuais incorreções factuais não puderam ser devidamente sanadas.

realizados no Coppead e em Harvard. É nesse sentido que Loureiro (1997) ressalta a importância das instituições governamentais e dos acordos com universidades estrangeiras para o processo de institucionalização da pós-graduação em Economia no Brasil e a consequente criação de uma elite de economistas para ocupar os quadros dirigentes no Estado brasileiro.[5]

Do convênio entre o Ministério do Planejamento e a Coppe, nasceu o Coppead,[6] que durante os anos 1970 tinha como grande influência os padrões profissionais das Escolas de Negócios dos Estados Unidos, em particular da afamada Harvard Business School e seu método de casos. O então coordenador do programa e orientador de Henrique Meirelles, Paulo Mattos Lemos, foi um entusiasta desse modelo, convidando inclusive professores estrangeiros para proferirem palestras no Brasil.

Foi nesse ambiente acadêmico que Henrique Meirelles desenvolveu sua já mencionada dissertação de mestrado, intitulada *O leasing no Brasil* (1978). A escolha do tema guardava relação estreita com sua área de atuação no BankBoston, instituição pioneira na elaboração de estudos voltados para implementação do *leasing*[7] no país. Seu trabalho defendia a contribuição do *leasing* para a consolidação da indústria pesada no Brasil na medida em que viabilizava

---

5 Analisando o impacto de tais programas sobre o mundo corporativo, Fachin (2006, p.29) sumariza assim a institucionalização da pós-graduação na área de Administração: "Foi nessa década de 70 (a lei básica da reforma universitária no Brasil foi de 1968), no bojo dos movimentos pela reforma universitária e sob os novos impulsos de desenvolvimento do chamado 'milagre brasileiro', pelo ingresso de capital estrangeiro e de firmas multinacionais, e pelas exigências de titulação do corpo docente das universidades que começaram a surgir os programas de pós-graduação em Administração".

6 No âmbito do Programa Nacional de Treinamento de Executivos (PNTE) do Ministério do Planejamento, o Instituto de Pesquisa e Pós-Graduação em Administração (Coppead/UFRJ) foi criado, em 1973, a partir do programa de Engenharia de Produção, que na época era parte da Coordenação dos Programas de Pós-Graduação em Engenharia (Coppe). Para justificar o programa, João Paulo dos Reis Velloso defendia que "as metas brasileiras de desenvolvimento econômico não podem aguardar a formação de novas gerações de profissionais da administração" (A renovação..., 1973). O Coppead adquiriu *status* legal de instituto dentro da UFRJ em 1980 (Coppead, 2021).

7 Inicialmente, a prática do *leasing* referia-se a diferentes modalidades de uso. Foi a partir de meados dos anos 1950, porém, que seu principal emprego passou a se dar na forma de arrendamento de maquinaria por um prazo fixo.

o financiamento de equipamentos que exigiam grandes aportes de capital e, ao mesmo tempo, estavam rapidamente sujeitos à obsolescência. Desse modo, o *leasing* atuaria como forma suplementar de financiamento sem comprometer outras linhas regulares de crédito.

De modo geral, sua dissertação buscou analisar as contradições e limitações impostas pela regulação brasileira sobre a prática do *leasing* no país, as quais teriam resultado em particularidades que ameaçavam a própria viabilidade desse produto. No entendimento popular, o *leasing* era tachado como um financiamento disfarçado em um contrato de compra e venda, facilitando, assim, uma suposta prática criminosa de evasão fiscal. A fim de solucionar essa situação, o Congresso Nacional aprovou, em 1974, uma nova legislação que, somada às exigências impostas pelas autoridades monetárias, teria praticamente inviabilizado tal produto ao defini-lo erroneamente como uma operação de arrendamento mercantil e, consequentemente, como atividade financeira.

Nesse contexto, sua dissertação de mestrado tratou de oferecer novos instrumentos com vistas a dirimir tais controvérsias, representando a "primeira consolidação de toda uma série de propostas isoladas levadas às autoridades" (Meirelles, 1978, p.1). Por meio de uma análise financeira, Meirelles defendia que os contratos de *leasing* não facilitavam a evasão fiscal. Para embasar sua argumentação, seu trabalho propôs uma nova forma de estruturação contábil que se adequaria melhor às empresas do ramo, cujas principais alterações foram as seguintes: (1) uma nova definição de receita ao arrendamento mercantil, (2) a retirada da depreciação do bem arrendado como despesa e (3) a classificação do bem arrendado como um ativo circulante – e não fixo, portanto. A incorporação de algumas das soluções esboçadas em sua pesquisa à estrutura legal do país por meio da Portaria 376-E, do Ministério da Fazenda, representou, na visão do próprio Meirelles (ibidem), a maior prova da relevância de sua pesquisa acadêmica aplicada ao mundo dos negócios.

A projeção nacional de Meirelles na crise do desenvolvimentismo: os anos 1980

A primeira incursão de Henrique Meirelles no mundo político propriamente dito respondeu mais a interesses privados do que exatamente a convicções relacionadas a políticas públicas. Sua defesa dos benefícios do *leasing* extrapolou o plano intelectual para tornar-se, na década de 1980, objeto de atuação política com autoridades legislativas em Brasília.

Já presidente da Abel, Meirelles enviou ao Congresso Nacional – casa em que tramitava um anteprojeto da área de *leasing* em 1982 – um pedido de revisão da resolução que não previa o refinanciamento de contratos da atividade (Anteprojeto..., 1982). No ano seguinte, os esforços de Meirelles, conjugados à atuação de outras instituições de representação de interesses, resultaram na liberação de novas modalidades de *leasing* (sancionadas pela Lei n.7132/83), dentre as quais a autorização para contratos com pessoas físicas, medida essencial para a implementação do produto no setor agrícola (Decreto abre..., 1983).

Por tais motivos, Meirelles celebrou a retirada de subsídios ao crédito público, o que, em sua visão, tornaria os custos de financiamento do *leasing* mais competitivos (Setor privado..., 1983). Nesse mesmo sentido, condenava o excesso de legislação que recaía sobre o setor, alegando que "[a]s companhias de leasing, que já são fiscalizadas normalmente pelo Banco Central, não deveriam estar sujeitas às mesmas exigências para emissão de debêntures existentes para empresas de outros setores" (Leasing defende..., 1985). Com efeito, a atuação aguerrida em defesa desse instrumento financeiro fez com que Meirelles se tornasse uma espécie de porta-voz do *leasing* no Brasil, fosse divulgando projeções otimistas sobre o crescimento de empresas da área (Empresas..., 1984), fosse analisando os altibaixos do setor ('Leasing'..., 1983).

De forma geral, Meirelles se posicionava contrariamente à regulamentação excessiva exercida pelas autoridades monetárias, denunciando as distorções ocasionadas pelas altas taxas impostas ao sistema financeiro, que resultava, por sua vez, na formação de mercados paralelos de crédito fora das possibilidades de tributação

(Crédito..., 1985). Nesse sentido, Meirelles celebrou a reforma monetária de 1985, a qual, em sua perspectiva, teria oferecido mais liberdade de atuação ao setor bancário ao mesmo tempo que reduziu a necessidade de financiamento do setor público mediante um novo cálculo para correção monetária e novos mecanismos para controle da inflação (Banco..., 1985b; Inflação vai..., 1985).

Para além da atuação na defesa de interesses privados, Meirelles também se arriscava na análise de conjuntura nas frequentes reuniões que mantinha com o empresariado local e estrangeiro. No que se referia ao setor externo, por exemplo, o banqueiro condenava o protecionismo e defendia a abertura comercial, estratégia que, em sua visão, facilitaria o acesso ao mercado externo tal como regulamentado pelo General Agreement on Tariffs and Trade (GATT) (Meirelles afirma..., 1985).

Ainda no tocante ao setor externo, o então presidente do BankBoston no Brasil atuou como um interlocutor do Fundo Monetário Internacional (FMI) durante as negociações da dívida externa nos anos 1980, transmitindo, pela imprensa, a posição do organismo envolto no constante otimismo sobre os rumos das negociações. Em sua opinião, o governo brasileiro deveria aceitar as condições impostas pelo Fundo, pois somente assim o órgão adotaria uma postura mais flexível em relação às condições de pagamento oferecidas ao Brasil (Ação..., 1985; Credores e FMI..., 1985). Nesse sentido, defendia que o governo Sarney adotasse medidas de contenção do déficit público, aperto monetário e controle da inflação: "Se conjugarmos a isto a força política do novo governo, veremos que os banqueiros terão muito menos incertezas, e verão no Brasil muito menos riscos para os seus empréstimos" (Banco..., 1985a).

Seu entendimento liberal do mundo econômico não se restringia à inserção externa da economia brasileira. Por ocasião de palestra proferida em Caxias do Sul (RS), na qual analisou as perspectivas para a última década do século XX, Meirelles já defendia a redução do Estado e, consequentemente, do déficit público. Partindo da visão dicotômica que opõe atuação estatal e iniciativa privada, defendeu a primazia do mercado na tarefa do desenvolvimento econômico: "O governo deve propiciar condições para trabalhar, a riqueza será produzida e o Brasil ocupará o seu lugar na história" (Situação..., 1989) – opinião, como tem provado a história hodierna, recorrentemente defendida pelos novos liberais do século XXI.

O papel de Meirelles na consolidação da agenda liberal nos anos 1990

A década de 1990 foi marcada, entre outras transformações, por diversas reformas voltadas para a reorganização do papel do Estado. Diante da centralidade da dimensão econômica desse fenômeno, a opinião de Meirelles não apenas reforçava o viés liberal das reformas como fazia representar os interesses de um setor financeiro cada vez mais internacionalizado. A posse como presidente da Câmara Americana de Comércio, em 13 de fevereiro de 1995,[8] refletia a influência ascendente que Meirelles exercia sobre o mundo empresarial e político.[9]

Durante os governos de Fernando Collor de Mello (1990-1992) e Itamar Franco (1992-1994), Meirelles reivindicava o combate à inflação como objetivo prioritário da política econômica. Após os choques representados pelas tentativas de estabilização dos anos 1980, determinados setores sociais temiam uma nova tentativa de combater a inflação por meio de congelamentos. Defensor convicto do sistema de preços livres e, portanto, determinados pelas forças de mercado,

8 A simbologia da sua posse, da qual participaram Pedro Malan (ministro da Fazenda) e Gustavo Franco (diretor da área internacional do Banco Central), foi capitalizada pelo governo brasileiro, que procurou veicular a proximidade com um importante executivo das altas finanças à integração com os Estados Unidos e à redução do "risco Brasil" (Brasileiro..., 1996).

9 A frequente presença em eventos com empresários e políticos de prestígio do Brasil e do mundo refletia sua ascensão no *establishment* do poder. Eis alguns dos episódios estampados em manchetes pela mídia brasileira: FHC pediu ajuda ao *directory board* do BankBoston para propor que instituições como FMI e Bird respondessem às crises financeiras mais rapidamente (Presidente pede..., 1995); Meirelles convidou Cláudio Mauch, diretor do Banco Central, para discutir a ação fiscalizadora da instituição na Abbi (In loco, 1996); Henrique Meirelles e o embaixador norte-americano Melvyn Levitsky organizaram um almoço para o secretário de Estado dos Estados Unidos, Warren Christopher, que reuniu mais de quatrocentos convidados (Caixa-Alta, 1996); Meirelles participou, ao lado de outros banqueiros – Joseph Safra, Pedro Moreira Salles, Olavo Setúbal e Eduardo Eugênio Gouvêa Vieira –, de um jantar oferecido ao então presidente Bill Clinton, em visita ao Brasil em 1997 (Perspectivas, 1997).

Meirelles condenava sutil, mas enfaticamente essa estratégia: "Preço não é uma questão política ou social, mas um problema técnico" (O remédio..., 1992). Ao reviver traumas ainda recentes, sua fala expressa o entendimento de que controles governamentais causariam apenas distorções nos preços relativos e ineficiência econômica. Sua aversão à inflação o fez cogitar, dez anos depois – período, portanto, em que o Plano Real já estava consolidado –, medida extrema caso o governo não lograsse dominar os preços: a dolarização. Em sua visão, "se o país acredita que não vai dar conta de uma política monetária e fiscal austera e sustentável no longo prazo, é melhor dolarizar, pois seus efeitos negativos são menores que os consequentes de erros dessas políticas" (Direto..., 2000).

Poucas semanas após o lançamento do Plano Collor – que, entre outras medidas, sequestrou parte da poupança dos agentes econômicos –, Meirelles defendeu a continuidade do plano para que se retomasse a confiança do setor financeiro: privatizações de empresas estatais, cortes no funcionalismo público e a redução dos gastos do Estado (Over ainda..., 1990). Às vésperas do *impeachment* do presidente da República, em 1992, o banqueiro ainda procurava tranquilizar a sociedade quanto às possíveis reações dos investidores e empresários estrangeiros diante da crise política. Na sua leitura, "mesmo que se troquem as pessoas, podemos dizer hoje que o rumo em direção à modernidade, abertura da economia e mais eficiência é irreversível" (Marcílio, 1992). Sua crença no liberalismo como meio condutor do desenvolvimento civilizacional não poderia ser mais clara.

Outro papel importante desempenhado por ele se deu na tentativa de atenuar a imagem negativa dos bancos estrangeiros perante a opinião pública. Durante os anos 1990, enquanto esteve à frente do BankBoston e da Associação Brasileira de Bancos Internacionais (Abbi), Meirelles liderou o movimento que buscava aproximar instituições financeiras internacionais do correntista brasileiro: "Até a Constituinte, essas instituições se relacionavam apenas com as autoridades econômicas. Percebemos a necessidade de ampliar o entendimento para toda a sociedade, de modo que ela compreendesse melhor o papel dos bancos estrangeiros no país" (Estratégia..., 1991). Nesse sentido, defendeu enfaticamente a reforma da Constituição de modo que se pusesse fim ao que ele classificou como "discriminação ao investidor estrangeiro" (Bancos..., 1993) e "agressão ao bom senso" (Mudanças..., 1995).[10] Com esse objetivo, liderou, ao lado de Mauro Salles e Guilherme Afif Domingos, um movimento de revisão da Carta, eufemisticamente alcunhado pelo *Jornal do Brasil* de "*lobby* do consenso", cujos objetivos eram claramente liberalizantes: redução de impostos, fim dos monopólios, privatizações e reforma da Previdência (Grupo..., 1993).

Sua atuação nos bastidores da política econômica foi aprofundada durante o governo FHC (1995-2002). De modo geral, Meirelles defendia a continuidade das reformas econômicas encetadas por Collor, procurando atrelar o desempenho econômico ao termômetro representado pelo ingresso de capital estrangeiro, elemento central para a estabilização do balanço de pagamentos em tempos de crises financeiras internacionais (Opinião, 1995; Credores..., 1999). Nesse sentido, entendia que a estratégia cambial – que, em alguma medida, respondeu pelo êxito do Plano Real – ia ao encontro da política de inserção internacional por ele defendida. A apreciação do real estimulou as importações e, consequentemente, a concorrência interna, o que, em sua opinião, fomentou a eficiência e competitividade das indústrias nacionais. Tais mecanismos se refletiriam no aumento das exportações, resultando, por fim, no equilíbrio na balança comercial brasileira (Volátil..., 1994). Ainda que entendesse as reivindicações empresariais, Meirelles não se curvava à crítica novo desenvolvimentista que delegava à política cambial parte importante do definhamento da indústria brasileira: "É uma hipocrisia achar que dá para manter o dólar desvalorizado e o mercado aberto ao mesmo tempo. É óbvio que se criou uma distorção" (Reformas..., 1995).

Ainda no *front* externo, Meirelles também se posicionou favoravelmente à adesão irrestrita do Brasil à Área de Livre Comércio das Américas (Alca), proposta pelos Estados Unidos desde o final dos

---

10 Faz-se relevante apontar que, em 15 de agosto de 1995, foi aprovada a legislação que abolia a distinção entre empresas nacionais e estrangeiras para as concessões, possibilitando que capitais estrangeiros passassem a explorar setores como mineração, petróleo e gás, energia e telecomunicações (Giambiagi, 2010a).

anos 1990. Enquanto o governo brasileiro se propunha a zerar tarifas alfandegárias somente em 2005, Meirelles defendia que o país já o fizesse em 1998: "O Brasil não pode utilizar o argumento de que os Estados Unidos adotam restrições alfandegárias contra produtos nacionais, para adiar a discussão da Alca. Um defeito não justifica o outro" (Divergência..., 1997). Nesse sentido, elogiou, durante 31ª edição da Assembleia Anual da Federação Latino-Americana de Bancos, realizada em Miami, a opção do governo brasileiro em enfrentar uma recessão em ano eleitoral (1998) sem sucumbir à desvalorização cambial, por muitos defendida como a única maneira de atenuar os efeitos deletérios da crise asiática que eclodira no ano anterior.

Trata-se de opiniões que, sem exceção, iam ao encontro dos interesses do sistema financeiro internacional. Não por acaso, era justamente a pecha de que ele e os agentes que o representavam queriam se livrar.

O retorno ao Brasil e a presidência do Banco Central (2003-2011)

Em agosto de 2002, Henrique Meirelles deixou a presidência mundial do FleetBoston e retornou a Goiânia, onde organizou sua campanha para a Câmara dos Deputados. Sua volta ao Brasil representou mudanças profundas em sua trajetória profissional, em primeiro lugar pela mobilização de todo um arsenal de capital político e simbólico construído ao longo de décadas em um dos maiores bancos do mundo. Em segundo lugar, seu esforço e desejo em se inserir no debate público nacional, que, a partir daquele momento, se daria dentro dos quadros institucionais do Estado: "Acredito que como deputado federal poderei contribuir mais para o debate econômico do país" (Meirelles, 2002). Por último, por se tornar um dos mais respeitados defensores de um projeto de desenvolvimento em linha com o liberalismo econômico.

Conforme visto no capítulo sobre Antônio Palocci, as incertezas que rondaram a vitória e a formação da equipe econômica do candidato Luiz Inácio Lula da Silva, em 2002, contribuíram para a nomeação de quadros não alinhados ao antigo receituário do PT. Foi nesse contexto de pressão e instabilidade que o nome de Meirelles, um banqueiro do PSDB, foi alçado a um dos cargos mais importantes da República.

Incumbido da missão de "acalmar os mercados", sua nomeação para a presidência do Banco Central respondia, em seu próprio entendimento, à credibilidade construída no decorrer de sua carreira e às suas conexões com o sistema financeiro internacional. Nas palavras do próprio Meirelles:

> O problema do Brasil era com os bancos, o país enfrentava uma crise internacional e, assim sendo, decidiu convidar uma pessoa que havia sido presidente de um grande banco internacional e era brasileiro e íntegro. [...] Os mercados reagiram fortemente à minha indicação, que fez o que a divulgação da *Carta ao povo brasileiro* não tinha conseguido fazer. (Banco Central do Brasil, 2019, p.21)

A única condição imposta para aceitar o convite – feito durante a primeira viagem oficial do presidente eleito aos Estados Unidos – foi a total liberdade de sua atuação à frente da autoridade monetária (ibidem, p.11). Ciente de que era politicamente inviável garantir a independência formal da autarquia,[11] Meirelles (2017) pediu ao presidente ao menos a garantia de sua autonomia operacional: "Presidente, vamos fazer o seguinte, eu vou honrar o acordo e o senhor tem sempre o direito de me exonerar. [...] É... manteve os oito anos independente de ter havido eventualmente alguns desacordos importantes". Ancorado no compromisso de independência de sua gestão, Meirelles articulou uma transição planejada e sem rupturas com Armínio Fraga, seu antecessor, mantendo inicialmente toda a diretoria do governo anterior, paulatinamente substituída por economistas igualmente ortodoxos, como Afonso Bevilaqua, Alexandre Schwartsman e Eduardo Loyo. Restava claro o compromisso com a continuidade na gestão conservadora da política monetária.

---

11 Em seu entendimento, tratava-se de medida necessária para blindar o funcionamento do regime de metas para a inflação e garantir uma gestão eminentemente técnica para a ancoragem das expectativas, diminuindo, assim, a possibilidade de intervenção política na autoridade monetária (Meirelles, 2016a). Como se sabe, a medida foi aprovada apenas em 2021, quando Meirelles já havia se tornado ex-ministro da Fazenda.

Vista em conjunto e em retrospecto, a gestão de Meirelles no BC foi marcada pela rigidez na operacionalização do sistema de metas para a inflação. Para além das medidas adotadas, diversas foram as manifestações que procuravam corroborar e, assim, legitimar, o rigor da ortodoxia monetária. Em discurso no jantar anual da Febraban no final de 2003, Meirelles vinculou o alcance da trajetória de crescimento sustentado à continuidade do "ajuste fundado na responsabilidade fiscal (com a fixação e o cumprimento de uma meta de superávit fiscal de 4,25% do PIB para 2003 e os anos seguintes) e na estabilidade macroeconômica" (apud Banco Central do Brasil, 2003, p.2). Na mesma oportunidade, respondeu às críticas de que estaria praticando uma política monetária injustificadamente conservadora: "É importante repetir: o Banco Central não tem uma meta para a taxa de juros. Temos uma meta de inflação. Ela é nossa única meta" (ibidem, p.9).

Com efeito, tal compromisso pode ser aferido pelos números de sua administração. A taxa básica de juros da economia brasileira estava em 25% a.a. quando Meirelles assumiu a presidência do BC. Nas duas primeiras reuniões do Comitê de Política Monetária (Copom) de 2003, o Banco Central a elevou para 26,5% a.a. Apesar da tendência de queda sutil no decorrer dos oito anos do governo Lula, o BC ainda elevou a Selic em outras três oportunidades até 2010. Em consequência, a inflação oficial, medida pelo IPCA, ficou, em média, no nível de 6,4% no primeiro governo Lula (2003-2006) e 5,1% no segundo (2007-2010), sempre dentro dos limites da meta de 4,5% estabelecida pelo Conselho Monetário Nacional (CMN) (Giambiagi, 2010b, p.211-8).

Henrique Meirelles sempre atribuiu os resultados positivos do período – crescimento econômico, controle da inflação e estabilidade do balanço de pagamentos – à manutenção do tripé macroeconômico. Sem negar a influência do cenário externo benfazejo, Meirelles minimiza a suposta centralidade do *boom* de *commodities* para explicar o bom desempenho da economia brasileira naquele momento:[12]

12 Curiosamente, leituras mais alinhadas à ortodoxia – e, consequentemente, às opiniões de Meirelles – enfatizam o papel do *boom* das *commodities* e da demanda chinesa para o crescimento observado a partir de 2004 e para a convergência da inflação rumo ao centro da meta. Dentre elas destacam-se, por exemplo, a de Giambiagi (2010b) e a de Werneck (2014).

> Acredito que esse ambiente não tenha influenciado, o que é corroborado por um ponto interessante e altamente relevante: ao analisarmos as estatísticas do setor externo, verificamos que os termos de troca do Brasil estavam abaixo da média histórica em 2003 e continuaram abaixo dessa média em 2004, 2005 e 2006; a partir de 2007, atingiram a média e, somente em 2008, a superaram um pouco. Os índices foram, de fato, superiores a partir das políticas anticíclicas da China em 2009. [...] O crescimento desse período deu-se em resposta a fatores *fundamentalmente internos*, isto é, à estabilidade da economia doméstica. (Banco Central do Brasil, 2019, p.59, grifo nosso)

Muito embora um exercício contrafactual não passe de uma mera conjectura, há elementos suficientemente robustos para sustentar a relevância do "efeito China", especialmente no que tocava à elevação dos graus de liberdade oferecida à condução da política econômica. A acumulação de reservas internacionais impactou diretamente a apreciação do câmbio, o que, por sua vez, contribuiu para a estabilidade de preços sem a necessidade de levar a cabo contrações fiscais e monetárias tão profundas (Araújo, 2021). Em entrevista concedida ao Banco Central em outubro de 2016, quando questionado sobre o motivo de a economia não ter apresentado o mesmo desempenho durante o segundo mandato de FHC (1999-2002) – já sob a vigência do tripé macroeconômico –, Meirelles apontou justamente a insuficiência de reservas cambiais como o principal elemento de instabilidade do período:

> A atividade econômica evoluiu bem em 2000, mas, em 2001, houve a crise de energia – o apagão –, que foi um problema, e havia também a expectativa causada pela eventual vitória de Lula nas eleições. Tudo isso criou uma fragilidade: a questão cambial. As reservas estavam muito baixas, o que gerava vulnerabilidade cambial e deixava a inflação instável. Tudo isso somado acabou gerando um quadro difícil e impedindo o crescimento naquele momento. (Banco Central do Brasil, 2019, p.60)

A manutenção do tripé macroeconômico, contudo, não se deu sem embates no interior da equipe econômica do governo Lula. A principal voz contra a suposta rigidez que tal arcabouço conferia à condução da política econômica era justamente a de Guido Mantega, ninguém menos do que o então ministro da Fazenda. A respeito das divergências que o Banco Central mantinha em relação à Fazenda a partir da ascensão de Mantega ao cargo, no início de 2006, Meirelles assim se pronunciou:

> Dizia que, caso o Banco Central mudasse sua postura, o país cresceria mais. No Banco Central, nossa visão, ao contrário, era de que a manutenção da estabilidade e da inflação controlada era a única forma de assegurar o crescimento. Por outro lado, discordávamos da expansão fiscal que se estabeleceu, mesmo depois da superação da crise em 2009 e que continuou em 2010. (ibidem, p.76)

Com efeito, o debate ao redor do tripé revelava paixões que, muitas vezes, extrapolavam os elementos econômicos. O evento de comemoração dos dez anos de flutuação cambial, em janeiro de 2009, esteve envolto em diversas dessas simbologias. Apresentada em inglês, a declaração de Henrique Meirelles direcionava-se aos bancos internacionais e a outros banqueiros centrais. Mais relevante ainda, o conteúdo de sua mensagem exalava a superioridade de uma política ortodoxa em um país com longa tradição de intervenção estatal, cujos reflexos teriam sido as recorrentes crises de balanço de pagamentos em que incorria a economia brasileira desde pelo menos a década de 1950. Indo além, o presidente do BC criticou os analistas que se opunham ao regime cambial, que, geralmente, demandavam algum tipo de controle para favorecer determinados setores ou regiões, buscando sobrepujar as forças de mercado na tarefa de determinar livremente (Meirelles, 2009).

A defesa do câmbio flexível e a crítica de Meirelles à sua alternativa teórica, o câmbio fixo, alicerçava-se sobre o chamado Novo Consenso Macroeconômico (NCM), especificamente na “trindade impossível”[13] derivada dos trabalhos de Marcus Fleming e Robert Mundell nos anos

13 Em linhas gerais, o trilema de Mundell-Fleming estabelece a impossibilidade de um país alcançar autonomia da política monetária, livre mobilidade de capitais e câmbio fixo concomitantemente.

1960 – e da sua síntese posteriormente realizada por Rudiger Dornbusch em 1976 e popularizada desde então nos manuais da Economia (Boughton, 2003). Tratava-se justamente do caso brasileiro, conforme destacou Meirelles em seu discurso (2009, p.5, tradução nossa): "Os países não podem escapar dessa restrição: a gestão da taxa de câmbio nominal exige melhorar as relações entre a economia nacional e os mercados de capitais internacionais ou acompanhar a política monetária de algum outro país".[14] Aqui, o tripé macroeconômico desatou tais dilemas, instituindo o regime de metas para a inflação e o câmbio flexível em um contexto de livre movimentação de capitais.

A habitual defesa intransigente da abertura da economia ao capital estrangeiro e da livre determinação da taxa de câmbio pelas forças de mercado contrasta, porém, com o conteúdo de um pequeno artigo por ele publicado em coletânea composta apenas por banqueiros centrais na *Financial Stability* do Banque de France. Nesse trabalho, Meirelles (2011) expressou maior moderação ao analisar a inserção de uma economia emergente (a brasileira) no sistema financeiro internacional. Para ele, a maior solidez dos fundamentos macroeconômicos do Brasil em relação aos países desenvolvidos e a contração monetária durante a recuperação da crise de 2008 responderiam pelo excesso de liquidez vivido pelo país naquele momento. Henrique Meirelles enfatizou que, apesar dos benefícios que a bonança de capital estrangeiro traria à condução da política econômica, o influxo desses recursos também poderia ser potencialmente desestabilizador em vários sentidos – especialmente no que dizia respeito aos capitais voláteis, que estariam contribuindo para uma sobreapreciação cambial e, consequentemente, pressionando o resultado do balanço de pagamentos em transações correntes.

O impacto da crise financeira global de 2008 contribuiu para alguma concessão de Meirelles à potencialidade de políticas anticíclicas. Ele destacou a ação importante do Banco Central na mitigação da crise por meio da expansão creditícia e redução dos compulsórios

---

14 *"Countries cannot elude this constraint: nominal exchange rate management requires either serving linkages between the home economy and international capital markets or shadowing some other country's monetary policy"*

por um breve período. Porém, na sua visão, a manutenção de políticas de expansão de crédito adotadas pelos demais bancos públicos foi o gérmen do recrudescimento inflacionário e, em última análise, da crise econômica observada a partir de 2015 (Banco Central do Brasil, 2019, p.70). É nesse sentido que Meirelles defendia uma melhor coordenação macroeconômica e o fortalecimento das chamadas medidas macroprudenciais.

Ainda no tocante à crise de 2008 especificamente, Meirelles entendia que não fora causada pela excessiva desregulamentação do sistema financeiro. Pelo contrário, a Grande Recessão teria respondido à ação do governo estadunidense na criação de programas de financiamento a famílias de baixa renda na década de 1990, associada a uma política expansionista de crédito do Federal Reserve (FeD) em meados dos anos 2000 (Meirelles, 2013, p.A2). Indo além, Meirelles criticava aqueles que consideram os eventos de 2008 e as respostas dos governos como evidência da necessidade do retorno de um papel mais ativo do Estado sobre o domínio econômico. A fim de sustentar o despropósito dessa ideia, argumentava que a estabilização do ciclo econômico no Brasil se deu sem a criação de empresas estatais nem do controle público sobre variáveis, como o crédito, os lucros dos bancos e a taxa de juros. Para ele, os bancos centrais e os governos teriam simplesmente agido como entidades reguladoras, diminuindo a exposição ao risco sistêmico do universo financeiro, o que poderia, este sim, levar a economia ao caos generalizado (Meirelles, 2014d, p.A2).

Na sua leitura, a economia keynesiana era um manual de guerra, devendo ser utilizado, portanto, em situações específicas. O desenvolvimento era filho direto do liberalismo; a intervenção era apenas um remédio amargo a ser empregado com a devida parcimônia.

A GESTÃO DE MEIRELLES NO MINISTÉRIO DA FAZENDA (2016-2018)

Meirelles *versus* a Nova Matriz Macroeconômica

Muito provavelmente os anos 2010 substituirão os de 1980 nos manuais de economia como sendo a verdadeira década perdida da história contemporânea brasileira. Se logo depois da Grande Recessão (2008) o país se jactava de ter sido um dos primeiros a se recuperar do efeito-contágio da crise financeira global fazendo uso de um *mix* de políticas anticíclicas, o segundo lustro da década registraria a mais profunda recessão de sua história estatisticamente documentada.

Amparadas por associações patronais como a Fiesp, as políticas de inspiração keynesiana adotadas como reação à crise ensejaram o aprofundamento daquela estratégia expansionista, batizada pelo então secretário de Política Econômica, Márcio Holland, como Nova Matriz Econômica (NME). Ainda que por demais esquemática, pode-se resumir a NME nos seguintes eixos: (1) a progressiva redução da taxa de juros (Selic), (2) o controle dos fluxos de capitais para fins de reversão da trajetória de apreciação cambial e (3) a flexibilização das metas de superávit primário, abrindo margem para ampliação do investimento público. Subjacente a tais medidas estava o diagnóstico de que era preciso retomar a competitividade externa da indústria brasileira (Prates; Fritz; De Paula, 2019). Apesar de ter vigorado, a rigor, por pouco tempo – dado que no segundo semestre de 2013, o BC voltou a aumentar continuamente a Selic –, a NME entrou para a história como o primeiro ensaio de flexibilização do tripé macroeconômico, sendo responsabilizada por economistas ortodoxos por todos os males que acometeram a economia brasileira no restante do decênio.

O inegável fracasso daquela estratégia econômica instaurou um clima de caça às bruxas reforçado até mesmo por setores que haviam sido beneficiados pelo regime, como a indústria, o agronegócio e o financeiro. A posição privilegiada de ex-presidente do BC e de colunista de um dos jornais de maior circulação no país fez com que Henrique Meirelles se tornasse um dos adversários mais vocais da NME. Meirelles defendeu que o Brasil não deveria "reinventar a roda", mas se inspirar no passado recente da economia brasileira. Na sua visão, o cotejamento atestaria a superioridade inequívoca do tripé macroeconômico em relação às políticas de industrialização e às práticas de intervenção estatal adotadas antes dos anos 1990 e, naquele momento, emuladas pelo governo Rousseff (Meirelles, 2014e).

Crítico das políticas ativas de reindustrialização da economia brasileira – objetivo central dos chamados desenvolvimentistas –, Meirelles argumentava que a desvalorização cambial não era o instrumento mais adequado para se promover a competitividade do setor industrial por causa do principal efeito oneroso dessa estratégia: o encarecimento das importações. Segundo Meirelles, a viabilidade da indústria nacional passaria por desonerações tributárias, treinamento de mão de obra e modernização tecnológica (idem, 2012b). Além disso, considerava infundada a preocupação com a crescente participação das *commodities* na pauta exportadora brasileira, vista por ele como diversificada e, portanto, estratégica para fortalecer a indústria (idem, 2012a). Nesse sentido, Meirelles chegou a comparar o agronegócio a empresas do setor de serviços altamente sofisticados (como Facebook e Google), enfatizando algumas similaridades, como o fato de serem ambas "forças impulsionadoras da economia" na era da globalização, o caráter privado das empresas e a limitação do apoio estatal ao desenvolvimento tecnológico requerido pelos dois setores (idem, 2014b).

Diante da alteração ruidosa de rumo na condução da política econômica a partir do segundo mandato de Dilma Rousseff,[15] Meirelles considerou positiva a escolha do também banqueiro Joaquim Levy para assumir a Fazenda, descrevendo-o como um "especialista em política fiscal, bem formado, com ideias corretas, participação importante no ajuste brasileiro de 2003 e perfil adequado ao presente momento deste governo" (idem, 2014a). Na sua visão, a economia brasileira demandava, naquele momento, nada aquém de um "ajuste integral" (idem, 2014c).

Apesar dos esforços do novo ministro, a austeridade não produziu os resultados esperados: não houve nem retomada da confiança do setor privado diante de uma queda vertiginosa do PIB (-3,5% em 2015), muito menos redução do déficit fiscal, causada, sobretudo, pela queda da arrecadação. Encerrado o primeiro ano de seu segundo

---

15 Antes mesmo de ser reeleita, a então candidata Dilma Rousseff já sinalizava alguma submissão à realidade que se apresentava desde pelo menos 2013: "Eleição nova, governo novo, equipe nova" (apud Almeida, 2016, p.59). Contrariando a sugestão do ex-presidente Lula, que sugerira a nomeação do próprio Meirelles para a Fazenda, Dilma Rousseff escolheu o então economista do Bradesco Joaquim Levy para o cargo. Mais tarde, Lula revelou que teria dito à Dilma que "[...] Meirelles precisava de orientação. Se der, ele vai cumprir. Ele tinha confiança do mercado e tinha sido testado e aprovado no meu governo. Mas não sei por que ela escolheu o Levy" (apud Singer, 2018, p.198).

mandato, Dilma promoveu uma nova troca da equipe econômica, liderada, agora, por Nelson Barbosa, realocado do Planejamento para a Fazenda.[16] A mudança representava uma calibragem na velocidade do ajuste fiscal, uma vez que Barbosa defendia maior gradualismo na reversão do déficit (Carvalho, 2018).

Meirelles argumentava que o país só voltaria a crescer após a introdução de reformas estruturais com vistas à promoção da eficiência, redução de custos e aumento da produtividade. Tal agenda, reconhecia Meirelles, exigiria sacrifícios iniciais, que seriam mais do que recompensados no médio prazo. Em setembro de 2015, o ainda colunista da *Folha de S. Paulo* já esboçava uma das medidas mais simbólicas da sua futura gestão no Ministério da Fazenda. Visando controlar o aumento dos gastos primários do governo, Meirelles (2015d) apontou a necessidade, apesar dos impactos de curto prazo em diversos setores da sociedade, de "fixar em lei limite para o total de despesas públicas primárias como percentual do PIB, deixando à sociedade a discussão, sempre dinâmica, sobre a distribuição de custos e benefícios". Na coluna da semana seguinte, voltou a defender que "o primeiro passo para mudar o quadro é a estabilização fiscal, com a adoção, legal ou constitucional, de teto às despesas públicas como proporção do PIB" (idem, 2015c). Vinha a público o alicerce da referida casa que seria inaugurada no final de 2016.

As reformas estruturais deveriam ser guiadas por uma liderança política que gozasse de credibilidade, o que, em sua opinião, não era o caso do governo Rousseff. Em posicionamento similar ao adotado quando do *impeachment* de Collor, Meirelles defendia que, independentemente do resultado do processo aberto contra a presidente da República, o que realmente importava era o prosseguimento do ajuste fiscal e a aprovação das reformas (idem, 2015b). Para além do controle fiscal, Meirelles também apontava a necessidade de alterações constitucionais nas legislações trabalhista, previdenciária e tributária, além da abertura comercial e das concessões ao investimento privado em infraestrutura (idem, 2015a; 2015e; 2016b; 2016c).

---

16 De acordo com Singer (2018), Lula voltou a propor o nome de Meirelles para a Fazenda, conselho novamente ignorado pela presidente Dilma.

A gestão de Henrique Meirelles no Ministério da Fazenda (2016-2018)

Após o controverso processo de impedimento contra a presidente Dilma Rousseff, concluído preliminarmente em maio de 2016, o vice-presidente empossado nomeou uma nova equipe econômica, celebrada por setores do *establishment* como um "time dos sonhos" (*dream team*). Os desafios econômicos com que o novo governo se deparava eram, de fato, significativos. Se a situação fiscal e a pressão inflacionária ensejavam preocupação legítima nos gestores de política econômica, nenhum outro problema se mostrava tão sensível politicamente quanto a desaceleração vertiginosa da economia observada desde o final de 2014, pois sua face mais visível e cruel era o desemprego.

No dia 6 de outubro de 2016, durante um pronunciamento televisionado em rede nacional, o agora ministro da Fazenda Henrique Meirelles defendeu que o suposto crescimento irresponsável das despesas primárias do Governo Federal teria sido a principal causa da recessão que acometia o país. Nas palavras de Meirelles:

> Os gastos públicos foram elevados muito além da arrecadação nos últimos anos. Para você ter uma ideia, só neste ano o nosso déficit será de 170 bilhões de reais. Ou seja, este é o tamanho do prejuízo que tivemos que assumir. O governo vinha se endividando e pagando juros muito altos para poder financiar essa conta. A inflação saiu do controle e está acima dos limites aceitáveis. O clima de insegurança tomou conta da economia. [...] Na sua casa todos sabem que não podem se endividar para gastar mais do que ganham, continuamente. Com o governo acontece a mesma coisa. [...] É por isso que defendemos o equilíbrio das contas do país. (apud Brasil, 2016b)

Diante de tal diagnóstico, Meirelles sinalizou a continuidade do desmonte do "ensaio desenvolvimentista" do governo deposto, objetivo que contaria com todos os instrumentos que se mostrassem à disposição: "O plano A é o controle de despesas, o B é a privatização e o C, aumento de impostos" (apud Carvalho, 2018, p.116). Para tanto, o governo procurou azeitar a coordenação entre as políticas econômicas. Se de um lado incumbiu-se o Tesouro Nacional (sob o comando de Mansueto de Almeida) pela forte contração fiscal que se julgava necessária, do outro, o Banco Central (sob a liderança de Ilan Goldfajn) aproximou a política cambial de um regime de flutuação limpa. Por fim, a política monetária inaugurou uma fase de queda da taxa de juros que, ao final do ciclo, atingiu a não desprezível marca da mais baixa taxa de juros (Selic) já praticada desde a criação do sistema, em 1979. O pano de fundo dessa estratégia conjugada era a redução da participação do Estado na economia, objetivo a ser alcançado por meio de uma agenda de reformas estruturais e constitucionais.[17]

A primeira e mais polêmica das reformas patrocinadas pelo governo deu-se na seara fiscal, pois, em seu entendimento, a legislação vigente se mostrava insuficiente para manter a higidez fiscal – "a Lei de Responsabilidade Fiscal estabelece alguns limitadores relevantes, mas não impede a trajetória de crescimento das despesas públicas federais como proporção do produto" (Banco Central do Brasil, 2019, p.61). Para Meirelles, o único modo de frear o crescimento insustentável dos gastos públicos seria atacar a raiz do problema: a rigidez orçamentária e, sobretudo, o excesso de direitos garantidos pela Constituição de 1988.

Desde o início do governo Temer (2016-2018), todos os esforços da equipe econômica voltaram-se para a aprovação da reforma que alterava o regime fiscal, popularmente conhecida como "teto de gastos". Em linhas gerais, tratava-se de uma emenda constitucional que instituía, pelo período de vinte anos, um novo regime fiscal para os orçamentos Fiscal e da Seguridade da União para os poderes Executivo, Legislativo e Judiciário. Estabeleceu-se o congelamento do nível de despesas primárias em termos reais, uma vez que seriam corrigidas anualmente pelo IPCA.

O principal questionamento dizia respeito à sustentabilidade da contração real das despesas sob limites tão rigorosos. Dadas as características da sociedade e da economia brasileiras, há gastos públicos

---

17 É pertinente ressaltar que o prelúdio dessa estratégia também constava no documento *Uma ponte para o futuro* (PMDB, 2015), elaborado pelo Partido do Movimento Democrático Brasileiro (atual MDB) e apresentado pelo próprio Michel Temer a empresários paulistas, em dezembro de 2015.

que crescem a taxas superiores às taxas de inflação, sendo que a sua compressão poderia gerar impactos econômicos e sociais relevantes para a nação. Na visão do ministro, tratava-se de uma dosagem adequada, tal qual "a aplicação de um remédio: não pode ser excessivamente forte, mas também não pode ser fraco de maneira que o paciente não tenha as causas da doença resolvidas" (apud Brasil, 2016a). Ao fim e ao cabo, o objetivo da reforma era conter o crescimento da famigerada relação dívida pública/PIB, tida como uma das causas estruturais da recessão por que passava o país.

Porta-voz da bandeira da austeridade como único caminho rumo ao crescimento econômico, Meirelles afirmou, às vésperas da votação da emenda no Congresso Nacional, "que se a PEC 'do teto de gastos' não fosse aprovada, o Brasil teria de enfrentar alternativas 'muito mais sérias e muito piores para o país', como alta dos impostos" (apud Carvalho, 2018, p.119). Seu raciocínio fazia sentido à luz do chamado efeito *crowding out*, pelo qual a elevação dos gastos do governo resulta apenas na elevação da taxa de juros a fim de atenuar os inevitáveis efeitos inflacionários. Assim, o governo buscava ceder espaço ao investimento privado, acreditando que a estabilização da política fiscal incitaria o espírito animal de empresários e consumidores, tal qual uma "fada da confiança" (Krugman, 2011).

A segunda grande reforma liderada pela equipe de Meirelles foi a regulação laboral entre capital e trabalho (Lei n.13.467, de 13 de julho de 2017). Na apresentação para a sociedade, a emenda procurava "modernizar a legislação trabalhista" por meio de uma série de medidas, tais como o fim da contribuição sindical obrigatória, possibilidade de terceirização irrestrita e do trabalho intermitente, modificações nas regras de demissão, descanso e férias, nova modalidade de contratação a termo e negociação acima do legislado na relação trabalho e empresa, dentre outras. Por trás de transformações tão profundas, a convicção de que era preciso reduzir custos dos empresários, travestida de política voltada à criação de novos postos de trabalho, ou seja, "quanto menores os custos com a mão de obra e maior a flexibilização dos contratos, maior também é a geração ou a preservação de empregos" (Carvalho, 2020, p.24). Quando de sua aprovação, em julho de 2017, Meirelles defendeu que a flexibilização promovida pela reforma permitiria que o trabalhador pudesse negociar suas próprias condições individuais de trabalho – benefício de difícil observação empírica em qualquer outro país capitalista.

Por fim, o governo ainda atuou para aprovar a reforma do sistema previdenciário, objetivo legítimo diante da rápida transformação etária e demográfica por que passa a população brasileira nas últimas décadas. O cerne da reforma residia na elevação do tempo de contribuição, tendência em voga também em economias desenvolvidas. Tratava-se da segunda perna da mesma pinça fiscal, uma vez que o teto de gastos, isolado, não garantiria a estabilidade das contas públicas diante das crescentes despesas previdenciárias que não deixariam "espaço para nada" (apud Brasil, 2017). Abatido pelos escândalos de corrupção que inviabilizaram a segunda metade do seu mandato, o governo Temer não reuniu capital político suficiente para mobilizar a sociedade e, consequentemente, o Congresso Nacional em prol de mais essa profunda reforma constitucional.

Observadas em conjunto, havia por trás de tais reformas institucionais o intuito de limitar a atuação econômica do Estado e liberalizar as relações entre agentes econômicos, objetivos baseados em modelos de crescimento ortodoxos. Contudo, a realidade insiste em contrariar elementos basilares da teoria neoclássica. Anos após as promessas que embasaram a aprovação de tais reformas, o teto de gastos não suportou a primeira intempérie, nem a nova legislação laboral gerou novos e melhores empregos. O construtor não só não salvou a outra década perdida, como também contribuiu para a precarização das condições de vida da massa trabalhadora historicamente subalternizada.

CONSIDERAÇÕES FINAIS

Banqueiro de inegável sucesso, Henrique Meirelles ostenta, de fato, trajetória ímpar no setor financeiro. Da formação no Coppead à profícua carreira em um dos maiores conglomerados financeiros do mundo, Meirelles projetou-se como um típico representante do capital internacional. A estreia no universo da política não viria desacompanhada dos interesses do setor em que atua, a começar pelo *lobby* em prol da regulamentação do *leasing*, nos anos 1980, passando pela defesa enfática da liberalização da economia brasileira na década seguinte.

Sua atuação política à frente de entidades de representação classista contribuiu para estreitar laços que se mostraram importantes quando de sua estreia na política. Henrique Meirelles soube articular com habilidade o capital social que havia acumulado em proveito de objetivos jamais acobertados. Nomeado ao improvável cargo de presidente do Banco Central no primeiro governo de esquerda da história do país, atuou como fiel da balança em um momento histórico da democracia brasileira.

Alçado à condição de eminência parda entre os banqueiros brasileiros, Meirelles soube utilizar a reputação granjeada durante o governo Lula para assumir o mais importante cargo da Esplanada tão logo Michel Temer chegou à Presidência da República. Em menos de dois anos à frente da Fazenda, Meirelles patrocinou uma das maiores transformações institucionais já observadas na economia brasileira desde o Plano de Ação Econômica do Governo (Paeg), implementado no governo Castello Branco (1964-1967). Não por acaso, sua política foi de encontro a garantias consolidadas pela Constituição de 1988, alvo de sua crítica por desconsiderar a elevação de gastos primários requeridas pelo suposto Estado de bem-estar social ao qual a Carta teria almejado.

Não obstante as diversas e legítimas discordâncias que suas medidas ensejaram em diversos setores sociais, não se pode negar que Meirelles se tornou um personagem central na vida pública nacional dos últimos vinte anos. Sua atuação obstinada em defesa do liberalismo e dos benefícios inerentes às economias de mercado garantiu-lhe lugar de destaque no debate econômico brasileiro do século XXI. Concorde-se ou não com suas ideias, a palavra de Henrique Meirelles adquiriu peso imanente, seja como banqueiro, político ou *policymaker*.

REFERÊNCIAS

A OBRA do prefeito de Anápolis. A administração do sr. Graciano Antônio da Silva. *Revista da Semana*, Rio de Janeiro, 7 jul. 1945. Acervo digital da Hemeroteca Digital da Biblioteca Nacional. Acesso em: 21 jul. 2023.

A RENOVAÇÃO das empresas. *Jornal do Commercio*, Rio de Janeiro, 7 jun. 1973. Acervo digital da Hemeroteca Digital da Biblioteca Nacional. Acesso em: 21 jul. 2023.

ABBI (Associação Brasileira de Bancos Internacionais). *Jornal do Commercio*, Rio de Janeiro, 9 nov. 1996. Acervo digital da Hemeroteca Digital da Biblioteca Nacional. Acesso em: 21 jul. 2023.

AÇÃO do novo governo satisfaz os credores. *Diário de Natal*, 29 mar. 1985. Acervo digital da Hemeroteca Digital da Biblioteca Nacional. Acesso em: 21 jul. 2023.

ACONTECE. Patrono. *Jornal do Commercio*, Rio de Janeiro, 7 dez. 2001. Acervo digital da Hemeroteca Digital da Biblioteca Nacional. Acesso em: 21 jul. 2023.

ANTEPROJETO de *leasing* passará pelo Congresso. *Folha de S. Paulo*, 23 dez. 1982. Acervo digital da Hemeroteca Digital da Biblioteca Nacional. Acesso em: 21 jul. 2023.

ALMEIDA, R. de. *À sombra do poder*: bastidores da crise que derrubou Dilma Rousseff. São Paulo: Leya, 2016.

ARAÚJO, L. V. O primeiro governo Lula (2003-2006): retomada do crescimento e bonança internacional. In: ARAÚJO, V. L. de; MATTOS, F. A. M. de (Orgs.). *A economia brasileira de Getúlio a Dilma*: novas interpretações. São Paulo: Hucitec, p.469-90, 2021.

ATUAÇÃO de Goiás no Congresso de Tribunal de Contas do Brasil. *Correio Braziliense*, Distrito Federal, 1º abr. 1969. Acervo digital da Hemeroteca Digital da Biblioteca Nacional. Acesso em: 21 jul. 2023.

BANCO CENTRAL DO BRASIL. Discurso do Presidente do Banco Central, Dr. Henrique Meirelles, no jantar anual da Febraban. São Paulo, 4 dez. 2003.

BANCO CENTRAL DO BRASIL. *Henrique Meirelles.* Brasília: Banco Central do Brasil, 2019. (Coleção História Contada do Banco Central do Brasil, v.25).

BANCO DE BOSTON acha negociação da dívida difícil. *Correio Braziliense*, Distrito Federal, 19 out. 1985a. Acervo digital da Hemeroteca Digital da Biblioteca Nacional. Acesso em: 21 jul. 2023.

BANCO DE BOSTON compra cinco agências do Chase Banco Lar. *Jornal do Brasil*, Rio de Janeiro, 21 mar. 1985b. Acervo digital da Hemeroteca Digital da Biblioteca Nacional. Acesso em: 21 jul. 2023.

BANCOS se posicionam para defender os seus interesses. *Jornal do Brasil*, Rio de Janeiro, 8 out. 1993. Acervo digital da Hemeroteca Digital da Biblioteca Nacional. Acesso em: 21 jul. 2023.

BOUGHTON, J. M. On the Origins of the Fleming-Mundell Model. *IMF Staff Papers*, v.50, n.1, p.1-9, 2003.

BRASIL. Ministério da Fazenda. Mensagem do ministro exibida no 13º Prêmio "As Melhores da Dinheiro", 23 set. 2016a. Disponível em: https://www.youtube.com/watch?v=GsNucETL7W8. Acesso em: 5 maio 2022.

BRASIL. Ministério da Fazenda. Pronunciamento do ministro da Fazenda, Henrique Meirelles, 6 out. 2016b. Disponível em: https://www.youtube.com/watch?v=lX4eRJWAdEM. Acesso em: 5 maio 2022.

BRASIL. Palácio do Planalto. Meirelles: reforma da Previdência é fundamental para controlar despesas, 26 abr. 2017. Disponível em: https://www.youtube.com/watch?v=cKxKUtuvLVQ. Acesso em: 5 maio 2022.

BRASIL. Tribunal Superior Eleitoral. Resultados das eleições presidenciais de 2018, 1º turno. 2018. Disponível em: https://sig.tse.jus.br/ords/dwapr/r/seai/sig-eleicao-resultados/maiores-votacoes?session=7760122212535. Acesso em: 7 jan. 2024.

BRASILEIRO no BankBoston. *Jornal do Commercio*, Rio de Janeiro, 5 out. 1996. Acervo digital da Hemeroteca Digital da Biblioteca Nacional. Acesso em: 21 jul. 2023.

CARVALHO, L. B. *Valsa brasileira*: do *boom* ao caos econômico. São Paulo: Todavia, 2018.

CARVALHO, L. B. *Curto-circuito*: o vírus e a volta do Estado. São Paulo: Todavia, 2020.

CAIXA-ALTA. *Jornal do Commercio*, Rio de Janeiro, 29 jun. 1996. Acervo digital da Hemeroteca Digital da Biblioteca Nacional. Acesso em: 21 jul. 2023.

CONFERÊNCIA PENITENCIÁRIA BRASILEIRA, 2, 1952, Rio de Janeiro. *Diário de Notícias*, Rio de Janeiro, 4 set. 1952. Acervo digital da Hemeroteca Digital da Biblioteca Nacional. Acesso em: 21 jul. 2023.

CRÉDITO paralelo. *Jornal do Brasil*, Rio de Janeiro, 19 out. 1985. Acervo digital da Hemeroteca Digital da Biblioteca Nacional. Acesso em: 21 jul. 2023.

CREDORES ainda estão cautelosos. *Jornal do Brasil*, Rio de Janeiro, 15 mar. 1999. Acervo digital da Hemeroteca Digital da Biblioteca Nacional. Acesso em: 22 jul. 2023.

CREDORES E FMI poderão ser mais flexíveis com o Brasil. *Tribuna da Imprensa*, Rio de Janeiro, 1º abr. 1985. Acervo digital da Hemeroteca Digital da Biblioteca Nacional. Acesso em: 21 jul. 2023.

DECRETO abre contratos a empresa de *leasing*. *Folha de S. Paulo,* 28 out. 1983. Acervo digital da Hemeroteca Digital da Biblioteca Nacional. Acesso em: 21 jul. 2023.

DIRETO da fonte. Dolarização em Davos. *Jornal do Commercio*, Rio de Janeiro, 31 jan. 2000. Acervo digital da Hemeroteca Digital da Biblioteca Nacional. Acesso em: 21 jul. 2023.

DIVERGÊNCIA marca criação da Alca. *A Tribuna*, São Paulo, 4 mar. 1997. Acervo digital da Hemeroteca Digital da Biblioteca Nacional. Acesso em: 22 jul. 2023.

EMPRESAS de leasing crescem com a crise. *Tribuna na Imprensa*, Rio de Janeiro, 22 abr. 1984. Acervo digital da Hemeroteca Digital da Biblioteca Nacional. Acesso em: 21 jul. 2023.

ESTRATÉGIA estrangeira. *Jornal do Brasil*, Rio de Janeiro, 29 set. 1991. Acervo digital da Hemeroteca Digital da Biblioteca Nacional. Acesso em: 21 jul. 2023.

FACHIN, R. C. *Construindo uma associação científica*: trinta anos da Anpad – memórias, registro, desafios. Porto Alegre: [s.n.], 2006.

FUNDADA em Anápolis a Associação de Amparo à Maternidade, Infância e à Adolescência. *Correio de Uberlândia*, 10 nov. 1944. Acervo digital da Hemeroteca Digital da Biblioteca Nacional. Acesso em: 21 jul. 2023.

FUSÃO cria banco de US$ 185 bi nos EUA. *Folha de S. Paulo*, 15 mar. 1999. Acervo digital da Hemeroteca Digital da Biblioteca Nacional. Acesso em: 21 jul. 2023.

GIAMBIAGI, F. Estabilização, reformas e desequilíbrios macroeconômicos: os anos FHC (1995-2002). In: GIAMBIAGI, F. et al. (Orgs.). *Economia brasileira contemporânea (1945-2010)*. 2.ed. Rio de Janeiro: Campus, 2010a.

GIAMBIAGI, F. Rompendo com a ruptura: o Governo Lula (2003-2010). In: GIAMBIAGI, F. et al. (Orgs.). *Economia brasileira contemporânea (1945-2010)*. 2.ed. Rio de Janeiro: Campus, 2010b.

GRUPO trabalha em silêncio pelo consenso na revisão. *Jornal do Brasil*, Rio de Janeiro, 25 ago. 1993. Acervo digital da Hemeroteca Digital da Biblioteca Nacional. Acesso em: 22 jul. 2023.

IN LOCO. *Jornal do Commercio*, Rio de Janeiro, 26 mar. 1996. Acervo digital da Hemeroteca Digital da Biblioteca Nacional. Acesso em: 21 jul. 2023.

INFLAÇÃO vai cair em junho. *Diário de Pernambuco*, Recife, 30 mar. 1985. Acervo digital da Hemeroteca Digital da Biblioteca Nacional. Acesso em: 21 jul. 2023.

INSTITUTO DE PÓS-GRADUAÇÃO E PESQUISA EM ADMINISTRAÇÃO (Coppead). Quem somos. Site oficial, 2021. Disponível em: https://www.coppead.ufrj.br/quem-somos/. Acesso em: 15 dez. 2021.

ITAÚ compra BankBoston no Chile e no Uruguai por R$ 1,3 bi. *Jornal do Commercio*, Rio de Janeiro, 10 ago. 2006. Acervo digital da Hemeroteca Digital da Biblioteca Nacional. Acesso em: 21 jul. 2023.

KLÜGER, E. *Meritocracia de laços*: gênese e reconfigurações do espaço dos economistas no Brasil. São Paulo, 2017. Tese (Doutorado em Sociologia) – Faculdade de Filosofia, Letras e Ciências Humanas, Universidade de São Paulo.

KRUGMAN, P. A ilusão da austeridade. *Folha de S. Paulo*. 25 mar. 2011. Disponível em: https://www1.folha.uol.com.br/colunas/paulkrugman/2011/03/893935-a-ilusao-da-austeridade.shtml. Acesso em: 5 dez. 2023.

'LEASING' CAI 30% por dificuldade na capitação de recurso. *A Tribuna*, São Paulo, 12 nov. 1983. Acervo digital da Hemeroteca Digital da Biblioteca Nacional. Acesso em: 21 jul. 2023.

LEASING defende nova debênture mais simplificada. *Jornal do Brasil*, Rio de Janeiro, 26 abr. 1985. Acervo digital da Hemeroteca Digital da Biblioteca Nacional. Acesso em: 21 jul. 2023.

LOUREIRO, M. R. G. *Os economistas no governo*: gestão econômica e democracia. Rio de Janeiro: Editora da Fundação Getúlio Vargas, 1997.

MALAN diz que a balança voltou a ter superávit. *Jornal do Commercio*, Rio de Janeiro, 14 fev. 1995. Acervo digital da Hemeroteca Digital da Biblioteca Nacional. Acesso em: 21 jul. 2023.

MARCÍLIO e a crise política. *Jornal do Brasil*, Rio de Janeiro, 22 ago. 1992. Acervo digital da Hemeroteca Digital da Biblioteca Nacional. Acesso em: 21 jul. 2023.

MEIRELLES, H. de C. *O leasing no Brasil*: uma proposta de estrutura financeira e contábil. Rio de Janeiro, 1978. Dissertação (Mestrado em Administração) – Faculdade de Engenharia, Coppe, Universidade Federal do Rio de Janeiro.

MEIRELLES, H. de C. Ten Years of Floating Exchange Rate in Brazil. Brasília: Banco Central do Brasil, 2009.

MEIRELLES, H. de C. The Challenge of High Capital Inflows to Financial Stability: An Emerging Market Perspective. *Financial Stability Review*, p.27-9, 2011.

MEIRELLES, H. de C. Básico e fundamental. *Folha de S. Paulo*, 23 nov. 2012a. Disponível em: https://www1.folha.uol.com.br/paywall/login.shtml?https://www1.folha.uol.com.br/colunas/henriquemeirelles/1205522-basico-e-fundamental.shtml?mobile. Acesso em: 20 jan. 2023.

MEIRELLES, H. de C. O câmbio da indústria. *Folha de S. Paulo*, 16 nov. 2012b. Disponível em: https://www1.folha.uol.com.br/paywall/login.shtml?https://www1.folha.uol.com.br/fsp/opiniao/84116-o-cambio-da-industria.shtml. Acesso em: 20 jan. 2023.

MEIRELLES, H. de C. Gênesis. *Folha de S. Paulo*, 1º set. 2013, p.A2.

MEIRELLES, H. de C. De volta para o futuro. *Folha de S. Paulo*, 30 nov. 2014a. Disponível em: https://www1.folha.uol.com.br/paywall/login.shtml?https://www1.folha.uol.com.br/colunas/henriquemeirelles/2014/11/1555380-de-volta-para-o-futuro.shtml. Acesso em: 20 jan. 2023.

MEIRELLES, H. de C. Fórmula de sucesso. *Folha de S. Paulo*, 9 fev. 2014b. Disponível em: https://www1.folha.uol.com.br/colunas/henriquemeirelles/2014/02/1409535-formula-do-sucesso.shtml. Acesso em: 20 jan. 2023.

MEIRELLES, H. de C. Lições de 2003. *Folha de S. Paulo*, 21 dez. 2014c. Disponível em: https://www1.folha.uol.com.br/paywall/login.shtml?https://www1.folha.uol.com.br/colunas/henriquemeirelles/2014/12/1565484-licoes-de-2003.shtml. Acesso em: 20 jan. 2023.

MEIRELLES, H. de C. O que não foi feito. *Folha de S. Paulo*, 30 mar. 2014d, p.A2.

MEIRELLES, H. de C. Pecados nada originais. *Folha de S. Paulo*, 11 maio 2014e. Disponível em: https://www1.folha.uol.com.br/paywall/login.shtml?https://www1.folha.uol.com.br/fsp/opiniao/165315-pecados-nada-originais.shtml. Acesso em: 20 jan. 2023.

MEIRELLES, H. de C. Abertura para o futuro. *Folha de S. Paulo*, 19 jul. 2015a. Disponível em: https://www1.folha.uol.com.br/paywall/login.shtml?https://www1.folha.uol.com.br/colunas/henriquemei. Acesso em: 20 jan. 2023.

MEIRELLES, H. de C. Antidepressivo. *Folha de S. Paulo*, 6 dez. 2015b. Disponível em: https://m.folha.uol.com.br/colunas/henriquemeirelles/2015/12/1715462-antidepressivo.shtml. Acesso em: 20 jan. 2023.

MEIRELLES, H. de C. Para amanhã ser outro dia. *Folha de S. Paulo*, 27 set. 2015c. Disponível em: https://www1.folha.uol.com.br/paywall/login.shtml?https://www1.folha.uol.com.br/colunas/henriquemeirelles/2015/09/1686983-para-amanha-ser-outro-dia.shtml. Acesso em: 20 jan. 2023.

MEIRELLES, H. de C. Saída do caos. *Folha de S. Paulo*, 20 set. 2015d. Disponível em: https://feeds.folha.uol.com.br/fsp/opiniao/233696-saida-do-caos.shtml. Acesso em: 20 jan. 2023.

MEIRELLES, H. de C. Vício e virtude. *Folha de S. Paulo*, 27 dez. 2015e. Disponível em: https://www1.folha.uol.com.br/paywall/login.shtml?https://www1.folha.uol.com.br/colunas/henriquemeirelles/2015/12/1723276-vicio-e-virtude.shtml?mobile. Acesso em: 20 jan. 2023.

MEIRELLES, H. de C. Ancorando o debate. *Folha de S. Paulo*, 24 jan. 2016a. Disponível em: https://www1.folha.uol.com.br/paywall/login.shtml?https://www1.folha.uol.com.br/colunas/henriquemeirelles/2016/01/1732826-ancorando-o-debate.shtml. Acesso em: 20 jan. 2023.

MEIRELLES, H. de C. Quando o futuro chegar. *Folha de S. Paulo*, 20 mar. 2016b. Disponível em: https://www1.folha.uol.com.br/paywall/login.shtml?https://

www1.folha.uol.com.br/colunas/henriquemeirelles/2016/03/1751882-quando-o-futuro-chegar.shtml. Acesso em: 20 jan. 2023.

MEIRELLES, H. de C. Retomada. *Folha de S. Paulo*, 17 abr. 2016c. Disponível em: https://m.folha.uol.com.br/colunas/henriquemeirelles/2016/04/1761729-retomada.shtml?mobile. Acesso em: 20 jan. 2023.

MEIRELLES, H. de C. *Roberto d'Ávila entrevista Henrique Meirelles, ministro da Fazenda*. Entrevista concedida a Roberto D'Ávila. *Globo News*, São Paulo, 2017. Disponível em: https://canaisglobo.globo.com/assistir/c/p/v/6323945/. Acesso em: 1º maio 2022.

MEIRELLES, H. de C. Henrique Meirelles. *Roda Viva*, 2018. (1h19min47s). Disponível em: https://www.youtube.com/watch?v=SCkzEXl7cB8/. Acesso em: 20 maio 2022.

MEIRELLES afirma que país deve ter acesso ao mercado externo. *Diário de Pernambuco*, Recife, 12 jul. 1985. Acervo digital da Hemeroteca Digital da Biblioteca Nacional. Acesso em: 21 jul. 2023.

MEIRELLES, o aspirante a político. *Jornal do Commercio*, Rio de Janeiro, 12 ago. 2002. Acervo digital da Hemeroteca Digital da Biblioteca Nacional. Acesso em: 21 jul. 2023.

MUDANÇAS podem atrair para o país investimentos de até US$ 6 bilhões. *Folha de S. Paulo*, 27 mar. 1995. Acervo digital da Hemeroteca Digital da Biblioteca Nacional. Acesso em: 21 jul. 2023.

O REMÉDIO não pode subir além da inflação. *Jornal do Brasil*, Rio de Janeiro, 28 nov. 1992. Acervo digital da Hemeroteca Digital da Biblioteca Nacional. Acesso em: 21 jul. 2023.

OPINIÃO. *Jornal do Commercio*, Rio de Janeiro, 9 fev. 1995. Acervo digital da Hemeroteca Digital da Biblioteca Nacional. Acesso em: 21 jul. 2023.

OVER ainda atrai as empresas. *Jornal do Brasil*, Rio de Janeiro, 3 abr. 1990. Acervo digital da Hemeroteca Digital da Biblioteca Nacional. Acesso em: 21 jul. 2023.

PARTIDO DO MOVIMENTO DEMOCRÁTICO BRASILEIRO (PMDB). *Uma ponte para o futuro*. Brasília: Fundação Ulysses Guimarães, 2015.

PERSPECTIVAS. Nos dedos. *Jornal do Commercio*, Rio de Janeiro, 14 out. 1997. Acervo digital da Hemeroteca Digital da Biblioteca Nacional. Acesso em: 21 jul. 2023.

PRATES, D. M.; FRITZ, B.; DE PAULA, L. F. O desenvolvimentismo pode ser culpado pela crise? Uma classificação das políticas econômica e social dos governos do PT ao governo Temer. *Texto para Discussão*, IE/UFRJ, n.009, 2019.

PRESIDENTE pede a banqueiros empenho para mudar FMI e Bird. *Tribuna da Imprensa*, Rio de Janeiro, 28 mar. 1995. Acervo digital da Hemeroteca Digital da Biblioteca Nacional. Acesso em: 21 jul. 2023.

REFORMAS são prioridades. Governabilidade. *Folha de S. Paulo*, 18 jun. 1995. Acervo digital da Hemeroteca Digital da Biblioteca Nacional. Acesso em: 22 jul. 2023.

SANTOS, M. R. dos. *A expansão das instituições católicas, o ensino superior em Goiás e o Departamento de Economia da Universidade Católica de Goiás*: história e memória. Goiânia, 2003. Dissertação (Mestrado em Educação) – Universidade Católica de Goiás.

SETOR PRIVADO empresta mais a agricultor. *Jornal do Commercio*, Rio de Janeiro, 16 dez. 1983. Acervo digital da Hemeroteca Digital da Biblioteca Nacional. Acesso em: 21 jul. 2023.

SINGER, A. *O lulismo em crise*: um quebra cabeça do período Dilma (2011-2016). São Paulo: Companhia das Letras, 2018.

SITUAÇÃO econômica brasileira e perspectivas para 1990, sob a ótica internacional. *O Pioneiro*, Caxias do Sul (RS), 30 nov. 1989. Acervo digital da Hemeroteca Digital da Biblioteca Nacional. Acesso em: 21 jul. 2023.

SOUZA, L. O. de; PINHEIRO, L. Henrique Meirelles. In: ABREU, A. A. et al. (Coords.). *Dicionário histórico-biográfico brasileiro – Pós-1930*. Rio de Janeiro: CPDOC, 2010.

VOANDO mais alto. *Jornal do Commercio*, Rio de Janeiro, 2 dez. 1996. Acervo digital da Hemeroteca Digital da Biblioteca Nacional. Acesso em: 21 jul. 2023.

VOLÁTIL no piso. *O Pioneiro*, Caxias do Sul (RS), 3 nov. 1994. Acervo digital da Hemeroteca Digital da Biblioteca Nacional. Acesso em: 22 jul. 2023.

WERNECK, R. L. F. Alternância política, redistribuição e crescimento, 2003-2010. ABREU, M. de P. (Org.). *A ordem do progresso*: dois séculos de política econômica no Brasil. Rio de Janeiro: Elsevier, p.357-81, 2014.

Sobre os autores

Alexandre Flávio Silva Andrada – Bacharel (2006) em Economia pela Universidade Federal de Pernambuco (UFPE). Mestre (2008) em Economia pela Pontifícia Universidade Católica de São Paulo (PUC-SP). Doutor (2012) em Economia pela Universidade de São Paulo (USP). Professor da Faculdade de Economia, Administração e Contabilidade da Universidade de Brasília (UnB).

André Roncaglia de Carvalho – Bacharel (2003) e mestre (2007) em Economia pela Pontifícia Universidade Católica de São Paulo (PUC-SP). Doutor (2015) em Economia pela Universidade de São Paulo (USP). Professor do Departamento de Economia da Universidade de Brasília (UnB).

Andrea Felippe Cabello – Bacharel (2007), mestre (2010) e doutora (2012) em Economia pela Universidade de Brasília (UnB). Professora da Faculdade de Economia, Administração e Contabilidade da UnB.

Cássio Silva Moreira – Bacharel (1999) em Economia pela Universidade Federal do Rio Grande do Sul (UFRGS). Mestre (2004) em Economia do Desenvolvimento pela Pontifícia Universidade Católica do Rio Grande do Sul (PUC-RS). Doutor (2011) em Economia do

Desenvolvimento pela Universidade Federal do Rio Grande do Sul (UFRGS). Professor de Economia do Instituto Federal do Rio Grande do Sul (IFRS).

Claucir Roberto Schmidtke – Bacharel (2004) em Economia e mestre (2007) em Desenvolvimento Regional pela Universidade Estadual do Oeste do Paraná (Unioeste). Doutor (2017) em Economia pela Universidade Federal do Rio Grande do Sul (UFRGS). Professor do Departamento de Economia da Universidade Estadual do Centro-Oeste (Unicentro).

Daniel Nogueira Silva – Bacharel em Economia (2012) pela Universidade Estadual de Feira de Santana na Bahia (UEFS). Mestre (2015) e doutor (2019) em Economia pela Universidade Federal do Rio Grande do Sul (UFRGS). Professor da Faculdade de Ciências Econômicas da Universidade Federal do Sul e Sudeste do Pará (Unifesspa).

Dyeggo Rocha Guedes – Bacharel em Economia (2013) pela Universidade Estadual de Feira de Santana na Bahia (UEFS). Mestre (2015) em Economia pela Universidade Federal de Uberlândia (UFU) e doutor (2019) em Economia pela Universidade Federal do Rio Grande do Sul (UFRGS). Professor da Faculdade de Ciências Econômicas da Universidade Federal do Sul e Sudeste do Pará (Unifesspa).

Fágner João Maia Medeiros – Bacharel em Economia (2017) pela Universidade Federal de Ouro Preto (Ufop). Mestre (2021) em Desenvolvimento Econômico pela Universidade Estadual de Campinas (Unicamp). Doutorando em Economia pela Universidade Federal de Minas Gerais (UFMG).

Ivan Colangelo Salomão – Bacharel (2007) em Administração pela Fundação Getúlio Vargas (FGV-SP). Mestre (2010) e doutor (2013) em Economia pela Universidade Federal do Rio Grande do Sul (UFRGS). Professor da Faculdade de Economia, Administração e Contabilidade da Universidade de São Paulo (USP).

Jonattan Rodriguez Castelli – Bacharel (2010), mestre (2013) e doutor (2017) em Economia pela Universidade Federal do Rio Grande do Sul

(UFRGS). Professor de Economia da Universidade Estadual de Mato Grosso do Sul (UEMS).

Lais Fernanda de Azevedo Silva – Bacharel (2011) em Economia pela Universidade Estadual de Maringá. Mestre (2016) em Administração pela Universidade Federal do Rio Grande do Sul (UFRGS) e doutora em Economia pela UFRGS. Professora de Economia da Universidade Estadual de Mato Grosso do Sul (UEMS).

Leonardo Segura Moraes – Bacharel (2010) em Economia pela Pontifícia Universidade Católica de Campinas (PUC-Campinas). Mestre (2014) e doutor (2018) em Economia pela Universidade Federal do Rio Grande do Sul (UFRGS). Professor do Instituto de Economia e Relações Internacionais da Universidade Federal de Uberlândia (UFU).

Lucas Rodrigues – Bacharel (2010) em Economia pela Universidade Federal de Santa Catarina (UFSC). Mestre (2014) e doutor (2018) em Economia pela Universidade Federal do Rio Grande do Sul (UFRGS). Professor da Faculdade de Ciências Econômicas da Universidade Federal do Sul e Sudeste do Pará (Unifesspa).

Marcelo Mallet Siqueira Campos – Bacharel (2004), mestre (2008) e doutor (2016) em Economia pela Universidade Federal do Rio Grande do Sul (UFRGS). Professor de Economia do Instituto Federal do Rio Grande do Sul (IFRS).

Marcelo Milan – Bacharel (1998) e mestre (2002) em Economia pela Universidade de São Paulo (USP). Doutor (2008) em Economia pela Universidade de Massachusetts em Amherst. Professor da Faculdade de Ciências Econômicas da Universidade Federal do Rio Grande do Sul (UFRGS).

Marcos Taroco Resende – Bacharel (2016) em Economia pela Universidade Federal de São João Del-Rei (UFSJ). Mestre (2019) em Economia pela Universidade Federal de Alfenas (Unifal-MG). Doutorando em Economia pela Universidade Federal de Minas Gerais (UFMG).

Oz Solon Chovghi Iazdi – Bacharel (2010) em Economia pela Pontifícia Universidade Católica de Campinas (PUC-Campinas). Mestre (2013) em Economia pela Fundação Getúlio Vargas (FGV-SP) e doutor (2018) Economia pela Universidade Estadual de Campinas (Unicamp). Professor de Economia da Universidade Estadual de Mato Grosso do Sul (UEMS).

Pedro Hoeper Dacanal – Bacharel (2015) em Economia pela Universidade de São Paulo (USP). Mestre (2018) em História Econômica pela mesma instituição. Doutorando em Economia pela Universidade de Lisboa.

Rafael Moraes – Bacharel (2007) em Economia pela Universidade Estadual de São Paulo (Unesp). Mestre (2010) em Economia pela Universidade Federal do Rio Grande do Sul (UFRGS). Doutor (2017) em Desenvolvimento Econômico pela Universidade Estadual de Campinas (Unicamp). Professor do Centro de Ciências Jurídicas e Econômicas da Universidade Federal do Espírito Santo (UFES).

Victor Cruz-e-Silva – Bacharel (2013) em Economia pela Pontifícia Universidade Católica de Minas Gerais (PUC-MG). Mestre (2016) e doutor (2019) em Economia pela Universidade Federal do Paraná (UFPR). Professor do Departamento de Economia da UFPR.

SOBRE O LIVRO

FORMATO
13,7 x 21 cm

MANCHA
25,9 x 41,5 paicas

TIPOLOGIA
Arnhem 10,5/14

PAPEL
Off-white 80 g/m² (miolo)
Cartão Supremo 250 g/m² (capa)

1ª EDIÇÃO EDITORA UNESP: 2024

EQUIPE DE REALIZAÇÃO

COORDENAÇÃO EDITORIAL
Marcos Keith Takahashi (Quadratim)

EDIÇÃO DE TEXTO
Gabriela Garcia

PROJETO GRÁFICO E CAPA
Quadratim

IMAGEM DE CAPA
Entrada do prédio do Banco Central do Brasil, em Brasília.
Foto de Michel Filho (Agência O Globo)

EDITORAÇÃO ELETRÔNICA
Arte Final

Impressão e Acabamento:
EXPRESSÃO & ARTE
EDITORA E GRÁFICA
www.graficaexpressaoearte.com.br